Jean Bergeret

LA PERSONALIDAD NORMAL Y PATOLOGICA

Colección
PSICOTECA MAYOR

OTROS TÍTULOS DE INTERÉS

Octave Mannoni	*La crisis de la adolescencia*
Jorge Barudy y Marjorie Dantagnan	*Los buenos tratos a la infancia* Parentalidad, apego y resiliencia
Heidrun Panhofer coordinadora	*El cuerpo en psicoterapia* Teoría y práctica de la Danza Movimiento Terapia
Françoise Dolto	*La dificultad de vivir*
Boris Cyrulnik	*Bajo el signo del vínculo*
Boris Cyrulnik	*El amor que nos cura*
Marie-Cécile Ortigues y Edmon Ortigues	*Cómo se decide una psicoterapia de niños*

LA PERSONALIDAD
NORMAL
Y PATOLOGICA

Jean Bergeret

Título del original en francés:
La personnalité normale et pathologique
© Dunod, 1974

Traducción: María Angélica Semilla

Diseño de cubierta: Rolando Memelsdorff

Segunda reimpresión: abril de 2001, Barcelona
Tercera reimpresión: mayo de 2005, Barcelona

Derechos reservados para todas las ediciones en castellano

© Editorial Gedisa, S.A.
Paseo Bonanova, 9 1º-1ª
08022 Barcelona (España)
Tel. 93 253 09 04
Fax 93 253 09 05
Correo electrónico: gedisa@gedisa.com
http://www.gedisa.com

ISBN: 84–7432–091-7
Despósito legal: SE-2959-2005 European Union

Impreso por Publidisa

Queda prohibida la reproducción total o parcial por cualquier medio de impresión, en forma idéntica, extractada o modificada, en castellano o en cualquier otro idioma.

INDICE

INTRODUCCIÓN 15

Primera parte

HIPÓTESIS SOBRE LAS ESTRUCTURAS DE LA PERSONALIDAD

Historia. 23

1. ESTRUCTURAS Y NORMALIDAD . . . 29
   1. *La noción de «normalidad»*. 29
   2. *Patología y «normalidad»* 35
   3. *La «normalidad» patológica* 45
   4. *«Normalidad» y standarización* 53
   5. *Edipo y «normalidad»* 58

2. LA NOCIÓN DE ESTRUCTURA DE LA PERSONALIDAD 67
   1. *El sentido de los términos* 67

- A) Síntoma 68
- B) Defensa 69
- C) Significación histórica del episodio . 70
- D) Enfermedad mental 72
- E) Estructura de la personalidad . . . 73

2. *El concepto de estructura de la personalidad* 73
   - A) Definición y situación 73
   - B) Punto de vista freudiano 76
     - a) Primera posición freudiana . . 78
     - b) Segunda posición freudiana . . 79
     - c) Tercera posición freudiana . . 79
     - d) Cuarta posición freudiana . . . 80
   - C) Génesis de la estructura de base . . 81
     - a) Primera etapa 82
     - b) Segunda etapa 82
     - c) Tercera etapa 83
   - D) Observaciones sobre las estructuras concernientes a la infancia, la latencia y la adolescencia 84
     - a) *Infancia* 85
     - b) *Latencia* 90
     - c) *Adolescencia* 93

3. LAS GRANDES ESTRUCTURAS DE BASE 95

Generalidades 95

1. *La línea estructural psicótica* 99
   Generalidades 99
   - A) La estructura esquizofrénica . . . 103
   - B) La estructura paranoica 111
   - C) Estructura melancólica 117
   - D) Reflexiones diferenciales 122

2. *La línea estructural neurótica* 143
   Generalidades 143
   - A) La estructura obsesiva 148
   - B) La estructura histérica 154
     - a) Estructura histérica de angustia . 156
     - b) Estructura histérica de conversión 159

C) Reflexiones diferenciales 166
D) Las falsas «neurosis» 168

4. LAS A-ESTRUCTURACIONES 181

1. *Situación nosológica* 181

2. *El tronco común de los estados límites* . . 185

3. *La organización límite* 189
   A) El Yo anaclítico 189
   B) La relación anaclítica 191
   C) La angustia depresiva 194
   D) Las instancias ideales 196
   E) Los mecanismos de defensa . . . 199

4. *Las evoluciones agudas* 202
   A) Descompensación de la senescencia . 202
   B) Estallido del tronco común . . . 205

5. *Los acondicionamientos espontáneos* . . 211
   A) El acondicionamiento perverso . . 211
   B) Las organizaciones caracteriales . . 218
      a) «Neurosis» de carácter . . . 219
      b) «Psicosis» de carácter 220
      c) «Perversión» de carácter . . . 221

Segunda parte

HIPÓTESIS SOBRE LOS PROBLEMAS
DE CARÁCTER

Historia 225

. EL CARÁCTER 237

   A) El carácter histérico de conversión . 242
   B) El carácter histerofóbico 247
   C) El carácter obsesivo 253

2. Los caracteres psicóticos 264
   A) El carácter esquizofrénico 266
   B) El carácter paranoico 271

3. Los caracteres narcisistas 280
   A) El carácter abandónico 282
   B) El carácter de destinado 283
   C) El carácter narcisista-fálico . . . 284
   D) El carácter fálico 285
   E) El carácter depresivo 286
   F) El carácter hipocondríaco 286
   G) El carácter psicasténico 287
   H) El carácter psicopático 288
   I) El carácter hipomaníaco 289

4. Los caracteres psicosomáticos 290

5. El carácter perverso 297

6. Observaciones sobre los problemas del carácter en el niño 300

7. ¿Existe un carácter epiléptico? 304

2. LOS RASGOS DE CARÁCTER 309

Rasgos de carácter sublimativos 312

Rasgos de carácter reaccionales 313

1. Rasgos de carácter estructurales . . . 315
   A) Rasgos de carácter neuróticos . . . 315
      a) Rasgos de carácter histéricos . . 316
      b) Rasgos de carácter obsesivos . . 316
   B) Rasgos de carácter psicóticos . . . 317
      a) Rasgos de carácter esquizofrénicos 317
      b) Rasgos de carácter paranoicos . . 317
   C) Rasgos de carácter narcisistas . . . 318

2. Rasgos de carácter pulsionales 319
   A) Rasgos de carácter libidinales . . . 320

       a) Rasgos de carácter orales . . . 320
       b) Rasgos de carácter anales . . . 323
       c) Rasgos de carácter uretrales . . 326
       d) Rasgos de carácter fálicos . . . 327
       e) Rasgos de carácter genitales . . 328
  B) Rasgos de carácter agresivos . . . 331
       a) Rasgos de carácter sádicos . . 331
       b) Rasgos de carácter masoquistas . 334
       c) Rasgos de carácter autopunitivos .' 336
  C) Rasgos de carácter dependientes de las pulsiones del Yo 337

3. LA PATOLOGÍA DEL CARÁCTER . . . 339

1. La *«neurosis»* de carácter 344

2. La *«psicosis»* de carácter 351

3. La *«perversión»* de carácter 361

Conclusión 369

Bibliografía 377

INTRODUCCIÓN

Esta obra constituye la síntesis y el desarrollo de las investigaciones que he emprendido, a partir de 1963, sobre la articulación de los fenómenos manifiestos constatados a nivel del carácter o los síntomas, con los elementos metapsicológicos, más estables y profundos, que se sitúan en el plano menos visible y latente de la estructura de la personalidad.
Muchos autores se han interesado en aspectos fragmentarios de esta trilogía: estructura - carácter - sintomatología. Parecía oportuno entonces intentar una síntesis que se apoyara sobre tan diversos enfoques, y emitir nuevas hipótesis capaces de orientar una vez más el debate hacia los problemas, algo descuidados en nuestros días, de la aproximación caracterológica.
En efecto, sería ventajoso considerar a la caracterología como una ciencia destinada a precisar las encrucijadas metapsicológicas visibles entre las múltiples manifestaciones relacionales posibles que emanan de tal o cual estructura de base. Cada tipo de estructura profunda de la personalidad podría generar así diferentes modelos relacionales, algunos de los cuales permanecerían dentro del dominio caracterial, en tanto que otros se internarían más o menos radicalmente dentro del registro patológico.
Creo que era necesario introducir actualmente una concepción de la sistemática que tuviese más en cuenta la dinámica y la genética freudiana.

Sin duda, muchas personalidades corresponden a intentos de estructuración imperfectos e inconclusos; por lo tanto, en una buena cantidad de casos y durante un tiempo considerable, tenemos posibilidades de cambiar el curso de los acontecimientos sin apartarnos de la orientación estructural, o de observar cómo se detiene esa evolución estructural, por un período que varía mucho de un sujeto a otro, en un estadio de simple anegesia lateral que no tendría en sí nada de definitivo. También podemos mencionar las fijaciones que actúan como frágil organización defensiva, muy costosas desde el punto de vista económico, pero que sin embargo conservan toda clase de capacidades evolutivas, en las direcciones más estables y sólidas.

En síntesis, las personalidades netamente estructuradas, que responden a funcionamientos económicos al mismo tiempo estables y bien integrados (condiciones esenciales para merecer la etiqueta de «normalidad» en el seno de una línea estructural definitivamente fijada), son mucho más raras de lo que podríamos haber supuesto hasta este momento.

Semejantes personalidades sólo podrían producirse en un contexto ontogenético limitado, y en momentos precisos de esa ontogénesis. Sin duda, estas condiciones pueden ser considerablemente esclarecidas por las investigaciones clínicas, cuya síntesis forma parte de este trabajo. Esas investigaciones deben permitirnos individualizar criterios que son a la vez muy profundos y esencialmente polivalentes.

De esta manera, se hace efectivamente posible situar mejor muchos casos particulares de personalidades o caracteres cuya referencia a los principales modelos estructurales bien definidos se hacía difícil en el marco de los antiguos sistemas tipológicos, demasiado rígidos. Me ha parecido que un objetivo a alcanzar sin compromisos ni concesiones era no seguir hablando de los demasiado fáciles «tipos mixtos» (cuya naturaleza se desconoce, así como sus niveles de «combinación»).

La distinción que establezco entre «caracteres» y «estructuras» podrá parecer a algunos bastante artificial, ya que, según la terminología filosófica o psicológica, la denominación de «estructura» abarca, en la mayoría de los casos, a todos los modos de organización, cualquiera sea su nivel: personalidad, carácter, tipo, etc. Se trata de un término bastante general, al que difícilmente se pueda oponer otro término que defina una categoría particular dependiente del mismo conjunto.

Por el contrario, en psicopatología, el vocablo «estructura» alcanza un sentido más preciso, limitado a los elementos de base de la personalidad, a la manera en que esta personalidad se organiza en el plano profundo y fundamental; los psicopatólogos pueden, pues, oponer libremente la noción de estructura de base, o estructura de la personalidad (generalmente decimos «estructura» a secas), tanto a los «síntomas» como a los «caracteres» (lo que los filósofos llamarían quizás de buen grado «estructuras de síntomas», o «estructuras de caracteres»).

Efectivamente, los psicopatólogos, al ocuparse esencialmente del aspecto funcional de esos síntomas o esos caracteres, los consideran fundamentalmente dependientes en su génesis, originalidad y limitaciones, de la naturaleza y la variedad de la estructura de base de la personalidad sobre la que se asientan.

La estructura de la personalidad (denominada habitualmente en psicopatología «estructura» a secas), se concibe entonces, por una parte, como la base ideal de organización estable de los elementos metapsicológicos constantes y esenciales en un sujeto, en tanto que el carácter aparece, por otra parte, como el nivel de funcionamiento manifiesto y no mórbido de la estructura tal como acaba de ser definida.

Desde esta óptica, la sintomatología se convierte simplemente en el modo de funcionamiento mórbido de una estructura cuando ésta se descompensa, es decir, desde el momento en que los factores internos de conflictualización dejan de estar equilibrados por un juego eficaz (y no perturbador en sí mismo) de los variados mecanismos de defensa y adaptación.

El hecho de que no haya desarrollado de manera específica, ni siquiera en los capítulos originales, el punto de vista sintomatológico, se debe a que, en el curso del presente estudio, mi atención se ha centrado sólo en la importancia económica de los síntomas en el conjunto de una personalidad dada.

El examen fenomenológico de los síntomas ha sido objeto de numerosos tratados de psiquiatría de diversas tendencias. Mi objetivo en este trabajo se limita a reubicar la función del síntoma en relación con la estructura de base por una parte, y al funcionamiento caracterial por otra.

Es evidente que tal concepción de conjunto, esencialmente dinámica, no puede desarrollarse sino en el marco de una posición y una reflexión auténtica y claramente psicoanalíticas. A partir de FREUD y de los trabajos psicoanalíticos contemporáneos, se puede comprender la estructura, según la hemos definido más arriba, como el elemento organizador de base de la personalidad en situación activa y relacional.

Escapamos así a los habitualmente inevitables encabalgamientos entre «estructuras de personalidad», «estructuras de carácter», y «estructuras nosológicas»; a todas las vacilaciones (o incluso las contradicciones) con que han tropezado las investigaciones precedentes.

Mi investigación me ha conducido inevitablemente a repensar, sobre esas nuevas bases conceptuales, el problema de la normalidad.

Desde el punto de vista metodológico, me he esforzado por clarificar el debate (con los peligros ciertos de la «sistematización») con la mayor cantidad posible de láminas y esquemas; asimismo me he preocupado por insertar, en los momentos más «teóricos» de mi texto, observaciones clínicas, lo más expresivas y vivaces posible, destinadas (a riesgo de orillar a veces la caricatura) a precisar claramente el rasgo motor principal de mi investigación.

Desearía que el clínico demasiado renuente a las reflexiones teóricas, o simplemente el lector impaciente, pudieran encontrar, en un primer momento al menos, la línea directriz de mi propósito en estas observaciones, que he seleccionado y desarrollado con especial cuidado.

Por falta de espacio, y para no hacer demasiado pesada esta obra, no siempre he podido reagrupar, sistematizar y desarrollar tanto como hubiera deseado mis fuentes de documentación y mis reflexiones críticas a este respecto, en especial en mis parágrafos «históricos».

No sabría expresar suficientemente mi reconocimiento a los investigadores y a los clínicos que han aportado abun-

dantes elementos de elaboración, en particular *D. ANZIEU, M. BENASSY, M. FAIN, A. GREEN, R. GREENSON, B. GRUNBERGER, J. GUILLAUMIN, O. KERNBERG, R. KNIGHT y P. C. RACAMIER.*

Deseo vivamente que mi contribución, a pesar de sus numerosas imperfecciones, pueda conmover de alguna manera los marcos demasiado rígidos o demasiado imprecisos de las posiciones estructurales o caracterológicas antiguas, y que incite a los autores contemporáneos a ampliar aún más el debate, a retomar y desarrollar estudios ulteriores fecundos en estos niveles.

PRIMERA PARTE

Hipótesis sobre las estructuras de la personalidad

HISTORIA

El término estructura tiene significaciones muy diferentes según nos refiramos a la teoría de la Gestalt, a las teorías jacksonianas o al estructuralismo. También se emplea a veces en el sentido de «estructura de conjunto» y, en este caso, se aproxima al empleo del sustantivo inglés *pattern*.

Sin embargo, en el lenguaje corriente, la estructura continúa siendo una noción que implica una disposición compleja, aunque estable y precisa, de las partes que la componen; es decir, la manera misma en que se compone un todo, en que sus partes se avienen entre sí.

En mi introducción me he extendido lo suficiente acerca del sentido que se otorga en psicopatología al término «estructura», como para que sea necesario justificar una vez más los límites de esta utilización al nivel de la estructructura de base de la personalidad.

Consideraré que «constitución» y «estructura» de la personalidad representan, en líneas generales, un concepto idéntico: el modo de organización permanente más profundo del individuo, a partir del cual se producen tanto las ordenaciones funcionales llamadas «normales» como los avatares de la morbilidad.

Salvo los casos en los que aparece empleado en el sentido de «temperamento» o «carácter», el término «tipo» se refiere habitualmente a la estructura de base, y no parece necesario tratarlo desde una óptica particular.

Didier ANZIEU (1965), sitúa en el primer cuarto del siglo XX el desarrollo de la idea de «estructura», y cree que esta noción implica una consideración de los síntomas según el método asociacionista. Ahora bien, para el Dr. Anzieu, los síntomas sólo tienen sentido vinculados unos con otros o en su relación con el carácter; lo que constituye su especificidad no es su simple presencia,[1] sino la manera en que se disponen unos con respecto a los otros. Debemos tener en cuenta, además, tanto los síntomas «negativos» que corresponden a las deficiencias registradas en los pacientes, como los síntomas «positivos» que corresponden a las reacciones específicas del paciente ante la alteración de su personalidad.

No obstante, desde las descripciones poéticas o filosóficas que se remontan a la antigüedad, la vertiente patológica de las estructuras ha sido siempre la que se ha desarrollado con más facilidad. Sin embargo, encontramos en HOMERO, LA BIBLIA, DEMOCRITO, ASCLEPIO o PLATON referencias a tipos estructurales no mórbidos. Los autores de la Edad Media primero, luego SHAKESPEARE, el clasicismo literario y numerosos autores más modernos se destacaron en el análisis, no sólo del carácter sino también de la estructura de algunos de sus personajes, e incluso mostraron cómo podía efectuarse, en el seno de una misma organización mental, el pasaje de la esfera psicológica todavía adaptada a la esfera patológica ya descompensada.

A partir del siglo XVIII, son los psiquiatras los que más desarrollan su punto de vista sobre el terreno estructural. PINEL (1801), ESQUIROL (1838), REGIS (1880) en Francia, TUKE (1892), MAUDSLAY (1867), JACKSON (1931) en Gran Bretaña, RUSH (1812) y A. MEYER (1910) en los Estados Unidos, GRIESINGER (1865), MEYNERT (1890), WERNICKE (1900), KRAEPELIN (1913) en lengua alemana, fueron los primeros en referirse a la continuidad entre lo normal y lo patológico en la estructura profunda de la personalidad. Su actitud general profundamente «humanitaria» se apoya en esa convicción, aun cuando ésta no se halle siempre claramente expresada. Los períodos llamados «social» y luego «comunitario» de la psiquiatría no son, en

---

[1]. Existen, por ejemplo, obsesivos sin «obsesión» alguna exteriormente visible.

el fondo, sino la consecuencia lógica de los pasos precedentes: cualquiera sean los factores desencadenantes o curativos que ésta o aquella escuela anteponen específicamente, la trayectoria profunda de cada uno conduce poco a poco a la idea de la no-especificidad de la naturaleza mórbida de ésta o aquella estructura, de la labilidad tanto como de la posibilidad de curación que ofrece toda estructura en sí. Por su parte, la antisiquiatría va apenas más allá de las tendencias sociales o comunitarias precedentes en el plano de un liberalismo que sigue siendo, deliberamente o no, racional: nos propone simplemente el «salto» fuera de la lógica, pero no produce ningún cambio radical y, sobre todo, no aporta nada nuevo en lo referente al problema del *continuum* estructural del que no quiere ni oír hablar: hasta tal punto parece mantenerse aferrada al registro de la angustia.

Si bien se ha visto que es necesario clasificar los datos profundos, preciso es reconocer que en este terreno, sin los medios metapsicológicos que poseemos actualmente gracias al aporte de FREUD y los post-freudianos, no bastaban las meras descripciones; igualmente, no nos sorprende comprobar que en el terreno estructural nos encontramos con muchas menos hipótesis a revisar que en el capítulo consagrado a las caracterologías.

Podemos considerar con Henri EY (1955) que la «variación mental patológica» se puede encarar según cuatro modelos teóricos: como alienación radical, como producto de los centros cerebrales, como variación de la adaptación al medio, o incluso como efecto de un proceso regresivo en la organización psíquica. Sea cual fuese la respuesta que se elija, conviene aprender la condición mental, excepción hecha del episodio mórbido, dentro de una estructura profunda original y formal que conserva indudablemente su significación existencial y antropológica.

En lo que se refiere al punto de vista estructural en el niño, Colette CHILAND (1971), ha sintetizado la opinión de numerosos paido-psiquiatras contemporáneos al mostrar la particular complejidad de la noción de estructura en una edad en que el conjunto no parece estar aún en funcionamiento y en que las fases de equilibrio y descompensación pueden sucederse sin que su significación profunda resulte siempre evidente.

La estructura, para Colette CHILAND (1967), sigue siendo un concepto inspirado en la opinión de LEVI-STRAUSS (1961), que se interesa por los modelos teniendo en cuenta no sólo los términos en sí mismos, sino también las relaciones entre los términos. Para C. CHILAND se trata de investigar la explicación estructural, no exclusivamente al nivel del sistema de relación, sino también al nivel de las reglas de trasformación que permiten pasar de un sistema a otro, y considerando tanto los sistemas reales como los sistemas meramente posibles.

C. CHILAND se refiere a la opinión de A. FREUD (1965) para incorporar la estructura al nivel del segundo tópico en relación con las pulsiones, el Yo y el Super-yo, y para fundar un eventual diagnóstico estructural sobre el estudio de la relación de objeto y los mecanismos de defensa.

Antes del aporte freudiano habían sido propuestas clasificaciones «sintomatológicas» a través de KAHLBAUM (1863), MOREL (1851), HECKER (1871 y 1874) y, sin duda, Emile KRAEPELIN, cuyas hipótesis han sido retomadas en la clasificación centrada sobre la noción de psicosis y propuesta por la Asociación norteamericana de Psiquiatría. Estas clasificaciones que tienden a vincular el síntoma con el «problema fundamental» subyacente, se limitan al tipo de descripciones clínicas que han seducido a los psiquiatras de todos los tiempos. E. BLEULER aportó en 1911 algunas modificaciones, en el sentido de un afinamiento de la semiología, pero siempre dentro de una gran dependencia de los síntomas.

En la misma época aparecen ensayos de clasificaciones *«orgánicas»* con JACOBI (1830), MOREL (1860), SKAE (1897), CLOUSTON (1904), TUKE (1892). Esos puntos de vista fueron retomados, hace algunos años, en la clasificación propuesta por la Asociación Real Médico-psicológica de Gran Bretaña. De acuerdo con ellos, habría una relación íntima obligatoria entre el problema psíquico y una lesión que se supone orgánica. En el mismo sentido, nos encontramos con el punto de vista órgano-dinamista de Pierre JANET (1927), que se apoya en gran medida en la noción de evolución, con los trabajos de H. JACKSON (1931), de MONAKOW y MOURGUE (1928), y finalmente con las concepciones de H. EY (1958), inspiradas en JACKSON. J. ROUART ha intentado precisar, en BONNEVAL, en el año 1946, el posible papel de toda organicidad en un sistema de clasificaciones como éste.

Las clasificaciones *«fisiológicas»* han sido sostenidas por MEYNERT (1884), TUKE (1892), WERNICKE (1900), A. MEYER (1910), CONNOLY (1945), D. HENDERSON y R. D. GILLESPIE (1950). Estas clasificaciones tratan de establecer las relaciones entre el funcionamiento mental observado y las localizaciones neurológicas diversas que corresponderían a los centros reguladores del funcionamiento mental sobre este o aquel registro particular.

Las clasificaciones *«psicológicas»* responden a una preocupación por investigar, en el dominio del funcionamiento mental del «hombre normal», ciertas categorías en las que a continuación se intentará encuadrar los problemas psicopatológicos. Algunos autores como LINNE (1763), ARNOLD (1782), CRICHTON (1798), PRICHARD (1835), BUCKNILL y HAKE-TUKE (1870), ZIEHEN (1892) y HEINROTH (1890), han trabajado en este sentido.

El *punto de vista freudiano*, por el contrario, se interesa por algunos índices fundamentales que permiten diferenciar o aproximar las estructuras tales como el sentido *latente* del síntoma (símbolo y compromiso en el interior del conflicto psíquico), el grado alcanzado por el desarrollo libidinal, y también el grado de desarrollo del Yo y el Super-yo, y finalmente la naturaleza, la diversidad, la flexibilidad y la eficacia de los mecanismos de defensa.

Los *post-freudianos* continúan las investigaciones sobre esas bases: K. ABRAHAM (1924), F. ALEXANDER (1928), E. GLOVER (1932 y 1958), K. MENNINGER (1938 y 1963), J. FROSCH (1957) D. W. WINNICOTT (1959), W. SCOTT (1962).

M. BOUVET distingue en 1950 los modos de estructuración genital y pregenital. L. RANGELL (1960 y 1965) se sitúa en una perspectiva de conjunto de las diferentes funciones del Yo. A. GREEN (1962 y 1963), ha tratado de apoyarse en las nociones de pérdida y restitución del objeto, fantasmatización, identificación y difusión, castración, fraccionamiento, sublimación e inhibición, para dar cuenta no sólo de las grandes entidades nosológicas clásicas sino también de la diversidad de las pequeñas entidades «intermediarias», que muchos autores olvidan o maltratan con excesiva frecuencia. J. H. THIEL (1966), por su parte, se rebela contra la exclusividad neurótica que durante tanto tiempo ha puesto de manifiesto la investigación psicoanalítica, y estima que es necesario distinguir entre una teoría de los problemas mentales por una parte, una cierta filosofía de la naturaleza, las causas y las funciones de la enfermedad, y por otra un sistema de clasificación de los desórdenes en sí.

1
Estructuras y normalidad

1. LA NOCIÓN DE «NORMALIDAD»

Cierto es que el empleo de la noción de «normalidad» presenta riesgos indiscutibles en manos de quienes detentan la autoridad médica o política, social o cultural, económica y filosófica, moral, jurídica o estética, y, por qué no, también intelectual. La historia antigua y contemporánea, tanto de las comunidades como de las ideologías, grandes o pequeñas, nos ofrece crueles ejemplos de ello, además de permitirnos comprobar que cada una de ellas retiene solamente representaciones muy selectivas, en función de sus opciones personales.

Si la «normalidad» se refiere a un porcentaje mayoritario de comportamientos o puntos de vista, desdichados quienes pertenecen a la minoría. Sí, por otra parte, la «normalidad» se transforma en función de un *ideal* colectivo, ya conocemos de sobra los riesgos a que se ven expuestas incluso la mayorías, dado que quienes se adjudican la vocación de defender por la fuerza dicho ideal las reducen al silencio; se proponen así limitar a ese ideal el desarrollo afectivo de los demás después de haberse visto bloqueados ellos mismos por él, y de haber elaborado, secundariamente, sutiles justificaciones defensivas.

De hecho, la «normalidad» se enfoca en la mayoría de los casos en relación con los demás, con el ideal o la regla. Para intentar seguir siendo o llegar a ser «normal», el niño se identifica con los «mayores», y el ansioso les imita. En ambos casos la pregunta manifiesta se enuncia de la siguiente manera: «¿Cómo hacen los otros?» y se sobreentiende: «¿Cómo hacen los mayores?»

Ahora bien, el verdadero problema que plantea el eventual reconocimiento de una «normalidad» tal vez no se sitúe en este nivel, entre estos dos falsos aspectos objetivos: los demás o el ideal.

El poderío atómico ha arrastrado al mundo a las tragedias que todos conocemos y, sin embargo, ni siquiera los más pacifistas pueden negar la existencia del átomo. Por ende, ¿por qué habríamos de negar la necesidad de una noción de «normalidad»?

Si, en lugar de formular (o temer) continuamente juicios de valor *con relación a los demás* en cuanto a una eventual «normalidad», que demasiado a menudo y lamentablemente se concibe en este sentido, antepusiéramos la comprobación de *buen funcionamiento interior* que dicha noción puede comportar, teniendo en cuenta los datos particulares de cada individuo (aun cuando se vea muy limitado en sus posibilidades personales, de manera ocasional o duradera), me parece que podríamos encarar las cosas de otro modo que como simples defensas proyectivas, o como proselitismo invasor e inquietante.

Sin embargo, no es fácil encontrar interlocutores que acepten discutir un aspecto *subjetivo*, eminentemente matizado y variable, de «normalidad» en función de las realidades profundas de cada uno.

Por una parte, la tentación sádica nos lleva inmediatamente a las estadísticas o los ideales. Por otra, la tentación masoquista y «pauperista» desencadena una alergia inmediata y cargada de horror ante todos los compuestos de la palabra «norma»[1].

En el primer caso, nos hallamos prisioneros, por una parte, de un imperialismo que se apodera de la *noción* para intentar salvaguardar los privilegios que esta última ha avalado durante tanto tiempo, y en el otro caso nos enfrentamos con un rechazo del *término*, en razón de

---

[1]. En latín el término *norma* corresponde, en su sentido específico, al instrumento de arquitectura que en francés se llama *équerre* (escuadra), y sólo volvemos a encontrarlo más tardíamente en Cicerón, Horacio o Plinio, en un empleo secundario y figurado, con el sentido de regla, modelo o ejemplo. El primer significado determina solamente el ángulo funcionalmente más ventajoso para articular dos planos en una construcción, y no una posición ideal fija de la casa con respecto al suelo. La construcción puede encontrarse «a plomo», (es decir, en equilibrio interno), aun sobre un suelo en pendiente pronunciada, gracias a la escuadra, que justamente habrá rectificado los peligros que la inclinación primitiva del terreno hacía correr a la solidez del conjunto del edificio

todos los recuerdos opresivos y dolorosos que despierta.
Y nuestra posición de investigadores se complica aún más cuando comprobamos que muchos de los que no se encuentran oficialmente comprometidos con una u otra de las dos posiciones defensivas precedentes vacilan a menudo y alternativamente entre un rapto sádico que los inclina a favor de las normas «autoritarias», o un guiño demagógico hacia las susceptibilidades «contestatarias». Este movimiento pendular de anulaciones sucesivas presenta el riesgo no sólo de volver mudos a esos profesionales, sino, sobre todo, de hacerles perder todo coraje científico o toda capacidad de investigación.

Sin embargo, la noción de «normalidad» se halla tan ligada a la vida como el nacimiento o la muerte, al utilizar el potencial del primero tratando de retrasar las restricciones de la segunda, en la medida en que toda normalidad no puede sino coordinar las necesidades pulsionales con las defensas y las adaptaciones, los datos internos hereditarios y adquiridos con las realidades externas, las posibilidades caracteriales y estructurales con las necesidades relacionales.

Y en la actualidad parece ser que el peligro principal no reside tanto en el conocido riesgo de que la noción teórica de normalidad sea usurpada en beneficio de los poderosos o los soñadores, sino en la negación por los pesimistas, que sirven sutilmente al instinto de muerte, del conjunto de los elementos reguladores internos que permiten a los humanos (siempre limitados) disponerse interiormente para procurar no la ilusión de la omnipotencia o la felicidad, sino al menos zonas de eficiencia y bienestar suficientemente sólidas y constantes, en medio de sus necesarias imperfecciones y sus no menos obligatorios conflictos interiores.

Llegaríamos así a una síntesis bastante aproximada a la del hombre de la calle que cree, muy sabiamente sin duda, que cualquier ser humano se halla en un «estado normal», sean cuales fuesen sus problemas personales profundos, cuando consigue manejarlos y adaptarse a sí mismo y a los demás, sin paralizarse interiormente dentro de una prisión narcisista, ni hacerse rechazar por los demás (prisión-hospital-asilo), a pesar de las inevitables divergencias a que se expone en su relación con ellos.

Mi intento actual de definir la noción de la «normalidad» está lejos de satisfacerme por entero, aunque más no fuera por su extensión; pero hasta el presente me ha parecido difícil reducir el número de sus parámetros.

Intento de definición:

La persona verdaderamente «sana» no es simplemente la que se declara como tal, ni mucho menos un enfermo que se ignora, sino un sujeto que conserva en sí tantas fijaciones conflictuales como la mayoría de la gente, que no haya encontrado en su camino dificultades internas o externas que superen su equipo afectivo hereditario o adquirido, sus facultades personales de defensa o de adaptación, y que se permita un juego bastante flexible de sus necesidades pulsionales, de sus procesos primario y secundario tanto en los planos personales como sociales, evaluando la necesidad con exactitud y reservándose el derecho de comportarse de manera aparentemente «aberrante» en circunstancias excepcionalmente «anormales».

Por lo tanto, será necesario insistir en que las nociones de «normalidad» y «estructura» son independientes. En efecto, la observación cotidiana ha demostrado ampliamente que una personalidad considerada «normal» puede entrar en cualquier momento de su vida en el ámbito de la patología mental, incluída la psicosis, y que, a la inversa, un enfermo mental, incluso psicótico, que recibe un tratamiento correcto y precoz, conserva intactas sus oportunidades de retornar a una situación de «normalidad». De manera que actualmente, ya no nos atrevemos a oponer de manera demasiado simplista las gentes «normales» a los «enfermos mentales» cuando consideramos la estructura profunda. Ya no nos dejamos embaucar por las manifestaciones exteriores, por estridentes que sean, correspondientes al estado (momentáneo o prolongado) en que se encuentra una estructura verdadera, y no un cambio real de esta estructura en sí misma.

Si nos limitamos, en un primer momento al menos, a lo que en mis hipótesis personales llamo *«estructuras estables»* (es decir, psicóticas o neuróticas), parece evidente que dentro de una línea estructural psicótica, existen tantos términos de transición entre «psicosis» y cierta forma de «normalidad» adaptada a la estructuración de tipo psi-

cótico, como los que existen dentro de una línea estructural neurótica entre «neurosis» y cierta forma de «normalidad» adaptada a la estructuración de tipo neurótico.
Sin duda, un ejemplo podría ilustrar de manera mucho más precisa mis palabras:

Obs. n.° 1

René tiene 38 años. No tiene conocimiento de ningún antecedente médico notable. Alto, delgado, no parece ni muy fuerte físicamente, ni muy cuidadoso de su persona, ni muy atento a lo que pasa a su alrededor. René ha sido el hijo único de un padre bastante mayor y taciturno, notario en un pueblecito, y de una madre mucho más joven, autoritaria y bastante agresiva.

Ha crecido fundamentalmente entre esta madre, su tía (hermana de la madre) y la abuela materna, en cuya casa se alojó durante los años de sus estudios secundarios y sus comienzos en la Universidad.

Esos estudios fueron excelentes, al estar René dotado de un muy elevado cociente intelectual, pero se eternizaron debido a que René no acababa de decidirse por una orientación definida ni por una carrera precisa. Se graduó muy pronto en la orientación literaria de la Escuela Normal superior, pero no por eso dejaba de buscar certificados de capacidad en todos sentidos, principalmente certificados «científicos» que obtenía fácilmente, y se permitió incluso un giro momentáneo hacia el campo del Derecho. Al ganar un concurso de la Agregación de Letras, aceptó finalmente un puesto en un gran liceo parisino, pero al cabo de algunos años, y mientras continuaba todavía enseñando en clases preparatorias, fue designado para un puesto importante en la administración central.

Simultáneamente, proseguía ciertas investigaciones matemáticas y escribía poemas. Ponía de manifiesto a la vez un gran eclecticismo y muy escasos elementos pasionales; se permitía pocas distracciones, pero no se aburría.

La mayoría de sus colegas, casados y padres de familia, considerados «normales» por el hecho de que pasaban sus veladas en cócteles o espectáculos de moda, los domingos en las carreteras suburbanas, los martes de carnaval en Val-d-Isère, las Pascuas en casa de sus suegros y los meses de agosto en España, lo consideraban a *él* como un «original», simpático pero algo inquietante. En efecto, frente a él todo el mundo se sentía más o menos cuestionado, y pronto cada uno acababa por proyectar sobre René la inquietante extrañeza que éste hacía nacer en el otro, dentro del frágil sistema de ideal colectivo adoptado por los miembros del grupo considerado «normal» por simples razones estadísticas o ideales.

René experimentaba deseos sexuales, pero en la mayoría de los casos se las arreglaba para poner entre la mujer y él distancias tranquilizantes o dificultades apaciguadoras.

Sin embargo, y luego de muchas vacilaciones, acabó casándose con una viuda joven, inteligente, activa y simpática, pero a quien las gentes consideradas «normales» en esa época reprochaban que no se sometiera a los gustos del momento.

René experimentó un difícil comienzo conyugal: su madre no se mostraba favorable a ese matrimonio; por su parte, los suegros «mimaban» excesivamente a la pareja; finalmente, René comenzó a sentir durante algunos meses una especie de «bola» que subía y bajaba, y que le oprimía al nivel de la laringe. La «nuez», le decían, sin duda riendo, los amigos que habían leído tratados de divulgación psicoanalítica. Y efectivamente, dadas las difíciles circunstancias matrimoniales, la broma parecía muy acertada.

Luego la pareja se creó una vida independiente, poco original en relación con lo que los demás llaman «originalidad», pero bastante original, sin embargo, si nos referimos a lo que la mayoría suele denominar apresuradamente «normalidad».

Nacieron tres hijos, educados de una manera «curiosa»: es decir que a vecinos, padres y amigos les chocaban las libertades de que disfrutaban. Sin embargo, sus padres no les abandonaban del todo, y los niños no parecían sufrir en absoluto en medio de las actividades «bohemias» de esta familia que sigue sin tener otra cosa que una antigua vivienda (en un barrio poco cotizado), un automóvil curioso (de una marca extranjera poco conocida), una casa para las vacaciones poco confortable en una campiña encantadora pero sin prestigio, una situación financiera siempre complicada a pesar de un buen salario y algunos suplementos, etc.

René y su esposa son invitados frecuentemente a casa de colegas o parejas que han conocido en viajes o actividades culturales diversas, no porque ellos experimenten la necesidad de brillar o entretenerse en sociedad sino porque, especialmente René, se muestra interesado —gracias a su mayor cultura y su espíritu abierto— por las zonas de inversiones narcisistas más diversas que encuentra en sus anfitriones.

Por su parte, René y su esposa reciben fácilmente y sin una particular necesidad de ostentación a quienes simplemente tienen deseos de ver, sin sentirse, por otra parte, particularmente violentos si por razones prácticas deben incorporar a un superior o a un colega menos simpático, pero bien situado.

¿René es «normal» o no?

Sin ninguna duda, se trata de una estructura edípica con una fijación materna bastante importante que ha fijado las inversiones afectivas dentro de ciertos límites difícilmente franqueables. Pero una vez planteado esto, podemos comprobar en principio que no se ha producido ninguna descompensación neta, y a continuación, que al parecer no hay motivos para temer ninguna amenaza de descompensación, ya que el conjunto de los mecanismos de defensa y adaptación parece funcionar con una evidente flexibilidad y una indiscutible eficacia, teniendo ciertamente en cuenta la realidad exterior, pero también, y en primer lugar, las realidades *internas* del sujeto, tanto de sus talentos como de sus sectores eventualmente amenazados.

Por lo tanto, yo consideraría el caso de René como una estructura al mismo tiempo neurótica edípica y genital (lo que no es, desde luego, una enfermedad en sí misma, sino una categoría fundamental de funcionamiento psíquico) y como un caso *bien adaptado* en el seno de ese grupo de estructuras.

2. *PATOLOGIA Y «NORMALIDAD»*

En el curso de los últimos decenios, diferentes autores se han dedicado a estudiar la dialéctica normalidad-patología.

E. MINKOWSKI (1938), pone de relieve el carácter subjetivo de la noción de «*norma*», que sin embargo suele sobreentenderse como un simple acuerdo con las necesidades y las realidades de la existencia. Se pone el acento en la relación con los otros, aunque el carácter principal del estudio se mantiene dentro de una óptica más especialmente fenomenológica.

E. GOLDSTEIN (1951) se orienta de entrada en una dirección bastante peligrosa al referirse a las nociones de «orden» y de «desorden» que preparan toda una sucesión de juicios de valor que resulta siempre engorroso formular, o incluso simplemente intentar, en el marco de la psicopatología; efectivamente, la unidad de medida corre automáticamente el riesgo de ser considerada más en relación con las escalas del grupo de los observadores que con una escuela establecida en función de los datos *interiores* del sujeto observado.

G. CANGUILHEM (1966) se refiere a diversos trabajos de los años anteriores: A. COMTE (1842) quien, apoyándose en el principio de BROUSSAIS presenta la enfermedad como exceso o defecto con relación al estado «normal»; Claude BERNARD (1865), para quien toda enfermedad no es otra cosa que la expresión conflictiva de una función «normal»; LERICHE (1953), para quien no existe umbral previsible entre lo fisiológico y lo patológico, con lo que la salud podría definirse sintéticamente como el estado de silencio de los órganos; JACKSON, finalmente, para quien la enfermedad se halla constituída por una privación y una reorganización ligadas a una disolución y una regresión, ideas que retoma H. EY quien precisa el orden de disolución, de la enfermedad, de las funciones mentales a partir de lo que ha sido adquirido más recientemente en la maduración ontogénica del sujeto. G. CANGUILHEM define la enfermedad como la reducción del margen de tolerancia en relación con las infidelidades del medio. «Normalidad» sería también sinónimo de «*adaptación*», y esta idea comporta matices que permitirían a G. CANGUILHEM incluir algunos estados considerados por otros como «patológicos» dentro de los límites de lo «normal», en la medida en que esos estados pueden expresar una relación de «normatividad» con la vida particular del sujeto.

M. KLEIN (1952) nos propone, en toda evolución psicogenética del niño, una posición persecutoria primitiva seguida de una posición depresiva más o menos edípica. La primera posición, sobre todo, procedería obligatoriamente de mecanismos económicos de tipo psicótico, y toda patología ulterior no podría sino tener en cuenta las fijaciones arcaicas en esas fases obligatorias para todos. Si bien estamos de acuerdo en no considerar «normal» a una estructura que haya seguido una evolución infantil a todas luces privilegiada, también nos resulta difícil concebir, cuando atendemos neuróticos o estados límites, que todos los individuos hayan atravesado un período en el que su Yo se ha constituído inicialmente de acuerdo con un modelo psicótico, en el sentido preciso que continuaremos dando a ese término, es decir, en una auténtica economía de fraccionamiento, verdadera *organización* estructural, y no una mera etapa, laguna o imperfección evolutiva.

A. FREUD (1968) creyó poder definir la normalidad en el niño a partir de la manera en que se establecen poco a poco los aspectos tópicos y dinámicos de la personalidad, y de la forma en que se producen y se resuelven los conflictos pulsionales.

C. G. JUNG (1913) ha intentado, por una parte, presentar los aspectos complementarios de los personajes míticos de Prometeo (el que piensa *antes*) y Epimeteo (el que piensa *después*), es decir el introvertido y el extrovertido, refiriéndose a las obras de Carl SPITTELER y de W. GOETHE. La «normalidad» estaría vinculada a la unión de esas dos actitudes que C. G. JUNG considera cercana a la concepción brahmánica del símbolo de unión. Por otra parte, el autor compara las nociones de *adaptación* (someterse a su entorno), *inserción* (ligada a la noción única de entorno) y *«normalidad»*, que correspondería a una inserción sin fricciones, destinada simplemente a cumplir condiciones objetivamente fijadas. Lo patológico aparecería a partir del momento en que el individuo saliera del marco de sumisión al entorno que corresponde a la «inserción», reservada a ese único círculo. Nos parece que este concepto es similar al que describiré en otro momento, con referencia al movimiento de depresión anaclítico del estado límite, dado que en este caso el individuo corre el riesgo de abandonar el círculo restrictivo pero tranquilizador de lo familiar fálico.

J. BOUTONIER (1945) ha mostrado el pasaje de la angustia a la libertad en el individuo que ha llegado a ser «normal», a pesar de que la maduración afectiva, fundamento de toda «normalidad» auténtica, es definida por el Dr. ANZIEU (1959) como una actitud desprovista de ansiedad con respecto al inconsciente tanto en el trabajo como en el ocio, la aptitud para hacer frente a las inevitables manifestaciones de este inconsciente en todas las circunstancias en que la vida pueda colocar al individuo.

R. DIATKINE (1967) ha propuesto considerar como una señal de anormalidad el hecho de que el paciente «no se sienta bien» o «no sea feliz», e insiste, por otra parte, sobre la importancia de los factores dinámicos y económicos internos en el curso del desarrollo del niño, en lo concerniente a las posibilidades de adaptación y de recuperación, la tendencia a la limitación o la extensión de la actividad mental, y las dificultades con las que se encuentre en la elaboración de las fantasías edípicas. R. DIATKINE nos advierte contra la confusión tan frecuente entre el diagnóstico de estructura mental y el diagnóstico de normalidad psicopatológica. Esta preocupación ya no tiene, aparentemente, razón de ser. Efectivamente, un diagnóstico de estructura psíquica estable, en el sentido en que la defino a lo largo de todo este estudio, puede plantearse independientemente de toda referencia a la patología, en tanto que el diagnóstico de «normalidad» implica, por el contrario, un examen de la manera como el sujeto se entiende con su propia estructura psíquica.

Para R. DIATKINE, no es posible hallar en el adulto la llamada estructura «normal». Toda situación nueva con la que se enfrenta un individuo pone en cuestión su equilibrio psíquico, y el autor estudia alternativamente las dificultades que puede expresar este sufrimiento en el niño, según las edades y los estadios de maduración. Trata de determinar la gama de los pronósticos relacionales ulteriores, e incluye del lado de los elementos perturbadores todas las restricciones de actividades u operaciones mentalmente nuevas, en particular los sistemas regularmente repetitivos, más o menos irreversibles.

C. CHILAND (1966) ha retomado un punto de vista paralelo al demostrar que los niños, cuyo poder normativo es el más desarrollado, no están sin embargo exentos de ciertos signos de la línea neurótica o fóbica. Lo que serviría de criterio de normalidad sería, más que un simple diagnóstico de estructura, la flexibilidad del pasaje de un buen funcionamiento situado al nivel de lo real, a un buen funcionamiento situado al nivel fantasmático. Este punto de vista se revela productivo en el plano de la reflexión cuando se lo compara con las conclusiones a las que han arribado en patología escolar africana LEHMANN (1972), LE GUERINEL (1970) o MERTENS DE WILMARS (1968) con niños que, al tropezar con la ambigüedad producida por dos modelos culturales muy diferentes propuestos por la realidad, experimentaban justamente dificultades reales para franquear el paso entre una buena integración de lo real y una buena elaboración fantasmática; sin duda los problemas psicopatológicos verificados se orientan en el sentido de las hipótesis de C. CHILAND, quien precisa (1965):

«Nuestro objetivo no es necesariamente hacer del niño un individuo conforme a lo que su medio, su familia, la escuela o la sociedad esperan de él, sino hacerle capaz de acceder a su autonomía y su felicidad con la menor cantidad posible de limitaciones.»

P. BOURDIER (1972), finalmente, ha analizado diferencias lógicamente previsibles entre las «normas» de una mujer y las de un hombre, por ejemplo, o entre las asumidas por niños de edades diferentes. Un niño de cuatro años podría comportarse como un «loco» siendo completamente «normal», en tanto que en período de latencia los mismos síntomas desencadenarían una viva inquietud en el psiquiatra. Por otra parte, un niño «normal» de cuatro meses no percibiría el deceso de su madre si se le interpusiera un sustituto válido, en tanto que un niño de quince meses «normal» se hallaría muy perturbado por el hecho de no poder agredir a la madre y volver a verla intacta un momento después; en cuanto a un niño «normal» de seis años se satisfaría con el sufrimiento propio del trabajo de duelo.

A. HAYNAL (1971) muestra la dificultad de aplicar al dominio psíquico los habituales criterios de «normalidad» que se refieren a la adaptación, la felicidad, la expansión, etc., y la importancia de la relatividad sociológica de la noción de «normalidad», tanto en el hombre como en las sociedades animales, en las que deben tenerse más en cuenta las condiciones ecológicas y la densidad territorial de la colectividad en cuestión.

Por otra parte, hay comportamientos raros que no son sin embargo anormales. Como lo señala J. de AJURIAGUERRA (1971) a propósito de un texto de KUBIE: «*La salud es un estado estadísticamente raro y sin embargo en absoluto anormal.*»

Me parece conveniente reconsiderar ahora los conceptos freudianos que conciernen a la noción de «normalidad», y que, en nuestra opinión, pocas veces se han tenido en cuenta.

En este terreno, como en muchos otros que se refieren a la psicología, tanto «normal» como «patológica», S. FREUD ha significado un viraje importante en la manera de pensar de los psicopatólogos. Antes y después de sus informes teóricos y clínicos las concepciones habían cambiado radicalmente; lo que seguramente no quiere decir, como ya veremos, que antes de S. FREUD nadie haya escrito sobre estos temas, ni tampoco que S. FREUD haya tenido la posibilidad y el tiempo de agotar tal estudio.

De sus *Tres ensayos sobre la teoría de la sexualidad* (1905), de su *Formulación de dos principios del funcionamiento mental* (1911) y de sus *Cinco psicoanálisis* (1905-1918) podemos retener tres postulados:

1. Toda la psicología del adulto tiene sus fuentes en las dificultades experimentadas a nivel del desarrollo de la *sexualidad infantil*.
2. Son las *pulsiones inhibidas*, sexuales y agresivas, las que crean los síntomas.
3. El modo como se vive la *etapa organizadora* de la personalidad (es decir, el Edipo), depende esencialmente de las condiciones del *medio ambiente*.

Por otra parte, las precisiones que S. FREUD aporta en textos menos conocidos no invalidan en absoluto esos tres postulados: en sus *Caracteres psicopáticos en el teatro* (1906) muestra que la inhibición se cumple en el carácter no patológico, en tanto que ese resultado falta en el carácter patológico; pero el término «patológico» se limita aquí exclusivamente al sentido de *neurótico*. En *Algunos tipos de caracteres descubiertos en la labor psicoanalítica* (1915) estudia las excepciones: los que fracasan ante el éxito y los criminales por sentimiento de culpabilidad exclusivamente por referencia a la economía edípica, superyoica, genital y castradora, o sea, a la línea neurótica. En el *Final del Edipo*, S. Freud (1923) llega a declarar que lo que distingue lo normal de lo patológico reside en la desaparición o no del complejo de Edipo; dicho de otra manera, rehusa la categoría de «normalidad» a toda estructura no neurótica e incluso, al parecer, a una estructura neurótica en la que la represión del Edipo hubiese actuado sólo de manera parcial. Exige la desaparición completa del complejo. En sus *Tipos libidinales* (1931), finalmente, trata de «cubrir la distancia que supuestamente existe entre lo normal y lo patológico» mediante la distinción de tres tipos básicos: el erótico, el narcisista y el obsesivo, que se combinarían habitualmente en sub-tipos: erótico-obsesivo, erótico-narcisista y narcisista-obsesivo; el tipo teórico erótico-obsesivo-narcisista representaría, según FREUD, «*la absoluta normalidad*, la armonía ideal». Pero aparentemente FREUD se deja atrapar por el engaño de la universalidad de las apelaciones «neuróticas», ya que si bien sus pertinentes descripciones del obsesivo y del narcisista-obsesivo corresponden acertadamente a economías de neurosis obsesiva, y el tipo erótico a economías neuróticas histéricas, parecería que bajo la cobertura del tipo erótico-narcisista, más que neurosis describe estados límites; bajo la cobertura del tipo narcisista, caracteriales logrados; y finalmente prepsicóticos bajo la cobertura del tipo erótico-obsesivo (en este caso el acento recae sobre las defensas antipsicóticas más que sobre las incertidumbres del Yo).

En este último artículo, más tardío dentro del conjunto de su obra y que avanza más profundamente en la búsqueda de los elementos dialécticos entre normalidad y patología, S. FREUD trata de ir lo más lejos posible en el reconocimiento de fenómenos no patológicos que impliquen sin embargo inflexiones particulares en el modo de inversión de la libido en cada tipo descrito. Pero FREUD se halla prisionero de su gran descubrimiento: *la economía genital edípica y neurótica,* a la que reduce, por cierto que con algo de insatisfacción, la mayor parte de sus otras descripciones clínicas.

Efectivamente, antes de FREUD los humanos se dividían habitualmente en dos grandes categorías psíquicas: los «normales» y los enfermos mentales (entre los que se incluían en bloque los neuróticos y los psicóticos). El gran mérito de FREUD consiste en haber demostrado mediante sus trabajos revolucionarios sobre la economía neurótica que no existía ninguna solución de continuidad entre ciertos funcionamientos mentales considerados «normales» y el funcionamiento mental considerado «neurótico». Todos los grados existen y los mecanismos siguen siendo, en el fondo, los mismos; sólo difieren, en mayor o menor medida, la adecuación y la flexibilidad del juego de esos mecanismos. Infortunadamente, S. FREUD no se aventura mucho más allá del terreno neurótico. Describe como neurosis un indiscutible estado límite como el de «el hombre de los lobos» (1918), y conocemos su renuncia a abordar a los psicóticos, sus vacilaciones en la discusión de los datos nosológicos que concernían al Presidente SCHREBER (1911).

Si bien al final de su vida escribió, en *Compendio de psicoanálisis* (1940), que era *«imposible "establecer" científicamente una línea de demarcación entre estados normales y anormales»,* S. FREUD, como todos aquellos que de manera más o menos inequívoca han permanecido fijados exclusivamente en las posiciones de su época, pensó durante mucho tiempo que la división no se planteaba entre normales por una parte y enfermos (neuróticos o psicóticos reunidos) por otra, sino, entre neuróticos y normales (que corresponden a los mismos mecanismos conflictuales y defensivos), por una parte, y por otra el grupo de los «no normales», que abarca todo el resto; ese «resto» al que se alude de manera imprecisa con la denominación de psicóticos y prepsicóticos diversos, o bien más diversificados en psicosis concretas, pero también en estados límites, caracteriales, perversos, etc.

Me propongo ir aún más lejos: parto del punto de vista de que es posible distinguir, por una parte, las estructuras auténticas, sólidas, fijas y definitivas (psicóticas o neuróticas) y por otra las organizaciones intermediarias (estados límites) menos especificadas de manera duradera y que pueden originar disposiciones más estables (enfermedades caracteriales o perversiones).

En lo que concierne al primer grupo, podemos considerar que existen tantos términos de trancisión entre «normalidad» y psicosis descompensada en la línea estructural fija psicótica como entre «normalidad» y neurosis descompensada en la línea estructural fija neurótica. Por el contrario, en lo que concierne al segundo grupo definido como intermediario, veremos enseguida que es difícil considerar una *real «normalidad»*, debido a la intervención de enormes contra-inversiones energéticas antidepresivas y permanentes (justamente, en razón de la precariedad de la adaptación a las realidades internas y externas) y de la inestabilidad profunda de tales organizaciones, que no están realmente estructuradas en el sentido definitivo y pleno del término.

Así pues, reservaríamos la noción de «normalidad» a un estado de adecuación funcional feliz solamente en el interior de una estructura fija, ya sea neurótica o psicótica, en tanto que la patología correspondería a una ruptura del equilibrio dentro de la misma línea estructural.

Nos parece útil un ejemplo clínico:

Obs. n.º 2

Georges tiene 42 años. Es director de un Liceo. No sabemos casi nada de su primera infancia, que dice recordar muy poco y sobre la que no desea hablar. Quedó huérfano de madre y luego, muy pronto, de padre. Le adoptó entonces una familia amiga de sus padres, conducida por una mujer autoritaria, rígida y poco afectiva.

Muy bien educado en el plano funcional, realizó estudios altamente satisfactorios. Se reveló como un adolescente bastante precoz en el plano intelectual, como un estudiante meticuloso, y luego como un docente muy atento y racional. Sus cualidades de precisión, orden y razonamiento teórico, su sentido de la autoridad, el derecho y el método le valieron un rápido avance administrativo a pesar de algunas asperezas en las relaciones con sus alumnos o colegas.

A los veinticinco años se casó con una mujer de la misma edad. También docente, igualmente autoritaria y bastante rígida. Tuvieron dos hijos que parecen gozar de buena salud, pero que muy pronto fueron colocados en pupilaje a cierta distancia por su «bien» aparente y racional.

La pareja evolucionó en grupos de investigación profesional e incluso filosófica bastante audaces (pero sin dejar de ser específicamente burgueses), y a menudo ocupó sus noches, sus domingos y sus momentos libres con el pretexto de reuniones o de cursillos diversos orientados hacia técnicas, posiciones o ideas cuidadosamente seleccionadas de manera tal que se opusieran siempre al pensamiento común de los colegas del mismo establecimiento.

Podríamos ver a Georges como un ejemplo de sujeto «original», es cierto, pero de apariencia normal, bien adaptado a sus realidades internas y externas. Los principales mecanismos de defensa que hemos adelantado hasta ahora pueden considerarse de tipo obsesivo.

Pero he aquí que, durante una sesión de «dinámica de grupo» organizada por su Academia, George es el sujeto de más edad y de mayor jerarquía del grupo en el que participa. El animador, conocido por su ambivalencia respecto de la Universidad, disfruta en cierta medida al verlo vacilar en sus argumentos, aunque le cree capaz de defenderse. El moderador, aún mucho más cáustico con respecto a la autoridad y deseoso de complacer a los agresivos, se abstiene de intervenir. Así es como George recibe sin ninguna precaución particular (ni preparación, desde luego), toda la descarga agresiva del grupo. Inmediatamente se siente presa de un malestar interno, y no sabe ya con claridad quién es, dónde está, ni qué hace. Huye de la sesión, y, muy excitado, recorre la pequeña ciudad en que ésta se desarrolla, creyéndose perseguido por cualquiera que use uniforme.

Cuando se requieren los servicios de un médico interviene un amigo que reside en los alrededores: lleva a Georges a su casa, y lo confía a un psiquiatra conocido que ordena reposo al paciente, lo atiende primero con medicamentos y sedantes, y luego lo envía a un psicoanalista.

Actualmente, Georges evoluciona bien. Ha retomado todas sus actividades profesionales, pero sus relaciones sociales han mejorado, y sus aspectos reivindicativos se han corregido.

Sin embargo, se trata sin ninguna duda de una estructura psicótica; el tratamiento analítico ha identificado transferencia fusional, angustia de fraccionamiento, e importantes negaciones de la realidad. Esta estructura, hasta entonces no descompensada y que había permanecido en los límites de una indiscutible «normalidad», ha «estallado» repentinamente ante una agresión externa demasiado poderosa en relación con las defensas habituales del sujeto. Esta circunstancia ha originado la despersonalización y el delirio. Georges ha pasado del estado «normal» al estado «patológico» sin que su estructura profunda varíe. Las defensas de modo obsesivo han cedido momentáneamente ante la intensidad de la agresión practicada por lo real; y le ha resultado imposible negarlo, porque las anulaciones obsesivas de las representaciones pulsionales ya no resultaban suficientes. De esta manera, Georges se ha transformado en un «enfermo», sin cambiar la forma estructural de su Yo. Se ha «curado» después sin variar el estado profundo del Yo, y por lo tanto su línea estructural, gracias a un tratamiento que permitió el restablecimiento de defensas más adecuadas, sin modificar sin embargo su modo de organización mental subyacente.

3. LA «NORMALIDAD» PATOLÓGICA

Hemos visto la posibilidad de considerar por una parte cierta «normalidad» y por otra las manifestaciones patológicas, en función de un modo de estructuración fijo y preciso.

Pero las cosas parecen complicarse un poco cuando nos vemos en la necesidad de describir las personalidades llamadas «pseudo-normales», y que no corresponden justamente a una estructura estable ni definitiva, tal como ocurría cuando nos referíamos a las estructuras de la línea neurótica o de la línea psicótica. En el interior de estas últimas líneas, bien definidas en su evolución, los sujetos se defienden de la descompensación por medio de una adaptación que atañe tanto a su propia economía como a los diferentes factores de originalidad: como veremos más tarde, esa adaptación provee a sus comportamientos relacionales de elementos singulares que constituyen simples «rasgos de carácter». Por el contrario, las personalidades «pseudo normales» no se hallan así estructuradas en el sentido neurótico ni en el psicótico, sino que se constituyen, a veces de manera bastante duradera aunque siempre precaria, según diversos mecanismos, no muy originales, que obligan a esos sujetos a «jugar el rol de la gente normal», e incluso a veces «al hipernormal» más que al original, con tal de no descompensarse en la depresión. Se trata, de alguna manera, de una necesidad protectora de hipomanía permanente. Volveré a referirme a ello a propósito de los estados límites y de las neurosis de carácter en particular. Pero el sentido común detecta fácilmente, luego de un cierto tiempo de exitosa superchería y en circunstancias sociológicas diversas, a esos líderes de escasos recursos constructivos, a los cuales otras tantas personas decepcionadas narcisísticamente se aferran durante el tiempo más o menos prolongado de una ilusión. Esos personajes luchan con ardor, en nombre de un ideal o un interés cualquiera más o menos idealizado, simplemente contra su inmadurez estructural y sus frustraciones, y contra la depresión, cuyo peligro no consiguen sin embargo aventar definitivamente. Incluso son a veces, y de manera pasajera, verdaderos «geniecitos» para su familia, su barrio o su pueblo, o bien para su medio de vida o de trabajo, en tanto su hipomanía pueda corresponder a las necesidades narcisistas del contexto social. Pero no resisten una prueba duradera de confrontación con los otros o con lo real.

Tendré ocasión de precisar nuevamente, a propósito de la noción de «estructura», que en psicopatología no podemos confundir los diversos modos de funcionamiento mental remitiéndonos sólo a sus aspectos fenomenológicos y superficiales. Corresponde oponer las verdaderas «*estructuras*» (neuróticas o psicóticas con o sin jerarquía patológica) a las simples *organizaciones*, menos sólidas y que luchan en todo momento contra la depresión mediante diversas artimañas caracteriales o psicopáticas que superan el marco de lo que hemos definido anteriormente como adecuado a los parámetros de «normalidad», es decir, de adaptación económica interna a la realidad íntima del sujeto.

Las verdaderas estructuras no originan personalidades «pseudo normales» pero, según permanezcan o no libres de rupturas patológicas, pueden conducir alternativamente a los que definimos, con CANGUILHEM, como estados sucesivos de adaptación, desadaptación, readaptación, etc.

Por el contrario, las simples organizaciones se comportan de manera muy diferente: en caso de traumatismo afectivo más o menos agudo, esas organizaciones pueden, (en la mayoría de los casos) o bien hundirse en la depresión, o bien evolucionar hacia una estructuración más sólida y más definitiva de tipo neurótico o psicótico. Pero con excepción de tales accidentes afectivos, su estado corriente no puede denominarse «normal» sin restricciones, ya que parece corresponder a una defensa energética psíquica mucho más importante y mucho más costosa en el plano de las contrainversiones necesarias para apaciguar el narcisismo.

Efectivamente, esta clase de organización no se beneficia ni de la categoría neurótica de los conflictos entre el Super-yo y las pulsiones, con todos los compromisos estables posibles, ni, como en la línea psicótica, de una operación de laminación del Yo que aporta también una relativa estabilidad. En nuestras organizaciones «límites», comprobamos una lucha incesante para mantener en un anaclitismo obsesivo la seguridad narcisista que cubra los permanentes riesgos depresivos. Tales exigencias narcisistas obligan al estado límite, a las diversas afecciones caracteriales o al perverso a mantener la religión de un Ideal del Yo que induce a ritos de comportamiento muy por encima de los medios libidinales y objetales realmente disponibles al nivel de la realidad del Yo. Ello conduce al sujeto simultáneamente a imitar a los personajes ideales prototipos de «normalidad» en el plano selectivo, y también a imitar a los personajes que representan el porcentaje más elevado cuantitativamente de casos semejantes entre sí en el grupo cultural al que aspira.

Nos hallamos pues muy cerca del modo de funcionamiento mental que D. W. WINNICOTT (1969) designa bajo los nombres de «Self artificial», o de «falso Self», y que describe como organizaciones de defensas más eficaces contra la depresión. Nos hallamos también muy cerca de lo que, como consecuencia de la filosofa alemana de la «Als Ob» (con E. VAIHINGER), H. DEUTSCH (1934) ha definido bajo el término de personalidades «as if». Esas descripciones de un carácter «simili» o «como si» alcanzaron cierta celebridad porque corrèsponden a una realidad clínica frecuente y poco señalada hasta entonces, pero también debemos reconocer que parte de su éxito proviene de la carencia de referencias más precisas a una organización económica profunda, distinta de la economía estrictamente neurótica, lo que no inquieta demasiado a los espíritus analíticos defensivamente aferrados a la ortodoxia del dogma (atribuído a S. FREUD) de la infalibilidad organizadora del Edipo.

El estudio presentado por H. DEUTSCH es igualmente interesante en el plano descriptivo: hiperactividad reaccional, apego a los objetos externos y a los pensamientos del grupo, con dependencia afectiva pero sin permitirse sin embargo una desinversión objetual seria, gran labilidad ante los conflictos exteriores, pobreza afectiva y poca originalidad, dada la movilidad de sus inversiones y su nivel superficial.

C. DAVID (1972) ha descrito variadas formas clínicas en el seno de tales actitudes, y ha acentuado la tendencia a somatizar, los elementos caracteriales, la sobrevaloración de la acción, el aspecto patológico no aparente del narcisismo (Super-yo formalista, Ideal del Yo sádico, necesidad del éxito a cualquier precio), la necesidad de hiperadaptación a la realidad (estimulada por la sociedad), el aspecto en realidad carencial de la adaptación (con un único objetivo), la abrasión de las pulsiones, la angustia subyacente y el aspecto artificial de las aparentes sublimaciones. En síntesis, C. DAVID piensa que los dos fundamentos principales de esos «pseudonormales» están constituídos por la debilidad narcisista y el fracaso de ia repartición entre inversiones narcisistas y objetales.

Me parece que la siguiente observación clínica corresponde particularmente a este tipo de descripción:

Obs. n.º 3

Cuando tuve conocimiento del caso de *Julien*, éste acababa de cumplir 50 años. Hijo de un artesano modesto y anodino y de una madre estúpida, pretenciosa, inquietante, Julien fue educado en el odio a los ricos, en el temor y a la vez la devoción con respecto a la gente de buena situación, en la admiración tanto del tío canónigo (que ha llegado a ser «alguien») como del hermano mayor que había contraído matrimonio con la hija del pastelero a quien servía de aprendiz. Al igual que ese hermano mayor y las dos hermanas, Julien comienza a trabajar muy pronto con un comerciante de la región. Al mismo tiempo, y siguiendo los consejos de un camarada mayor que él, se las arregla para seguir cursos nocturnos y preparar un diploma de contabilidad que le permite, gracias a la recomendación del padre de ese compañero, entrar en un banco. Dado que es joven, soltero, no tiene muchas ocupaciones, es tan idealista como agresivo y no le gusta estar solo por las noches, se convierte rápidamente en el «delegado» de sus colegas para todas las tareas paraprofesionales a las que los otros empleados no están dispuestos a consagrar su tiempo libre. Milita en un medio sindicalista tan violento verbalmente como conservador en sus opciones latentes. Esta actuación le hace posible entablar relaciones simpáticas y tranquilizadoras con sectores diversos y ganar fácilmente tanto los sufragios de sus colegas como la complicidad tácita de sus directores.

Siempre en acción, en lucha (verbal), en discursos, desplazamientos, conferencias o negociaciones, recoge la admiración de toda su familia, incluso el tío y el hermano mayor antes envidiados. Poco a poco consigue hacerse de un nombre en los periódicos locales, ayudado por añadidura por algunas libaciones en los cafés instalados frente a las salas de redacción y que por ello permanecen abiertos hasta altas horas de la noche.

De manera que se convierte en consejero de esto, delegado de aquello, entra luego a la municipalidad y más tarde al consejo general; finalmente, gracias a un escrutinio que oscila entre un candidato saliente demasiado desgastado en cuanto a su persona, y un adversario demasiado marcado en cuanto a sus ideas, Julien llega a colocarse en una posición tranquilizadora que le favorece en la primera vuelta y en la segunda le asegura una confortable mayoría.

Y es así como llega a ser diputado por una circunscripción oscura, pero donde organiza tan bien su propaganda personal que ningún partido importante se atreve a inquietarle. Se habla del «feudo» de Julien. Todos llegan a acuerdos con él, nadie se le opone...

No puede quedarse quieto. La mujer con la que se había casado por azar en el curso de su ascensión social, al detenerse por un momento en uno de los peldaños (del que ni siquiera se acuerda), continúa educando modestamente a sus tres hijos y distribuyendo su tiempo entre las tareas domésticas, los llamados telefónicos («*No, el señor Julien no está aquí, llamadle el sábado al Ayuntamiento*»), y el café que bebe sobre el hule de la cocina con vecinas vulgares.

Julien vive en París con su «secretaria», viuda de un amigo de Julien, antiguo militante de los primeros días, quien tras las huellas de Julien y sus colegas se ha readaptado a los restaurantes pródigos, los teatros del Boulevard y los «deshabillés» vaporosos.

¿Puede haber un hombre más feliz que Julien? ¿A quién podría declararse más «normal», más logrado?

Ahora bien, he aquí que un maremoto de apariencia política pero con raíces más profundas barre a quienes no han sabido comprometerse lo bastante pronto en un sentido o en otro. Julien no es reelegido, a pesar de sus esfuerzos de última hora y las promesas fastidiadas de sus amigos, cada vez menos calurosos. Pierde al mismo tiempo a su amante, que es ahora la «secretaria» de uno de sus antiguos colegas, ya que supo reconsiderar a tiempo sus opciones y reelegir fríamente una nueva etiqueta de moda.

Debe regresar a su región, junto a su esposa anodina, retomar un empleo. ¿Cuál? La gente lo mira con una penosa ironía. Hasta sus hijos le agreden con un desprecio que él no puede soportar.

Julien se derrumba. Se angustia, siente disgusto por sí mismo, no come y adelgaza. Se altera su sueño y su pulso se acelera. No le encuentran nada médicamente objetable, pero de todas maneras lo internan en una clínica. Sin éxito. La depresión va en aumento. Una noche corre la noticia de que se ha matado en su automóvil. Los testimonios coinciden: Julien se ha arrojado prácticamente contra un árbol al volver a su casa luego de que un amigo rehusara asociarse con él en una empresa comercial con la que esperaba volver a emprender (bajo la protección de ese amigo) un nuevo ascenso social.

Evidentemente, Julien no era un psicótico. Pero tampoco había llegado nunca a constituir una verdadera estructura neurótica, edípica o genital. Había permanecido bloqueado entre esas dos líneas, en una situación bastante inestable. Tenía necesidad de ocultar su inmadurez afectiva bajo la cobertura de un éxito social brillante y continuamente renovado. Al mismo tiempo disimulaba su débil potencia genital bajo agresiones verbales compensatorias. El episodio con su amante constituía más un aspecto exterior de triunfo social y de pseudo-sexualidad que una verdadera inversión genital adulta.

Si no hubiera debido enfrentarse repentinamente con una herida narcisista inesperada, ante la cual se encontró demasiado desprovisto, Julien hubiera podido seguir bien adaptado durante mucho tiempo. Se enfermó cuando su decoro narcisista cedió y cuando la pobreza de sus intercambios afectivos dejó de ser disimulable por los mecanismos utilizados hasta entonces.

En este momento crucial, Julien fue incapaz de encontrar otros medios de plantear el cambio, y ya no estaba en condiciones de dar *solo* el paso que le hubiese conducido a una mayor sinceridad para consigo mismo.

Si los médicos que le buscaron en vano una enfermedad orgánica hubieran descubierto la inmensa angustia afectiva oculta detrás de su perturbación corporal y le hubiesen tratado o hecho tratar en psicoterapia, Julien no hubiera tenido ninguna necesidad de desaparecer. Sin ninguna duda, gracias a sus grandes cualidades y a su energía, hubiera podido reencontrar por sí mismo orientaciones nuevas — y más estables— de realización de sus necesidades afectivas reales, que no tenían nada de reprochable ni de especialmente espantoso.

Pero el interrogante sigue abierto: en su etapa de éxitos, es decir, en el momento del logro de sus contrainversiones costosas, narcisistas y antidepresivas (y no de una adaptación a una estructura estable), ¿cabía considerar que Julien respondía al concepto de «normalidad»? El precio con que pagaba sobre el plano energético la necesidad de sentirse reconocido como «normal» a los ojos de sus instancias *ideales* y a los de la mayor *cantidad* de sus semejantes —un precio, por otra parte, tan elevado en el plano de las contrainversiones—, ¿puede colocarse dentro de los límites considerados «normales»? La pobreza de sus inversiones objetales, la precariedad del potencial adaptativo de sus defensas, así como las inhibiciones referidas a sus satisfacciones libidinales, ¿se mantienen en el registro de lo «normal»? En algún momento de su vida, ¿realizó Julien una organización afectiva centrada sobre sus originalidades y necesidades propias, en lugar de considerar exclusivamente la imagen que ofrecía a la mayoría de los demás y que se ofrecía a sí mismo en el plano de las exigencias ideales que ahogaban sus deseos y necesidades económicas profundas?

La necesidad, experimentada como narcisistamente esencial, de conformarse a un ideal o a una mayoría del «grupo-que-tranquiliza»[1], ¿es un síntoma de normalidad?

D. ANZIEU (1969) piensa que en los grupos es posible determinar la inercia inherente a la naturaleza de cada individuo, a sus comportamientos adaptativos o no ante una transformación de los hábitos, los conocimientos o los métodos empleados hasta entonces. La ansiedad engendrada se opone frecuentemente a la adaptación. La autorregulación interna necesaria ante los movimientos del grupo sólo puede obtenerse gracias a las posibilidades adaptivas personales de cada uno de los miembros, teniendo en cuenta las actitudes y las motivaciones individuales como modo de comunicación de su potencial de movilidad.

C. CHILAND (1971) confirma que no encuentra en el niño estructura «normal», y que frecuentemente los niños

---

1. Sin duda el valor subyacente permanece ligado al registro familiar, pero la repetición social puede muy bien distanciarse de la «mayoría» de un conjunto demasiado importante para buscar tranquilidad en la «mayoría» de un grupo más reducido, particularmente si este último grupo se sitúa en posición «anti» en relación con el conjunto. Así se puede satisfacer (al menos en parte) simultáneamente a la *defensa*, es decir, la necesidad de seguridad en el grupo elegido (incluso el más pequeño), imagen de la familia ideal, y la *tendencia*, es decir, el deseo de agredir al grupo grande, imagen de la familia oprimente.

que «van mejor» tienen una estructura profunda de tipo neurótico.

Como lo señalaba C. DAVID (1972), conviene recordar el consejo de Henri MICHAUX: *«No te apresures en la adaptación, guarda siempre reservas de inadaptación.»*

¿Tenemos derecho a plantear un segundo problema que conjugue al mismo tiempo los criterios más auténticos en el plano de las realidades íntimas y la consideración de relaciones más diversificadas y menos angustiadas con la realidad externa? La «normalidad» no es fundamentalmente inquietarse por el «¿cómo hacen los otros?», sino simplemente buscar a lo largo de toda la existencia, sin demasiada angustia ni demasiada vergüenza, la mejor manera de manejar los conflictos con los demás y los conflictos personales, sin alienar sin embargo ni el propio potencial creador ni las necesidades íntimas.

4. «NORMALIDAD» Y STANDARIZACIÓN

Corresponde que nos preguntemos cómo puede establecerse la patogenia del comportamiento «pseudo-normal», demasiado centrado a la vez sobre un ideal y sobre una mayoría.

También tenemos derecho a plantearnos una segunda pregunta que, a pesar de las apariencias, se vincula estrechamente con la primera: en nuestros días, y en función de diversos factores actuales, ¿no tiende el individuo más hacia lo «standard» que hacia lo «normal»?

En efecto, en un momento en el que el mercado comercial reemplaza poco a poco los antiguos productos artesanales, a veces excelentes y otras muy inconstantes, por artículos standarizados (alimentación, artículos del hogar, amoblamiento, construcción, etc.), cuyos atributos son sin duda inferiores al refinamiento, pero sin embargo, y en general, superiores a la mediocridad, no sería sorprendente observar que paralelamente, el ser humano se sacrificara a la misma necesidad de seguridad, de conformidad, de polivalencia mal diferenciada en su propia utilización de sí mismo.

Creo que un libro reciente de B. BETTELHEIM (1971), *Les enfants du rêve*, parece muy indicado para proporcionarnos elementos que nos permitan responder a esas dos preguntas. Y al mismo tiempo, el texto citado nos invitaría a reflexionar sobre las consecuencias de una evolución que también puede producirse entre nosotros y que tiende a reducir sensiblemente los límites inferiores y superiores de la gama de posibilidades de maduración afectiva de las individualidades en un grupo educativo standarizado.

La obra de B. BETTELHEIM aparece como un verdadero estudio experimental de la génesis de la «pseudonormalidad» en un medio contemporáneo natural, aunque enteramente compuesto a partir de elementos artificiales (tanto doctrinales como coyunturales), que ciertamente no hallan su origen exclusivamente en el azar, y que no tenemos la intención de juzgar. Allí podemos discernir una anticipación o una simple caricatura de lo que comienza a darse en algunos de nuestros nuevos conjuntos suburbanos[1].

La experiencia se desarrolla en los kibutz de Israel. Se trata de padres trasplantados pero que han elegido libremente intentar la experiencia de un nuevo modo de vida. El kibutz, en tanto que organización comunitaria lograda, ejerce un control completo sobre la vida de sus miembros, desde el momento de su nacimiento. A cambio, les asegura protección y se hace cargo de ellos totalmente. La educación se desarrolla en una forma comunitaria absoluta que resta toda iniciativa a los padres pero les evita también todo error,[2] toda fuente de frustración o conflicto familiar. Separados de su madre desde el quinto día, y destetados a los diez meses, los niños del kibutz llegan a la adolescencia en un medio ambiente en el que sus compañeros revisten mucha más importancia para su desarrollo afectivo que cualquier adulto. Los grupos de vida son mixtos: chicos y chicas conviven plenamente, tanto en los dormitorios como en los servicios, pero toda manifestación sexual les está totalmente prohibida hasta que salgan del kibutz, a la edad

---

1. Desgraciadamente, las cosas se nos presentaron, en el plano experimental, de manera mucho menos aséptica, en razón de la persistencia, sumada a condiciones nuevas, de infraestructuras socioculturales vetustas que perturban los datos del estudio de las consecuencias de los factores de adquisición más reciente.
2. Al menos, todo error podría ser imputado, *après coup*, a los padres.

de 18 años, que es cuando se inicia el servicio militar para los dos sexos.

Los testimonios, acerca de los cuales no tenemos ninguna razón para alimentar sospechas, concuerdan en la comprobación de que este sistema no engendra ni drogadictos, ni delincuentes, y muy pocos niños cuya afectividad se vea perturbada caracterial o precozmente en un grado importante.

Las conclusiones de una encuesta realizada a escala nacional en Israel, y referida al nivel escolar de los niños de los kibutz, revelan logros absolutamente «medios», con tan pocos resultados superiores como deficientes. B. BETTELHEIM (1971) piensa que la influencia reveladora del kibutz parece haber mantenido en un nivel medio decoroso a los alumnos *(podemos deducirlo por la alta performance general)* que tenían potencial suficiente como para contarse entre los mejores. De la misma manera, ha operado una nivelación hacia arriba en el caso de los menos dotados. Una vez más parece que el sistema de educación favorece los resultados medios, o, dicho de otra manera, al grupo.

En el plano genital, el kibutz adopta una posición bastante puritana, no por condenar la sexualidad en sí y por principio, sino por mostrar continuamente al joven que una realización demasiado precoz de sus deseos en ese plano necesariamente perjudica energéticamente o afectivamente al grupo, y B. BETTELHEIM reconoce que el mensaje que el joven recibe es que tener relaciones sexuales está «mal». Los niños del kibutz experimentan en numerosos terrenos una libertad mucho mayor que los otros niños de su edad, en particular en la educación del aseo personal, pero B. BETTELHEIM estima que sufren una mayor inhibición en todo lo que concierne a la sexualidad. Por otra parte, debemos señalar que la vergüenza (ascendencia narcisista) juega un rol mucho más activo en relación con el grupo, en las descripciones propuestas, que la culpabilidad (ascendencia edípica y genital) con respecto a los padres o a sus sustitutos.

Por último, merece destacarse un último punto referido al comportamiento militar de los habitantes de los kibutz: B. BETTELHEIM piensa que «juntos, pueden sentirlo todo, hacerlo todo, serlo todo; librados a sí mismos, parecen muy poco capaces». Durante los períodos de guerra lucharon muy valientemente, no cabe duda; sin embargo, el porcentaje anormalmente elevado de pérdidas en sus filas atrajo la atención del estado mayor israelí, que consideró que comparados con sus camaradas de otros orígenes estos jóvenes carecían de juicio y de flexibilidad, de capacidad de adaptación a las situaciones imprevistas y cambiantes.

Lo que podemos extraer de este notable estudio nos permite refutar fácilmente los temores de patología colectiva o sistemáticamente individual en el interior del kibutz. Pero no podemos dejar de asociar, en muchos terrenos, el funcionamiento mental del kibutz con la organización psíquica de tipo anaclítico no descompensada que hemos descrito extensamente en el curso de otros capítulos del presente trabajo. Como lo testimonia B. BETTELHEIM, entre los niños del kibutz no se da el alto porcentaje de procesos psicopáticos más o menos precoces que invade nuestros consultorios o nuestros servicios hospitalarios de paidopsiquiatría. Sin duda entre los niños en cuestión deben hallarse algunos sub-equipamientos afectivos o sensorio-motores notables, pero podemos suponer que incluso en esos casos (y con mayor razón en los casos de muy buen equipo hereditario) la ausencia precoz de los padres, y de la madre en particular, y más tarde su sustitución por una nurse colectiva neutra, competente y «standard», no permite que en torno del niño pequeño se constituya la tríada previa al establecimiento precoz de una estructuración psicótica: déficit personal + frustraciones muy precoces + toxicidad maternal importante y prolongada. Al faltar automáticamente los dos últimos factores, no nos sorprende que el pequeño educado en un kibutz tenga muy pocas oportunidades de convertirse en psicótico.

Sin embargo, la situación de absoluto apuntalamiento en el seno del grupo que le sitúa en un estadio de aparente «normalidad» mucho más tempranamente que los otros niños, ha de jugar, sobre el terreno de la evolución edípica ulterior, en su contra, para mantenerle en una relación de objeto de modo anaclítico bastante estrecha que dificulta el acceso a una dialéctica triangular genital. Esto es lo que ha comprobado y descrito B. BETTELHEIM (1971);

y es lo que encontramos en nuestras organizaciones «límites».

La «normalidad» de tales sujetos corresponde, en el plano de la organización afectiva interna, a la necesidad de restablecer continuamente, por medio del apoyo en el otro, un narcisismo que enfrenta permanentemente el peligro de debilitamiento, tanto si tiende a convertirse en objeto sexual como en rival edípico.

D. ANZIEU (1971) ha mostrado cómo la situación grupal podía implicar el riesgo de pérdida de identidad del sujeto. A la inversa, podemos considerar que el grupo opera también una especie de «salvataje» colectivo del individuo que tiene dificultades de identificación, pero al precio del renunciamiento a ciertos aspectos originales, así como a la soledad de los resultados de los procesos identificatorios individuales tales como se desarrollan habitualmente en el sujeto que puede aceptar la responsabilidad de una cierta independencia.

Me parece que aquí se sitúa todo el problema económico del «pseudo-normal»: haber evitado perturbaciones importantes de la infancia pero no poder acceder a un status de adulto lo bastante sólido estructuralmente como para hacerle independiente en el plano de las necesidades libidinales y de sus relaciones objetales; la consecuencia tópica de esta carencia económica se manifiesta en la sobreinversión de un Ideal del Yo pueril, y su consecuencia dinámica en la orientación más o menos exclusivamente narcisista que se ofrece a las inversiones pulsionales; por otra parte, J. B. PONTALIS (1968) estima que el grupo puede llegar a reemplazar el objeto libidinal al convertirse él mismo en objeto libidinal en el sentido psicoanalítico del término, lo que, en nuestra opinión, sigue siendo mucho menos inquietante para el narcisismo individual, pero estimula enojosamente al sujeto a no buscar más auténticos objetos libidinales fuera del círculo demasiado restringido del grupo.

Ya no se favorece la originalidad, y ¿podemos acaso seguir hablando de «normalidad» en el sentido pleno del término sin respeto a la originalidad?

5. EDIPO Y «NORMALIDAD»

Las reflexiones precedentes conducen inevitablemente a plantearnos una cuestión sumamente embarazosa, que quizás corramos el riesgo de ser incapaces de responder sin apelar, conscientemente o no, a juicios de valor o a opciones ideales.

Si adoptamos como hipótesis de trabajo el riesgo de definir la «normalidad» como una adaptación considerable a los datos estructurales internos estables y exteriores móviles, nos vemos obligados a considerar como «normales» los comportamientos más o menos originales de todas las estructuras, neuróticas o incluso psicóticas, no descompensadas. Ahora bien, si aceptamos la «normalidad» de las estructuras psicóticas bien adaptadas, ¿seguimos conservando la posibilidad de rehusar la etiqueta de «normalidad» a todo ese grupo de organizaciones antidepresivas, anaclíticas y esencialmente narcisistas, cuya superchería en las defensas acabamos de escribir como «pseudonormalidad», «falso yo», «personalidades como si» y anaclíticas que no pueden existir fácilmente fuera de ese grupo? Exceptuando, claro está, todo episodio mórbido, una organización de tipo «estado límite» ¿es menos «normal» que una estructura psicótica? El hecho de que sea menos sólida parece cierto para los clínicos, pero, ¿menos normal?

Los resultados de las investigaciones más prudentes conducen a pensar que hay, en términos generales, en las poblaciones de nuestras ciudades, un tercio de estructuras psicóticas y un tercio de organizaciones más o menos anaclíticas (*Op. Cit.*, C. CHILAND, 1971, pp. 180-183).

Otras estimaciones concuerdan con la cifra de psicóticos pero varían en sentido descendente la cifra de los neuróticos (alrededor de un 20 % solamente) y ascendente la cifra de las organizaciones intermediarias (alrededor de un 50 %).

¿Así que debiéramos eliminar del campo de la «normalidad» a más de un tercio de nuestros contemporáneos? Aún más: dado que, incluso fuera de toda opción política clara y deliberada, las próximas generaciones, en función de la inevitable evolución socioeconómica «grupal» y a la imagen del kibutz, afrontarán menos riesgos de evoluciones psicóticas, pero más dificultades para acceder a un Edipo organizador, veremos sin duda que el porcentaje de disposiciones anaclíticas aumentará de año en año en una población media. ¿Habrá, en consecuencia, cada vez menos gentes «normales»?

El aspecto irónico de la cuestión no disimula sin embargo la gravedad del problema: en realidad, lo que se plantea es toda la función «normativa» de la *organización por el Edipo;* no simplemente el conocimiento o el reconocimiento de una vivencia edípica en el inconsciente, sino la estructuración de la personalidad cuando se verifica el pasaje a la posición triangular *con un objeto y un rival sexuales* plenamente investidos como tales, y las consecuencias estructurales irreversibles que ulteriormente derivan de ella.

Definida así con todo rigor, ¿es indispensable la organización por el Edipo? ¿Podemos estimular con plena conciencia y plena claridad sistemas educativos, políticos, económicos, sociales, incluso filosóficos, que limitan sin duda los riesgos de psicotización precoz pero vuelven aleatorio el acceso a un estadio edípico auténtico?

¿Está comprobado que la organización por el Edipo sea indispensable para una vida feliz?

El dilema parece insoluble: ¿debemos contentarnos con un «bueno» para la mayoría, establecido a partir de un múltiplo común mínimo situado por debajo de las posibilidades de muchos, o por el contrario, es preciso tender hacia un «mejor», siendo al mismo tiempo perfectamente conscientes de que (como en el refrán) lo «mejor» puede ser enemigo de lo «bueno» y reservado a algunos, los pocos que sabrían y podrían alcanzarlo, al precio del sacrificio de los más modestos en el plano de la organización psíquica de base?

Apenas había planteado yo esta cuestión en términos muy pragmáticos, pero sin embargo demasiado severos para ser propuestos a las mal definidas presiones de las pasiones públicas, cuando, bajo forma aparentemente teórica, se desplegó un feroz movimiento de multitudes que corrían al asalto de la fortaleza edípica, fantasmáticamente concebida (tal la imagen negativamente idealizada de la Bastilla en 1789) como colmada de los inestimables tesoros secretos del Poder, de las víctimas innumerables de la Injusticia y de los más ardientes defensores del Capitalismo (aquí analítico).

Sería demasiado fácil declarar, sin demostrarlo, que, después de la «antipsiquiatría», el «anti-edipo» se limita, como novedad esencial, a su manera sumamente violenta de presentar la hábil combinación de críticas justificadas ya muy antiguas por una parte, con errores científicos no menos antiguos por otra, pero que ahora se han trasladado al plano de la sociopolítica, y que por lo tanto son más difíciles de denunciar para los no-especialistas.

Trataré de situarme a otro nivel y de mantenerme dentro del estricto marco de este estudio, al considerar las reflexiones que respecto del concepto de «normalidad», sugieren las posiciones de G. DELEUZE y F. GUATTARI (1972), en su *Anti-Edipo*.

Es evidente que los psicoanalistas que pretendían ser los freudianos más fieles se han limitado durante mucho tiempo al estudio y al tratamiento de los «neuróticos». ¿Tal vez en algunos casos describían o atendían bajo ese nombre, fenómenos que distaban mucho de ser *estructuras* auténticamente neuróticas? Sin embargo, parece aún más fastidioso pensar que la ortodoxia analítica no solía considerar como un sólido «patrón-oro» de normalidad sino el «capital edípico» que el sujeto había alcanzado. Tanto en el sujeto como en el analista, la hábil manipulación del Edipo se convertía en el equivalente de una buena operación bursátil. Los valores sanos y seguros sólo podían ser edípicos.

Sin embargo, los poseedores del saber y del poder genital-edípico no ignoraban las dificultades de las organizaciones mentales más modestas, pero se sentían menos equipados o menos motivados para remediarlas, en la medida en que los «normales» (los «recuperables», en suma) sólo podían contarse, en su opinión, entre los edípicos («de sangre», o arrepentidos).

Las reacciones ante estos abusos (y esta falta de prudencia) no se hicieron esperar: un primer grupo de contestatarios se contentó con aprovechar aportes socioculturales que facilitaran la imitación; fueron los «advenedizos» a un pseudo-estadio genital, los que simplemente se vistieron a la moda edípica, los anaclíticos del «como si»... Los aristócratas del Edipo no siempre advirtieron la trampa, la alianza desdichada. La falsa genitalización edípica se vivió muy a menudo sólo como un homenaje que se rendía a la raza de los elegidos del Edipo. De un lado y otro la complicidad se estableció sobre la base de un orden esencial y tranquilizador que había que mantener: la primacía del Edipo no podía discutirse como criterio de «normalidad». Los depresivos no han planteado a G. DELEUZE y F. GUATTARI problemas más serios que a los freudianos «integristas». Los corderos no inquietan jamás a los pastores.

Pero habíamos olvidado un segundo grupo de «descarriados» con relación a esta nueva burguesía edípica de la segunda generación freudiana: las estructuras psicóticas y las organizaciones perversas. Los segundos, que niegan ariscos su adhesión a los verdaderos edípicos, y los primeros, que son sinceros cuando declaran no experimentar la preeminencia de esa especie de patrón afectivo-triangular, y hallarse en perfectas condiciones de prescindir de su aspecto relacional particular, que los girondinos del Edipo declaran obligatorio para acceder a la «normalidad».

En una reflexión limitada a los aspectos de matiz de la noción de «normalidad», sería sin duda riesgoso dejarse arrastrar a una querella o a una polémica cuyos sostenedores permanecen en un dominio más afectivo que científico.

Si bien sigo sosteniendo mis hipótesis que proponen una concepción de la «normalidad» ligada al buen funcionamiento interno y externo de tal o cual estructura, al mismo tiempo sitúo mis criterios en total independencia respecto de los modos específicos de estructura; dicho de otra manera, no me preocupo a priori de saber si se trata de una estructura edípica o no.

Sin embargo, fiel a mi manera de enfocar la estructura, no podría acordar la categoría de estructura a un modo de funcionamiento mental que no estuviera establecido sobre bases suficientemente sólidas y constantes; por lo tanto, debería asumir los riesgos de recibir muchas críticas, al no reconocer una «normalidad» de funcionamiento a las simples organizaciones frágiles e inestables de tipo anaclítico, tales como las he descrito en el cuadro del «tronco común organizado» de los estados límites. La existencia de una «pseudo-normalidad», defensiva pero poco capaz de proporcionar seguridad, no parece plantear dudas para el psicopatólogo.

La distinción se hace más delicada cuando se trata de acondicionamientos, ya sea de modo caracterial o de modo perverso, menos frágiles que el «tronco común». Puede parecer sumamente peligroso rehusar la categoría de «normalidad» a esas organizaciones mentales, cuando debemos tener en cuenta la presión de movimientos recientes de opinión que reivindican, bajo motivos manifiestos diversos, no sólo libertades frente a los Super-yo individuales o colectivos molestos, sino una «normalidad» cuyo verdadero sentido latente constituiría de hecho una rúbrica al fracaso de la madurez pulsional, tanto como el reconocimiento de derecho de un logro objetal al simple nivel del objeto parcial, la pulsión parcial, y la relación de objeto parcial.

Hace un momento criticaba a los aristócratas del Edipo, y sé que una posición de cariz liberal opuesta a la suya, que consistiera en condenar el principio de la primacía del Edipo y en incluir los modos perversos y caracteriales en el grupo de los «normales» posibles, me aseguraría en la actualidad un éxito fácil. Una tentación demagógica más o menos consciente de no ir más allá me ahorraría sin duda muchas dificultades frente a los turbulentos del momento, si no denunciara al mismo tiempo la ilusión económica de la «pseudo-normalidad» en todas sus formas, incluso las más sutiles y las más refinadas. Efectivamente, el contexto socio-cultural aparece frecuentemente como cómplice, tanto por satisfacción «voyeurista» como por debilidad de expresión de un Yo individual y colectivo que en el fondo nunca encuentra en él provecho alguno, y en realidad no está del todo de acuerdo con el pauperismo afectivo de moda, sea cual sea la forma militante y racionalizada bajo la que ese pauperismo se proponga al buen corazón de los numerosos indecisos.

La paradoja de nuestra posición sigue siendo, pues, la de aceptar una posibilidad de «normalidad» tanto en las estructuras neuróticas no descompensadas como en las estructuras psicóticas no descompensadas, pero al mismo tiempo declinar la solicitud de complicidad, el guiño, que nos proponen las frágiles organizaciones narcisistas intermediarias para ser admitidas en el mismo marco de las «normales» posibles, cuya estabilidad se limitan a imitar al precio de astucias psicopáticas variadas, renovadas sin cesar y profundamente costosas y alienantes.

Desde el mismo punto de vista, una estructura psicótica no descompensada[1] es mucho más *verdadera*, mucho más rica en potencial de creatividad, mucho menos «alienada» *con relación a sí misma* que un frágil acondicionamiento caracterial que se contenta con simular la posesión de ese modo más consistente de estructura y que altera simultáneamente una parte importante de su originalidad, es decir, de lo que hubiera debido constituir una base auténtica y sólida de funcionamiento mental en relación con los matices, los intereses y las deficiencias naturales de las realidades internas y externas bajo sus aspectos subjetivos, elaborativos e intersubjetivos.

Igualmente, una estructura psicótica no descompensada sería mucho más «verdadera», y lo mismo ocurriría con un acondicionamiento perverso, cuyo campo de creatividad, el juego pulsional, la paleta de las relaciones objetales, se hallen trabados por la feroz negación defensiva y ofensiva del sexo femenino, en medio de una rigidez de inversiones que no permite ningún matiz, ninguna variación, ninguna riqueza de temas fantasmáticos o de modos relacionales del pensamiento y la expresión.

Una estructura psicótica no puede presentar la flexibilidad de las economías genitales en el juego de las inversiones libidinales a ese nivel, pero las inversiones narcisistas complementarias de la estructura psicótica son, sin embargo, mucho más flexibles en sí mismas que las que encontramos en el mismo registro de los anaclíticos «límites», caracteriales o perversos. Esta posibilidad de mutaciones narcisistas variadas se refleja, por ejemplo, en las agudezas o las creaciones artísticas propias de los

---

1. La «descompensación» corresponde para mí a la ruptura del equilibrio original que haya podido establecerse en tal acondicionamiento particular, en el seno de una estructura estable de base, entre inversiones narcisistas y objetales. Tal equilibrio (en tanto no hay descompensación) sería pues tributario de dos niveles de limitaciones: la economía general inducida, por una parte, por la estructuración de base, y por otra parte el acondicionamiento original particular del sujeto propiamente dicho en el interior mismo de su subgrupo de estructura específica.

psicóticos. Mientras sigue siendo «normal», el psicótico conserva, ante una desinversión difícil de soportar, posibilidades de recuperarse en otra inversión narcisista tan brutal y total como la primera; la economía anaclítica carece de recursos tan fácilmente intercambiables.

Por otra parte, un individuo «normal» puede, en cualquier momento, convertirse en «anormal» y descompensarse sin que su status anterior de «normalidad» se vea afectado por ello; a condición de que no se trate de una organización simplemente anaclítica. De la misma manera, fuera de la línea anaclítica todo «anormal» conserva la posibilidad de volver a ser «normal» sin que el observador pueda ser considerado culpable de diagnósticos sucesivos y en apariencia contradictorios.

En conclusión, no puedo sino renovar mi adhesión a la hipótesis retomada por R. DIATKINE (1967), según la cual toda noción de «normalidad» debe entenderse independientemente de la noción de estructura. Me contentaría con agregar una corrección para precisar que los «acondicionamientos» narcisistas de los estados intermedios no pueden, aparentemente, construir una «estructura», y por ende, entrar en las múltiples combinaciones funcionales de la «normalidad», en tanto que su Yo no se encuentre más sólidamente establecido (paradójicamente, incluso en un sentido psicótico, con la condición de que no haya descompensación).

Sin embargo, si bien es posible reconocer la independencia de la noción de «normalidad» con relación a la noción absoluta de «estructura», también debemos reconocer la independencia de esta misma noción de «normalidad» en relación con una idea posible de jerarquía de las estructuras en el sentido madurativo, elaborativo y relacional de las diferentes funciones del Yo.

Se puede ser «normal» sin haber alcanzado el nivel edípico, pero a condición de haber realizado una estructura verdadera; sin embargo, la estructura de tipo edípico debe situarse de todas maneras a un nivel elaborativo superior al de la organización estructural psicótica.

Toda jerarquía estructural sólo puede reposar sobre la integridad de las bases narcisistas de la constitución del Yo, la extensión de las posibilidades creadoras y relacionales, el modo principal, genital o no, parcial o total, de relación objetal, la integración, *activada* o no, de las pulsiones parciales bajo la primacía del genital, y de las pulsiones agresivas bajo la primacía del Eros.

Tales matices son independientes de la categoría funcional de «normalidad» en la práctica, pero en razón de ello podemos muy bien concebir jerarquías madurativas de «normalidades»: una «normalidad psicótica» puede parecer menos elaborada en el plano relacional que una «pseudo-normalidad caracterial», por ejemplo; no por eso es menos cierto que el primer modo de funcionamiento elemental corresponde a una adecuación pulsional más conforme a las necesidades reales, a un funcionamiento bastante sólido que tiene en cuenta la autenticidad de la estructura, y que el segundo ejemplo sólo puede corresponder a una simple imitación menos estable, aun cuando el juego operacional exterior parezca más rico en la superficie.

Pero así nos alejamos del registro «particular» de la «normalidad» tal como habíamos intentado definir la noción (ante todo desde un punto de vista funcional), para entrar en el juego de la comparación de elementos que conciernen a otros dominios y no específicamente a la «normalidad».

La «normalidad» de un sujeto de determinada estructura no puede compararse jerárquicamente (al permanecer justamente sobre el plano exclusivo de la *«normalidad»*) con la «normalidad», forzosamente muy diferente, de otro sujeto que corresponde a otro modo de organización mental.

Podemos establecer una jerarquía de las maduraciones sexuales, los niveles de elaboración de los procesos mentales, los grados alcanzados por la fuerza del Yo, los niveles de constitución del Super-yo, las posibilidades de relación o de independencia objetal, etc. No es posible considerar paralelamente dos organizaciones funcionales originales que hayan alcanzado sus posibilidades de «normalidad», para deducir de allí alguna ordenación. Podemos constatar las diferencias, pero no clasificar de acuerdo a un rango de realización.

Para cerrar este capítulo, quisiera también tranquilizar a quienes teman que, en el esquema teórico y general de mis hipótesis, clasifico los comportamientos humanos en tres categorías estancas y exclusivas de una manera demasiado tajante, radical y sistemática.

Creo que mis desarrollos ulteriores sobre las diferencias entre, por ejemplo, los rasgos de carácter, carácter neurótico y patología del carácter servirán para precisar y sobre todo matizar mi pensamiento. En efecto, no se trata de clasificar automáticamente en un depósito intermedio, a modo de caos informal, toda organización sospechosa de presentar algún aspecto llamado «caracterial», y negar al mismo tiempo los componentes «caracteriales» obligatorios de toda estructura auténtica, ya sea neurótica o psicótica. Pero también es cierto que existen numerosas deficiencias narcisistas secundarias en «circuito abierto» —diferentes de la organización genital del funcionamiento mental y diferentes también de las deficiencias narcisistas primarias precoces— y «en circuito cerrado», que se encuentran en las estructuras psicóticas.

Esas organizaciones en las cuales prima ante todo la búsqueda narcisista que tiende a dominar el objeto, el anaclitismo y la separación del objeto son las que no pueden, en mi opinión, entrar en el marco de la «normalidad» auténtica.

2
La noción de estructura de la personalidad

1. EL SENTIDO DE LOS TÉRMINOS

Con frecuencia resulta difícil comunicarse entre psicopatólogos, debido a la manera imprecisa y a veces equívoca en la que se emplean ciertos términos que, sin embargo, no plantean aparentemente problemas particulares.

Los adjetivos «neurótico» y «psicótico», por ejemplo, aparecen como responsables de muchas ambigüedades latentes en su utilización corriente. Por otra parte, la dificultad no proviene tanto de una incertidumbre psiquiátrica sobre las características ligadas a la noción de neurosis o a la noción de psicosis, sino sobre todo de una falta de rigor o de precisión al *nivel* real del *plano* en el que nos situamos cuando describimos una entidad cualquiera para clasificarla luego como «neurótica» o «psicótica». Por ejemplo, hablamos de «impulso psicótico» o de «defensa neurótica» y los peligros de confusión son evidentes e inmediatos: un impulso brutalmente considerado como «psicótico», sin prudencia ni matices, puede muy bien corresponder a un banal incidente de desrealización en el seno de una estructura neurótica muy maltratada por circunstancias dramáticas exteriores o interiores; así como una defensa designada como «neurótica» puede muy bien encontrarse en una estructura psicótica.

Por lo tanto, parece necesario que nos pongamos de acuerdo, no para crear una terminología nueva, complicada y hermética, sino para establecer en qué sentido preciso y limitado pueden emplearse las palabras usuales para satisfacer a la vez las exigencias del rigor científico y las certidumbres de comprensión recíproca indispensables para toda comunicación.

A) Síntoma

Habitualmente hablamos de «síntoma psicótico» pensando en los comportamientos delirantes, en las manifestaciones alucinatorias, en los fenómenos de despersonalización o en los estados de desdoblamiento de la personalidad. De la misma manera, consideramos el «síntoma neurótico» como correspondiente a una conversión histérica, a un ritual obsesivo o a un comportamiento fóbico.

Sin embargo, la experiencia clínica cotidiana nos ha enseñado que un episodio delirante puede muy bien no corresponder a una organización profunda de naturaleza psicótica del sujeto; la gran variedad de manifestaciones fóbicas observadas tanto en nuestros pacientes como en el hombre de la calle nos obliga a distinguir numerosas fobias que no tienen nada de realmente neurótico.

Por otra parte, la importancia de los datos freudianos citados en nuestra primera parte nos obliga a considerar el síntoma con toda su dimensión *latente* y según su valor a la vez relativo (y no suficiente en sí), relacional (con el objeto interno) y económico (en el juego de las pulsiones y las defensas, por ejemplo, o de la dialéctica principio de placer-principio de realidad).

Algunos síntomas del tipo llamado «neurótico» pueden muy bien servir para disimular el origen pregenital (y por ende en absoluto neurótico en sí) de los conflictos que corresponden a una organización que ya ha ingresado en cierta medida, en el sistema estructural psicótico. De la misma manera, algunos síntomas del aspecto denominado «psicótico» tales como, por ejemplo, ciertas formas de angustia muy agudas con riesgo de despersonalización, pueden servir defensivamente para enmascarar el origen genital y edípico de un conflicto que forma parte de una estructura neurótica auténtica.

Por lo tanto, sería equívoco calificar de entrada un síntoma como «neurótico» o «psicótico» con demasiada nitidez. Parecería más prudente y más preciso hablar de síntoma de «modo» o de «orden» neurótico o psicótico, para poner de relieve que nuestro punto de vista cualificativo no se aplica sino a la *naturaleza del síntoma* percibido, y que de ninguna manera implica todavía un juicio sobre la naturaleza de la estructuración profunda del sujeto.

Dicho de otro modo, no conviene, en el plano científico, comprometerse *con el solo síntoma* más allá del uso limitado pero útil para el que ese síntoma ha sido elaborado, es decir, al mismo tiempo una manifestación de superficie destinada a expresar la presencia de un conflicto, la expresión del retorno de una parte de lo inhibido por los atajos de las formaciones sustitutivas o de las realizaciones de compromiso (entre deseos pulsionales e imposibilidad de realizarlos), y finalmente también, muy a menudo, de las formaciones reaccionales de contrainversión pulsional cuando la elaboración del síntoma se halla más estimulada, sin que llegue sin embargo a constituir una garantía estructural neurótica.

De todas maneras, en definitiva, el síntoma no nos permite jamás *por sí solo* prejuzgar un diagnóstico en cuanto a la organización estructural profunda de la personalidad.

B) *Defensas*

En psicopatología, corrientemente se incluyen entre las defensas llamadas «neuróticas» la inhibición, el desplazamiento, la condensación, la simbolización, etc., y entre las defensas llamadas «psicóticas» la proyección, la negación de la realidad, el desdoblamiento del Yo, la identificación proyectiva, etc.

Sin embargo, no es raro encontrar organizaciones estructurales auténticamente psicóticas que se defienden contra la descompensación gracias a defensas de modo neurótico, y más particularmente de modo obsesivo, por ejemplo. También podemos decir, luego de haber examinado atentamente en consulta psicológica muchos pacientes ya etiquetados como «neurosis obsesivas», que la mayoría de los enfermos que nos son remitidos a causa de sus frondosas manifestaciones defensivas con rituales complicados e impresionantes, no corresponden precisamente al registro neurótico; por lo general sólo tratan de luchar desesperadamente contra la invasión de su Yo por los fantasmas del fraccionamiento psicótico, ya que su verdadera estructura profunda se sitúa indiscutiblemente en el registro de la psicosis[1].

Por otra parte, conocemos estructuras auténticamente neuróticas que utilizan abundantemente la proyección o la identificación proyectiva en razón del fracaso parcial de la inhibición, y ante el regreso de fragmentos demasiado importantes o demasiado inquietantes de los elementos inhibidos antiguos, cuyos efectos ansiógenos son neutralizados de una manera sin duda más arcaica y más costosa, pero también más eficaz.

De la misma manera, podemos encontrar angustias de despersonalización o más simplemente de desrealización en una desestructuración *a minima* (aguda y pasajera), de origen traumático (o eventualmente incluso terapéutico) sin que tales fenómenos constituyan la herencia de ninguna estructuración específica. Los conocidos síndromes ansiosos de post-parto o de post-aborto, por ejemplo, pueden manifestarse en cualquier estructura, y aunque a veces podemos descubrir en ellos una señal de equilibrio subyacente precario, esos comportamientos sobrevienen en la mayoría de los casos fuera de toda hipótesis psicopatológica.

Por lo tanto, sería interesante no hablar, en una descripción clínica, si no de defensa, de «modo» «neurótico» o «psicótico», sin anticiparse inútilmente a establecer la autenticidad de la estructura subyacente de los sujetos, que de otra manera correrían el riesgo de ser clasificados con demasiada ligereza y de manera en exceso sistemática, a veces muy pesimista y sin apelación.

C) *Significación histórica del episodio*

A veces, y sin darnos cuenta claramente, tenemos tendencia a calificar apresuradamente como «neurótico» o

---

[1]. Por otra parte, es necesario cuidarse de comprometer el éxito de tales defensa por medio de un ataque intempestivo de su sistema de protección, bajo el pretexto terapéutico de reducir su «neurosis».

«psicótico» un episodio pasado sobre el que no nos hemos informado aún lo bastante, en un momento de la historia del sujeto que no puede ser comprendido en el sentido estructural sino por referencia a todo un contexto personal más antiguo y latente. Porque sabemos, por haberlo verificado, o simplemente por haberlo leído u oído decir, que tales sistemas conjugados de defensas, o tales estados regresivos del Yo o de la libido son considerados como concordantes *habitualmente* con tal organización estructural *duradera*, ya sea neurótica o psicótica, nos sentimos inclinados a hablar con demasiada prisa de «neurosis» o de «psicosis», cuando simplemente nos hallamos en presencia de un estado *momentáneo* de la evolución (o de la revolución) de una personalidad todavía muy inconsistente e incierta en cuanto a su futuro estructural.

En efecto, en muchos de esos episodios pasajeros, que conciernen principalmente al registro depresivo (con sus frecuentes corolarios hipomaníacos), el Yo no ha completado aún su maduración; no ha podido establecer de manera definitiva y completa sus límites (en el sentido en que FEDERN [1926] lo concibe); no se ha operado aún una elección neta entre los mecanismos de defensa que se propone utilizar de manera específica y selectiva; y tampoco ha definido según qué modo de relación de objeto ha de regular sus relaciones con las realidades internas y externas.

Si nos situamos deliberadamente en un extremo, corremos el peligro de designar con el término erróneo de «estructura» una indiferenciación regresiva somato-psíquica más o menos parcial y mal superada. Esta actitud constituye por lo menos una anticipación, a veces inclusive un error en el diagnóstico o el pronóstico.

Ahora bien, sabemos que cuando se ha colocado la etiqueta de «psicosis» en la cabecera de un lecho o sobre la cubierta de un informe, en lo sucesivo resultará muy difícil moverla; que es muy difícil también escapar al juego inducido y recíproco en que participa todo el sistema circundante respecto del paciente, y al que se incorpora, poco a poco, el paciente mismo. Por otra parte, en el supuesto de que ese paciente se opusiera a esta maniobra, aunque más no fuera mediante su disconformidad con las previsiones emitidas, el grupo de observadores en su conjunto (convertidos en actores) interpretaría en seguida su legítima protesta como una agresividad de su parte, y la toleraría muy mal.

El aspecto funcional y no estructural del episodio de carácter mórbido es particularmente visible en el niño y en el adolescente, en cuyo caso los signos manifiestos y aparentes de carácter psicótico no deben ser considerados automáticamente por los psicopatólogos como correspondientes a una estructura psicótica.

Éste es también el caso de los estados pasajeros en adultos, en momentos en que las antiguas identificaciones vuelven a ponerse en funcionamiento como consecuencia de accidentes afectivos imprevistos. A veces observamos en esos casos fluctuaciones relativas y provisorias del sentido de identidad, como las que ya hemos descrito a propósito de un parto o de un accidente corporal, o de una intervención quirúrgica (especialmente, las intervenciones a corazón abierto: los cardiólogos conocen bien ese tipo de dificultad).

Así es como podemos asistir a modificaciones ligeras y transitorias del esquema corporal, capaces sin embargo de movilizar descargas pulsionales y ansiosas importantes a pesar de mantenerse de hecho fuera de toda estructura psicótica. Inclusive el término «prepsicosis» (empleado a menudo en situaciones semejantes) no nos parece muy conveniente, ya que debería reservarse para los estados aún poco avanzados y ciertos de la descompensación, pero que ya forman parte de la línea psicótica definitiva.

D) *Enfermedad mental*

En el caso de episodios mórbidos verdaderos los términos «neurótico» o «psicótico» designan un estado de desadaptación visible en relación con la estructura propia y profunda. Es una forma más o menos durable de comportamiento que emana realmente de la estructura profunda, como consecuencia de la imposibilidad de hacer frente a circunstancias nuevas, interiores o exteriores, que han llegado a ser más poderosas que las defensas movilizables habitualmente en el marco de los datos estructurales, y sólo en ese marco. En efecto, tal enfermedad sólo puede surgir sobre tal estructura, y tal estructura no puede originar cualquier enfermedad.

Por lo tanto, hay una interdependencia, tanto funcional como profunda, entre estructura y morbilidad; y para definir un episodio mórbido es legítimo referirse a los mismos calificativos que para las estructuras homólogas: «neurótica» o «psicótica», por ejemplo.

E) Estructura de la personalidad

Aparte del caso de las «enfermedades» declaradas, examinado en el parágrafo precedente, existe otra forma inteligente de utilizar los calificativos «neurótico» o «psicótico». Nos referimos a los casos en que, sin estar aún descompensada, la personalidad se halla al menos *organizada* de manera ya estable e irreversible con mecanismos de defensa poco variables, con un modo de relación de objeto selectivo, con un grado de evolución libidinal y yoica definido, una actitud precisa ante la realidad que se asume de manera repetitiva, y un juego recíproco suficientemente invariable de los procesos primario y secundario.

En este caso se trata verdaderamente de una estructura de la personalidad tal como la definiremos más adelante. De la misma manera que en el caso precedente, que se refiere a la enfermedad declarada, aquí se hace posible utilizar con acierto los términos de estructura «psicótica» o «neurótica», por ejemplo.

2. EL CONCEPTO DE ESTRUCTURA DE LA PERSONALIDAD

A) Definición y situación

Quizás sea interesante comparar las definiciones generales del término «estructura»: LITTRE presenta la estructura como *«un modo de disposición que pertenece a los cuerpos organizados, y en virtud del cual se componen de partes elementales múltiples y diversas por su naturaleza».*

ROBERT insiste sobre «*la manera en que se enfoca un conjunto concreto en su organización*» y LAROUSSE, a partir de «*la manera en que las partes de un todo se disponen entre sí*», deduce que «*la estructura del organismo resulta de las múltiples correlaciones ontogénicas que se transforman para producir las correlaciones del adulto*».

A. HESNARD (en POROT, 1960), precisa que el término «estructura» implica una disposición definida según la cual las partes de un todo se ordenan entre sí.

En algunas teorías filosóficas o psicológicas, entre ellas la «teoría de la Gestalt», la estructura se convierte en un conjunto indescomponible percibido globalmente por el individuo en función de la significación que adquiere para él. Cada elemento valdría así sólo en relación con el conjunto.

En psicopatología, la noción de estructura corresponde a aquello que, en un estado psíquico mórbido o no, está constituido por los elementos metapsicológicos profundos y fundamentales de la personalidad, fijados en un ensamblaje estable y definitivo.

Efectivamente, detrás del juego caracterial, funcional o mórbido, detrás de una sintomatología eventual y siempre superficial, conviene investigar las bases constantes sobre las que reposa el funcionamiento mental de determinado sujeto o determinado grupo de sujetos idénticos en sus mecanismos psíquicos fundamentales.

Solamente así podremos evaluar seriamente la importancia de los signos presentes y sus implicaciones tanto en la génesis como en el pronóstico evolutivo del individuo considerado.

Al proceder a una investigación de los elementos de base (naturaleza de la angustia, nivel de regresión de la libido y del Yo, modo relacional, naturaleza del conficto, defensas principales, etc.) podremos, ante un delirio crónico por ejemplo, distinguir de manera certera una estructura psicótica de tipo paranoico de una estructura psicótica de tipo paranoide, ya que la referencia clásica al modo «estructurado» (o no) del delirio-síntoma se revela frecuentemente como insuficiente para establecer un diagnóstico suficientemente preciso y seguro.

La concepción estructural de JACKSON (1931) corresponde, a pesar de referirse a los movimientos de disolución, reconstrucción y reorganización de los elementos de la estructura primitiva, a la misma idea de una organización primaria de base sobre la que se solidifica poco a poco un acuerdo cuyas variaciones ulteriores ya nunca serán realizables en un número limitado. La «disolución» no puede producirse en cualquier sentido; por el contrario, opera un repliegue sobre estratificaciones anteriores y sólo sobre ellas; no permite el descubrimiento de funciones nuevas y desconocidas hasta entonces, sino de elementos que preexistían ya cuando se produjo la estructuración. El razonamiento jacksoniano respeta siempre el principio de una estructura fija de base.

Por último, conviene comparar los intentos actuales de síntesis con las hipótesis estructuralistas. Los estructuralistas definen la relación estructural en función del rol determinante que juega en el seno de una organización dada. Para ellos, en cada conjunto organizado, los elementos se agrupan para constituir lo que ese conjunto tiene de único y comparable.

Es difícil saber si Claude LEVI-STRAUSS (1961) pensaba en la psiquiatría cuando escribía *«que una disciplina cuyo primer objetivo es analizar e interpretar las diferencias, se ahorra muchos problemas al tener en cuenta sólo las diferencias»*. Los estructuralistas comprenden los fundamentos humanos, no como una acumulación de aspectos empíricos o fortuitos, sino como un sistema cuyos mecanismos de funcionamiento es necesario determinar *en principio* por el análisis. Este análisis debe referirse tanto a los límites como a la globalidad de las organizaciones, cuyos modos y reglas conviene penetrar, así como comprender de qué manera se establecen, en el seno de la organización, las operaciones de equilibrio y las distorsiones.

Lo que llama la atención también en las hipótesis estructuralistas es su preocupación por jerarquizar las sintaxis, por separar las sintaxis generales de las sintaxis particulares. No se trata de suscribir las simplificaciones del positivismo, o nomenclaturas como las que encontraremos, por ejemplo, en el curso de nuestro análisis de las posiciones caracterológicas, en nuestra segunda parte.

Pero tampoco se trata de dejarse llevar, claramente

o no, por movimientos en apariencia clínicos y lógicos, que sin embargo se fundan en las corrientes filosóficas, antropológicas o sociológicas del momento, contentándose con suscribirlos pasivamente, y a veces inconscientemente, en lugar de usarlos con toda independencia, con un objetivo científico que exija un distanciamiento suficiente en el tiempo y en relación con los «poderes de presión» (a los que raramente se menciona) de las corrientes de pensamiento «a la moda».

B) Punto de vista freudiano

D. ANZIEU (1967) comprueba que ya no es posible componer una obra de arte después de FREUD como antes de él; tampoco se puede concebir una nosología después de FREUD como se lo hubiese hecho antes de su aporte.

En sus *Nuevas conferencias*, en 1932, S. FREUD nos recuerda que si dejamos caer a tierra un bloque mineral de forma cristalizada, el bloque se quiebra, pero no se quiebra de cualquier manera.

Efectivamente, en todo cuerpo cristalizado existen, en el estado de equilibrio normal, microcristalizaciones invisibles, reunidas entre sí para formar el cuerpo total según líneas de *clivage* cuyos límites, direcciones y angulaciones se hallan preestablecidos de manera precisa, fija y constante para cada cuerpo en particular; no existe para cada cuerpo más que una sola manera de cristalizarse, y cada modo de cristalización es exclusivo de un único cuerpo químico. Además, esas líneas de *clivage* permanecen invisibles en tanto el cuerpo no se haya quebrado o haya sido colocado bajo un aparato óptico particular; a lo sumo, en estado de equilibrio, la forma general de la muestra examinada ofrecerá al observador algunas figuras geométricas específicas en su contorno, su periferia, sus límites exteriores con el mundo. Si dejamos caer a tierra nuestra muestra de mineral cristalizada, ésta sólo podría quebrarse, como lo explica FREUD, según las líneas de *clivage* pre-establecidas para el estado de equilibrio, según sus límites, sus direcciones, sus angulaciones invisibles hasta entonces. Tales líneas de *clivage* originales e inmutables definen la estructura interna del mineral. Y FREUD cree que lo mismo ocurriría con la estructura mental, que la organización de un individuo se hallaría constituida de manera durable, específica e invisible en la situación normal. Sería suficiente un accidente o un análisis minucioso para que encontráramos las líneas de *clivage* (y también de *soldadura*) fundamentales entre los elementos primarios.

Ya sea al nivel de la enfermedad o al nivel previo de la simple estructura no descompensada, no se puede pasar del modo de estructuración neurótico al modo de estructuración psicótico, o a la inversa, una vez que un Yo específico se organiza en un sentido u otro. La más «neurótica» de las psicosis y la más «psicótica» de las neurosis no se encontrarían nunca en una línea común de organización del Yo. En la primera hipótesis hay ya negación clara de la realidad perturbadora, libido narcisista en primer plano, proceso primario que se le impone, des-inversión del objeto, proyección e identificación proyectiva como defensas banales; en la segunda hipótesis quedan por el contrario un conflicto entre el Yo y las pulsiones, una inhibición de las pulsiones, una adhesión al principio de realidad, una actividad por lo menos relativa de la libido objetal y un juego importante de procesos secundarios.

Según P. JANET (1929), el término «neurosis» ha sido introducido en 1777 por William CULLEN y «psicosis» en el año 1845 por FEUCHTERSLEBEN. Esas dos nociones no correspondían a su contenido actual en el momento en que esos términos fueron utilizados por primera vez. Pero si nos referimos a la literatura psiquiátrica alemana de fines del siglo XIX, comprobamos que Freud conocía los escritos de autores de los años 1895-1900, y la distinción netamente establecida entre neurosis y psicosis.

Sin embargo, la fuente de FREUD sigue siendo fundamentalmente el descubrimiento de los mecanismos psíquicos que se manifiestan en los enfermos, mecanismos vistos en *vivo* en su dinamismo y su evolución relacional, más que las distinciones caracteriales entre el grupo de los neuróticos (de los que piensa ocuparse con más asiduidad) y el grupo de los psicóticos, respecto del cual nos hemos habituado, tal vez con premura, a decir que se ha ocupado mucho menos.

Sin extendernos nuevamente aquí sobre las posiciones freudianas que conciernen a las neurosis, lo esencial puede reducirse a la expresión simbólica de los síntomas y la realización de un compromiso entre las pulsiones y las defensas que se le oponen, a la categoría intrapsíquica del conflicto entre el Yo y el Ello, al aspecto parcial de las regresiones y de las fijaciones, al carácter objetal conservado en la libido y que nunca se ha desinvertido mucho, a las funciones del fantasma deformante pero que nunca niega la realidad.

En lo que concierne a las psicosis, por el contrario, a menudo nos hemos conformado con pensar que Freud no aceptaba fácilmente el contacto con los psicóticos, frente a quienes, precisamente, se sentía objetalmente excluido; y limitamos su punto de vista a la exclusión de la transferencia en la relación de objeto psicótica. En general sólo reconocemos la oposición entre «neurosis de transferencia» y «neurosis narcisista». Ahora bien, la posición freudiana, o más bien, las posiciones freudianas sucesivas, son mucho más ricas y más matizadas con respecto a las psicosis.

a) Primera posición freudiana

Una primera posición freudiana corresponde a las cartas a FLIESS, principalmente a los Manuscritos D, G, H y K (1887-1902), a los *Estudios sobre la histeria* (1895), a los artículos sobre las psiconeurosis de defensa (1894), la neurosis de angustia (1895), y finalmente, las *Nuevas observaciones sobre las psiconeurosis de defensa* (1896).

Durante todo este período FREUD opone las «psiconeurosis» al grupo de las «neurosis actuales», en el cual incluye, por el momento al menos, esencialmente la neurosis de angustia y la neurastenia.

FREUD no había realizado aún una clara selección de los mecanismos que iba a describir. Por lo tanto, al aprehender superficialmente el conjunto del campo psiquiátrico había presentado formas etiológicas difíciles de clasificar en las categorías psicóticas o neuróticas de la época, cualquiera fuesen las denominaciones.

b) **Segunda posición freudiana**

Una segunda posición freudiana corresponde al período de la primera teoría del aparato psíquico. Es en el análisis del caso SCHREBER (1911), en la *Introducción al narcisismo* (1914), en la *Metapsicología* (1915), en la *Introducción al psicoanálisis* (1916-1917) y finalmente en *El hombre de los lobos* (1918), donde Freud ordena, por un lado, las neurosis actuales (neurastenia y neurosis de angustia) que no han sufrido modificación, y por otro clasifica las «psiconeurosis», que se dividen en dos partes: las «psiconeurosis de transferencia» (histeria, neurosis obsesiva y fobias) y las «psiconeurosis narcisistas», que corresponden a las psicosis clásicas. A propósito de esta última categoría, FREUD nos muestra cómo, en las psicosis, la libido permanece fijada en un estadio autoerótico, pierde su movilidad y ya no vuelve a encontrar el camino de los objetos. Por el contrario, en las neurosis el acento se pone sobre la relación entre las inversiones libidinales y las inversiones de las pulsiones del Yo, entre la libido objetal y la libido narcisista, especialmente dado que, en el artículo sobre el narcisismo, FREUD establece de alguna manera un puente a ese nivel (por medio de la hipocondría, a la que se confiesa «*tentado de considerar como una tercera neurosis actual*»), y muestra cómo la libido narcisista está justamente ligada a esas «neurosis actuales», de la misma manera que la libido objetal lo está a las neurosis histéricas y obsesionales.

c) **Tercera posición freudiana**

Una tercera posición freudiana se inscribe en la elaboración del segundo tópico. Son los artículos sobre *El Yo y el Ello* (1923), *Neurosis y psicosis* (1924), *Pérdida de la realidad en las neurosis y las psicosis* (1924), *La economía del masoquismo* (1924) y *La negación* (1925).

La oposición se establece siempre entre «neurosis actuales» por un lado, y, por el otro, entre tres categorías distintas: por una parte las antiguas «psiconeurosis de transferencia» llamadas ahora «neurosis» a secas y otras dos categorías: las «psiconeurosis narcisistas» (que ahora comprenden sólo la depresión y la melancolía) y las «psicosis» (entre las que se incluyen la paranoia y la esquizofrenia).

El Yo ocupa en este momento una posición intermediaria entre el Ello y la realidad. En las neurosis, el Yo obedece a las exigencias de la realidad y del Super-yo; e inhibe las pulsiones. En las psicosis, hay ruptura entre el Yo y la realidad. El Yo cae bajo la influencia del Ello, dado que reconstruye una nueva realidad (delirio) conforme a los deseos del Ello.

En *Las neurosis de transferencia* hay conflicto entre el Yo y el Ello; en las psicosis el conflicto se sitúa entre el Yo y el mundo exterior.

Esta noción de «neurosis narcisistas» en la última concepción de FREUD puede compararse con la fijeza de su opinión sobre las «neurosis actuales». El primer grupo, en efecto, comprende la depresión, y el segundo la neurosis de angustia, dos entidades que presentan estrecha relación entre sí.

Es en este período cuando FREUD, luego de haber investigado en sus dos estudios sobre el tema lo que oponía a neurosis y psicosis, termina su primer artículo al describir una tercera posibilidad para el Yo: «*desformarse*» para no tener que desgarrarse. Esta hipótesis, de 1924, parece muy importante, a pesar de que no haya sido desarrollada posteriormente en la obra de FREUD. En realidad, parece haber sido eclipsada muy pronto y rápidamente por el concepto único de *clivage*, que no constituye, en mi opinión, sino una consecuencia cuando se trata del objeto.

d) Cuarta posición freudiana

Finalmente, una cuarta posición freudiana comienza con el trabajo, muy importante, *Sobre algunas consecuencias psíquicas de la diferencia anatómica entre los sexos* (1925) y se continúa con los artículos sobre *El fetichis-*

mo (1927), *Los tipos libidinales* (1931), *El clivage del Yo en el proceso defensivo* (1938) y *Compendio de psicoanálisis*. A partir de este momento, a FREUD no le interesa ya simplemente oponer unas entidades nosológicas a otras, sino ahondar más en ciertos mecanismos, principalmente los mecanismos de la vertiente psicótica, y en particular la noción de «Spalyung» *(clivage)* y de «Verleugnung» (negación de un hecho que se impone en el mundo exterior).

Parece que los psicoanalistas no conceden mucha importancia al artículo sobre *Los tipos libidinales* (1931). Sin embargo, es en ese trabajo donde FREUD expone su presentimiento de lo que más tarde será para nosotros una estructura neurótica, de cómo una estructura histérica u obsesiva todavía no enferma puede hacer surgir, en caso de accidente patológico, una neurosis histérica o una neurosis obsesiva. Nunca insistiremos demasiado en señalar hasta qué punto Freud ha colocado aquí en una posición aparte a lo que él llama el tipo «narcisista», cómo ha precisado la intolerancia de ese tipo a las frustraciones exteriores y su predisposición particular por la «psicosis» (sic), así como por conflictos que actualmente podríamos llamar «caracteriales» o «perversos».

C) *Génesis de la estructura de base*

Hemos visto más arriba que S. FREUD estimaba que cuando el psiquismo individual había alcanzado un grado de organización equivalente a la «cristalización» definitiva, según líneas de fuerzas (y de debilidades) interiores complejas y originales, ya no habría variación posible en lo sucesivo: en caso de ruptura del equilibrio anterior, un sujeto de estructura psicótica sólo podría desarrollar una psicosis, y un sujeto de estructura neurótica sólo podría desarrollar una neurosis. De la misma manera, y a la inversa, si se trata a tiempo y correctamente, el primer sujeto sólo podrá recuperar su buena salud en tanto que estructura psicótica nuevamente bien invertida, y el segundo no estará «curado» sino cuando recupere una estructura neurótica bien invertida en cuanto tal.

Con excepción de los casos que denominamos, demasiado globalmente quizás, «psicosis infantiles» (y de las cuales volveremos a hablar enseguida), en el caso general de la evolución psíquica del adulto hacia una estructuración estable, el proceso, en términos generales, parece darse de la manera siguiente:

a) Primera etapa

En una primera etapa partimos de estados iniciales del Yo del niño pequeño, en su indiferenciación somato-psíquica. Poco a poco esta diferenciación comienza a efectuarse, y también poco a poco el Yo se distingue del No-Yo. En este estadio inicial, el Yo conservaría durante un tiempo bastante prolongado una cierta plasticidad ante las influencias exteriores tóxicas y madurativas.

b) Segunda etapa

En una segunda etapa asistiríamos a una especie de «preorganización» ya más específica, en función de las líneas de fuerza determinadas, por una parte, por los datos hereditarios y congénitos innegables, y por otra parte, por las experiencias objetales sucesivas que se refieren a zonas erógenas cada vez más extensas y a pulsiones cada vez menos parciales, de modo que casi sería posible describir a la manera jacksoniana el juego progresivo de los diferentes niveles de la estructuración del Yo.

Las relaciones con los padres siguen siendo capitales, sin duda alguna. A ellas se agregan poco a poco y de acuerdo con las circunstancias las relaciones con los otros miembros del contexto social y educativo.

Todo esto repercute en el psiquismo en formación, a través de conflictos, frustraciones, traumatismos, pero también a través de seguridades anaclíticas y de identificaciones positivas.

Las defensas comienzan a organizarse de manera cada vez menos fluctuante e intercambiable. El Yo trabaja por medio de toques sucesivos, de movimientos de ensayo y retroceso, para hacer frente a las amenazas generadas tanto en el exterior como en el interior, ya sea por la realidad o por las pulsiones[1].

Progresivamente el psiquismo del individuo se organiza, se «cristaliza» según un modo de ensamblaje de sus elementos propios, una variedad de organización interna con líneas de *clivage* y cohesión que ya no podrán variar en lo sucesivo.

c) Tercera etapa

Se constituye así, *una tercera* etapa, que culmina en una verdadera estructura de la personalidad que ya no se modificará ni cambiará de línea fundamental, sino que solamente podrá adaptarse o desadaptarse, de manera definitiva o reversible, según una línea de organización estructural invariable. En tanto un sujeto de una u otra de las estructuras estables, neurótica o psicótica, no sea sometido a pruebas internas o externas demasiado intensas, en tanto no experimente traumatismos demasiado profundos ni sufra frustraciones demasiado intensas, y no se sienta víctima de conflictos excesivamente serios, no estará enfermo, aunque mantenga su estructura psicótica o neurótica. El «cristal» resistirá bien. Nuestro capítulo sobre la normalidad ha desarrollado extensamente este punto de vista.

Pero de pronto sobreviene un acontecimiento cualquiera, cuya naturaleza es capaz de quebrarlo; esta fisura sólo puede operarse según líneas de fuerza y de ruptura preestablecidas en la infancia o en la adolescencia del sujeto.

La estructura de base neurótica sólo podrá originar una neurosis (histérica u obsesiva), y la estructura de base psicótica sólo podrá generar una psicosis en las diferentes variedades habituales.

No nos parece que esta comprobación engendre ningún determinismo particularmente pesimista: en el interior de cada línea estructural persiste una variedad de posibilidades, con formas graves y benignas en cada una de ellas, independientemente de la clásica reputación —no siempre justificada— de temible para la línea psicótica y de benigna para la línea neurótica.

[1]. «Exterior» no es simplemente sinónimo de «realidad», ni «pulsión» simplemente sinónimo de «interior»; algunas proyecciones pulsionales se hacen «exteriores», y existe una «realidad» interior.

Esto implica que sólo existen dos estructuras psíquicas estables: estructura neurótica y estructura psicótica. Sólo estas dos clases pueden responder en la experiencia clínica a las definiciones contenidas en nuestras hipótesis de trabajo

Y sin duda los términos de *«estructura de base»* neurótica o psicótica comprenden aquí tanto los incidentes patológicos que pueden sobrevenir en el eje de tales organizaciones, como el resto del eje en conjunto, fuera de todo ataque mórbido.

Sin embargo, no se trata de reducir todas las variedades psicopatológicas a las dos estructuras, neurótica y psicótica. Entre esas *dos únicas estructuras* queda un espacio para otras entidades menos sólidamente organizadas desde el punto de vista clínico y que describiremos más adelante como formas que, justamente, *no tienen derecho a la categoría de estructuras*.

Los capítulos tercero y cuarto de esta primera parte se consagrarán al estudio sucesivo de esas categorías estructuradas o a-estructuradas.

D) *Observaciones sobre las estructuras concernientes a la infancia, la latencia y la adolescencia.*

Luego de haber expuesto los principios generales de mis hipótesis en este trabajo a propósito de la noción de estructura, y antes de entrar en el detalle de las diferentes estructuras o de las diversas organizaciones, es necesario expresar, en este momento del desarrollo, algunas observaciones que sitúan las elaboraciones estructurales en categorías bastante particulares, concernientes a la infancia, la latencia y la adolescencia.

La síntesis sobre los problemas estructurales de la personalidad que encaramos aquí se interesa esencialmente por la génesis, la evolución y los avatares de los modos de funcionamiento psíquicos, mórbidos o no, que se encuentran en el adulto, en lo que los asemeja o los diferencia, los caracteriza o los especifica. La latencia y la adolescencia se enfocarán pues ante todo como etapas hacia la madurez, y se estudiarán principalmente en el «después» de la investigación económica y ontogénetica.

Hubiera sido posible una actitud muy diferente: partir de la observación de los datos, patológicos o no, del funcionamiento psíquico de la infancia, de la latencia o de la adolescencia para llegar progresivamente a los diversos modos de funcionamiento del psiquismo del adulto.

No creo que mi elección metodológica se haya basado simplemente en motivos fortuitos de modo de ejercicio profesional predominante o en razones puramente afectivas. Efectivamente, siempre he vivido con gran desagrado la angustia de ver cómo una «madre fálica» (de uno u otro sexo aparente), maltrata y desvirtúa la autenticidad del niño, cuando el presunto terapeuta se limita a una observación «desde arriba» que en realidad parte de manera latente de sus vivencias infantiles personales que no hayan sufrido una metabolización catamnéstica suficiente. Me parece que tal modo de observación comporta demasiados riesgos de proyecciones personales adultas inconscientes, tanto más difíciles de determinar objetivamente en la medida en que el niño se abstiene de protestar cuando no se da cuenta de la manipulación; o bien, en el caso de que se diera cuenta, tampoco protestaría sin duda, fascinado por el hecho de ser considerado en este terreno, como un «mayor» por otro «mayor». De la misma manera, cuando se habla con abundancia y voluptuosidad personal del Edipo a un niño cuya organización está todavía muy lejos de conflictuarse esencialmente acerca de la primacía de imperativos tan genitalizados, el evidente arrobamiento de la respuesta no constituye un rasgo suficiente de comprensión científica. Puede ocurrir que en el plano psicoterapéutico tenga lugar cierta satisfacción pulsional sin que ello corresponda a una interpretación obligadamente exacta; el niño puede experimentar muy simplemente la felicidad de una masturbación banal de modo narcisista a través del adulto, lo que, según la edad y el contexto en lo que se refiere al nivel alcanzado por el status fantasmático, no se vive forzosamente como una excitación del deseo libidinal y objetal, lo que implicaría que inmediatamente sobreviniera un movimiento depresivo consecutivo a la ausencia de una respuesta afectiva durable. Según el grado de elaboración alcanzado por el niño, y de ausencia de un gran componente perverso en el adulto, esa clase de contactos puede muy bien alcanzar simplemente consecuencias narcisistas positivas, pero a veces su valor demostrativo puede ser dudoso en el plano de la investigación propiamente dicha.

D. ANZIEU (1969) ha mostrado cómo puede reaccionar el niño que tiene dificultades para defenderse de la invasión de la palabra de los mayores, ante esa misma palabra del «mayor»: durante los primeros años de vida, los sonidos que el niño escucha se convierten en una fuente de placer, no por sus aspectos semánticos fonemáticos, sino por su pura melodía. La voz de la madre que canta, dice ANZIEU (1970), acaricia la garganta del niño como un buen alimento, lo mece y lo prepara para el sueño. De la misma manera podemos pensar que, más tarde, la voz erotizada del padre (o del terapeuta) opera una deliciosa caricia masturbatoria fálica, en la medida en que lo que diga no sea (felizmente) comprendido en el mismo nivel en el que se sitúa para el adulto; de lo contrario, habría traumatismo afectivo que bloquearía la evolución libidinal en el acto (cf. más adelante, «estados límites»).

No se trata, sin duda, de condenar sin más el estudio, y menos aún, la aproximación directa al niño, pero es necesario que nosotros mismos nos pongamos en guardia contra resultados en los que a veces nuestras vivencias personales se mezclan con las observaciones objetivas, en razón del parasitismo de las percepciones debido a inevitables residuos infantiles personales, es decir, a los restos íntimos del «polimorfismo perverso», siempre muy sutil (cf. S. FREUD, *Tres ensayos*, 1905).

También parece ser muy importante el orden en que operamos. Quizás, y contrariamente a cierta manera de pensar que se considera sobreentendida, sea más seguro tener primero en cuenta las consecuencias de los acontecimientos infantiles pasados en el adulto, para orientarse luego hacia la observación del niño, en lugar de partir de la observación del niño, efectuada por un adulto que no haya esclarecido con anterioridad todo lo que lleva en sí mismo como residuo de las dificultades internas arcaicas, que en tales situaciones de estudio conservan todo su potencial proyectivo.

Al alentar el psicoanálisis personal previo del observador coincidimos con esta preocupación.

Si bien es indiscutible que, como lo muestra Mélanie

KLEIN, el niño contiene ya *la verdad oculta y fraccionada del hombre que será*, sigue siendo igualmente cierto que el adulto conserva de por sí la verdad oculta y fraccionada del niño que ha sido, e incluso, diría yo, la nostalgia del *«niño que no pudo ser»*. Esta presencia de residuos oscuros no siempre bien integrados se suma así, para constituir una totalidad proyectiva y explosiva insospechada, a las hipótesis creadas por la alucinación negativa de una felicidad infantil siempre más cabal de lo que en realidad ha sido, fantasmas necesariamente retocados a posteriori, y repotencializados al mismo tiempo, por las experiencias y las frustraciones genitalizadas de la pubertad y la madurez.

Como lo ha demostrado J. GUILLAUMIN (1968), el recuerdo de nuestra propia infancia constituye el «núcleo de sentido» a partir del cual la infancia del otro se nos hace inteligible. No podríamos concebir la trayectoria epistemológica que se refiere a la psicología del niño o a la psicología genética sin esta base fundamental que el psicoanálisis considera bajo su aspecto «didáctico» como el postulado de toda aproximación clínica serena y fecunda.

En definitiva, parece que los dos métodos, que por un lado implican una actualización en el adulto de los componentes infantiles residuales o elaborados, y por otro la búsqueda, en el niño, de las raíces de las elaboraciones o los conflictos post-pubertarios, son perfectamente complementarios, y que el acceso ontogenético ganaría mucho al utilizarlos conjuntamente.

Esperemos que los diversos psicoanalistas de niños que han sucedido a FREUD y a sus discípulos inmediatos, y que se definen como sus seguidores (aunque intentan ir mucho más lejos por vías diferentes) no hayan olvidado lo que tiene de fundamentalmente freudiano y rigurosamente psicoanalítico la trayectoria que parte del adulto para reencontrar en él el universo infantil, y, *al mismo tiempo, y en primer lugar*, las dificultades residuales de este universo que permanecen en el plano personal de manera tal que pueden influir nuestra aproximación objetal a los «niños», tanto como a los «mayores»...

Quizás la identificación proyectiva o, dicho de otra manera, la inyección masiva de una parte perturbadora de sí mismo en el interior del otro para dominarlo y conducirlo a un estado de dependencia tranquilizadora, no funcione solamente a partir de los sujetos de las observaciones...

Tal vez no sea fortuito el hecho de que las dos principales escuelas de psicoanálisis infantil de la post-guerra hayan sido dominadas por la imagen de una «mujer fuerte» en el sentido bíblico del término.

Por otra parte, cuando nos referimos a ciertos trabajos kleinianos, como los estudios de BION sobre la alucinación (en *Second thoughts*, 1955), en los que se trata continuamente de hacer que el enfermo «expulse» las «malas» partes de sí mismo que le impiden amar a la madre, no podemos evitar que se presenten al espíritu las imágenes de esas madres siempre dispuestas a administrar lavativas, y que afirman no poder «amar» a su hijo sino cuando él las ame a su vez lo suficiente como para expulsar todo lo que ellas han proyectado en él y a lo que temen, por considerarlo la parte mala de sí mismas[1].

Del mismo modo, la famosa «envidia de pene» que los hombres describen tan a menudo en las mujeres, puede fundarse *no sólo* sobre observaciones clínicas indiscutibles que se refieren a los descubrimientos de lo que ha pasado *después* entre determinado psicoanalista-padre y su hija al nivel de intercambios narcisistas y edípicos, sino *también* sobre aquello que constituye el proceso *inductor* de semejante comportamiento, es decir, una verdadera identificación prospectiva concerniente al narcisismo fálico por parte del padre y a la respuesta complementaria que la hija ha creído interesante aportar a manera de eco. E. JONES, en 1928, no se equivocaba probablemente cuando afirmaba, contra la opinión de S. FREUD, que la actitud fálica en la hija (tal como se la concibe con mayor o menor reprobación) podría no sólo corresponder a un

---

[1] El rigor de la observacion clínica efectuada justamente «después» nos obliga a reconocer aquí que la «madre fálica» no es la única «responsable» de la repetición de la «operación lavativa»: si bien el niño la sufre fundamentalmente en el plano narcisista, no deja sin embargo de gozar, al mismo tiempo, en el plano pulsional; tanto, por otra parte, sobre el registro sadomasoquista como sobre el registro libidinal, según los modos diversos ligados a las particularidades operacionales de la enema. Efectivamente, una puesta en escena perversa acompaña siempre al coito anal clisteriano que cumple la madre con el niño en el modo sádico-activo, pero que es incesantemente solicitado por el niño, y con habilidad, en el modo pasivo-agresivo. (¡Pobre madre de hijos de madre fálica, a partir del momento en que el niño extrae placer de ese diálogo!)

estadio banal del desarrollo libidinal, sino *también* constituir, en otras circunstancias más tardías, una reacción secundaria de protección activa.

¿Es *también* por ese motivo, y en razón de la dificultad con que se enfrenta el adulto para situarse a sí mismo (positivamente o negativamente, lo que viene a ser lo mismo a los efectos de la clasificación) frente al reconocimiento de sus rasgos personales o de sus vivencias proyectivas tan ampliamente diseminadas en una multitud de niños diferentes, que los psiquiatras de niños se sitúan en un aparte en un terreno nosográfico?

¿Es por ello que parece tan difícil que los psicopatólogos que se ocupan del niño dialoguen con los que se ocupan habitualmente del adulto?

En efecto, si los segundos habitualmente reconocen como «psicótica» una estructura común, basada sobre el fraccionamiento del Yo (acabado o no), el conflicto con la realidad, la primacía otorgada a las inversiones narcisistas y al proceso primario, ¿cómo discutir datos equivalentes con los primeros, que acostumbran a denominar «psicóticas» a un conjunto de entidades patológicas más o menos precisas que se encuentran en el niño, conjunto que en algunos autores se ha extendido poco a poco hasta englobar la casi totalidad de la psicología infantil?

¿Cómo hacer que un psicopatólogo de adultos acepte que se ordenen frecuentemente en un pie de igualdad conflictos heteróclitos que van de las grandes organizaciones deficitarias en lo que respecta al equipamiento y a lo somático hasta las verdaderas organizaciones psicóticas precoces específicas del niño, pasando por los primeros problemas que se manifiestan en el niño de lo que se convertirá en una psicosis en el adulto, pasando también por las grandes inmadureces afectivas o las organizaciones todavía indiferenciadas de tipo anaclítico, o las más diferenciadas de tipo psicopático, caracterial o perverso (grupos que parecerían vinculables a nuestra categoría de los estados límites y de sus dependencias), o incluso por las manifestaciones ya específicas o simplemente todavía precursoras en el niño de las organizaciones profundas, neuróticas o psicóticas?

Los diversos psiquiatras que trabajan al nivel del adulto han aprendido mucho, sin ninguna duda, y todavía han de recibir mucho más, de sus colegas que trabajan con niños, pero sigue siendo cierto que estos últimos no pueden ahora continuar avanzando sin aplicar a sus descripciones teóricas y clínicas un rigor terminológico semejante a aquel al que se han atenido (finalmente) desde hace cierto tiempo los primeros, para hacer compatibles y comunicables sus observaciones fragmentarias sobre cada categoría de organización mental. La gran variedad y la importancia del campo de los descubrimientos que se refieren al funcionamiento mental del niño y a su génesis, obligan a la precisión en los términos utilizados y en la clasificación de los datos recientemente adquiridos que parecen tan interesantes para todos los investigadores ulteriores.

Corresponde a los psiquiatras de niños precisar si el autismo precoz de L. KANNER (1943) o más precisamente aún la psicosis autística precoz de M. MAHLER (1958), que son comportamientos indiscutiblemente «psicóticos», se sitúan realmente en la misma línea estructural que las *psicosis* del adulto y si corresponde a su definición el mismo sustantivo. Poco importaría, por otra parte, que se reservara la herencia exclusiva del término a la serie infantil o a la serie adulta, si fuera posible acabar con la indivisión de esta propiedad común de apelación.

Sin duda sería más fácil para los especialistas en niños diferenciar de la línea psicótica «ortodoxa» purificada, la *«psicosis»* simbiótica de M. MAHLER o la *«psicopatía»* autística de H. ASPERGER; con mayor razón deberíamos clasificar, de manera particular e independiente de las psicosis, toda la serie de las *organizaciones deficitarias* que J.-J. LUSTIN (1972) distribuye en problemas de las funciones psicomotrices, problemas de lenguaje, problemas críticos (epilepsia), debilidades y retrasos mentales. En cuanto a las *organizaciones* llamadas *«psicopáticas»* o *«perversas»* en el niño o el adolescente, es evidente que no constituyen, si consideramos cuidadosamente su ontogénesis, sino una manera de organizar relacionalmente, bajo la primacía del acto y de la agresividad, algunas de esas famosas «desarmonías evolutivas», «inmadureces» o «retrasos afectivos» de los que hablamos cada vez con mayor acierto en el plano descriptivo, pero con vacilación desde el punto de vista nosológico; creo que el estudio constituido por el último capítulo de esta primera parte y que se refiere al grupo de estados límites y de sus organizaciones anexas podrá constituir una base de reflexión sobre la situación estructural (o más exactamente sobre la situación de no-estructuración) de tales entidades clínicas.

Es necesario también enfocar el grupo de las *reacciones psicosomáticas* precoces, a las que L. KREISLER, M. FAIN y M. SOULE (1966) han consagrado trabajos recientes que muestran su singular especificidad ligada a las funciones desexualizadas y resomatizadas del Yo, en el sentido del «Yo autónomo» de H. HARTMANN y de su escuela, y no diferente en este punto de la especificidad de los funcionamientos mentales psicosomáticos del adulto que encararemos más adelante.

Sin embargo quedan en suspenso dos cuestiones: ¿cómo reconocer, por una parte, lo que podemos definir ya como pródromos, en el niño o el adolescente, de la organización todavía provisoria en este momento, pero que producirá más adelante en el adulto una estructura psicótica de tipo clásico? Por otra parte, el mismo problema se plantea con respecto a los pródromos que anuncian estructuras neuróticas ulteriores auténticas en el adulto.

Esas dos líneas de reflexión son muy arduas y los autores todavía no las han explotado suficientemente. Mis propias investigaciones clínicas, cuando han sido suficientemente profundas, me han enseñado que en uno y otro caso es necesario tener muy en cuenta todo síntoma de *dimensión* neurótica (fobias, obsesiones, manifestaciones «histéricas»). En la mayoría de los casos esos simples síntomas revisten una importancia diagnóstica particular, ya que con frecuencia no rubrican totalmente una evolución *estructural* neurótica; puede tratarse de puras manifestaciones funcionales de escasa gravedad, o bien, por el contrario, en ciertos casos, constituir los primeros alertas de un fallo bastante serio de las funciones adaptativas del Yo, que amenaza con desarrollarse y evolucionar mucho más allá de la simple estructura neurótica.

Es muy excepcional que auténticas estructuraciones ulteriores de tipo neurótico se inicien de esta manera. Sólo el examen atento de la evolución ulterior progresiva *en todos los casos* de síntomas denominados «neuróticos» notables (ante los sujetos o las familias no corresponde dramatizar, pero tampoco adoptar una actitud demasiado «tranquilizadora» antes de haber comprobado la benignidad) nos permite la esperanza de evitar errores demasiado numerosos y lamentables en la estimación pronóstica.

Las *reacciones «caracteriales»* del niño o del adolescente deben considerarse bajo el mismo ángulo; en algunos casos son señales de una tensión relacional momentánea, fisiológica, de los movimientos de crecimiento afectivo —a veces mal coordinados aún— entre el Yo vacilante del niño y un medio exterior familiar o socio-educativo que no siempre reacciona tan oportunamente como sería conveniente; en otros, por el contrario, esas reacciones señalan un comienzo de organización anaclítica intolerante a las frustraciones, que evolucionan hacia el tronco común de los estados límites descritos más adelante, o a veces, incluso, y con mayor gravedad, anuncian una progresión en la línea estructural psicótica; en otros, en fin, son justamente estas reacciones caracteriales las que indican el inicio de una estructuración ulterior de tipo realmente neurótico.

Pero debemos recordar que sigue siendo abusivo definir un nivel estructural cualquiera como «neurótico» antes del Edipo, es decir, antes de los cuatro años (en los *niños más precoces*).

Yo diría, aun corriendo el riesgo de disgustar a los meticulosos de la observación de los signos exteriores, que ninguna observación clínica, por atenta que sea, permitiría plantear con certeza un diagnóstico estructural con sólo poner en evidencia *estática* los síntomas más finos; todavía no podemos aportar tal o cual prueba evolutiva sobre el plano estructural en el momento de la infancia y la adolescencia, fuera del caso de auténticas desorganizaciones «psicóticas» precoces o de sub-equipamientos notables.

Sólo la observación *repetida en el tiempo* permitirá que la comprensión de la evolución de los elementos operacionales y relacionales (efímeros o constantes) del Yo conduzca a una evaluación tranquilizadora o inquietante de los límites de la gama pronóstica y de las posibilidades o riesgos que en el futuro aguardan al sujeto.

En lo que concierne al período de latencia, quizás algunos criticarán la noción de «silencio evolutivo» a la que se hará alusión más adelante, así como el término de «pseudolatencia» («precoz» o «tardía») empleado a propósito de los estados límites.

No pretendo en absoluto que en el momento de la latencia no pasa *nada*, ni siquiera en el registro genital. Todos estamos convencidos de la importancia del período de latencia (verdadera) por sus identificaciones, sublimaciones, disposiciones socio-relacionales y culturales y sus manifestaciones sexuales (frecuentemente desordenadas, por otra parte); sin embargo, FREUD ha hablado, y no sin razón, de un «*período*» de latencia y no de un «*estadio*» —como en el caso de los momentos realmente evolutivos desde el punto de vista estructural—, que se centra en aspectos pregenitales (estadio oral, estadio anal) o genitales (estadio fálico para la genitalidad infantil y estadio pubertario para la organización genital propiamente dicha). Durante el período de latencia las vivencias emocionales del sujeto se mantienen en un estado de agitación considerable, pero su organización estructural permanece invariable y no franquea un nuevo paso en la escala evolutiva sino en la etapa siguiente, la del estadio pubertario. Para emplear términos gráficos, podríamos decir que nuestro «silencio evolutivo» de la latencia tiene como objetivo connotar la ausencia de un progreso estructural, al mismo tiempo que la «rumiación» por parte del sujeto de las importantes y diversas adquisiciones operadas en el curso de los estadios precedentes. Por otra parte, el término de «pseudo-latencia» que se utiliza en las hipótesis emitidas sobre los estados límites corresponde, en tales organizaciones, a un estado prolongado y fijado que comporta a la vez un silencio evolutivo y una intensa «rumiación», como veremos de inmediato.

En lo que concierne a la adolescencia, en fin, los clínicos no considerarán un descubrimiento el punto de vista desarrollado aquí, que se refiere a la dificultad de definir válidamente una estructura duradera en este momento de la vida. En nuestra hipótesis, esta dificultad se vincularía no sólo con la fluctuación legítima de las inversiones libidinales y objetales, frecuentemente descritas por los autores, sino sobre todo con la capacidad del sujeto para cambiar, *ahora y por última vez*, de estructura en este período en que todo le parece nuevamente provisorio, y en medio de un huracán pulsional y conflictual. Parece necesario revalorizar la importancia del potencial estructural del adolescente más de lo que se ha hecho hasta el presente.

Para terminar este parágrafo sobre el concepto de estructura de base, recordaría la posición asumida por H. EY en el Congreso de MONTREAL, en 1961, al reconocer las dificultades existentes para vincular entre sí las entidades psíquicas del hombre, normal o no, y comprobar que un escepticismo sistemático había conducido a reacciones antinosográficas, o a pseudoclasificaciones que podían reducirse prácticamente al ordenamiento alfabético.

Respetar al mismo tiempo la unidad del psiquismo y la diversidad de los funcionamientos mentales, las similitudes o las divergencias fundamentales, la jerarquización de los agrupamientos principales y de las diversificaciones secundarias, nunca ha sido una tarea fácil. La riqueza de los descubrimientos psicológicos y en particular psicoanalíticos de estos últimos decenios parece haber complicado todavía más el debate. Sería oportuno recapitular, y tratar de establecer una síntesis provisoria de la articulación de nuestros conocimientos actuales, justamente sobre la base proporcionada por la riqueza de recientes datos serios y sólidos, que deben utilizarse para ampliar nuestras miras y no para complicarlos indefinidamente.

3
Las grandes estructuras de base

La concepción psicopatológica, corriente en el pasado, se descomponía en postulados sucesivos bastante simplistas, que bloquearon toda investigación en psicopatología estructural durante cierto período. El primer postulado puede formularse, sin forzar la caricatura, por medio de la distinción prácticamente automática entre «el que delira», más o menos asimilado a la estructura psicótica, y todo el resto, más o menos asimilado a la estructura neurótica.

El segundo postulado, en apariencia más científico, pero en realidad igualmente simplista, veía en el paciente «psicótico» un problema orgánico e incurable; poco importaba que se lo sometiera a un tratamiento cualquiera o se lo dejara sin atención (en su casa o en un «asilo»), ya que con una enfermedad de esta naturaleza no se conseguiría ningún resultado. Por otra parte, el paciente denominado «neurótico» era un enfermo «psíquico» y si en este caso se atenuaba eventualmente la importancia de la organicidad, sólo era para aumentar de inmediato y en la misma proporción el rol de «lo imaginario» (en el sentido peyorativo del término), para no hablar del estímulo más o menos atribuido a la mala voluntad del sujeto. Por ende, un enfermo así podía curar, pero «si él quería»; por el contrario, si no terminaba por mostrarse gentil y comprensivo y obedecer a nuestras órdenes de curación, significaba que ponía de manifiesto una cierta agresividad con respecto a sus infalibles médicos (actitud ésta que nunca ha sido bien tolerada). En ese caso, se le colocaba en una «casa de salud», o bien se trataba de «ocultarlo» en una alcoba o en un asilo, tanto para disimular la impotencia de los terapeutas y los allegados como para satisfacer su cólera.

Se comprende fácilmente, hasta el momento en que se produce la revolución psicoanalítica, el mérito y el coraje de algunos psiquiatras que no aceptaban un escenario semejante pero sin embargo manifestaban escaso entusiasmo por las investigaciones psicopatológicas que superaran las descripciones de episodios y síntomas.

Desde hace algunos años nos enfrentamos con una reacción prácticamente inversa: ¿cuántos sustantivos que presentan una consonancia cualquiera en «psi» adquieren automáticamente una aureola sobrevalorizada?

Por todas partes florecen las descripciones fenomenológicas que reviven banales comprobaciones antiguas a menudo mediante vocablos rimbombantes. Las nociones más audaces y más dudosas son aceptadas a mano alzada por los congresos más conservadores bajo el báculo jovial de un presidente «conciliador», con tal de que huelan un poco a azufre. Los términos científicos, filosóficos, psicológicos o técnicos ya no son suficientes; se crean montones de neologismos de dimensiones aparentemente revolucionarias, lo que evita operar una revolución real en los espíritus.

El auténtico psicoanálisis vienés nunca ha tenido verdaderamente suerte: combatido antaño por considerárselo demasiado progresista, ahora se lo condena por reaccionario, aún antes de haber alcanzado un verdadero derecho de ciudadanía en nuestras instituciones médicas o universitarias. Un poderoso seductor que ha transpuesto a PLATON en términos psicoanalíticos para los lingüistas, y lingüísticos para los psicoanalistas, conoce en los salones filosóficos del momento el mismo éxito que TOMAS DE AQUINO entre los copistas del siglo XIII con su adaptación teológica del pensamiento de ARISTOTELES. Son muchos los espíritus ardientes que creen «haber superado a FREUD», cuando no han vivido nada de la experiencia que él propone y sólo se han defendido por medio de la intelectualización de los riesgos que esta experiencia comportaba para su confort manifiesto o su angustia latente.

¿Cómo conservar, ante esos movimientos exagerados, contradictorios y apasionados, el deseo de realizar honestamente un balance de nuestros conocimientos sobre el funcionamiento mental *latente* y no sólo manifiesto? ¿Cómo atreverse todavía a emplear términos y nociones que han dado pruebas de su eficacia para distinguir lo que asemeja o diferencia a los humanos, lo que constituye sus esperanzas y sus angustias? ¿Cómo comprenderlos y situarlos sin recortarlos de manera letal y tampoco abandonarlos al caos informal, otra manifestación no aparente pero igualmente eficaz de nuestro instinto de muerte respecto de ellos...?

La originalidad de un intento de clasificación verdaderamente psicoanalítico de las estructuras mentales no puede fundarse sobre «super-categorías» *manifiestas*, sino, por el contrario, sobre las precisiones y matices aportados por el examen atento del modo de funcionamiento de las infraestructuras psíquicas *latentes*, tanto en el estado normal como en las evoluciones mórbidas de esas organizaciones de base; y además, la metodología utilizada no debe centrarse en la clasificación de tipo entomológico, sino en las vinculaciones, asociaciones, e inversiones que rigen los modos de circulación, representación y satisfacción pulsional. Dicho de otra manera, toda clasificación estructural psicoanalítica no puede sino retomar, al nivel y por los medios de los procesos secundarios, el estudio de los riesgos particulares, en tal o cual caso, de los procesos primarios fundamentales.

No trataré de presentar en este trabajo los principios clásicos de categorización estructural psiquiátrica en términos simplemente diferentes. Mi esfuerzo tiende, por el contrario, hacia una nueva síntesis a la vez más racional, más profunda y más global, al tiempo que me afano por emplear términos ya conocidos y probados. Por lo tanto, no me corresponde modificar, sino precisar y depurar el sentido de esos términos. Creo que es posible evitar el combate por las palabras, precisamente con la condición de no emplearlas con cualquier sentido.

El lenguaje psicoanalítico, como el lenguaje psiquiátrico, posee ya un vocabulario lo suficientemente rico y variado como para que haya necesidad de recurrir a neologismos suplementarios si se lo utiliza con suficiente rigor.

Mi investigación personal se orienta en el mismo sentido que las preocupaciones de A. GREEN (1962) y J. H. THIEL (1966); me propongo no olvidar ninguna de las modalidades psicopatológicas que habitualmente describe el psiquiatra clásico de manera muy fragmentaria. Uno de los mayores inconvenientes de tal fragmentación es que conduce, sin que siempre se tenga plena conciencia de ello, a dos hipótesis embarazosas y admitidas con excesiva facilidad: por una parte, no reconocer la existencia de todo un sistema de organizaciones ligadas entre sí y que gravitan de manera autónoma, entre las líneas neurótica y psicótica, en torno de los riesgos del narcisismo; y, por otra parte, suponer que un mismo sujeto en el curso de su existencia puede pasar sucesivamente de una estructura psíquica fija a otra.

Mi intención es apoyarme sobre los datos metapsicológicos y genéticos corrientemente admitidos, para mostrar en qué difieren en el plano económico las organizaciones psíquicas (mórbidas o no), y cómo podemos concebir articulaciones genéticas entre ellas, sin admitir sin embargo la posibilidad, a partir de un cierto nivel de estructuración real en un momento dado, de un cambio de línea estructural en un sentido u otro.

Finalmente, desarrollaré el punto de vista de THIEL (1966) sobre la identidad estructural de los estados, mórbidos o no, en el seno de una misma línea, sobre la base de mi concepción muy relativizada de la «normalidad», tal como la he presentado en el primer capítulo de esta primera parte.

Mis criterios principales de clasificación, próximos a las referencias de L. RANGELL (1965), serán semejantes para todas las categorías examinadas y se centrarán esencialmente sobre cuatro factores:
— la naturaleza de la angustia latente;
— el modo de relación de objeto;
— los mecanismos de defensa principales;
— el modo de expresión habitual del síntoma.

Sin duda será fácil y útil criticar algunas de mis hipótesis teóricas o clínicas en el plano científico, pero lo esencial de mi propósito se refiere a las condiciones de *vinculación* de las diferentes organizaciones psíquicas entre sí, a su «*status*» como *modo de funcionamiento mental latente*, y no solamente a los aspectos aparentes de los comportamientos observados desde el exterior, lo que sin duda desplaza singularmente el eje de los deseados debates futuros a propósito de esas hipótesis.

1. LA LINEA ESTRUCTURAL PSICÓTICA

Luego de haber partido de la indiferenciación somatopsíquica (de la que ya he hablado a propósito de la noción de estructura en general), la línea psicótica se origina a nivel de frustraciones muy precoces que en lo esencial proceden del polo materno, al menos en lo que concierne a las frustraciones más primitivas.

Un Yo que haya sufrido fijaciones serias y haya quedado bloqueado desde un principio, o bien haya experimentado inmediatamente una regresión a ese nivel, se *pre-organiza* con considerable rapidez en una primera etapa, de acuerdo al modelo ya expuesto anteriormente, según la línea estructural psicótica, que se inicia así de manera bastante determinante.

Esto sólo puede ocurrir en el transcurso de la fase oral o, a más tardar, durante la primera etapa de la fase anal, definida por ABRAHAM como la fase anal de rechazo.

Los trabajos de ABRAHAM sobre la pregenitalidad han constituido las bases de las hipótesis aquí expuestas, así como el esquema realizado por Robert FLIESS, en 1950, en el que desarrollaba las investigaciones de ABRAHAM. Ese esquema ha sido retomado en 1967 por M. BENASSY en el Boletín de Psicología (267, XX, p. 22). Nuestra figura n.º 1 corresponde a una simplificación de ese esquema, al conservar sólo las líneas principales de división y poner especialmente en evidencia la famosa *divided line* considerada por K. ABRAHAM como una frontera entre las fijaciones o regresiones psicóticas por una parte, y las fijaciones o regresiones neuróticas por otra *(cf. fig. 1)*. Esta línea de división se sitúa según ABRAHAM, y desde el punto de vista del desarrollo pulsional, entre el primer subestadio anal de rechazo y el segundo subestadio anal de retención. Todas las regresiones y fijaciones situadas más arriba de esta línea de división fundamental corresponderían a las estructuraciones psicóticas; la estructura

Edad		Tendencias		Modo	RELACIONES OBJETALES Niños / Niñas Pasividad		Yo	Nosología
1	Oral I	Morder Devorar	Activo-Pasivo	Incorporación	Identificación con la madre activa / Masturb. infantil primitiva	Estadio pre-edípico	Autoerotismo / Narcisismo / Magia de los gestos	Esquizofrenia / Melancolía Manía
2	Oral II	Incorporar Expulsar (DVIE D)		Amor parcial + Incorporación	Deseo de hijo pasivo (Más activo / Más pasivo)		Magia de las palabras	Paranoia
3	Anal I	Retener		Amor parcial	Principio del Edipo	Estadio edípico	— L I N E —	
4	Anal II		Fálico-Castrado		Masturbación fálica / Envidia del pene		Principio de realidad	Neurosis obsesiva
5	Fálico	Primacía fálica			Escena primitiva / Descubrimiento de castración		Formación del super-Yo	Histeria
6					Disolución del Edipo / Inicio del Edipo			
7 a 10	Latencia	Desexualización			Inhibición de los fines sexuales			
11	Genital	Primacía de lo genital		Amor objetal	Descubri de la vagina		Sentimientos sociales	Salud
12								

FIG. 1
Esquema general de la psicogénesis.

esquizofrénica se presentaría como la más arcaica, la siguiente sería la estructura melancólica (o los comportamientos maníacos defensivos de la misma organización), y luego, en último lugar, y contra la línea fronteriza, llegaríamos a la estructura paranoica, la menos regresiva en el plano pulsional del grupo de estructuras psicóticas.

Aquello que, por el contrario, se situara hacia abajo de la *divided line* de K. ABRAHAM correspondería a las estructuraciones de modo neurótico y comenzaría por la estructura obsesiva para continuar con la estructura histérica que, como veremos más adelante, constituirá el modo de estructuración más elaborado libidinalmente.

El esbozo de organización que acabamos de definir como «pre-organización» *(cf. fig. 2)* sufre un silencio evolutivo durante el período de latencia, como ya he precisado a fines del capítulo precedente.

De acuerdo con nuestras hipótesis, la adolescencia que ha de sobrevenir a continuación presentaría, en medio de transformaciones considerables sobre las que todo el mundo está de acuerdo, posibilidades evolutivas todavía múltiples en el plano estructural. En efecto, en esta etapa particularmente importante del desarrollo afectivo del individuo todo puede volver a ser puesto en cuestión.

El sujeto todavía conservaría en este período una pequeña posibilidad de que el eje de evolución de su Yo abandonara la línea psicótica, no totalmente fijada, *(cf fig. 2)* y que su progresión ulterior cuajara en el marco de una estructura neurótica, a partir de ese momento definitiva, y que en caso de descompensación mórbida sólo podría originar una neurosis clásica del tipo histérico u obsesivo.

Tales casos de desviación eventual de la línea psicótica preestructurada hacia una línea de estructuración definitiva de tipo neurótico en la etapa de la adolescencia (y sólo entonces posible) son desdichadamente escasos, aunque realizables. Cambios de línea estructural tan excepcionales y tan radicales no se podrían producir sin una razón profunda. Nunca son fortuitos.

Una primera eventualidad, fácil de comprender y muy conocida por los psicólogos, corresponde al caso de los adolescentes que se han sometido a una psicoterapia de resultados positivos en el momento de la adolescencia. De-

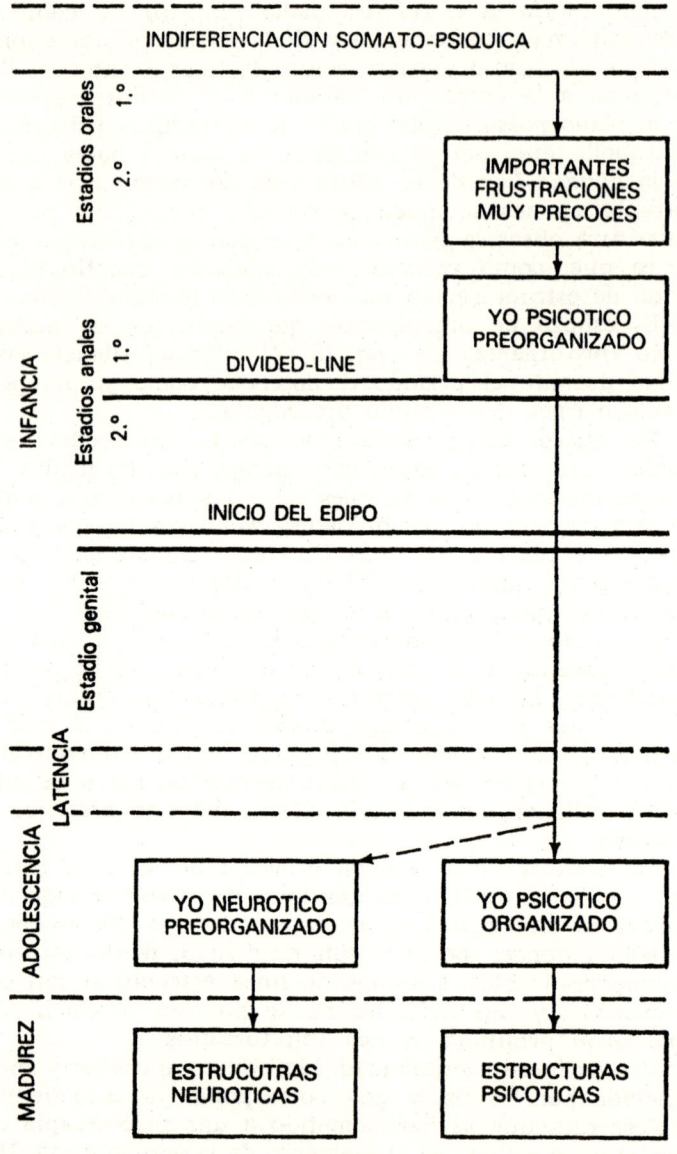

FIG. 2
Génesis y evolución de la línea estructural psicótica.

bemos reconocer que esta eventualidad es poco frecuente; no solamente porque las psicoterapias de adolescentes son difíciles, sino sobre todo porque actualmente vacilamos, y con razón, antes de proponer una psicoterapia profunda a un adolescente mientras no sea rigurosamente indispensable, dado que muchas cosas se ordenan muy bien por sí mismas en este período; ahora bien, sólo una psicoterapia bastante profunda sobre el plano del análisis de las defensas en la transferencia puede producir un cambio de línea estructural.

Otras eventualidades se vinculan con una experiencia afectiva espontánea y lo bastante intensa como para reubicarse repentinamente, en medio de la tempestad de la adolescencia, en un contexto interior y exterior edípico por primera vez verdaderamente significativo, al mismo tiempo que aporta de manera inesperada elementos altamente reparadores de la falla narcisista primaria. Ya se trate de un maravilloso encuentro amoroso o solamente de una prueba dramática conflictiva que induzca a una recuperación de los fantasmas triangulares y genitales mal presentidos hasta entonces, no podemos sino confesar que circunstancias tan ventajosas u objetos tan benéficamente representativos no se encuentran a la vuelta de la esquina.

En efecto, en el momento de la adolescencia y en la inmensa mayoría de los casos, un Yo preorganizado de manera psicótica simplemente proseguirá su evolución en el seno de la línea psicótica en la que ya se halla suficientemente comprometido; se organizará *(cf. fig. 2)* de manera definitiva bajo la forma de *estructura psicótica* verdadera y estable. Ya no será posible ulteriormente volver a este punto: si el sujeto cae enfermo, si el «cristal se quiebra» como consecuencia de un accidente interior o exterior, sólo podremos asistir al surgimiento de una *psicosis*, ciertamente bajo formas variadas, pero sin ninguna otra posibilidad patológica.

La estructura psicótica corresponde a una debilidad de la organización narcisista primaria en los primeros instantes de la vida. Es la imposibilidad para el niño de ser considerado como un objeto distinto de la «madre sujeto», personalidad a su vez incompleta ella misma, que no puede concebir separarse de esta parte indispensable para su propio Yo. Y esto se produce, claro está, con la complicidad más o menos activa del padre (cuando existe a título verdaderamente significativo, lo que está lejos de representar la situación habitual). Esta relación más o menos fusional con la madre, se repetirá continuamente en lo sucesivo en el plano interpersonal, según las variedades de psicosis; una relación objetal verdadera no puede enfocarse ni sobre el modo genital propiamente dicho, ni incluso sobre el modo anaclítico, que sin embargo es mucho menos exigente. La relación, en los casos más regresivos de esquizofrenia, no es siquiera dual o triádica, y mucho menos triangular. El Super-yo no ha alcanzado en absoluto un rol organizador o conflictual de base. El Yo nunca está completo; desde un principio se encuentra fraccionado, ya sea ese fraccionamiento aparente o bien suceda que los fragmentos permanezcan (si no hay descompensación) pegados entre sí, de manera que el «cristal resista». El fracaso del narcisismo primario se traduce a través de una actitud áutica más o menos radical en función del grado regresivo de las fijaciones. La angustia profunda no se centra ni en la castración genital ni en la pérdida del objeto, sino en el fraccionamiento, la destrucción, la muerte por estallido. El conflicto subyacente no es causado ni por el Super-yo ni por el Ideal del Yo, sino por la realidad frente a las pulsiones elementales, lo que conduce a una negación de todas las partes de esta realidad que se hayan vuelto demasiado perturbadoras, y eventualmente al delirio si, una vez que se han negado fragmentos demasiado importantes de la realidad, se hace indispensable para el mantenimiento de la vida la reconstrucción de una neo-realidad ventajosa aunque aberrante. Cuanto más amenazada de morbilidad se halla la estructura psicótica, más prevalece en ella el proceso primario por sobre las reservas operadas por el proceso secundario. Los mecanismos de defensa psicóticos principales que se emplean son: la proyección, el *clivage* del Yo (interior al Yo y no por el simple *clivage* de las imagos objetales), la negación de la realidad; todos esos mecanismos concurren al nacimiento de fenómenos de despersonalización, de desdoblamiento de la personalidad, o incluso de simple desrealización. La actividad sintética del Yo es abolida en las situaciones extremas, y en la mayoría de los casos, sólo se debilita, lo que contribuye —paradojalmente en apariencia— a liberar capacidades abstractas matemáticas, especulativas o de las denominadas «intelectualizadas», en la medida en que tales talentos pueden permitirse libre curso justamente porque no han de ser controlados ni inducidos por funciones reguladoras del Yo en su recubrimiento de las realidades objetales...

Por otra parte, no parece que el impacto de los fantasmas «originarios», en el sentido en que lo entienden J. LAPLANCHE y J.-B. PONTALIS (1964), aparezca en las estructuras psicóticas con los mismos efectos que en el caso de los sujetos organizados neuróticamente. En el primer caso el padre ya no posee un rol económicamente suficiente entre el niño y la madre; con mayor razón, no puede manifestarse secundariamente, en el plano de la realidad, en el rol de enemigo sexual.

Al ser el contexto objetivo muy diferente, la actividad autoerótica, estimulada por la madre, ya no es perturbada por el padre.

Ninguna revisión de las principales características del modelo estructural psicótico, tanto como del modelo estructural neurótico, podría considerarse completa en nuestros días sin abordar, al menos sucintamente, la manera en que se presenta, en una u otra eventualidad estructural, la utilización del lenguaje que el sujeto pone en práctica en el ámbito de la comunicación relacional.

Los aspectos positivos de una óptica tal resultan innegables a pesar de las supercherías desarrolladas a veces bajo la cobertura de una ciencia lingüística que algunos presentan como mágica, inédita, y capaz de traducirlo o reemplazarlo todo.

Sin duda, no es indispensable pretender esclarecer desde el primer momento los problemas de los intercambios interpersonales, creando al efecto una jerga neológica codificada que necesita la utilización de un nuevo diccionario y de una nueva gramática con miras a su propia comunicabilidad.

Por otra parte, parece muy fácil dejarse atrapar en la trampa del lenguaje, en lo que éste comporta de manifiesto y superficial. En efecto, algunos autores han disertado extensa y brillantemente sólo sobre los aspectos aparentes del lenguaje. Ahora bien, el lenguaje, así como las otras «formaciones de compromiso» sobre la base del síntoma, del sueño o del fantasma, puede considerarse en niveles muy diferentes de profundidad. Para vincular lenguaje y estructura la referencia debe aplicarse más sobre la música profunda de la melodía verbal que sobre el simple aspecto visible de las palabras que esa melodía soporta.

Finalmente, la lingüística no constituye sino un aporte suplementario y no despreciable al estudio de un caso clínico o de una categoría de individuos, pero no podría reemplazar a las otras formas de acceso profundo a la personalidad; da cuenta de ellas *también*, como la grafología, por ejemplo, pero no podemos extraer de ella deducciones o previsiones válidas a la vez en las múltiples direcciones del funcionamiento mental. Sería azaroso deducir de ella cualquier «horóscopo». Sentimos inquietud ante la ambigüedad de algunos lingüistas con respecto a los datos psicoanalíticos: operan como si esos datos fueran obvios, pero se protegen de toda evidencia en el laberinto conceptual y semántico de su disciplina, para tratar de evitar a su angustia profunda los peligros fantasmáticos de una investigación más a fondo de su propio inconsciente a través del estudio del de los otros.

Sin embargo, sigue siendo evidente que los modelos lingüísticos varían notablemente, tanto de la estructuración psicótica a la estructuración neurótica, como incluso en el sentido de los diferentes modelos de organización de tipo psicótico o neurótico.

P. DUBOR (1971) se ha dedicado a establecer una síntesis de los elementos profundos que se han hallado en el lenguaje del psicótico: la realidad no está totalmente invertida; existe un grado relativo de inadecuación del deseo al objeto; el afecto está más o menos disociado de la representación; las palabras se consideran a un cierto nivel como extrañas, ajenas y huecas, y les es difícil llenar un vacío que el psicótico no sitúa tanto entre el otro y él sino dentro de su misma persona.

Para el sujeto de estructura psicótica, en efecto, el continente llega a contar más que el contenido: la carencia se refiere tanto al «ser» como al «tener».

El proceso primario obliga al funcionamiento mental a salir del control de la realidad para tender hacia la alucinación de las materializaciones de los deseos. El lenguaje se sitúa en este sentido en el marco mismo de la acción, y se manifiesta en primer lugar en apoyo de las pulsiones agresivas.

En el plano relacional, la experiencia terapéutica nos muestra que el esquizofrénico, por ejemplo, no «piensa» en el sentido habitual del término, y que tampoco «habla» verdaderamente. En realidad actúa con las palabras, como con las cosas, en una dialéctica en la que el objeto no está claramente separado del sujeto.

Como lo han indicado LAPLANCHE y PONTALIS (1967), S. FREUD en *La interpretación de los sueños* (1914) consideraba, en términos de regresión, las condiciones particulares que confieren sus privilegios a algunos símbolos lingüísticos. Las falsas interpretaciones manifiestas dadas por el lenguaje del psicótico señalan, para D. ANZIEU (1970), una alteración de la función paradigmática entre ellos. Tales sujetos confundirían los signos y los códigos.

El neurótico podría dar a un hombre que toca el violín una interpretación simbólica: «Tocas el violín con tanto placer como si te masturbaras», en tanto que el psicótico pierde el sentido mismo de la realidad intermediaria del violín; ya no ve el violín y se dirige al inconsciente del que interpreta de manera brutal y directa, a partir de su propio inconsciente: «¿Has acabado de masturbarte?»

Como lo han sugerido FREUD (1900), KRAEPELIN (1910) o BLEULER (1911), el lenguaje propio de una estructura se establece selectivamente en esta categoría, de manera totalmente original y según el modo en que se elaboran en esta misma variedad estructural los contenidos fantásticos u oníricos. Por lo tanto, todo lenguaje sigue siendo, como concluía P. C. RACAMIER (1955), hermético, altamente representativo y *privado*.

FREUD, en *El inconsciente* (1915) sostiene la hipótesis de que el psicótico se ha vuelto incapaz de relaciones con los seres reales y se cree obligado a soltar «el pájaro en mano por el ciento volando». El psicótico pone entonces su interés sobre la materia inanimada que constituye el lenguaje. El lenguaje, adorado como objeto en sí, deja al mismo tiempo de ser utilizado como medio de comunicación y de plegarse a las exigencias variables de las relaciones objetales.

«*La idolatría de la palabra*» (P. C. RACAMIER, 1955), comporta un contexto mágico, conjuratorio, iniciático y también esencialmente lúdico. Los psicoanalistas han puesto frecuentemente en evidencia la naturaleza regresiva, arcaica y típicamente oral de tal actividad.

Volveré a retomar el punto de vista lingüístico cuando estudie el modo de estructuración neurótico, y también daré, a propósito de las diversas categorías que se hallan en el interior de las estructuraciones psicóticas y neuróticas, algunas breves indicaciones sobre los aspectos originales de la comunicación en ocasión de cada caso particular de diferenciación estructural.

A) *La estructura esquizofrénica*

Entre las estructuras psicóticas, la estructura esquizofrénica se sitúa en la posición más regresiva, tanto desde el punto de vista de la evolución libidinal como desde el punto de vista del desarrollo del Yo.

Para C. MULLER, L. KAUFMANN y L. CIOMPI (1967) el concepto psicodinámico ligado al problema esquizofrénico se basa en el estudio simultáneo de los fenómenos psicológicos, la influencia de la constelación familiar y los factores socio-culturales.

Esos autores han mostrado cómo FREUD, desde 1898, había descubierto la analogía entre el sueño y la alucinación en tanto maneras de revivir experiencias inhibidas de la infancia bajo una forma sustitutiva. Gracias al delirio, los objetos vuelven a ser invertidos.

S. FREUD había definido muy tempranamente a la esquizofrenia en términos de «neurosis narcisista», para insistir sobre la importancia de la regresión narcisista masiva primordial en esta entidad. El funcionamiento mental de modo esquizofrénico está guiado por los mecanismos de desplazamiento, condensación y simbolización tributarios de los procesos primarios, lo que tiene como consecuencia simultáneamente una distorsión, al menos parcial, de la realidad; un relajamiento de las asociaciones y una aparente lógica, denominada «autística». En sus conflictos con la realidad, el sujeto de estructura esquizofrénica espera que sea la realidad la que cambie y no sus necesidades, de manera tal que satisfaga, total e instantáneamente, la pulsión pregenital de preponderancia oral.

Podemos decir que la estructura esquizofrénica corresponde específicamente a una organización psicótica del Yo fijado en una economía pregenital de dominante oral. Siempre se ha puesto de relieve el rol de las frustraciones precoces, al mismo tiempo de origen materno y paterno, (A. GREEN, 1958), en la economía esquizofrénica. P. C. RACAMIER (1954) insiste sobre la necesidad del elemento maternal para el desarrollo del niño. Define (1963) a la madre como «*el verdadero Yo del lactante*» y afirma que si ese objeto le falta, el niño permanece incapaz de reconocerse y amarse a sí mismo.

Además, parece que esta madre del esquizofrénico no sólo ha de ser necesariamente frustrante, sino que debe mostrarse igualmente *tóxica;* es dable suponer que si sólo fuera frustrante el niño se limitaría, más fácilmente que en la evolución esquizofrénica, a una de las formas de sub-equipamientos sensorio-motores o afectivos, múltiples y precoces, que hemos evocado a fines del capítulo precedente.

El desapego y la extrañeza de los sentimientos están en estrecha relación, en la estructura esquizofrénica, con el aspecto particularmente arcaico de un universo fantasmático tan profuso como profundamente regresivo.

Se ha intentado a menudo establecer relaciones entre la deficiencia de ciertos medios socio-culturales y el desarrollo de una estructura esquizofrénica. De hecho, no es raro encontrar en la práctica cotidiana que en el seno de una familia que trae a un esquizofrénico para que se le administre tratamiento o simplemente a la consulta, haya otros miembros de esa misma familia estructurados (sin que por ello estén «enfermos») según un modo esquizofrénico de organización mental.

Pero con un cierto distanciamiento, y quizás también con un modo de ejercicio mixto (hospitalario y liberal, rural y urbano), nos damos cuenta de que la estructura esquizofrénica no es patrimonio de ningún medio social en particular, sino más bien de un medio *afectivo* particular. ¿Es cierto que estas enojosas disposiciones afectivas se encuentran preferentemente entre las llamadas capas «bajas» de la sociedad? No estoy en absoluto convencido, por mi parte. Yo tendería más bien a explicar esta opinión corriente, pero no correctamente fundada, por el hecho de que los autores que poseían las estadísticas más abundantes operaban hasta ahora sobre todo en el medio hospitalario y urbano, en tanto que en otro género de práctica y de clientela, tal vez se vacilaba en pronunciar ciertas palabras, con lo cual las «neurosis graves» de todas clases veían ampliarse su categoría más discreta.

Nada nos autoriza a anticipar que en los medios modestos los niños sean tratados más cruelmente y que las madres sean más tóxicas que en otras partes...

No creo tampoco que sea necesario preguntarse por qué en una fratria, un niño determinado se convierte en «esquizofrénico» (sobre-entendido: enfermo esquizofrénico), y no el otro. A través de un enfoque más preciso percibimos que al adoptar *en primer lugar* nuestro punto de vista estructural, e independientemente de la descompensación mórbida en la misma familia, existen en la mayoría de los casos varias estructuras esquizofrénicas; por ende, el único y verdadero problema psicopatológico se reduce —rigurosamente— a saber por qué este caso de estructura esquizofrénica, entre otros que coexisten en el seno de la misma familia, se ha descompensado, y por qué no ha ocurrido lo mismo con los demás (que presentan sin embargo la misma estructura).

La madre de la familia en la que encontramos estructuras esquizofrénicas se presenta en general como autoritaria y sobreprotectora, pero al mismo tiempo ansiosa y culpabilizada. Pero quizás su característica más acentuada sea la frigidez afectiva personal, al mismo tiempo que la necesidad total de que el lujo dependa de ella. La actitud simbiótica, tan frecuentemente descrita en la actualidad, parece connotar esta absoluta necesidad.

Los padres de las familias en las que surgen estructuras esquizofrénicas comienzan a interesar a los autores desde hace un tiempo, pero las opiniones divergen considerablemente, ya que las observaciones parecen referirse más a lo que han llegado a ser más tardíamente los padres de enfermos esquizofrénicos que a lo que eran antes de la situación así creada entre la madre y el hijo ya enfermo. No estoy seguro de que la palabra «padre» constituya un verdadero valor en tal economía, ni de que esos personajes representen otra cosa que la pálida duplicación de una imagen fálica materna aún más débil. Estamos todavía muy lejos de la economía paranoica, mucho más diferenciada.

En lo que concierne a los aspectos lingüísticos de la estructura esquizofrénica, señalamos que el sujeto no piensa ni habla realmente con palabras, sino que actúa con esas palabras como lo haría con los objetos.

En la mayoría de los casos, el lenguaje se encuentra al servicio de la pulsión agresiva, y esta comunicación sádica se ve facilitada por el hecho de que el objeto no está tan separado del sujeto, dado el aspecto unipolar de la economía afectiva. Cuando llegamos al verdadero autismo, el objeto deviene completamente auto-invertido.

P. C. RACAMIER (1955) estima que en el esquizofrénico la semántica, al igual que la sintaxis, se sacrifican al ritmo y a la fonética. El vocabulario se vuelve restringido; se expurgan algunas palabras, y otras se repiten sin cesar. Las formas verbales en el plano estético asumen un aspecto pseudo-poético más que una forma poética verdadera; y evocan los procedimientos simbolistas y superrealistas, aunque siguen siendo mucho más limitadas, tanto en su campo como en su poder evocador, ya que el psicótico, a medida que se acerca a la descomposición, retorna progresivamente a lenguajes infantiles o primitivos, paralelamente a la regresión del pensamiento. Así, toda expresión puede dejar de ser «una manera de hablar» para convertirse en una verdadera construcción delirante (cf., el ejemplo del violín, citado más arriba).

B) *La estructura paranoica*

Entre las estructuras auténticamente psicóticas, la estructura paranoica ocupa la posición menos regresiva en el plano de la evolución libidinal, aunque no sea cierto que ocupe un lugar más progresivo que la estructura melancólica en el plano de los desarrollos del Yo.

Podemos decir que, si la estructura esquizofrénica se caracterizaba por fijaciones pregenitales oral, la estructura paranoica corresponde específicamente a un organización psicótica del Yo fijado en una economía pregenital con preponderancia anal y que alcanza especialmente al primer sub-estadio anal. *(cf. fig. 2).*

Si la estructuración esquizofrénica representaba una operación de salvataje destinada a mantener en vida a un Yo bloqueado desde el principio mismo de mi emancipación del no-Yo, el modo de estructuración paranoico, por el contrario, constituye una posición de repliegue ante el, fracaso por integrar los aportes del segundo sub-estadio anal, el cual se sitúa justo del otro lado de esta *divided line* descrita por Robert FLIESS (1950). Cuando describimos profundamente los heroicos esfuerzos del sujeto de estructura paranoica para defenderse contra la penetración anal, sin duda cabe referirse a los movimientos de proyección y de doble inversión de la pulsión y del objeto, mecanismos de defensa específicos de la economía paranoica, pero también conviene tener en cuenta las inversiones fijadas en el primer subestadio anal (es decir aquél en que el cierre y el dominio del esfínter no están todavía totalmente asegurados), antes de optar precipitadamente por las interpretaciones homosexuales frecuentemente imprecisas y a veces imaginadas sobre un modo relacional excesivamente genitalizado para el potencial libidinal del que dispone un sujeto así.

Al recorrer la literatura psiquiátrica «clásica» sobre los problemas paranoicos, sigue asombrándonos constatar que antes de lo expuesto por S. FREUD sobre el caso SCHREBER, el interés de los autores no se centraba en absoluto sobre los aspectos patogénicos y económicos de los sujetos de estructura paranoica. Sin embargo, inmediatamente después de ese trabajo magistral, los estudios meta-psicológicos comenzaron a proliferar, centrados sobre los diversos aspectos planteados por la autobiografía del magistrado que se hizo repentinamente célebre... cosa que siempre había deseado, pero quizás no por las mismas razones.

Los pacientes «paranoicos» han constituído siempre un grupo de enfermos apasionantes y temibles para los psiquiatras; apasionantes, porque tratan de atraer la atención y la convicción con poderosos recursos afectivos, temibles porque se niegan ardorosamente a plegarse a la voluntad curadora del terapeuta, más o menos claramente impregnada de un deseo de omnipotencia. La etimología de la paranoia, «para-nos», enuncia que se trata de aquél que tiene el «espíritu vuelto contra». Efectivamente, son individuos difíciles de soportar.

Sin embargo, el acceso psicoanalítico ha hecho progresar sensiblemente el diálogo. W. G. NIEDERLAND (1951), M. KATAN (1952), F. BAUMEYER (1956), R. FAIRBAIRN (1956), M. FAIN y P. MARTY (1959), Ida MACALPINE y R. A. HUNTER (1963), R. WHITE (1963), P. C. RACAMIER (1966). J. CHASSEGUET-SMIRGEL (1966), J. MALLET (1966), nos han aportado numerosos elementos clarificadores que se refieren a esta estructura.

S. FREUD describe en tres etapas sucesivas la manera en que el mecanismo fundamentalmente paranoico trata a la pulsión libidinal para llegar al sentimiento de persecución: la primera etapa transforma, por medio de una negación del afecto y una inversión de la pulsión, el «es a él a quien amo» en «no, no lo amo, lo odio»; es entonces cuando actúa la proyección, conjuntamente con una inversión del objeto; esta segunda etapa transforma entonces el «yo le odio» en «es él quien me odia». En la tercera etapa, finalmente, el sentimiento así organizado se hace consciente y es tratado como una percepción externa que motiva la posición afectiva definitiva: «ya que él me odia, yo le odio».

S. FERENCZI (1916) ha insistido sobre la importancia de la zona erógena anal en el punto de partida del mecanismo paranoico, y ello se relaciona con la primera clase anal de destrucción. J. CHASSEGUET-SMIRGEL (1966) ha hablado de «la introyección dirigida» y de los fantasmas «de la trampa» y de «la isla» en la necesidad de controlar el objeto introyectado, que forma parte de la lucha por evitar la penetración anal. Insiste también sobre la diferencia radical entre el fantasma fónico, en el cual la pulsión hostil se vuelve contra sí misma mientras que la pulsión libidinal se halla fantasmáticamente realizada, y el fantasma paranoico es puramente defensivo, y que por lo tanto no permite ninguna satisfacción pulsional.

Por su parte, P. C. RACAMIER insiste sobre el aspecto específicamente psicótico de la proyección en el mecanismo propio de la estructura panoica: en efecto, se trata de una proyección particular, precedida por una negación de la realidad y acompañada por una anulación retroactiva (el *undoing* de los autores anglosajones). Esta proyección tranquiliza a quien proyecta acerca de lo que experimenta, y todavía más acerca de su propia existencia. En efecto, toda realidad exterior se vuelve fastidiosa desde el momento en que muestra una independencia del objeto con relación al sujeto. El objeto no puede seguir siendo tolerado sino como instrumento a disposición del sujeto, y los objetos de esta estructura son siempre seres amados vivientes, que tienen preferentemente una función social.

P. C. RACAMIER (1966) ha mostrado que, por otra parte, era difícil para tales sujetos aprehender más de un único objeto o de una única idea por vez. El sentimiento de persecución, muy clásico en estas estructuras, corresponde a una mediana avenencia entre soledad e intimidad con relación al objeto. La megalomanía, que es también un impulso hacia el acercamiento, pronto es atemperada por los límites o los fracasos que restablecen la distancia.

La relación y el pensamiento se perversifican así rápidamente (en el sentido caracterial del término, que retomaremos en el capítulo siguiente) por medio de la erotización, según un modo relacional anal de tipo sadomasoquista, que constituye asimismo una manera ventajosa de negociar el fracaso.

El azar, la sorpresa, el imprevisto, no son admitidos en el universo estructural paranoico, que desea reposar ante todo sobre la lógica y sobre la ley. Un razonamiento activo y resuelto, lúcido y racional, tiene necesidad de operar interpretaciones o sistematizaciones que muy frecuentemente y en un primer momento dejan al objeto anonadado o consiguen convencerlo. La duda aparece cuando este último percibe que todo el sistema propuesto, a veces sumamente lógico en su contextura, reposa de hecho sobre una base aberrante, como una pirámide que fuese construída a partir de una cima que reposara en el suelo y con la base vuelta hacia el cielo.

Ahora bien, la estructura necesita de la adhesión de su objeto a su sistema. Sólo a ese precio puede sentirse completa. El objeto constituye para ella un complemento vital en su misma oposición, en tanto que funcionamiento mental radicalmente diferente. A este respecto, P. C. RACAMIER demuestra inteligentemente hasta qué punto la estructura paranoica, ante su propia pobreza fantasmática, tiene necesidad del otro para desarrollar la función fantasmática en su lugar.

La estructura paranoica pone de manifiesto un sistema denominado «lineal» de pensamiento. Éste opera, como con los objetos, utilizando una única idea por vez, pero se aferra a ella con firmeza y obstinación. Éste es su aspecto inquebrantable característico, tan irritante para el interlocutor funcional o terapéutico.

Por supuesto, todo lo que acabamos de ver en el funcionamiento mental típico de la estructura paranoica se halla ontológicamente inscrito en la relación con los padres, con los dos padres, ya que, para el paranoico, el padre juega un rol cierto y evidente. Sin embargo, los autores parecen divididos acerca de la reciprocidad de los roles: para algunos, el padre no actúa tanto como representante masculino sino como pantalla frente a la madre. Pero muchos autores se inclinan por una relación con una auténtica imagen paterna, a veces atemperada por un vínculo más fácil al nivel de un hermano amado.

La estructura paranoica, según P. C. RACAMIER, se defiende ante todo contra sus deseos pasivos dirigidos hacia la madre, y secundariamente hacia el padre. Su agresividad, en la medida en que sea expresada y controlada conscientemente, sería utilizada como defensa contra el amor primario de la madre. Los padres de tales estructuras formarían a menudo las «parejas invertidas» con una apariencia de dominación paterna que ocultaría la autoridad real de la madre, lo que nos llevaría, de hecho, bastante cerca de la otra estructura ontológicamente psicótica, la estructura esquizofrénica, dado el poder efectivo del dominio objetal materno en ambos casos. En la elaboración estructural paranoica habría, además, un padre a quien se pone por delante, lo que no quiere decir sin embargo que ese padre no juegue también un rol específico al nivel de la erotización anal justamente, y del impulso que adquiere esta estructura más elaborada hacia una genitalización entrevista inconscientemente, pero cuyos medios de negociación siguen siendo limitados, agresivos, pasivos, posesivos, con todas las defensas secundarias sobreagregadas a tales bases.

La homosexualidad tan descrita en la estructura paranoica no puede ser comprendida sin esta referencia a una *«trampa sobre la realidad psicológica»* (RACAMIER, 1966), y A. C. CARR (1963) ha mostrado en el caso SCHREBER hasta qué punto el padre del paciente había usurpado él mismo una parte de las funciones maternales en beneficio real profundo de la madre y con la complicidad, sin duda muy activa, de aquella.

La fachada social, la conquista social, se refieren ciertamente al narcisismo materno.

Las identificaciones en el niño, frente a tal potencia femenina, no pueden dejar de crear problemas serios de identidad sexual, y al mismo tiempo preparar la relación social en condiciones fundamentales particularmente importantes para las manifestaciones homosexuales reaccionales constatadas en lo sucesivo.

En el lenguaje de la estructura paranoica volvemos a encontrar las huellas del falismo protector contra los peligros de los deseos pasivos. El núcleo fálico defensivo pasa por el plano verbal. La regresión del pensamiento a los niveles oral y anal, se combina con ese falismo para tratar de mantener el objeto perdido y temido contra sí, en un principio de diferenciación aproximativa. El estilo es grandilocuente, altanero, reprobador y demostrativo, manteniéndose siempre algo incoherente. Numerosos neologismos invaden el discurso.

Se han citado a menudo los estados llamados «esquizoparanoicos». ¿Existe una estructura propiamente dicha que corresponda a tales estados?

Parece difícil admitirlo. Si bien no encaramos a lo largo de los presentes desarrollos una posible transición de la estructura psicótica a la estructura neurótica (con la excepción de rarísimos casos de la adolescencia), parece lícito, por el contrario, suponer que, en el interior de la línea estructural psicótica, la barrera entre estructura esquizofrénica muy regresiva y estructura paranoica mucho menos regresiva no es rigurosamente estanca. Así podríamos muy bien pensar en una serie de términos de transición más o menos ligados a la exclusividad de las fijaciones orales y que se dirijan en mayor o menor medida hacia modos de organizaciones anales de tipo paranoico.

No se trata, pues, de defender aquí una estricta rigidez

estructural ni un modelo rigurosamente único de estructura de un modelo u otro.

Sin embargo, conviene señalar, al referirnos a las fijaciones o regresiones principales de la evolución libidinal, así como al grado de elaboración del Yo, que en toda situación «mixta» de tipo esquizoparanoico, y por el hecho mismo de la existencia de un núcleo organizacional de modelo esquizofrénico, encontramos simultáneamente fijaciones y regresiones muy arcaicas, e incluso un Yo muy mal fundado. Los elementos paranoicos sobreagregados contribuyen sin duda a mejorar el funcionamiento y el pronóstico, pero no a anular radicalmente los elementos estructurales más arcaicos. Así como en álgebra menos por más da menos, aquí será necesariamente el lado más regresivo el que arrastrará el balance económico hacia la primacía de los mecanismos esquizofrénicos; y si bien, desde el punto de vista clínico, se llega objetivamente a presentar *estados* esquizoparanoicos, en la mayoría de los casos debemos incluir esos estados entre las *estructuras* fundamentales de tipo esquizofrénico.

C) *La estructura melancólica*

El esquema propuesto por R. FLIESS *(fig. 1)* permitiría suponer que la estructura melancólica ocupa una posición intermedia entre la estructura esquizofrénica y la estructura paranoica.

Esta hipótesis parece ser exacta en lo que se refiere al grado alcanzado por la evolución libidinal, pero no en lo concerniente al estado de elaboración del Yo; en efecto, parece que el Yo melancólico, aunque fuertemente regresivo, ha alcanzado un nivel de maduración y de adaptación anterior muy superior al de las organizaciones paranoicas.

Por otra parte, es fundamental en el presente intento de clasificación estructural que nos volvamos hacia la clínica y consideremos que sobre este plano no encontramos, en la ontogénesis de los estados melancólicos, una progresión que siga los primeros estadios de «pre-estructura» a lo largo de la línea psicótica, tal como ha sido descrita a propósito de la línea estructural psicótica en general y de las estructuras esquizofrénicas y paranoicas en particular.

La estructura melancólica parecería ocupar, pues, un espacio completamente aparte en la clasificación estructural de modo psicótico. Si bien su autenticidad psicótica no ofrece dudas una vez que ha sido establecida, pareciera que esta estructura no puede compararse con las otras dos estructuras psicóticas en cuanto a su etiología.

Por lo tanto, aquellos que conozcan las investigaciones actuales sobre el problema de los estados límites y de la depresión no se sorprenderán de que presentemos aquí la hipótesis de una génesis de los mecanismos melancólicos en la línea depresiva, de la que nos ocuparemos en el capítulo siguiente.

Pero indudablemente no debemos reservar la apelación «estructura melancólica» solamente a las organizaciones depresivas o maníacas reaccionales de tipo verdaderamente introyectivo y psicótico, aun con el riesgo de incorporar a esta estructura psicótica particular otras entidades cercanas, de categoría maníaco-depresiva, y al mismo tiempo de limitar de manera precisa lo que sigue siendo el grupo de la categorización psicótica de tales movimientos, extremadamente variados y extremadamente extendidos.

Desde HOMERO, HIPOCRATES, ARETEO y CAPADOCIO se ha discutido mucho la alternancia de los episodios de excitación y de depresión. La noción de psicosis maníaco-depresiva fue concebida por KRAEPELIN en 1913 con el fin de englobar numerosas entidades clínicas entre las que figuraba la melancolía (*melas Khole*, es decir, la «bilis negra» de HIPOCRATES).

Nos ha parecido oportuno, dentro del espíritu de las hipótesis estructurales que se presentan en este capítulo, recurrir a una metodología inversa a la de KRAEPELIN y considerar que los movimientos alternativos constatados en las descripciones de la «psicosis maníaco-depresiva» no representan sino avatares activos o pasivos que dependen, en el plano estructural, de lo que constituye el marco de la estructura melancólica. El interés de este enfoque no se funda ni sobre una paradoja ni sobre una sutileza del lenguaje, sino sobre la necesidad de separar aquí lo que verdaderamente responde a una estructuración *psi-*

cótica en el seno de las oscilaciones entre excitación y depresión, de lo que constituyen simples movimientos más moderados y más superficialmente reaccionales en el curso de las depresiones denominadas «neuróticas» o de sus defensas hipomaníacas; dicho de otra manera, organizaciones que no son ni psicóticas ni neuróticas, como veremos más adelante.

Parece que la noción de estructura melancólica puede dar cuenta por sí sola, en el plano estrictamente psicótico, de los aspectos depresivos auténticamente psicóticos (y sólo de ellos) y de los aspectos maníacos defensivos auténticamente psicóticos (y sólo de ellos).

Algunos trabajos que nos permiten apoyar esta tesis han sido publicados en 1916 por S. FREUD, en 1921 por M. KLEIN, en 1924 por K. ABRAHAM, en 1928 por S. RADO, en 1931 por L. BINSWANGER, en 1933 por H. DEUTSCH.

La mayoría de los trabajos psicoanalíticos no separan el estudio de los mecanismos maníacos del del mecanismo melancólico. En *Psicología colectiva y análisis del Yo*, S. FREUD (1921) presenta el movimiento de tipo maníaco como una simple defensa contra la depresión íntima, ya que para él: «*La persona dominada por un sentimiento de triunfo y de satisfacción no turbado por ninguna crítica se halla libre de trabas, al abrigo de todo reproche y de todo remordimiento... Al comprender el Ideal del Yo la suma de todas las restricciones a las que debe plegarse el individuo, la reaparición del Ideal en el Yo, su reconciliación con el Yo, deben equivaler a una fiesta magnífica para el individuo, que recupera así la satisfacción de sí mismo*».

En esta posibilidad particular de liberar sus pulsiones sitúa K. ABRAHAM (1912) su «orgía canibalesca», ligada a un considerable acrecentamiento de las necesidades orales.

M. KLEIN (1921) piensa que el movimiento maníaco evita que los objetos hagan daño al sujeto y se hagan daño entre sí; habla de «minimización» y de «desdén» del objeto para dar cuenta al mismo tiempo de la necesidad de devorar objetos y del distanciamiento parcial respecto de ellos en cuanto a la importancia que en apariencia se les ha reconocido.

L. BINSWANGER (1931) ha puesto el acento sobre la vertiente maníaca, y E. MINKOWSKI (1930) y H. EY (1954) han insistido en la melancolía referida al triunfo pasado, a la detención de la vida y del tiempo.

Todo lo que en la vida del sujeto aparecía como positivamente comprometido en el universo relacional, positivo a su vez hasta entonces, parece desestructurado y negado al punto de que el sujeto llega a negarse a sí mismo como sujeto propio.

K. ABRAHAM (1912) fue el primero en comparar los mecanismos del duelo con los de la melancolía: se trata en los dos casos de una pérdida de objeto, pero en el segundo caso la hostilidad que se experimenta con respecto al objeto perdido se vuelve contra el sujeto mismo. Además, asistimos a una regresión pregenital de la libido objetal de modo oral antropofágico y sádico anal, al mismo tiempo que el Yo opera una regresión narcisista intensa, y los dos movimientos contribuyen a constituir la autenticidad de la organización estructural de tipo psicótico en la verdadera posición melancólica.

S. FREUD (1907) ha retomado las hipótesis de ABRAHAM al precisar cómo, en el mecanismo melancólico, la persona perdida se veía incorporada en el sujeto. Por otra parte, es a partir de esas concepciones de la incorporación que a continuación pudieron establecerse los conceptos de «Ideal del Yo» y de «Super-yo», esas dos nociones que juegan un rol extremadamente importante en la economía melancólica.

K. ABRAHAM (1928) ha retomado a su vez el punto de vista freudiano para precisar el rol que desempeñan en los mecanismos maníaco-depresivos la oralidad y la reactividad de las heridas narcisistas de la primera infancia.

Para S. RADO (1928), el mecanismo melancólico corresponde a una desesperada demanda de amor, a un esfuerzo por evitar el castigo paterno, continuación de la tensión ligada al sentimiento antiguo de frustración (cólera, hambre, etc.). Pero ¿podemos hablar a ese nivel de culpabilidad y de Super-yo? Parecería más prudente ver las cosas en términos de temor a perder el amor «por no hacer (las cosas) lo suficientemente bien» (Ideal del Yo) que como castigo por «hacer (las) mal» (Super-yo), lo que, económicamente, no se sitúa del todo en el mismo grado elaborativo estructural. Para S. RADO, el objeto incorporado se hallaría separado en dos partes: una parte buena, que continúa amando al niño, permanecería formando parte de los elementos superyoicos, en tanto que una parte mala, frustrante y detestada, sería integrada al Yo.

Mélanie KLEIN (1934 y 1952) describe mecanismos del niño que vuelven a hallarse en los psicóticos y que constituyen las posiciones «paranoide» y «depresiva». La posición depresiva sucede a la posición paranoide y debe ser superada en sí misma antes del fin del primer año, pero puede permitir la persistencia de una fijación susceptible de reactivarse en el adulto durante el duelo o los estados melancólicos. La imagen materna ya no está, como en RADO, escindida, y se introyectaría la madre total, con sus aspectos «buenos» y «malos». El objeto se vuelve así ambivalente, soporte simultáneo del amor y el odio.

El maníaco-depresivo sería, para Mélanie KLEIN, aquel que fracasa en el trabajo de duelo por no haber podido establecer, en la primera infancia, el lazo afectivo con la cantidad suficiente de buenos objetos internos que conduce a la seguridad interior; la depresión infantil fundamental no se habría superado nunca; no puede haber allí «reparación» profunda del objeto; la defensa maníaca constituye una recompensa a la angustia de los fantasmas sádicos destructores que amenazan al objeto.

Las hipótesis kleinianas han obtenido un gran éxito, justificado por las constataciones clínicas en el niño y el adulto. Sin embargo, parece necesario no confundir los niveles estructurales, y sin duda conviene señalar que las fijaciones causadas por frustraciones precoces demasiado fuertes pueden preludiar, según su intensidad por una parte, y según su fecha de aparición por otra, consecuencias muy diversas que van del simple movimiento superficial y ligero del duelo en cualquier estructura, hasta la vivencia dramática del melancólico no descompensado, pasando por todos los estados intermedios de organizaciones antidepresivas del Yo (estados límites, perversiones, organizaciones caracteriales), de los que nos ocuparemos en nuestra última parte.

Los trabajos recientes que conciernen a los mecanismos

propios de la melancolía se han aplicado nuevamente a los aspectos tópicos: F. PASCHE (1963) habla de un cortocircuito entre un Super-yo bastante personificado y un Ideal del Yo muy impersonal, por el contrario; en tanto que B. GRUNBERGER (1963) se refiere a las relaciones entre el Yo y el Ideal del Yo e I. BARANDE (1966) opina que es la pérdida de la estima de Sí lo que conduce a una desinversión libidinal considerable.

En el lenguaje de la estructura melancólica el sujeto trata de recuperar el camino hacia el objeto perdido e introyectado. En la fase de excitación, la sintaxis es relajada, el vocabulario sigue siendo rico y variado pero se revela a menudo impreciso; en la fase depresiva, por el contrario, es la expresión la que deviene pobre, monocorde, indecisa.

D) Reflexiones diferenciales

De acuerdo con el propósito de no debatir aquí los aspectos sintomáticos o fenomenológicos manifiestos, sino los aspectos metapsicológicos y genéticos que permitan comprender los modos de las organizaciones latentes del funcionamiento mental en el seno de las diferentes estructuras, parece posible establecer ahora un cuadro sinóptico de las características profundas de las tres grandes categorías psicóticas *(cf. fig. 3)*.

La *estructura esquizofrénica* corresponde a una fijación tópica que se refiere a las vacilaciones de la dialéctica Yo/no-Yo, y a una organización pulsional fijada en la fase oral, sin que la supremacía de esta economía haya sido superada jamás en medio de los diversos aportes posteriores que han permanecido heteróclitos y no integrados. La angustia de fraccionamiento, común a todas las estructuras psicóticas, extrae aquí su especificidad de un temor particular al fraccionamiento, ligado a la imposibilidad que se experimenta de constituir un verdadero Yo, lo suficientemente autónomo y unificado. La relación objetal se orienta hacia el autismo; dicho de otra manera, hacia un esfuerzo de recuperación narcisista primaria. Los principales mecanismos de defensa comportan la negación primaria de una parte de la realidad; primaria en la medida en que ciertas partes de esta realidad nunca han sido objetivamente reconocidas; esa negación es acompañada por mecanismos fundamentales del proceso primario: desplazamiento, condensación, y en cierto sentido simbolización. Los fantasmas, y con mayor razón el delirio, funcionan como el sueño; y muy frecuentemente se mantienen como la única manera de re-invertir los objetos. La relación paterna primitiva y significativa se revela de tipo simbiótico con la madre; además es necesario que aquella despliegue desde los primeros instantes de la vida una cierta toxicidad afectiva.

La *estructura paranoica* comporta problemas tópicos vinculados con un Yo que se distingue netamente del no-Yo, pero que sólo puede esperar autonomizarse en una dependencia agresiva del objeto y en un Ideal del Yo que no sólo es ingenuo, como en la inmadurez afectiva (en la que se trata de la imposibilidad de alcanzar todas las identificaciones entrevistas) sino inadaptado, en la medida en que persigue simples quimeras irreales y defensivas. La evolución pulsional no ha superado nunca la supremacía de la economía anal de rechazo. La angustia de fraccionamiento se centra sobre la amenaza de estallido por penetración sádica de parte del objeto. La relación objetal, en consecuencia, está compuesta por el temor a la persecución y la necesidad de dominio, resumidos en la economía homosexual pasiva. Fuera de una negación igualmente primaria de ciertas realidades, el mecanismo de defensa principal es la proyección, proyección que es ayudada por la anulación, la negación, y los dos modos de inversión (inversión de las pulsiones e inversión contra sí). Los fantasmas son mucho más unívocos que en la estructura esquizofrénica; incluyen imágenes de trampa, una necesidad de control, una necesidad del otro para fantasear más libremente en lugar del sujeto. En el contexto familiar primitivo la madre conserva una importancia fálica-narcisista primordial, pero la imagen del padre aparece como una pantalla sutil que la oculta y la protege.

La *estructura melancólica*, como hemos visto, se sitúa en una óptica bastante diferente en relación con las otras dos estructuras psicóticas, en razón de la importancia de sus factores de deterioro progresivo, que se aplican al mismo tiempo sobre el Yo y la libido, en tanto que la estructura esquizofrénica o la estructura paranoica se limitan en lo esencial a fijaciones arcaicas del Yo y de la libido.

Por esta razón es que parece tan difícil situar con justeza la estructura melancólica en una clasificación «lineal» de las tres estructuras psicóticas de base. Situarla en tercera posición en esta enumeración no quiere decir en absoluto que la estructura melancólica se encuentre en una situación más elaborada en el plano libidinal que la estructura paranoica. Nos ha parecido adecuado clasificarla después de las otras dos para señalar su situación algo particular.

Esta estructura melancólica corresponde en el plano teórico al mismo tiempo a una falla del Yo y a una quiebra del Ideal del Yo. La economía pulsional, que antaño había alcanzado un nivel en el que el falismo podía jugar el rol organizador, se ha visto obligada a retroceder, como consecuencia de la reactivación de la herida narcisista arcaica fundamental, hacia los estadios pregenitales a la vez oral y anal. La angustia ha realizado un giro hacia una angustia de fraccionamiento, que conserva de la evolución anterior más progresiva algunas señales de su ansiedad anaclítica y fóbica precedente; nos encontramos pues ante una angustia en la que el sentimiento de que el objeto está perdido *ahora* constituye la amenaza inmediata de fraccionamiento, mientras que en la época anterior (no todavía psicótica) la angustia se refería al riesgo de pérdida del objeto y a la simple depresión consecutiva. La relación objetal ambivalente precedente que corresponde al mismo tiempo al odio y al amor se ve arrastrada bajo el dominio de sentimientos hostiles cada vez más violentos. Los mecanismos de defensa están representados en principio por la negación de la realidad, pero una negación *secundaria* de una parte de la realidad que de todas maneras había sido reconocida previamente, antes de hallarse defensivamente negada, y al revelarse la estructuración psicótica en su última fase como completamente acabada; la introyección, muy arcaica y de tipo devorador, viene entonces a apoyar la negación. Los fantasmas están ligados al duelo del objeto, duelo imposible de realizar, y a los afectos agresivos que acompañan la introyección.

La situación familiar primitiva incluía siempre una madre cuya imagen se presentaba como ambivalente, sin distinción y sin embargo (y sobre todo) sin unificación posible entre sus aspectos «malos» y «buenos»; esto mientras los primeros aspectos no habían prevalecido todavía, y en tanto y de modo que han acabado por prevalecer...

Nuestra figura n.º 3 trata de dar cuenta de manera sintética de esas diferencias fundamentales de modo de organización latente entre las tres grandes estructuras psicóticas.

Luego de haber intentado definir criterios fundamentales y estables que permitan determinar grandes categorías estructurales psicóticas de manera precisa, nuestra preocupación por la claridad reclama prudencia y atención al matiz y la precisión en el registro de la morbilidad, a fin de no volver a caer, en ese nivel de los subgrupos patológicos, en las trampas denunciadas a propósito de las grandes clases de entidades estructurales.

La atención debe centrarse particularmente sobre una cierta cantidad de términos muy precisos en sí y que no pueden acomodarse a una sinonimia equívoca: en primer lugar la noción de «*prepsicosis*» se beneficiaría si se la reservase solamente para un aspecto todavía inconcluso de la sola línea estructural psicótica, y si no se la confundiese con las «*parapsicosis*» descritas por P. C. RACAMIER como formas clínicas crípticas y focalizadas que corresponden a una estructura psicótica netamente constituida.

De la misma manera, existe lo que llamamos las «*postpsicosis*», es decir, estados clínicos que suceden a un episodio patológico y corresponden a una buena recuperación en el seno de una estructura psicótica única e invariada; conviene no confundir esas «postpsicosis» con simples episodios pasajeros regresivos de *características* psicóticas que pueden sobrevenir incluso entre los sujetos de estructura neurótica, y con más razón en un estado límite o sus derivados.

Existen finalmente las «*psicosis pseudo-neuróticas*», cuyo sistema superficial de síntomas y de defensas es de modo neurótico, en la mayoría de los casos de dimensiones obsesivas, para luchar contra los riesgos de descompensación de la estructura profunda auténticamente psicótica; basta con atacar las defensas de tipo neurótico de

	Punto de vista tópico	Economía pulsional	Naturaleza de la angustia	Relación objetal	Mecanismos de defensa	Representación fantasmática	Génesis de la relación paterna
Estructura esquizofrénica	Distinción Yo y no-Yo	Primacía oral	Fraccionamiento por carencia de unidad	Autismo	Negación primaria + Desplazamiento Condensación	Modo de reinversión de los objetos	Madre simbiótica tóxica
Estructura paranoica	Yo incompleto sin el objeto ideal del Yo	Primacía del primer subestadio anal	Fraccionamiento por temor a la penetración	Persecución Dominio	Negación primaria + Proyección + Anulación Denegación Doble desviación	Modo de defensa Utilización de los objetos	Madre fálica narcisista ocultada por una imagen paterna
Estructura melancólica	Falla del Yo quiebra del ideal del Yo	Represión del falismo oralidad a la analidad	Fraccionamiento por pérdida realizada del objeto anaclítico	Primacía de la agresividad	Negación + Introyección secundaria	Retorno sobre sí del odio al objeto	Madre ambivalente de la cual se han conservado sólo los aspectos frustrantes

FIG. 3

Cuadro de síntesis de las estructuras psicóticas.

tales pacientes para dejarlos solos con su angustia psicótica y precipitarlos en el delirio. Muy a menudo los clínicos reciben pacientes enviados por «neurosis obsesional grave» y que, de evidente estructuración psicótica todavía bastante bien compensada, delirarían inmediatamente si se hallasen en el diván.

De la misma manera, encontramos también *«neurosis pseudo-psicóticas»* en las que, a la inversa, una estructura auténticamente neurótica oculta su conflicto genital y edípico por medio de esbozos de despersonalización o desrealización, un sentimiento de pérdida inminente de los límites del Yo. Si tratamos a tales pacientes como a psicóticos, es decir simplemente por vía de medicamentos o psicoterapia superficial, se les priva (a veces irremediablemente) de los beneficios de un análisis profundo de sus conflictos y de la inadaptación de sus defensas, lo que permitiría a muchos de ellos negociar mejor la economía genital, bajo cuya primacía están organizados estructuralmente a pesar de los enormes factores pregenitales que oscurecen sus manifestaciones.

Me parece útil ilustrar mis afirmaciones, en este momento del debate, por medio de ejemplos clínicos que se aplican a las cinco categorías de problemas que acabo de citar y cuyo diagnóstico estructural parece particularmente delicado.

Obs. n.º 4

Un caso de «prepsicosis»

Michèle tiene 18 años, y ha sido enviada por un colega que la trata desde hace un año por una «depresión neurótica» que no cede ante las terapéuticas clásicas empleadas hasta ahora.

Michèle llega a la consulta flanqueada por sus padres, que resultan ser personajes bastante curiosos: la madre lleva prácticamente toda la sesión en un tono de puerilidad que ha de revelarse no tan afectada como parecía en un principio; esta mujer de 42 años, visiblemente inteligente y sensible, no se parece en absoluto físicamente al «dragón» descrito a propósito de las madres de niños gravemente afectados; comunica una impresión de dulzura, respeto, modestia, solicita ayuda y consejos, tanto para ella como para su hija, etc... y sin embargo no parece haber subterfugios en su discurso: es *realmente* una niña pequeñita. Si se considera el lugar que ocupa en esta primera entrevista su discurso personal, cabría preguntarse por quién ha venido a consultar.

De hecho, expone, luego de algunas palabras que se refieren a su hija, ella también se encuentra en tratamiento psiquiátrico desde hace bastante tiempo con el colega que ha tratado a aquella durante los últimos meses.

Además, esta madre es pintora «de talento», dice entonces su marido, abriendo por primera vez la boca (más tarde hemos sabido que ese juicio era enteramente exacto). A pesar de todo, el padre existe: es farmacéutico, tiene 50 años, y un accidente de guerra le ha dejado un brazo ligeramente paralizado. Trabaja muchísimo, sin que se le secunde como correspondería, y sin quejarse, para hacer frente a los enormes gastos con que se comprometen por todas partes su mujer y sus dos hijos.

Porque hay un hermano de 12 años, del cual habla ahora la madre con volubilidad, ya que es el «agresivo» de la familia, el terror del barrio, el expulsado de todas las escuelas, etc...

¿Y Michèle? Efectivamente, si nos dejáramos llevar por el torrente de las palabras maternas, hubiéramos llegado a olvidarla. Esta allí, ausente sobre su sillita, entre su padre que reposa, ya que él cumple con su deber y al mismo tiempo no se le pide nada, y su madre, que no habla más que de ella o del muchacho-falo.

¡Pobre Michèle! ¿Cuál es la razón exacta de que haya aceptado tratarla? ¿Por su aislamiento? ¿Por su apariencia gentil? ¿Por la impresión peregrina y simpática que en definitiva me ha hecho la familia? ¿Por todo eso y quién sabe cuántas cosas más?

Es evidente que yo no podía saber gran cosa de ella en esta primera sesión, a no ser; según la madre:
1.º) que estaba deprimida;
2.º) que no podía seguir así, impidiendo pintar a su madre;
3.º) que el Dr. Z... había dicho que yo debía hacerme cargo de ella.

Por el momento, no he intentado saber más, pero sin embargo ya me había formado una primera idea sobre esta «pseudo-depresión», con la que tanta gente hubiera creído gratificarme (?) al clasificarla en la categoría de los «estados límites».

Pero las cosas parecían mucho más serias y el futuro confirmaría mi primera opinión, bastante reservada.

Esta paciente había sido educada por una nodriza extraña a domicilio, bajo las órdenes de la madre, que siempre estaba simultáneamente ausente para los cuidados y presente en las instrucciones... (muy desordenadas, por otra parte). Las relaciones primitivas fueron extremadamente frustrantes y profundamente inquietantes; la posesividad maternal se efectuaba sin gritos, sin calor afectivo, sin dimensiones gendarmescas, pero con una eficacia en el dominio igual en intensidad al desorden en el que se hallaba el conjunto de la familia.

Dos episodios anoréxicos (a los 2 y 5 años), cada uno de los cuales duró seis meses, salpicaron los fracasos de las relaciones orales primitivas y tardías. Una seria infección digestiva acabó en ictericia grave a los 12 años.

Durante un tiempo no tuvo ninguna escolarización; la madre no permitía que nadie se llevara una hija de la que se ocupaba tan poco, pero tampoco aceptaba que nadie la reemplazara de manera válida.

No se le autorizaba ningún contacto social: para la madre, «las gentes del barrio no pertenecían al mismo medio...», por lo que la niña no contaba con ninguna identificación válida posible... más aún, con ninguna identificación realmente realizable.

Se habían reunido pues todas las condiciones necesarias para la eclosión de una estructura psicótica.

Y de hecho, nos encontramos ante una evidente estructura de la línea psicótica, pero todavía no descompensada; dicho de otra manera, una *prepsicosis* típica. La «pseudo-depresión» ocultaba la pérdida de contacto profundo con la realidad (no aparente en el plano manifiesto, ya que la madre suministraba todos los señuelos con el dinero del padre).

La angustia de fraccionamiento sólo se manifestaba en las fobias al tren, al autobús, etc., que no revestían mayor importancia, ya que sólo se trasladaba en taxi y la madre estaba siempre cerca.

La ineptitud para toda tarea escolar o profesional hallaba una justificación inmediata: «una mujer de nuestra clase no trabaja». Los raptos agresivos eran normales: «tiene el carácter fácilmente irritable de su padre». En cuanto a la relación fusional con la madre, la primera entrevista se había revelado lo suficientemente demostrativa al respecto...

Por lo tanto, todo parecía haberse definido ya en el plano estructural, pero todavía nada parecía perdido. La psicoterapia analítica llevada a cabo a la par con un co-terapeuta más direccional, fue larga y muy difícil en los comienzos, en razón de las incesantes interferencias maternas que fue necesario desbaratar, sin caer, en primer lugar, en la trampa de las provocaciones constantes al sadismo de los terapeutas... (siempre listo a «prestar sus servicios»).

Efectivamente, el inicio de la autonomización fue muy angustioso para la paciente, doloroso para la madre, reparador para el padre... entonces le tocó al hermano el turno de descompensarse poco a poco...

En apariencia la pobre madre verdaderamente lo había perdido todo. Su médico personal fue lo suficientemente hábil como para apoyarla adecuadamente y remitirla a su pintura. Desdichadamente, ésta no se vende y el aporte narcisista sigue siendo escaso. Asimismo, ha sido difícil liberar a la hija de la trampa en la que se debatía.

Obs. n.º 5

Un caso de «post-psicosis»

Cuando nos hicimos cargo de él, uno de mis colegas y yo, en régimen de co-terapia, el diagnóstico no presentaba ninguna duda.

Blaise es un psicótico de 34 años que, luego de unos estudios de teología bastante prolongados y siendo sacerdote, enseñaba desde hacía tres años en un seminario del centro de Francia en el que ya había puesto de manifiesto ciertos signos de desorden mental.

Su primera fuga no tuvo ninguna consecuencia médica ni disciplinaria. Por el contrario, la segunda lindaba con el sacrilegio: dado que Blaise fue visto, errante y agitado, en las calles muy animadas de esta «pequeña ciudad» donde todo el mundo se conoce, y dado que no escuchó ningún consejo de moderación, ni de retorno al seminario, su obispo, que creía sin duda participar de la infalibilidad del poder que le había sido delegado, se lanzó personalmente en su persecución y le encontró en un mercado, donde el paciente arengaba a la multitud. Se sucedió una amonestación discreta, seguida de otra más apremiante, por parte del obispo. La respuesta de Blaise a su obispo fue breve y mordaz: «Señora —le gritó— usted es una puta; yo voy al burdel, ¿quiere venir conmigo?»

La sangre episcopal se heló en las venas: de inmediato el obispo recurrió a la ayuda de los bíceps seculares y a la ambulancia en un primer momento, y posteriormente Blaise fue encarcelado en un servicio cerrado, conducido por buenas hermanitas, con el control médico de un psiquiatra «bienpensante», perfectamente inactivo, pero felizmente poco tóxico.

Como un hermano de Blaise era médico, se nos pidió una consulta, de acuerdo con el médico que le trataba, en el servicio donde él y yo trabajábamos habitualmente juntos.

La estructura no era difícil de precisar y no ofrecía dudas para nadie: se trataba de una esquizofrenia que se descompensaba poco a poco por impulsos progresivos y sucesivos, de tipo maníaco, al parecer desde la edad de 23 años.

La descompensación actual se hallaba en relación directa con una operación quirúrgica sufrida por la madre en condiciones brutales y que había inquietado mucho al paciente. La angustia de fraccionamiento del esquema corporal materno había alcanzado a Blaise como si hubiera amenaza de fraccionamiento de su propio cuerpo, desde siempre muy poco diferenciado del de la madre.

Pasemos rápidamente sobre la anamnesis: un abuelo paterno terrible desde todos los puntos de vista, una madre que recibía de él plenos poderes sobre la familia, un padre inexistente y depresivo. Un hermano, igualmente depresivo, médico en un servicio administrativo, soltero y, al parecer, homosexual, quizás incluso de estructura psicótica.

La madre conservaba su autoridad sobre todos y no dejaba a nadie en paz. Encarnaba el derecho divino paterno (y la pequeña industria familiar conservaba el nombre de ese padre de la madre), el único poder legítimo al que se agregaban, además, y como consecuencia de su propio carácter, exigencias y acusaciones dignas de la Inquisición.

Blaise jamás pudo poseer una identidad propia. Su narcisismo primario nunca estuvo completo, acabado, unificado. Se retiró pronto hacia la ensoñación con algunas escapadas compensatorias de tipo mesiánico o cósmico en el curso de las cuales afirmaba con perfecta convicción «haberlo comprendido todo» y sentirse listo para «salvar al mundo».

Su «vocación religiosa» se había manifestado durante un tiempo bastante prolongado, y fue fácilmente sostenida por tales ideas, mientras se mantuvieron en un plano de discreción.

Pero lo que nos interesaba especialmente era el porvenir de Blaise: fue necesaria una co-terapia muy atenta. Mi colega conservaba el polo directivo y de medicación; yo, por mi parte, conducía una psicoterapia muy analítica y sobria.

Vimos cómo Blaise salía poco a poco de la niebla de sus pensamientos y de los medicamentos antiguos. Comenzó por aceptar, bajo la cobertura de esa doble transferencia tranquilizadora, la modestia de una situación de dependencia en casa de uno de sus antiguos camaradas del liceo, fabricante de bizcochos.

Nos pareció un síntoma excelente el hecho de que, por primera vez en su vida, pudiera aceptarse en el rol de simple encargado durante más de un año, dormir en una habitación de servicio, limpia pero triste, y comer frugalmente, sin sentirse sin embargo perseguido. Más tarde, ayudó en las tareas de contabilidad de la empresa y al año siguiente reemplazó al contable enfermo, solo, durante tres meses. De acuerdo con el amigo que le empleaba y que estaba satisfecho con él, juzgó necesario cambiar de empresa y encontró un empleo de jefe de oficina en una pequeña sociedad inmobiliaria. Su seriedad, su devoción, así como sus ideas originales para hacer frente a las situaciones inesperadas, hicieron que se le nombrara jefe de agencia en una ciudad del Mediodía a donde la empresa se extendía desde hacía poco. Se casó entonces con una viuda joven y nació un hijo.

El tratamiento fue disminuyendo de a poco, pero Blaise volvía a ver a sus terapeutas regularmente, aunque debiera trasladarsee desde muy lejos.

Siempre nos hemos esforzado en mantenerlo en una situación de realismo periférico y de satisfacción narcisista suficiente como para evitarle la tentación maníaca, no en tanto episodio activo de una psicosis cíclica, sino como nueva inmersión esquizofrénica posible en un movimiento agresivo.

Era necesario evitarle a cualquier precio accesos de megalomanía proyectiva y ayudarle a soportar una modestia saludable. Gratificarlo demasiado narcisísticamente nos arrastraría a la pendiente maníaca, frustrarlo demasiado amenazaría con deprimirlo. No podíamos sino zigzaguear entre esos dos puntos de referencia y orientarnos hacia un nivel modesto e intermedio.

He aquí cómo hemos vivido su «curación»: una buena adaptación a su estado; una «normalidad» según sus datos específicos. Su estructura no ha cambiado. Ahora, Blaise es «normal» para todos. Para nosotros es una estructura psicótica «normalizada», dicho de otra manera, una «postpsicosis», y no una estructura que ha devenido neurótica ni una organización límite como la que se encuentra en los *border-lines* y bajo cuya rúbrica suelen clasificarse equivocadamente esta clase de pacientes.

Obs. n.° 6

Un caso de «parapsicosis»

Este no es, seguramente, el caso de un «enfermo» tratado por un psiquiatra. Esta clase de organización no consulta a los médicos, lo que desgraciadamente nos limita mucho en nuestras investigaciones clínicas. En efecto, por una parte, nosotros vemos muy pocos sujetos de esta naturaleza, y por otra nos es difícil dedicarnos con ellos a una investigación que se refiera al modo de establecimiento de sus primeras relaciones objetales.

Se trata en este caso de un alto funcionario de la administración de prefectura, de quien he sido vecino de piso durante algunos años, y que falleció como consecuencia de un accidente de automóvil del cual no era en absoluto responsable.

En la época en que lo conocí estaba alrededor de la cincuentena. Cargado de funciones socialmente importantes, era muy estimado por sus colaboradores y muy bien considerado en los diversos medios donde sus funciones le obligaban a tomar decisiones muchas veces delicadas. Sus sucesivas promociones eran testimonio de su adaptación a las realidades humanas y económicas.

Estaba casado con una mujer simpática que parecía perfectamente realizada; sus dos hijos habían seguido estudios serios. Uno y otro acababan de casarse, al parecer felizmente.

Sin duda, este intelectual era conocido en la ciudad por su interés por la magia: frecuentaba una sociedad científica relacionada con la etnología oriental y otros grupos considerados más como esotéricos que como científicos. Pero parecía practicar todo ello a la manera de «un buen padre de familia», por simple curiosidad de espíritu. Incluso llegó a dar una o dos conferencias, luego de haber realizado giras por Extremo Oriente, que había aprovechado para traer numerosos documentos de valor sobre las prácticas de magia locales.

¿Quién vería en ello alguna «anormalidad»?

Lo encontré un día, por azar, en un tren, y me invitó a almorzar. Hacia el fin de la comida, y dado que charlábamos libremente por estar solos en la mesa, me planteó de pronto una primera pregunta: «Doctor, ¿cree usted en la metempsicosis?; ante la «neutralidad benevolente» de mi silencio interrogador, añadió una afirmación igualmente inesperada: «Y bien, doctor, aquí donde me ve, entre nosotros, puedo confesarlo a usted, que es al mismo tiempo conocedor de estos temas y reservado: soy la séptima encarnación de SCARRON.»

Nada menos. Intimamente, mi primera reacción fue suponer que se trataba de una broma; sin embargo, no existía ni el contexto, ni el tono, ni la mímica que indicaran esa intención, y mi interlocutor no tenía en absoluto reputación de bromista. Luego me lo han confirmado sus colaboradores cercanos y sus amigos de la infancia.

Indudablemente, tenía que vérmelas con un *delirio*, pero, como mi investigación debía mantenerse forzosamente en un nivel de discreción, durante mucho tiempo me resultó difícil saber si hacía esa «confidencia» con frecuencia. Más tarde me enteré de que era excepcional que la hiciera, aunque se había dado más de una vez, y que jamás la había proferido durante el ejercicio de funciones oficiales, ni tampoco en público. La familia estaba al corriente pero no se inquietaba demasiado, ya que él nunca había creado ningún escándalo ni dificultad con esta idea aberrante pero, en resumen, suficientemente secreta.

En la mesa, me contenté con preguntar sobriamente qué era lo que le llevaba a creer en tal operación mágica. Entonces las explicaciones se hicieron nebulosas. Este hombre tan sensato de ordinario se comportaba ahora como un autodidacta no inteligente y poco inteligible. Comenzó por citarme «hechos», para él innegables, que concernían a casos supuestamente conocidos y que se referían a los mismos fenómenos. Como yo le retrotraje a *su* propio problema, se entregó a una especie de operación algebraica para modificar, por contracciones y añadiduras, sucesivas, el nombre de su madre y convertirlo en un vocablo que correspondía aproximadamente a AUBIGNE [1], de acuerdo con mecanismos perfectamente ilógicos desde el punto de vista racional, muy propios de las organizaciones psicóticas.

El camarero interrumpió su insólito discurso al traer la adición. Nunca más se habló de este episodio entre nosotros, a pesar de que mantuvimos otros encuentros privados.

Por otra parte, supe de fuentes diversas que este hombre había perdido muy pronto a su padre, anciano y paralítico, que su madre lo había educado muy duramente antes de volver a casarse con un conocido hombre de negocios, entrado en años y poderoso, a quien la esposa llevaba de la nariz.

1. Madame de Maintenon era la nieta de Agripa d'AUBIGNE; se había casado muy joven con SCARRON, ya paralítico, y luego, muy tardíamente, con Luis XIV, pustuloso e hidrópico.

El paciente mismo había vivido siempre en su juventud (como todavía ahora en el marco familiar) según un modo privado hermético que contrastaba con las buenas relaciones que mantenía en el plano «oficial»; dormía poco de noche, leía mucho y principalmente obras consagradas a lo irracional; desde tiempo atrás dormía solo en una habitación, no frecuentaba regularmente ni invitaba a nadie, a pesar de que se comportaba de manera muy cortés con la gran cantidad de gente que su esposa recibía en casa.

Sería fácil dudar del valor del diagnóstico referido a un caso acerca de cuyo sujeto sólo poseemos informaciones muy fragmentarias. Sin embargo, dada la ausencia de elementos visiblemente genitales en tanto que organizadores de la relación de objeto, y también la ausencia de comportamientos anaclíticos, así como la pérdida momentánea de lo real con reconstrucción delirante compensadora, la negación de la realidad y los problemas de identidad, así como la naturaleza de las proyecciones y la incoherencia de las operaciones mentales, debemos referirnos a una estructuración de modo psicótico.

Pero el delirio parece perfectamente circunscripto a un sector delimitado del cual el paciente no salía nunca: el de sus orígenes y la exclusión del nombre de su padre. Esto es lo que nosotros consideramos, con P. C. RACAMIER, el tipo mismo de las «parapsicosis».

Obs. n.º 7

Un caso de «neurosis pseudopsicótica»

Agathe, casada con un hombre estimado y jovial de 40 años, tiene dos años más que su esposo, con el cual está muy encariñada. Él parece sufrir mucho a causa de la salud precaria de su mujer; por otra parte, ha sucedido al padre de Agathe en la dirección del gabinete de expertos contables que aquél había creado, y tiene autoridad en la prefectura donde la pareja reside desde hace ahora doce años.

Tienen tres hijos, de los cuales el mayor es fuertemente disléxico y el segundo ligeramente alérgico.

Agathe pasó una infancia a primera vista normal, y

siguió estudios secundarios clásicos; luego comenzó estudios de derecho, que se interrumpieron cuando se casó.

Después del matrimonio, Agathe manifestaba un humor más bien triste, lo que era inhabitual en ella hasta entonces; carecía de animación, afrontó embarazos penosos y uno de sus partos requirió cesárea.

Hacia los 38 años, Agathe era considerada por su entorno como muy «deprimida», y dado que aportaba a los otros más preocupaciones que satisfacciones, se decidió enviarla a «descansar» a una clínica del Mediodía que tenía «buena reputación» entre los industriales clientes del marido que se habían visto obligados a «colocar» en ellas a sus esposas o a sus madres, una vez que se habían convertido en cargas demasiado pesadas.

Esta clínica, muy a gusto afectivamente con la clientela gerontológica, se habría sentido probablemente culpable de no asumir una actitud más incisiva y más «científica» ante una «depresiva» tan joven que, por otra parte, y en opinión del médico que la trata, ha sido internada por un «tiempo limitado».

Agathe fue clasificada como «psicosis melancólica» y se le administró, antes de cualquier otra investigación, una copiosa serie de electro-schock. Después de lo cual Agathe volvió a su casa con algunos kilos más, eso sí, pero siempre igualmente deprimida y, además, con sensibles problemas de memoria que la perturban mucho.

A su regreso se hizo cargo de ella un psiquiatra amigo del anterior, que la declaró *border-line* y la sometió a un tratamiento antidepresivo cuyo efecto inmediato fue una acentuación de la angustia y una pérdida del sueño.

Un kinesioterapeuta que trataba la escoliosis de uno de sus hijos le dio, de manera casual, mi dirección, y como su psiquiatra se había ausentado sin prevenirla, me solicitó una cita de urgencia.

Evidentemente esta paciente no correspondía ni a una estructura psicótica, ni a una organización anaclítica; a pesar de su carácter depresivo no era en absoluto áutica, ni tampoco dependiente de un objeto fálico indiferenciado.

Toda su economía profunda se hallaba indiscutiblemente centrada sobre una dialéctica genital: Agathe me explica que es la cuarta hija de una familia en la que reinaba un padre maravilloso y muy cercano tanto a sus hijas como a la madre. Sin embargo, Agathe ha vivido a esta madre y a sus tres hermanas como barreras que se interponían en su camino hacia el padre; no tuvo tiempo para disfrutarlo, y cuando sus hermanas mayores se casaron también ella debió abandonar la casa familiar (la casa donde podría haberse encontrado «al fin sola» con el padre) para ir a estudiar a Grenoble, la ciudad con Universidad más próxima. Entonces se volvió verdaderamente celosa de su madre, que era la única que sacaba ventaja de la situación.

Por lo tanto, se casó en cuanto pudo con un muchacho más joven y más pobre que ella, y mucho menos blillante que el padre, pero de la misma profesión, e hijo de un amigo de su padre. Ella le llevó a su casa para «ayudar al padre». Desdichadamente el padre moriría pronto; el marido le sucedería, pero ella tendría que compartirlo nuevamente con la madre; más tarde (lo que no arregló nada) se enteró de que lo había compartido con muchas otras mujeres, ya que las relaciones extra-conyugales de su marido resultaron ser poco duraderas pero numerosas.

Agathe volvió a encontrar un día a su antigua amiga, casada con un primo lejano a quien ella había distinguido y estimado en otros tiempos. Algunas miradas primero, y luego el intercambio de algunas palabras, le aportaron la certeza de que este hombre siempre había pensado en ella.

Agathe desarrolló de inmediato mecanismos de naturaleza neurótica que tendían mucho más, en el plano económico, hacia la histeria de angustia que hacia la verdadera depresión. En realidad, eran múltiples pequeñas fobias neuróticas las que la apartaban de la calle, del mundo, de las distracciones, de los desplazamientos, de la vida en general.

Lejos de vivir como áutica, ardía de fantasmas erotizados que no podía comunicar, de allí su aislamiento no exento de retiro narcisista. Su angustia seguía centrada sobre el castigo de esos deseos. Sus reproches se dirigían a sus deseos sexuales y no a la vergüenza de su agresividad, como en el caso del melancólico. Su Yo no estaba en absoluto fraccionado, sino terriblemente tironeado, por una parte, por la relación proximal erotizada con el hombre, a la imagen del padre, y las prohibiciones provenientes de las mujeres, alineadas del lado de la madre o de las hermanas, por otra. El objeto seguía siendo genital, paternal, masculino y edípico; no era fálico, anaclítico, narcisista y maternal (ni vagamente paterno asexuado).

Se trataría de una histerofóbica, poco acentuada en los síntomas, como lo son a menudo las verdaderas histerofóbicas.

No era ni una melancólica, ni siquiera una depresiva anaclítica. Sólo el psicoanálisis conservaba una oportunidad de modificar la actitud ante los auténticos conflictos neuróticos en cuestión.

Obs. n.º 8

Un caso de «psicosis pseudoneurótica»

El Doctor X... es un amigo desde hace mucho tiempo.

Luego de haber realizado muy buenos estudios, parecía destinado a un porvenir brillante, pero como adoraba la caza y el campo, se instaló como generalista en una aldea importante donde estaba agobiado de trabajo, no tenía tiempo de leer, de cazar, de pasearse, ni siquiera de pensar; probablemente se sentía muy culpable de llevar al psiquiatra sólo los problemas inextricables, y a los diversos especialistas médicos o quirúrgicos los numerosos casos de conflictos afectivos curables con que se encontraba a lo largo de la jornada, pero que podrían conservar una apariencia cualquiera de justificación somatizada.

La carta que acompaña a Martine se pretende tanto más jovial cuanto que el caso es visiblemente engorroso, que él no me ha «enviado» ningún paciente desde hace mucho tiempo, y que me cree enfadado:

...«Mi querido amigo, etc., te envío una bonita histérica con la que podrás, etc., tanto más que su marido... etc.» Algunas alusiones muy discretas al «medio» son esclarecidas en los comienzos de la entrevista: me entero, en efecto, de que Martine es la hija del alcalde de la región (comercio de vino al por mayor, en una zona de viñedos famosos) y la esposa del notario local, lanzado a su vez a la carrera política... dicho de otra manera, se me anuncia por anticipado que el interés del médico local que la trata no puede tolerar ninguna falsa maniobra por parte de quien consulta.

Escucho con mucha atención el relato de nuestra «histérica»: Martine tiene 28 años, ha nacido en la gran aldea en la que habita y que sólo ha abandonado durante la estadía en un pensionado, entre la clase de sexto y la de tercero, en una ciudad vecina.

Este mínimo alejamiento fue difícil de soportar: abandonó sus estudios, fáciles al comienzo y mediocres después, luego de una ineficaz repetición de la clase de tercero.

A continuación, la paciente se desempeñó durante algún tiempo como secretaria de su padre; cuando se casó, a los 22 años, ya no trabajaba. Su marido era un pasante de notario, de 30 años, bastante ambicioso, empleado desde hacía algunos años en el estudio del lugar, dirigido por un notario entrado en años, perteneciente también a la familia de Martine y que falleció dos años después.

El padre de Martine compró entonces el estudio para su yerno. Pero las cosas no iban muy bien entre los esposos: el marido estaba a menudo ausente y aunque proclamaba en alta voz su inocencia (el médico de la familia adhiere a esta posición), Martine sospecha que la engaña. Se queja de dolor de cabeza, de vértigos, de reglas irregulares, de momentos depresivos, y las relaciones sexuales son penosas.

El médico que la trata no descubre siquiera un hígado inflamado ni una vesícula espasmódica; se consulta al gran jefe de la O.R.L. en la Facultad vecina, quien recibe a Martine diez minutos, la deja hablar sin escucharla mientras le introduce en la oscuridad extraños instrumentos, pronuncia apenas tres frases, por otra parte incomprensibles, y garabatea un minúsculo papel que entrega a la paciente, destinado al médico que la trata, sin siquiera un sobre, y que se limita a un mensaje lacónico donde indica su negativa a hacerse cargo de la investigación.

A Martine le resulta insoportable este examen brutal. Sus malestares y sus saltos de humor se acentúan en los meses siguientes. Las relaciones con el marido se deterioran.

Entonces envían a Martine a un ginecólogo que se contenta con un examen somático prudente, con una muestra del cuello uterino (que además no presenta ninguna anomalía, ni siquiera funcional), pero que dedica a Martine una larga sesión, en cuyo curso la interroga de manera muy directa sobre su vida amorosa pasada y actual, le reprocha que «carezca de experiencia» y le aconseja que tome un amante... «*Una mujer bonita como ella... las ocasiones no deben faltarle... etc.*» Escribe una larga carta al médico que la trata: sin llegar a este punto por escrito, la «inhibición sexual» y la «aversión por el marido» son profusamente descritas, y la invitación a «*mejorar*» y a «*hacerse responsable*» constituye la conclusión «*lógica*».

Martine vuelve de esa consulta muy afectada y muy ansiosa. «Sin embargo él era tan amable» clama el entorno (que no ha asistido al fin de la entrevista...). El médico que la trata ha permanecido durante dos trimestres como externo en un servicio de neuropsiquiatría, y saca las conclusiones que se le imponen: nada orgánico; por lo tanto, «asunto psíquico». No hay delirio; por ende, neurosis. Ni obsesiones ni fobias, o sea, histeria; por otra parte, problemas sexuales manifiestos, vértigos, jaquecas, cambios de humor «inmotivados», lo que confirma el diagnóstico de histeria... Es entonces cuando me la envía.

Dado que no puedo contentarme con esta exposición demasiado racional y demasiado «objetiva», deseo saber más y me entero de que el padre, de carácter violento fuera de casa (y bebedor) no pesa en casa; por otra parte, ha vivido muy poco en el hogar y todo el mundo está enterado de su antigua relación con la farmacéutica. La madre ha decidido ignorar esta relación y se ha limitado a un autoritarismo doméstico de uso interno que se vuelve sobre las empleadas de servicio y los dos hijos, a quienes no ha dejado nunca en paz, acosándolos con obligaciones, sospechas y preguntas desordenadas.

El hermano menor de Martine es descrito como un «caracterial» que crea muchas preocupaciones a sus padres.

Martine parece haber alimentado en el pensionado, desde la clase de sexto, una verdadera fobia escolar: no podía prescindir de los consejos y la protección de su madre, que sin embargo ya en aquella época la perseguía. En la clase de tercero se comprobó un escaso nivel escolar. Nunca se adaptó mucho a las tareas prácticas, simples y dinámicas, del secretariado de su padre.

En el matrimonio no se ha mostrado más pragmática; indolente, soñadora, ineficaz, descuidada, requiere continuamente la ayuda de su madre, que por otra parte le ha delegado por fin, y con dedicación exclusiva, la más vieja y «usada» de sus dos criadas, para que lleve adelante las tareas domésticas.

Los problemas sexuales, exteriormente evidentes, no aparecen en absoluto como una realidad invertida en sí sobre el plano auténticamente genital; sino que se presentan como un aspecto no separable del resto de la apatía general, de la astenia psíquica y del encierro relacional.

Existen verdaderos momentos de pre-desrealización: el entorno, que no quiere ver la gravedad del estado profundo, los presenta como «fatiga» y «depresión». El médico que la trata se protege por medio de la denominación «neurótica».

La angustia de muerte (fraccionamiento) es evidente. Las negaciones de la realidad son múltiples; las proyecciones persecutorias sobre el marido constituyen un predelirio de celos que se refiere a la actitud paternal con respecto a la madre.

La relación de objeto se mantiene funcional con la madre y en dirección áutica con el resto de los polos.

Dicho de otra manera, se trata de una estructura psicótica que todavía se defiende bastante bien, con la ayuda de mecanismos de características neuróticas, en apariencia erotizados.

Pero la duración de su eficacia es incierta; hace falta tratarla seriamente, y no de cualquier manera. Si el psiquiatra se comporta como el O.R.L. a quien visitó hace dos años y se contenta con no «ver nada», Martine descenderá poco a poco los grados de la descompensación psicótica.

Si, por el contrario, se comporta como el ginecólogo a quien consultó después, y excita las pulsiones genitales de manera intempestiva, Martine se precipitará aún con mayor rapidez en esa misma descompensación.

El margen no es amplio: como todo arte, el nuestro es difícil, y además, al igual que el arte abstracto, no puede acomodarse a manifestaciones demasiado simplistas.

Quizás alguien pueda sorprenderse al no vernos exponer aquí las categorías estructurales cuyos títulos corresponderían a las tres entidades mórbicas clásicas que rresponderían a las tres entidades mórbidas clásicas que alucinatoria crónica, psicosis traumática, etc.

Es cierto que yo concibo la parafrenia como incorporable, en lo esencial al menos, a la estructura esquizofrénica y que, por otra parte, debemos distinguir a la vez lo que, aunque a veces se lo clasifica en esta categoría mórbida, puede igualmente revelar una estructuración paranoica o manifestaciones parapsicóticas, o bien reacciones psicopáticas o caracteriales que estudiaremos más adelante.

Por su parte, la psicosis alucinatoria crónica presenta evidentes parentescos con la estructura paranoica; el «caso SCHREBER» ha sido objeto de innumerables debates sobre este tema; por lo tanto, no me parece necesario encarar un modo de estructuración particular que englobe tales problemas.

En cuanto a las «psicosis traumáticas», serán largamente debatidas a propósito del tránsito a la línea psicótica en ocasión del «segundo traumatismo», en la teorización que desarrollamos en el capítulo cuarto de esta misma parte.

2. *LA LINEA ESTRUCTURAL NEUROTICA*

La línea estructural neurótica sólo ha sufrido, en sí misma, fijaciones pregenitales modestas, sin llegar a la *divided line*, de Robert FLIESS (Fig. 1). Pasará sin demasiadas dificultades en un primer momento el segundo subestadio anal así como el estadio fálico, mientras que el Edipo (Fig. 4) comienza a preorganizar la futura estructura bajo la supremacía de la economía genital. Esta es la primera etapa, llamada de pre-estructuración. Esta operación, al igual que para la línea psicótica, se desarrolla durante la infancia; en este caso, se realiza según la economía genital, en la medida en que el joven pre-neurótico ha podido, más afortunadamente que el joven preorganizado psicóticamente, acceder a la triangulación genital sin frustraciones precoces demasiado intensas ni fijaciones pregenitales anteriores demasiado severas.

Al igual que en la línea psicótica, el período de latencia operará aquí una momentánea interrupción de la evolución estructural, lo que, por otra parte, no minimiza en absoluto la importancia de las manifestaciones genitali zadas de esta época, pero tampoco corresponde a ningún desarrollo libidinal particular.

Por el contrario, en la adolescencia se desencadenarán las tempestades afectivas que todos conocemos, y que pueden llegar hasta el punto de poner en peligro (como ocurre en la línea psicótica) la permanencia en la línea estructural original.

Si, en el momento de la adolescencia, los conflictos internos o externos (o, sin duda, las dos variedades a la vez) se manifiestan de manera demasiado intensa, el Yo puede deteriorarse aún más, y dirigirse hacia sistemas relacionales o defensivos más arcaicos que sobrepasan la simple economía pulsiones/Super-yo de tipo específicamente neurótico; en ese caso, se dirige hacia un cuestionamiento más o menos serio y más o menos duradero de la realidad; el sujeto puede precipitarse entonces fuera de la línea neurótica y en la línea psicótica que conduce a una estructuración, a partir de ese momento, de modo psicótico definitivo que, en caso de enfermedad, sólo podría producir una psicosis, probablemente de modo maníaco depresivo o alucinatorio crónico; esas dos formas clínicas se sitúan, la primera, cerca de la melancolía, y la segunda, cerca de la paranoia; lo que ciertamente no se produciría sería una forma esquizofrénica, ya que esta forma requiere fijaciones iniciales específicas de las que obligatoriamente carece un Yo que, aunque más no sea a título preorganizado y transitorio, ha podido situarse en la línea neurótica.

Una tal mutación en el momento de la adolescencia, que pasa de la línea neurótica preorganizada hacia la línea estructural psicótica definitiva, parece ser, desdichadamente, más fácil y más frecuente que el pasaje en sentido inverso, o sea, a partir de la preorganización psicótica hacia la estructuración neurótica definitiva, posibilidad que ya consideramos en el parágrafo precedente. Basta un traumatismo o un conflicto particularmente in-

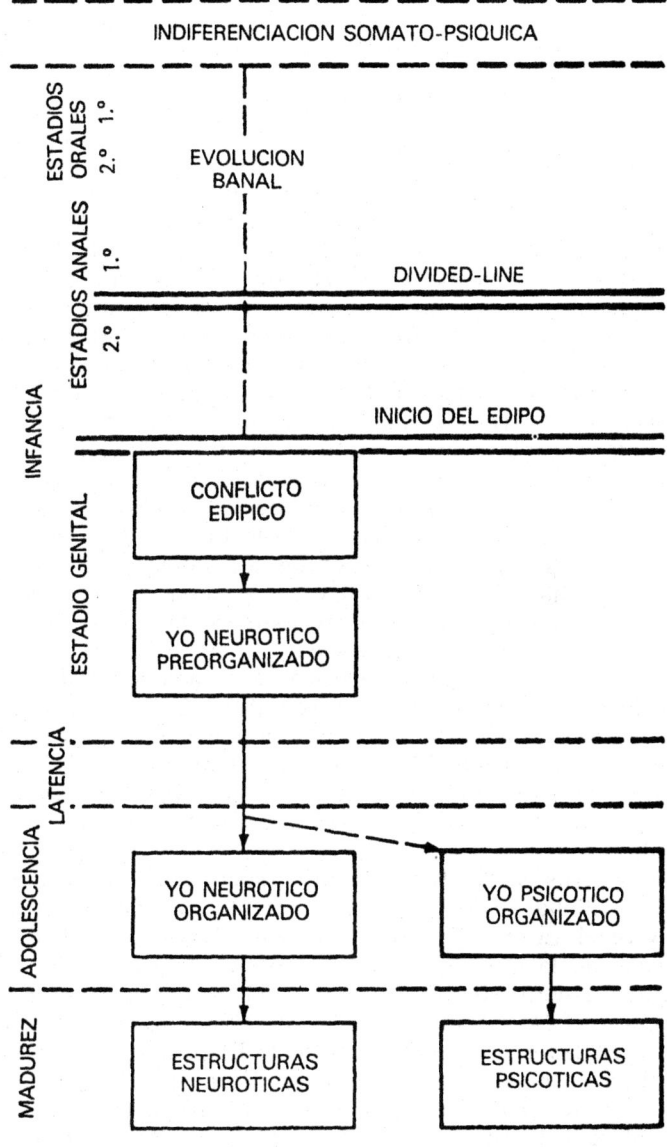

FIG. 4
Génesis y evolución de la línea estructural neurótica.

tensos (y sabemos que son frecuentes en este período muy agitado afectiva y socialmente) para operar ese cambio irreversible; de allí la importancia de un diagnóstico estructural mutacional preciso para saber si es verdaderamente inútil o indispensable intervenir psicoterapéuticamente ante las dificultades que sobrevienen al adolescente. Los síntomas por sí solos no son suficientes para informarnos; es el conjunto de los elementos tópicos, dinámicos, económicos y relacionales lo que conviene pesar y evaluar para determinar el estado y el sentido de la elaboración estructural del sujeto, su grado de solidez o la dimensión de las amenazas de psicotización.

Sin embargo, y muy felizmente, en la gran mayoría de los casos y en contextos normalmente socializados, el Yo neuróticamente preorganizado se mantiene en la línea de estructuración neurótica durante el período de la adolescencia, y esta vez de manera definitiva (Fig. 4).

Esta organización estructural ya no habrá de variar en lo sucesivo, y si un sujeto de esta línea se enferma, sólo podrá hacerlo según uno u otro de los modos neuróticos auténticos: la neurosis obsesiva o la histeria (de angustia o de conversión) que corresponden a las dos únicas estructuras factibles de manifestarse en el seno de la línea estructural neurótica en general, esto es, la estructura obsesiva y la estructura histérica.

La línea estructural neurótica se caracteriza ante todo por la organización de la personalidad bajo la *primacía de lo genital*. Es en este ámbito donde se especifica esta línea y, en contrapartida y consecuentemente, no podemos hablar de estructura neurótica si no existe justamente esa primacía de los elementos económicos de origen genital.

Los otros caracteres de esta estructuración se desprenden de dicha posición genital central. La manera en que se vive el Edipo tiñe todas las variedades neuróticas en el seno de la misma línea. El Super-yo sólo entra en juego de manera efectiva después del Edipo, de quien es heredero. Sólo podemos hablar de Super-yo propiamente dicho en las estructuras neuróticas. El conflicto neurótico se sitúa entre el Super-yo y las pulsiones; se juega en el interior del Yo. En la economía neurótica el Yo está completo, pero puede presentarse dislocado en sus diferentes niveles de funcionamiento, ya sea como consecuencia de dificultades sobrevenidas en el momento del Edipo, ya sea en razón de fijaciones pregenitales que vienen a perturbar la elaboración genital más tardía; pero nunca se fractura. La angustia específica de las organizaciones neuróticas no se refiere en absoluto al peligro de fraccionamiento, sino que concierne a la amenaza de castración, así como esta angustia de castración especifica, en contrapartida, la línea neurótica. La regresión neurótica, en caso de accidente mórbido, concierne más a la libido que al Yo, pero no alcanza jamás el nivel de las regresiones pregenitales masivas de las estructuras psicóticas.

La relación de objeto neurótica se realiza sobre un modo plenamente genital y objetal; el objeto conserva una posición proximal, existe en tanto que tal y en ese sentido se le investiga. La defensa neurótica característica ha sido extensamente descrita por FREUD bajo el vocablo «*Verdrängung*», que podríamos traducir como «*inhibición*». Si bien otros mecanismos accesorios vienen a colaborar con esa inhibición según las variedades neuróticas, sin embargo nunca se recurre a la negación de la realidad, ni siquiera bajo una forma parcial. La realidad puede ser transformada por la elaboración defensiva, pero sin embargo no se la niega. Las exigencias del principio de placer se mantienen siempre más o menos sometidas al control del principio de realidad. La fantasmatización y los sueños neuróticos corresponden a las satisfacciones pulsionales alucinatorias prohibidas por el Super-yo, y sin embargo presentan huellas del conflicto y de las defensas; se trata de compromisos funcionales, de la misma manera en que el síntoma constituye un compromiso patológico. Se mantiene la categoría de los objetos fantasmáticos. La relación con los padres ha sido elaborada sobre una base triangular y sexual fundamental que, en sí misma, sólo puede encontrarse en las organizaciones neuróticas.

Paralelamente a las reflexiones formuladas a propósito de las estructuras psicóticas, parece interesante considerar las características del lenguaje en las estructuraciones de tipo neurótico: P. DUBOR (1971) ha insistido en la expresión simbolizada del deseo y en la manifestación de la relación objetal portadora en sí misma de sentido; lo que separa al objeto del sujeto correspondería al sentido y al símbolo. Se trataría de una expresión sincrónica bipolar mentalizada, que traduciría la bipolaridad relacional, profunda y en realidad diacrónica, del inconsciente.

Como lo expresaba en su truculento discurso el apuntador de ANOUILH *(Ne reveillez pas, Madame)*, podríamos decir que el lenguaje de las organizaciones neuróticas, así como el tiempo vivido, «es todo al mismo tiempo».

En la estructura neurótica se mantiene la cohesión entre continente y contenido. El contenido representa el objeto mismo del lenguaje, pero la función sintagmática sufre una alteración: como lo demuestra el Dr. ANZIEU (1970), los temas aparecen muy a menudo como múltiples, sin que se elija un desenlace, y con una organización deficiente del relato.

A) *La estructura obsesiva*

La estructura obsesiva nunca ha tenido, entre los psicopatólogos, mejor reputación del lado neurótico que la estructura paranoica del lado psicótico; afectivamente, algunas entidades pasan por muy «rebeldes», lo que no quiere decir que lo sean siempre de manera efectiva, ni tampoco que sean las únicas que no se muestran dóciles en contacto con la terapéutica.

Por otra parte, no siempre es fácil distinguir una estructura obsesiva con manifestaciones pseudo-delirantes de alcance psicótico, de una estructura psicótica que pone de manifiesto abundantes defensas obsesivas. La antigua denominación de psicastenia englobaba, para P. JANET (1908), todas esas variedades estructuralmente muy distintas.

De hecho, la estructura obsesiva ocupa el primer lugar más abajo de la *divided line* en el cuadro de R. FLIESS *(Fig. 1)*; es decir, que esta estructura se presenta como la más regresiva de las estructuras neuróticas en el plano libidinal, y que se sitúa muy cerca de la menos regresiva de las estructuras psicóticas, es decir la estructura paranoica, lo que no significa, sin embargo, que posea muchos rasgos comunes con ella; por el contrario, en su ensayo monográfico de 1962, A. GREEN ordena paralelamente de una parte y otra de la línea que corresponde al principio de realidad, la organización obsesiva y la organización esquizofrénica, dado que ambas se hallan situadas en la zona «pesimista», en retraso respecto de la línea correspondiente al principio del placer.

Toda clasificación comporta dificultades en el momento de dar cuenta de las analogías y las divergencias. Una conceptualización exigente, que pretenda analizar todos los matices considerados, parece poco realizable en un espacio limitado únicamente a las dos dimensiones de la superficie plana de una página, de una pizarra o de una pantalla de proyección.

Ha sido FREUD (1894 y 1895)[1] quien ha mostrado el rol activo del sujeto obsesivo en la negociación de las representaciones perturbadoras: en el caso de estructuración de modo histérico, la representación perturbadora, desvinculada del afecto correspondiente, sufre una «conversión» que tiene valor simbólico en un registro somatizado, en tanto que en la estructuración de modo obsesivo, la representación pulsional conserva siempre una tendencia a distanciarse de su afecto correspondiente, pero en este caso es el afecto mismo el que secundariamente se incorporará a otras representaciones menos conflictivas en las que ya no podremos reconocer la pulsión original.

Podemos concebir así el establecimiento de un mecanismo obsesivo; ese mecanismo se mantendrá en un plano de discreción en tanto la estructura obsesiva permanezca compensada dentro de los límites de los comportamientos ordinarios de la vida, o incluso en los comportamientos caracteriales; pero, en caso de reactivación viva del antiguo conflicto, el mismo mecanismo generará una neurosis obsesiva clásica.

Como en toda estructura neurótica, es la economía genital la que domina el modo de organización obsesional. FREUD ha mostrado (1915) el rol esencial de la inhibición y de sus fracasos en tales organizaciones.

La inhibición actúa sobre las representaciones pulsionales difíciles de tolerar, principalmente aquellas que se

---

1. En su artículo, *escrito en francés*, FREUD traduce su propio término alemán de «Zwangneurose» por la expresión francesa «neurosis de obsesiones».

refieren a los deseos sexuales o a dificultades sexuales de la infancia. La inhibición recibe la ayuda del aislamiento y el desplazamiento para llevar a cabo su acción represiva. Mientras la estructura obsesiva se mantiene dentro de los límites de la adaptación, es decir de la «salud» o de la «normalidad», esas defensas consiguen conjuntamente que el sujeto se mantenga a salvo de conflictos importantes. Algunas pequeñas ramificaciones de lo inhibido que logran franquear la censura entre el inconsciente y el preconsciente producen la aparición de comportamientos obsesivos moderados que inmediatamente se revisten de una coloración «normal», en tanto ello sea posible gracias a la acción de las defensas por racionalización o anulación que constituyen los elementos esenciales del carácter obsesivo, acerca de los cuales hablaremos más adelante.

Pero si los elementos inhibidos que franquean la censura resultan demasiado numerosos, demasiado importantes o demasiado representativos, la racionalización o la anulación no llegan a conservar por sí solos el carácter de legitimidad y de banalidad; en ese caso, nos vemos conducidos a una descompensación mórbida de la estructura obsesiva, es decir, a la «neurosis obsesiva», con sus dudas y sus angustias, sus luchas en medio de las coacciones y las repeticiones, sus vergüenzas y sus rituales.

A. GREEN (1964 y 1965) ha tratado de precisar el modo de estructuración obsesivo, siempre yendo más allá de los síntomas. Presenta a la regresión bajo su doble aspecto fundamental: en primer lugar, una regresión de estructura de la libido que afecta a las pulsiones y corresponde a una regresión pulsional, a partir de tendencias sexuales y tiernas, en dirección a pulsiones agresivas y sádico-anales. Por lo tanto, existe un cierto nivel de defusión de las pulsiones con predominancia de las inversiones destructivas. Desde el punto de vista estructural puro, parece necesario señalar que, en un primer momento, se trata más de fijaciones antiguas que de regresiones propiamente dichas, dado que las verdaderas regresiones no se producen de manera masiva sino en el período que acompaña la descompensación mórbida.

Otra clase de fijación y otros movimientos agresivos alcanzan también a la evolución del Yo, y tienen como consecuencia manifestaciones orientadas hacia las actividades puramente mentalizadas en el plano dinámico y temporal, lo que conduce a una sobreestimación constante y defensiva del pensamiento.

Las inversiones libidinales tienden pues, a abandonar una cantidad mayor o menor de inversiones objetales en provecho de la misma cantidad de inversiones narcisistas. Esta tendencia regresiva puede considerarse como el resultado del conflicto entre eros y thánatos, tanto como entre el Yo y su objeto; permite al mismo tiempo que el representante se separe del afecto al que se hallaba ligado hasta entonces en el seno de la misma expresión pulsional. También es en este nivel donde encuentra sus fuentes la contra-inversión (así como en la separación de los elementos de un átomo precedentemente unificado) y donde la energía así recuperada se pondrá al servicio de las formaciones reaccionales eventualmente necesarias para el mantenimiento de una adaptación exitosa (limpieza, orden, economía, etc.) o bien de los esfuerzos menos felices para limitar la angustia (rituales, actividades compulsivas, etc.), con lo que contribuye a constituir los síntomas mórbidos.

La estructura obsesiva no puede, pues, engendrar productos perversos: no autoriza ninguna huella de satisfacción directa, así como tampoco se despega jamás verdaderamente del plano de la realidad, ni aún en sus avatares más serios. Las fijaciones anales importantes que se refieren al segundo sub-estadio anal, obligan al sujeto de estructura obsesiva a una atención que se centra en el dominio del objeto, la constancia de las inversiones, el mantenimiento de una distancia óptima (ni muy grande, ni muy reducida) de los objetos. Es lo mismo que M. BOUVET (1960) desarrolla en el sentido de una defensa por el «comprender demasiado» y por la negación a reconocer los lazos afectivos relacionales con el otro.

La vida fantasmática del obsesivo es en general pobre, y tanto su universo onírico como sus capacidades relacionales aparecen rígidas, disecadas, momificadas en mayor o menor grado; el objetivo real consiste en conservar a ese precio una inversión objetal, una cierta cantidad de libido y el derecho a la vida. J. LACAN (1966) ha epilogado extensamente el nivel de las relaciones entre la realidad, lo imaginario y lo simbólico, nivel en el que: «*Se trata de ardid lo que retiene al sujeto fuera del combate, como hizo Venus con París, lo hace no estar en el sitio donde correría riesgo y no dejar en el lugar sino una sombra de sí mismo; al abdicar desde el comienzo del deseo que está en juego, anula de antemano tanto la ganancia como la pérdida.»*

C. CHILAND (1967) precisa que la angustia obsesiva está ligada a la lucha contra la idea obsesiva, y que así permanece en condición de dependencia del conflicto interno, aunque ese conflicto se presente como elaborado de manera bastante lejana en relación con el conflicto original.

La relación paterna del sujeto de estructura obsesiva no ha sido objeto de muchos desarrollos. Es evidente que encontramos en las economías triangulares y edípicas padres no solamente diferenciadas sino, *ya y todavía*, definidos en cuanto a su identidad sexual.

Las observaciones clínicas nos llevarían a creer que el sujeto de estructura obsesiva debería haber mantenido antiguamente una relación bastante particular con sus padres, referida a la vez, de parte de los *dos padres*, a una *valorización* de los controles y las inhibiciones, y a una *interdicción* de las *dos* pulsiones: agresiva y sexual. Tanto la madre como el padre «pondrían en evidencia» (la expresión se ha elegido adrede) la necesidad de *ocultar* las relaciones sexuales entre ellos, al mismo tiempo que permiten se las suponga deliciosas, prohibidas, agresivas y erotizadas. Las consecuencias de ese juego particular de las interdicciones paternales en la estructura obsesiva favorecen las actitudes muy conocidas en clínica en estos sujetos: el acercamiento con el padre del mismo sexo es más fácil porque es menos reprobado, así como el alejamiento con respecto al padre del sexo opuesto es la única solución permitida.

Por otra parte, la madre establece muy pronto las bases de las futuras formaciones relacionales del hijo: sobrevalora los cuidados corporales, intestinales y anales que se ofrecen al niño. El niño toma impulso para satisfacer a la madre, adivinando que su deseo oculto responde a su deseo edípico ascendente; pero el padre vela, está allí (economía neurótica) tanto para amenazar al hijo como para satisfacer a la madre. Ante esta angustia y esta *engañar a la muerte por medio de mil ardides...* *es el* decepción simultáneas, el niño traicionado y desmoralizado no puede sino desarrollar sus propias fijaciones anales y «hacerse el muerto» en el plano genital. Su deseo no se habrá despertado, como en la estructura histérica, con la suficiente fuerza como para franquear el límite del mantenimiento de su afirmación sexual. La primacía de la organización genital se mantiene, sin duda, pero a media luz, como la lamparilla en la habitación del moribundo; sólo se potencia la economía anal, y aun ésta exclusivamente bajo una forma disfrazada, tanto por las formaciones reaccionales como por los comportamientos autopunitivos.

El lenguaje obsesivo se caracteriza por la rigidez, a menudo enmascarada tras una sobriedad en apariencia modesta y reservada. El estilo está impregnado de claridad y parsimonia. Es un estilo que se pretende preciso y al servicio del razonamiento lógico, pero en realidad se manifiesta teñido de reproches y de sequedad afectiva. En el discurso, el objeto es tratado como un niño, y por ende, se lo mantiene a media distancia, de manera tal que incida sobre el plano intelectual sin seducir jamás en el plano afectivo. A este respecto se ha descrito un estilo especialmente «administrativo», cargado de fórmulas hechas, que evitan el contacto personal, en beneficio del exclusivo punto de vista funcional, de lo general y o banal.

Finalmente, deberíamos tener en cuenta lo que llamamos a menudo *«índice de histerización»* del obsesivo, siempre presente cuando tenemos que vérnoslas con una verdadera estructura obsesiva y no con simples comportamientos obsesivos de defensa en el seno de una estructura prepsicótica, por ejemplo. El término de *«núcleo histérico»* parecería más ambiguo al permitir quizás la suposición de una cierta incertidumbre en el monolitismo estructural de base; sin embargo, toda estructura obsesiva auténtica conserva suficientes elementos genitales fundamentales como para experimentar una alucinación negativa de su falta de histerización. Una feliz expresión dice que el histérico conserva la nostalgia del obsesivo, en tanto que éste aspira a la histeria. Esta imagen de una dualidad complementaria de las estructuras neuróticas, que tiene también en cuenta su aspiración recíproca en una esperanza defensiva y extensiva a la vez, me parece tanto más acertada en cuanto excluye del diálogo la intrusión fáctica de las pseudoestructuras «fóbicas» en el seno de la economía neurótica.

B) *La estructura histérica*

La estructura histérica constituye, en el esquema al que nos remitimos, el eslabón más elaborado en dirección a la madurez.

El carácter altamente sexual de este modo de economía estructural no había pasado desapercibido para los autores más antiguos, y no por casualidad su representación mental se ha vinculado durante tanto tiempo al simbolismo de un órgano genital femenino, así como a la somatización uterina.

Los antiguos pensaban así desde el papiro de KAHUN (siglo xx antes de Jesucristo), mencionado por P. PICHOT (1968). HIPOCRATES fija el asiento de la epilepsia en el cerebro, y el de la histeria en el útero, punto de vista que es compartido por ARETEO DE CAPADOCIA. También es digna de mención la curiosa premonición que puede encontrarse en PLATON de la primera concepción freudiana de los desgastes causados por la represión sexual; aun cuando los esquemas empleados se hallan groseramente ligados a las imágenes corporales de la época, no podemos dejar de asombrarnos ante la similitud latente del pensamiento: «*El útero, dice PLATON en el "Timeo", es un animal que desea engendrar niños. Cuando permanece estéril por demasiado tiempo después de la pubertad se vuelve inquieto, avanza a través del cuerpo, corta el paso del aire, dificulta la respiración y provoca grandes sufrimientos y toda clase de enfermedades.*» Para GALENO, la histeria es igualmente un resultado de la abstinencia sexual. S. FREUD no ignoraba, seguramente, cuando elaboró su primera concepción de la histeria, que tenía precursores de esta talla.

Durante la Edad Media resulta imposible evitar, bajo

el báculo teológico, la asociación de la histeria con los maleficios diabólicos, a pesar de las protestas de PARACELSO, quien, en 1567, describe ya modos de funcionamiento anticipados y rudimentarios de los fantasmas del inconsciente: *«La causa de una enfermedad... es simplemente una opinión y una idea asumidas por la imaginación, que afecta a quienes creen en semejante cosa... (entre los pacientes) la vista y la audición son tan poderosos que inconscientemente ellos tienen fantasías sobre lo que han visto y oído. Su razón es arrastrada por tales fantasías y pervertida en la forma que asume su imaginación.»*

La primera localización mental de la histeria fue descrita en 1618 por Charles LEPOIS, decano de la Escuela de Medicina de Pont-à-Mousson. Esta idea no fue defendida realmente hasta 1670, gracias a Thomas WILLIS.

Más cerca de nosotros, PINEL ha sido el primero en incluir la histeria entre las neurosis. A fines del siglo XIX se vinculan tres nombres célebres: CHARCOT, SALPETRIERE e HISTERIA.

Curiosamente, es como consecuencia de su estadía en París en casa de CHARCOT, defensor de la teoría orgánica de la histeria, que S. FREUD suscribe a la opinión de BERNHEIM y LIEBAULT, que defienden en Nancy el origen afectivo y emotivo de la enfermedad, y que plantean la psicoterapia como la única posibilidad de tratamiento válido.

El mismo año de la muerte de CHARCOT, en 1893, FREUD y BREUER escribían sus *Estudios sobre la histeria*, que significaron una evolución capital en la manera de concebir la neurosis, y en particular la neurosis histérica. En 1895, FREUD define la «neurosis de angustia» y el año siguiente la «neurosis obsesiva». En 1908, FREUD separa diversos elementos en el interior de la «neurosis de angustia», y habla por primera vez de «histeria de angustia», cuya similitud estructural con la histeria clásica denominada «de conversión» acaba por demostrar.

El modelo estructural de la histeria ha sido evocado por G. ROSOLATO (1962) por una parte, y por otra por A. GREEN (1964). Sus conclusiones no convergen exactamente.

Desde el punto de vista tópico, la estructura histérica

no comporta regresión del Yo, sino una simple regresión tópica de la libido, sin regresión dinámica ni temporal. La estructura histérica presenta importantes fijaciones en el estadio fálico de ABRAHAM, al mismo tiempo que conserva importantes componentes orales que, sin embargo, en su caso, nunca se transforman en elementos organizadores.

La característica principal del modo de estructuración histérico que resulta de toda la historia que hemos citado más arriba y que justifica la extensión de esta historia, es la fuerza del componente erótico, cuyos aspectos dominan la vida del histérico y las experiencias relacionales diversas.

Las inversiones objetales se revelan al mismo tiempo fácilmente móviles, variables y múltiples, aunque no permanezcan forzosamente en un plano superficial.

El tercer carácter de la estructura histérica, común a sus dos formas, se refiere a las defensas, es decir, en este caso, a la primacía de los mecanismos de inhibición sobre los otros procedimientos. Una vez establecidos los rasgos comunes, podemos determinar ahora las diferencias nosológicas entre las dos variedades de la estructura histérica:

a) La estructura histérica de angustia

La estructura histerofóbica constituye el más regresivo de los dos modos de estructuración histérica. Es por lo tanto el que se sitúa, según el cuadro de R. FLIESS, más cerca de la estructura obsesiva. Por otra parte, el histerofóbico es el único modo de estructuración fóbica de tipo auténticamente neurótico dentro de nuestra concepción, ya que, como veremos más adelante, en este trabajo discutimos tanto la existencia de una «neurosis de angustia» como de una «neurosis fóbica». Aunque reconocemos la evidencia clínica de tales *«síndromes»* fóbicos, les negamos una categoría estructural *neurótica*.

En la histerofobia, como lo ha mostrado R. DIATKINE (1968), la libido se mantiene fundamentalmente en el plano genital y el mecanismo principal sigue siendo la inhibición; los movimientos pulsionales ambivalentes (agresividad con respecto a los objetos de amor y afecto por los objetos agredidos) conservan una actitud general incoherente, opuesta a la sencillez de la rigidez afectiva obsesiva. Las identificaciones con los dos padres también se revelan difíciles y ambiguas.

Esta fluctuación identificatoria se hallaría en los orígenes de unos estados de ensoñación que K. ABRAHAM (1911) ha aproximado a los estados hipnoides, descritos por BREUER (1893).

Sin embargo, contrariamente a los deprimidos, cuyas inversiones objetales se modifican (cf. al cap. cuarto, «estados límites»), en los comportamientos depresivos verificados entre los histerofóbicos de estructura reconoceremos fácilmente la búsqueda de un objeto *sexual*. Pero decir simplemente que se trata de una búsqueda de un «objeto» (a secas) no es suficiente y puede conducir a confusiones nocivas, que conciernen no solamente a una clasificación cualquiera, sino que alcanzan también a las decisiones terapéuticas: en efecto, el depresivo de tipo «estado límite» conserva también un «objeto», pero un objeto *anaclítico* que no tiene nada que ver con el objeto *sexual*, sin llegar sin embargo al objeto *narcisista* internalizado del melancólico. Nos parece que esos matices son fundamentales en clínica; y bastante detectables a través del estudio de la estructura, sin necesidad de llegar a los episodios mórbidos.

Afirmar que las estructuras del Yo no están fijadas ni son clasificables rigurosamente sino en tanto el observador desea considerarlas inamovibles, parece una actitud intelectualmente cómoda en el plano del diagnóstico, y tranquilizadora en el plano terapéutico. Bajo un aspecto «realista y liberal», corremos así el riesgo de conducir a los espíritus menos experimentados a un relativismo de buena ley, incluso a un escepticismo a la moda, que permite justificar las inmadureces personales de juicio, las tomas de posición agresivas o desordenadas con que nos hemos encontrado en todas las épocas, tanto entre los demasiado pacíficos como entre los demasiado belicosos, y cuya común excusa se resume en el clásico «*todo está en todo*».

Si bien mi trabajo se remite a los matices, a las incertidumbres de las fases evolutivas *pre-estructurales*, a las sutilezas diferenciales, mi concepción se fundamenta en la distinción de dos niveles: un nivel latente y profundo que evoluciona hacia una estructuración del funcionamiento mental cada vez más precisa e invariable por una parte, y por otra toda una serie de fenómenos manifiestos y superficiales mucho menos específicos, y, por ello, mucho más modificables. La terapéutica se referiría fundamentalmente a ese nivel, y lo haría de manera tanto más eficaz, sin duda, en la medida en que tuviera en cuenta en primer lugar los fundamentos estructurales que renunciaría a modificar, y pudiera conservar así todas sus energías y todas sus sutilezas para consagrarse al ordenamiento de los factores más móviles. El fin esencial sería orientar esos factores hacia una mejor adaptación a las realidades estructurales profundas internas, así como a las exigencias materiales e históricas, es decir, hacer que el sujeto alcance, o recupere, *su* propia «normalidad»...

La estructura histerofóbica de base se distingue igualmente por otros caracteres específicos:

La inhibición, a pesar de su importancia, no triunfa aquí completamente, sino que fracasa en cierto grado, lo que hace necesaria la apelación a mecanismos accesorios y satélites: la pulsión perturbadora que reaparece es desplazada en principio hacia un objeto menos evidente, por ejemplo, las calles en lugar de las muchachas (de las calles); luego a ese desplazamiento de un objeto interior hacia un objeto exterior se suma la necesidad de evitar este objeto exterior: la fobia a las calles, en este caso. Precisemos enseguida que, desde nuestra óptica, esta fobia a las calles, alcance su nivel mórbido o se mantenga como un simple signo «caracterial» de la estructura, no debe confundirse con el temor a los grandes espacios, en la mayoría de los casos de naturaleza anaclítica, depresiva por temor de la pérdida del objeto, y no por temor de la pulsión sexual.

La evolución libidinal corresponde en la estructura histerofóbica a un simple retorno de una parte de la libido sobre fijaciones anteriores orales y anales precoces. La relación de objeto sigue siendo próxima; sin embargo, se coloca una pantalla entre el sujeto y el objeto, bajo la forma de la sustracción fóbica (que evita el objeto) y que es a menudo bastante sutil cuando no se trata de un síntoma mórbido muy evidente; esta pantalla fóbica permite a la vez conservar y evitar el contacto con el objeto representativo.

La angustia concierne sin duda a la castración; en el mecanismo específico de la histerofobia se trata de angustia ante la posibilidad de que el *pensamiento* se realice; es por eso que este pensamiento se desplaza sobre el elemento de defensa fóbica. La representación fantasmática sufre las mismas transformaciones, en principio por inhibición y luego por desplazamiento, y porque evita la recurrencia de lo inhibido.

La relación inicial del histerofóbico con sus polos paternos tiene en cuenta la ambivalencia de las identificaciones señaladas más arriba: los dos padres operan a la vez sobre el niño una excitación y una interdicción sexuales. El niño, aunque resulta muy solicitado en el plano erótico, no sabe muy bien cómo conciliar provocaciones e interdicciones, ni tampoco quién espera y quién prohibe el acercamiento erotizado.

En las organizaciones estructurales histerofóbicas se trata de una seducción indirecta y ambivalente en la cual participa el lenguaje. La simbolización es impulsada considerablemente para mantener bien ocultos el deseo de proximidad objetal y la mezcla de erotización y de agresividad que se combinan en él, lo que da al discurso del histerofóbico ese aspecto entrecortado, alternativo, a menudo contradictorio. Prisionero de su sistema de defensa, el histerofóbico se cree obligado a sostener un lenguaje mucho más agresivo en apariencia de lo que verdaderamente es en su personalidad profunda; pero es necesario ocultar eficazmente todo elemento que pudiera traducir la erotización subyacente.

b) La estructura histérica de conversión

En principio debemos reconocer, con los psicopatólogos contemporáneos, que los enfermos que corresponden a una descompensación de estructura histérica de conversión son actualmente mucho más raros que a fines del siglo XIX, por ejemplo, en el momento en que florecían los estudios sobre soberbios y célebres casos de conversión somática que en nuestros días se cuentan entre los preciosos archivos y las piezas de museo; por otra parte, las formas mórbidas actuales de esta estructura sólo se presentan en estado puro en escasas ocasiones: es muy raro que no contengan un elemento fóbico parasitario; finalmente, sabemos que, en nuestros días, muchos datos somatizados se incluyen, no ya en las categorías estructurales histéricas, sino en un campo económico en pleno desarrollo teórico, el de la regresión psicosomática, al que remitimos también, en el capítulo siguiente, nuestra consideración de los comportamientos corporales ligados a los mecanismos hipocondríacos.

La conversión somática de naturaleza auténticamente histérica se caracteriza por la focalización, *simbolizada* a ese nivel, de una inversión *libidinal* que se aparta de las representaciones amorosas concernientes a la imagen del padre del sexo opuesto, más angustiosas por ser más prohibidas y culpables, y que pueden tener como consecuencia la castración punitiva por parte del padre del mismo sexo.

Esta focalización somática corresponde pues a un desplazamiento sobre una parte del cuerpo que no ha sido elegida por azar sino designada, tanto por su valor simbólico como por su inversión erógena, al producirse el pasaje a ese nivel durante el curso de la evolución de la sexualidad infantil; así como interviene igualmente (pero a manera de telón de fondo más que determinando la elección directa) la importancia revestida por esta región corporal en tanto que inversión narcisista cuando se constituye el esquema corporal del individuo.

En la localización corporal de toda estructura histérica de conversión, enferma o no, tanto como en las expresiones corporales de la estructura histerofóbica, enferma o no (problemas neuro-vegetativos, espasmódicos o funcionales diversos), la elección de las zonas o de los órganos invertidos no es simple ni se debe al azar. La representación simbólica juega, como acabamos de ver, a distintos niveles: así como no pueden existir manuales demasiado simplistas para explicar los sueños que expongan «la clave de los sueños», de la misma manera, ninguna elección somática en una estructura histérica puede ser comprendida y analizada en un solo plano o a un solo nivel, aun cuando se refiera al registro simbólico. Si en 1895 S. FREUD podía permitirse devolver la posibilidad de andar a Elisabeth VON RITTER por la sola interpretación simbólica del hecho de que en lo referente a las proposiciones de su cuñado «ella no andaba», podemos pensar que esta visión demasiado fragmentaria de los diferentes niveles conflictuales de la paciente no podía bastar para curarla. La interpretación de FREUD, por su exactitud y su brutalidad, ha actuado como un latigazo, según una interpretación a la moda de J. ROSEN (1960). Tal procedimiento constituye una especie de «análisis directo» o de «torpedeamiento», pero seguramente no es psicoanálisis en sí.

En 1905, FREUD no habría actuado así con Dora (y sin embargo...) y mucho menos en 1926, en el momento de *Inhibición, síntoma y angustia*. Un análisis sólo puede actuar verdaderamente si modifica, no la estructura, sino el modo de funcionamiento del sistema de defensa, que en los casos mórbidos se encuentra mal adaptado a las realidades internas y externas del sujeto; para lograr, sea cual fuere la estructura, una modificación profunda y duradera del sistema defensivo, es preciso poner al descubierto, si es posible sucesivamente y en orden retrospectivo, los conflictos mal enfocados en todos los niveles. Pero en la mayoría de los casos operamos dentro de un orden más o menos disperso y como podemos, a merced de las asociaciones o de las manifestaciones psíquicas; de todos modos, no podemos confundir el valor sugestivo de la interpretación verdadera de un único punto de los conflictos con el análisis de un sistema conflictual y defensivo global, cuyos resultados son los únicos radicales y durables.

Desde 1909, FREUD describía los mecanismos de conversión histérica de la misma manera en que había descrito los mecanismos del sueño: fantasmas proyectados y representados en mascarada, representaciones pulsionales a merced de las mistificaciones del proceso primario (condensación, desplazamiento, simbolización) y que se mantienen fuera de las realidades lógicas del tiempo y el espacio.

La realización del deseo se encaraba mediante un mecanismo que «neutralizaba» (sustrayéndole todo poder de participación) alguna parte del cuerpo que hubiera podido contribuir a hacerla efectiva. Su valor funcional inhibido protege contra el deseo culpable, en tanto que su valor simbolizado despierta la satisfacción.

Por otra parte, la estructura histérica de conversión se especifica claramente mediante el éxito total —en teoría— de la inhibición, que en los casos más «puros» basta por sí sola para mantener la representación perturbadora alejada del nivel consciente. La «sublime indiferencia», tan mentada a propósito de las conversiones histéricas, corresponde a la vez al éxito de la inhibición y al éxito del síntoma. El histérico de conversión contempla su síntoma con toda serenidad, no le altera ningún retorno intempestivo de lo inhibido, que lo obligaría a poner en acción otros dispositivos, y sobre todo provocaría sufrimiento o inquietud, y un cierto grado de conciencia; ya que, como lo demuestra C. CHILAND (1969), lo que el histérico de conversión niega no es, en el fondo, el conflicto psicológico, sino su daño somatizado.

Por supuesto, la inhibición, sea en la histeria o en otros casos, no puede realizarse de una vez por todas. Necesita alimentarse continuamente de energía, por medio de perpetuas contrainversiones. Las formaciones de síntomas actúan también a este nivel, y podemos considerar que, gracias a los beneficios secundarios extraídos de las manifestaciones de conversión, estas últimas no sólo actúan como consumidores de energía, sino que también la restituyen, en un segundo momento, al nuevo sistema así creado, y al mismo tiempo contribuyen a hacerlo cada vez menos frágil en el plano económico puro, y por ende, cada vez menos reversible en el plano defensivo. De allí la necesidad, en caso de exigencia terapéutica, de intervenir sobre el sistema protector desde el exterior, para abrir en él una brecha, y crear una deficiencia compensada inicialmente por los aportes anaclíticos gratificantes de la transferencia, que luego permita progresivamente un ordenamiento de las inversiones libidinales sobre una base más adaptada y, consecuentemente, más «normal».

Las formaciones relacionales que contribuyen, en el histérico, a las contrainversiones se dirigen, como lo demuestra R. DIATKINE (1968), contra los objetos internos y externos, para disfrazar el sentido de la adhesión pulsional. FREUD (1895) precisa que «en *la histeria la forma-*

ción reaccional se aferra con tenacidad a un objeto determinado sin alcanzar el nivel de un ordenamiento general del Yo.» Esto contribuye al éxito de la inhibición de toda emergencia pulsional. Incluso en los casos más dolorosos en apariencia, no aparece ninguna manifestación de angustia super-yoica; el sujeto reacciona como si el síntoma no le perteneciera, como si se tratara de un verdadero cuerpo extraño. E incluso el sufrimiento puede asumir, en el plano reaccional, un sentido celebratorio ligado al fantasma compensador permanente e inconsciente y relacionado con el objeto interno que así se mantiene y manipula.

La conversión, en ese sentido y en sus múltiples planos, corresponde tanto al miedo a la castracción como a una treta para evitarlo, tanto al objeto sexual prohibido como al objeto reencontrado, al falo perdido como al falo recuperado. Todo coexiste en el mismo conjunto a la vez fantasmático, vivido y simbolizado.

La estructura histérica de conversión corresponde, bajo la indiscutible prioridad de lo genital, a fijaciones que sin embargo, son pre-genitales, orales o fálicas; y la angustia de castración permanece ligada a una realización del *acto* mucho más que a un temor del pensamiento, como en la estructura histerofóbica.

La relación inicial con los padres se caracteriza por una separación ya muy neta de los roles: la excitación emana más del padre del sexo opuesto y la interdicción, de modo más clásico, del padre del mismo sexo. Cabe comprender la suspensión eventual del desarrollo libidinal, tan próximo a la madurez afectiva, por el hecho de que el niño no llega todavía a «despegarse» del Edipo: el miedo a la castración por el padre del mismo sexo arrastra al Yo hacia el convencimiento de que la amenaza existe, en tanto que la satisfacción por medio del otro sexo permanece en el dominio de la provocación, sin ninguna certeza de que la realización sea verdaderamente aceptada. El cambio de objeto sexual sólo es posible de un modo parcial e insatisfactorio; la erotización y la respuesta del Super-yo son intensos, los fantasmas de realización siempre inquietos e incompletos.

Cuando hablamos en términos de estructura, no podemos evitar plantearnos la misma pregunta que S. FREUD (1910) a propósito de los *Problemas visuales de origen psíquico*: el psicoanálisis, al abrir sin cesar nuevas vías a la reflexión profunda, ¿no nos obliga también a reflexionar sobre los fundamentos orgánicos de toda constitución? ¿Basta la inhibición pulsional para producir problemas funcionales o somatizados? ¿No existirán también, a nivel de cada estructura, sensibilidades particulares ligadas a predisposiciones específicas? Las hipótesis formuladas a este respecto desde el punto de vista de las fijaciones en las diversas zonas erógenas y en las pulsiones parciales durante la ontogénesis, ¿son suficientes para dar cuenta de todos los problemas planteados? Por cierto que todavía no poseemos los medios teóricos ni clínicos para responder a muchas preguntas inevitables.

En la etructura histérica de conversión, el lenguaje se utiliza con miras a la seducción directa del objeto. El énfasis y la riqueza aparente en el manejo de las palabras constituye un fuego de artificio que, sin embargo, percibimos tan pronto como nos damos cuenta de que siempre quema las mismas piezas. Se acrecienta la expresividad: a veces las fórmulas son notables en su condensación simbólica, que se aproxima a la del lenguaje poético. Si bien el código es pobre y la información transmitida resulta en definitiva escasa (HAAG Y FELINE, 1968), los calificativos y las primeras personas abundan, al igual que los adverbios de calificación o los auxiliares directos o indirectos. Pero comprobamos que el discurso se satura muy rápidamente de significación puramente subjetiva.

Así como hemos evocado, a propósito de la estructura obsesiva, la existencia de un cierto «índice de histerización», no es sorprendente encontrar en uno y otro modo de estructuración histérica una cierta nostalgia de la obsesionalización.

En efecto, en el seno de los mecanismos neuróticos, y bajo la primacía común de la organización genital, toda fijación importante a nivel del conflicto edípico implica la apelación inmediata a la defensa esencial neurótica: la inhibición. Según las capacidades de soportar más o menos adecuadamente la erotización edípica, o dicho de otra manera, según la rigidez del Super-yo (como principio «inhibidor») y la importancia de las fijaciones pregenitales (como principio «aspirador»), la inhibición será suficiente o no para la lucha contra la angustia de castración genital punitiva; deberá o no ser ayudada por otros mecanismos accesorios de defensa, y sobre todo, los movimientos libidinales se verán en la obligación de operar regresiones más o menos importantes en función del lugar y de la intensidad de las fijaciones arcaicas coexistentes.

De ello resultará que, si la regresión es lo bastante fuerte en dirección al segundo estadio anal (estructuración obsesiva sólida pero rígida), el sujeto conservará la nostalgia de una defensa más maleable de tipo histérico, en tanto que si la regresión sigue siendo mínima y principalmente fálica (estructuración histérica, por ende más flexible en la relación, pero que deja aparecer de manera más manifiesta la angustia latente ante el menor fracaso), el sujeto de este tipo de estructura experimentará a veces un cierto pesar por no disponer de un sistema protector más sólido, de tipo obsesivo.

Por otra parte, el llamado «índice de histerización» de toda estructura obsesiva, así como los aspectos «obsesionales» visibles en toda estructura histérica, pueden comprenderse, como veremos en la tercera parte de este trabajo, en tanto manifestaciones de los rasgos de carácter histérico habituales en toda estructura obsesiva y como testimonios del grado de desarrollo libidinal alcanzado, aunque mal invertido; así como en toda estructura histérica podemos encontrar rasgos banales de carácter obsesivo, que no cambian en nada la autenticidad de la estructura histérica de base, sino que son simples residuos de algunas fijaciones anales que no han sido lo suficientemente significativas como para orientar la estructuración en un sentido realmente obsesivo.

La conciencia de que podemos encontrarlo todo, pero *no al mismo nivel,* en cada entidad clínica, sigue siendo el fundamento de cualquier aproximación nosológica que se pretenda objetiva y prudente. En ello no hay nada que pueda justificar o crear la confusión ni el renunciamiento a toda síntesis coherente. La preocupación por la claridad nunca ha sido enemiga de la necesidad de considerar los matices.

c) *Reflexiones diferenciales*

Dentro del espíritu en el que hemos presentado nuestra síntesis de las organizaciones psicóticas, nos parece útil resumir ahora, sin entrar en la descripción de los síntomas, que no forma parte de nuestro propósito, las grandes líneas estructurales comunes o específicas que corresponden a los modos de estructuración neurótica:

La *estructura obsesiva* corresponde a una regresión del Yo desde el acto hacia el pensamiento, a una defusión de las pulsiones y, siempre conservando la primacía de lo genital, a una regresión parcial de la libido hacia las fijaciones establecidas en ocasión de conflictos producidos anteriormente a nivel del segundo sub-estadio anal. La angustia sigue siendo una angustia de castración, pero se refiere al miedo del descubrimiento de los pensamientos y los deseos, tanto eróticos como agresivos. La relación de objeto del modo obsesivo consiste en mantener al otro en una situación en la que se encuentre dominado y esterilizado, ni demasiado cerca (peligro de perderlo) ni demasiado lejos (peligro de que él domine). La inhibición, si bien constituye la defensa esencial, no es suficiente para la tarea de protección contra una angustia que actúa sobre un registro tan extenso. Los fracasos de la inhibición (que se refieren sobre todo a las pulsiones agresivas) son compensados en principio por los mecanismos accesorios de aislamiento, desplazamiento y anulación y luego, en una segunda fase, por importantes formaciones reaccionales. En el plano de las representaciones fantasmáticas, primero se distancian los efectos perturbadores, y luego, secundariamente, se los vincula a situaciones protectoras. La relación primitiva con los padres comprende una interdicción que se aplica tanto al odio que se siente por el padre del mismo sexo como al amor inspirado por el padre del sexo opuesto. De ello resulta una mayor facilidad de aproximación con el padre del mismo sexo y una necesidad de alejamiento del padre del sexo opuesto.

La *estructura histérica de angustia* no implica ninguna regresión del Yo, sino solamente una regresión tópica y parcial de la libido. La primacía del genital es respetada, con lo que sólo una parte de la pulsión se dirige hacia las fijaciones arcaicas de los conflictos de la oralidad y la analidad. La angustia de castración se fija más particularmente sobre el temor de que el pensamiento se realice. En cuanto a los elementos fóbicos que se encuentran en las estructuras histéricas de angustia, operan una doble actuación: al mismo tiempo evitan el contacto con el objeto ansiógeno y le permiten estar presente, «al alcance de la mano» o, mejor, al alcance de la mirada (en el sentido propio del término cuando se trata de un objeto, como ocurre muy a menudo, a la vez fobógeno y contrafóbico). La inhibición sigue siendo intensa pero los retornos de lo inhibido requieren la puesta en juego de los mecanismos accesorios de desplazamiento y de prevención, específicamente fóbicos. Las representaciones fantasmáticas comportan un compromiso entre el deseo y su afecto por un lado, y por otro la interdicción que se aplica sobre la representación; de allí que se recurra a una representación sustitutiva, penosa pero no culpable, y más fácil de evitar al nivel de la acción.

Los padres de los histerofóbicos han operado ambos, en otra época, la excitación y la interdicción simultánea; de allí la ambivalencia afectiva, erótica y defensiva, en la que se debaten los sujetos de esta estructura desde el momento en que la situación arcaica se halla vivamente reactivada por el contexto relacional ulterior.

La *estructura histérica de conversión* reposa, como la estructura histerofóbica, sobre una regresión libidinal muy fragmentaria sin regresión del Yo. La primacía de lo genital es evidente, como en toda operación mental de tipo histérico. Las fijaciones de los conflictos orales y fálicos tiñen el sistema pero no lo estructuran en absoluto, y le dejan un importante margen de flexibilidad. La angustia de castración se refiere al peligro de que se realice un pasaje al acto prohibido, tanto más temido cuanto que la realización de objeto se mantiene lo suficientemente cercana como para que sea posible dominar mejor al objeto. En los casos más puros de estructuración histérica de conversión, esa inhibición basta por sí sola y el sujeto pierde todo distanciamiento ante los fenómenos que experimenta, ya sean mínimos (estructura adaptada a la «normalidad») o importantes (neurosis histérica de conversión).

Las representaciones fantasmáticas se caracterizan por una importante capacidad simbólica que hace las veces de pantalla ante la angustiosa toma de conciencia de la intensa erotización de tales sujetos.

Los padres de esta categoría de niños parecen haber operado en la mayoría de los casos un doble movimiento paralelo que comprende la excitación por parte del sexo opuesto y la prohibición por parte del padre del mismo sexo, pero en condiciones que de todas maneras no hubieran permitido al Edipo resolverse y disolverse en condiciones normales que posibilitaran el acceso a una mejor adaptación madurativa. La capacidad del padre del sexo opuesto para aceptar los deseos tiernos, así como la capacidad del padre del mismo sexo para no asumir la rivalidad experimentada ni como una broma ni como una situación de ribetes dramáticos, nunca han sido experimentadas como seguras por el niño que, en consecuencia, ha permanecido muy cerca del final evolutivo libidinal, pero sin embargo, más o menos fijado todavía en el conflicto edípico en su fase última, según su grado evolutivo.

La figura n.º 5 tiene por objeto esquematizar las diferencias y las semejanzas de los diversos elementos que determinan la organización latente de los tres modos de estructuración neurótica.

D) *Las falsas «neurosis»*

Cuando consultamos el capítulo de las «neurosis», en el sumario de un tratado de psiquiatría encontramos algunos puntos que corresponden a la histeria y a la neurosis obsesiva, pero además, a las neurosis llamadas «fóbicas», «de angustia», «traumática», «de abandono», «de fracaso», «hipocondríaca», «depresiva», «de carácter»... etc.

No podemos criticar demasiado a los psiquiatras por atenerse al punto de vista descriptivo de los síntomas y los síndromes, que habitualmente les permiten clasificar a sus enfermos según el nivel en que hayan adquirido su lenguaje, su información, su teorización y su acceso terapéutico, dentro de la óptica de observación y materialización en el registro de los signos, propia del enfoque neurológico, uno de cuyos ejemplos más brillantes y recientes nos ha sido proporcionado por I. PAVLOV.

Sin embargo, partiendo de ese mismo enfoque y sin

	Punto de vista tópico	Economía libidinal	Naturaleza de la angustia	Relación objetal	Mecanismo de defensa	Representación fantasmática	Génesis de la relación paterna
Estructura Obsesiva	Regresión del yo acto → pensamiento	Primacía del genital + Fijaciones en el 2.º estadio anal (defusión de las pulsiones)	Castración si se descubren los pensamientos: – Eróticos – Agresivos	A media distancia	Inhibición + Aislamiento Desplazamiento Anulación Luego: Formaciones reaccionales	Afecto perturbador – Distanciado – Reincorporado → Otra representación	Interdicciones de: Odio al padre del mismo sexo Amor al padre del sexo opuesto
Estructura histérica de angustia / de conversión	No hay regresión del Yo / Regresión libidinal parcial	Primacía del genital / + Fijaciones – Orales – Anales Precoces / + Fijaciones Orales Fálicas	Castración / Si el pensamiento se realiza / Si el acto se realiza	Pantalla fóbica para – Conservar – Evitar / Proximal para dominar mejor	Desplazamiento Evitamiento / Inhibición + / Sola es suficiente en los casos "puros"	Representación distanciada del afecto / Afecto (angustia) incorporado a otra representación A evitar / Conversión somática simbolizada	Sexualidad / – Excitación – Interdicción Por parte de los dos padres / – Excitación por parte del padre del sexo opuesto – Interdicción por parte del padre del mismo sexo

FIG. 5

Cuadro de síntesis de las estructuras neuróticas.

cuestionarlo a nivel de las afecciones neurológicas, Sigmund FREUD nos ha enseñado, poco a poco, a descubrir que el «materialismo» psíquico era en esencia muy diferente. A la sombra de las investigaciones analíticas, se ha comprobado que el funcionamiento mental depende de factores relacionales precoces o tardíos que determinan no solamente los rumbos ulteriores de evolución sino en principio la limitada gama de posibilidades de esos caminos de desarrollo eventual.

Incluso la famosa «herencia» en el plano psicológico, puede comprenderse en términos de prehistoria relacional, es decir, considerando que los padres transmiten los problemas de sus propias relaciones anteriores a través de los primeros movimientos relacionales dirigidos hacia el niño, así como la herencia de la tuberculosis necesita de la presencia y la constancia de padres tísicos junto al niño.

Si estamos convencidos de la veracidad de esta concepción, ya no podemos detenernos ante los signos manifiestos: debemos investigar los mecanismos y las líneas de fuerza latentes; dicho de otra manera, nos dirigiremos, mucho más allá de los síntomas, los síndromes e incluso las «enfermedades», a las características de las estructuras profundas.

Hemos visto que la estructura neurótica tenía como carácter específico la organización del psiquismo bajo la primacía de lo genital, la triangulación edípica, la angustia de castración, el conflicto entre las pulsiones y las prohibiciones paternas internalizadas en el Super-yo y vedadas por la inhibición.

Debemos precisar, fieles a nuestra exigencias de rigor en el empleo de los términos que se relacionan con las estructuras, y para una mejor comprensión y exposición de la síntesis que aparecerá en el curco de los capítulos siguientes, que en la estructura psicótica consideramos aquí las categorías clásicas de esquizofrenia, melancolía y paranoia por orden decreciente de arcaísmo de las fijaciones y las regresiones. Los comportamientos maníacos sólo se conciben como actitudes funcionales más o menos pasajeras, relacionales y no específicas de una categoría particular. Asimismo, del lado neurótico sólo se conciben oficialmente dos estructuras neuróticas: la neurosis obsesiva y la histeria (sea de angustia o de conversión), también por orden decreciente del arcaísmo de las fijaciones y regresiones. En resumen, pues, podríamos concebir nuestro ordenamiento a partir de las regresiones más orales, para dirigirnos poco a poco hacia lo anal y luego lo fálico y lo genital (con todas las combinaciones que sin duda encontraremos), lo que determinaría un panorama nosológico que comprende: esquizofrenia, melancolía, paranoia, neurosis obsesiva, histeria (de angustia en primer lugar y de conversión luego).

Quedan algunas entidades que no constituirían «estructuras» en el sentido propio del término: perversiones, enfermedades del carácter, estados psicopáticos y depresiones (y sus reacciones maníacas defensivas). Más adelante les reservamos un estudio aparte en el cuadro de las organizaciones situadas entre las dos estructuras, neurótica y psicótica.

En cuanto a las fobias, conviene examinar sus diversas naturalezas de manera más atenta: las únicas fobias que se encuentran en la estructuración neurótica figuran en el cuadro de la histeria de angustia. Las demás se relacionan en su mayoría con acciones depresivas todavía no estructuradas. Algunas son de naturaleza psicótica. Hay comportamientos fóbicos como hay comportamientos homosexuales o comportamientos masoquistas: no podemos permitirnos hablar de «estructuras» para referirnos a ellos, ni siquiera de entidades de cualquier tipo concebidas de manera monolítica.

Para C. CHILAND (1967), la angustia fóbica se presenta en un principio como anonadante sobre el objeto fobógeno exterior; el sujeto no percibe ni el lado agresivo ni el lado conflictual de su actitud.

Por otra parte, en lo que concierne al nivel estructural de las fobias, sería aventurado remitirse al aspecto sintomático de las manifestaciones ansiosas (por ejemplo, animales, espacios, calles, transportes, situaciones, impulsos, etc.). Lo que importa pertenece al plano metapsicológico, y solamente a este nivel se da la posibilidad de proceder a un diagnóstico estructural, ya que las mismas representaciones fobógenas pueden corresponder a mecanismos estructurales muy diferentes. Por ejemplo, algunos animales pueden tener, según los casos, valores simbólicos o genitales, protectores o agresivos.

De la misma manera, desde el punto de vista genético sería necesario considerar distinciones económicas entre las pre-fobias, las fobias de la primera infancia, las fobias de la segunda edad y las fobias del adulto.

El método empleado más arriba para especificar las estructuras neuróticas nos impide considerar como estructuración neurótica toda categoría (mórbida o no) que no responda a los imperativos estructurales así definidos.

Por ejemplo:

La «*neurosis fóbica*» no existe en el plano estructural: se trata, bien de manifestaciones fóbicas de categoría auténticamente genital y neurótica, y por ende de una estructura histerofóbica tal como la hemos descrito más arriba, o bien de manifestaciones fóbicas (con desplazamiento y excitación) pero que operan con fines defensivos limitados, ya sea en una estructura psicótica, ya sea en un estado límite que lucha contra la depresión.

La «*neurosis de angustia*» no tiene categoría neurótica, ni es siquiera una estructura: es un simple estado muy agudo, pasajero, concomitante con una crisis de descompensación brutal en el seno de una organización hasta entoces pre-depresiva y de la que hablaremos más adelante.

La «*neurosis traumática*» constituye sólo el resultado más o menos durable, en el plano depresivo (y no genital) de la crisis precedente.

La «*neurosis de abandono*» no pertenece (como Germaine GUEX lo ha reconocido en 1950) al registro neurótico sino al registro anaclítico, que trataremos en el capítulo siguiente.

La «*neurosis de fracaso*» constituye una simple manifestación repetitiva de tipo masoquista o autopunitivo (es decir, no erotizado) y no es patrimonio de ninguna estructura. Normalmente deberíamos hablar de «comportamiento de fracaso» y no de «neurosis de fracaso», que se presta a confusiones engorrosas.

La «*hipocondría neurótica*» no se sitúa sobre un registro genital, sino que rubrica una economía depresiva y se relaciona con tales organizaciones.

La «*depresión neurótica*» debe ser examinada bajo un doble aspecto: o se trata de un movimiento depresivo reaccional en la evolución espontánea, o de la cura de una estructura neurótica obsesiva o histérica (más raramente de una estructura psicótica), o bien, en la mayoría de los casos, se trata de una auténtica economía depresiva, es decir, una organización anaclítica que cae en la vertiente depresiva desde el momento en que aparece una angustia cualquiera, no de castración, sino de pérdida de objeto.

La «*neurosis de carácter*» no tiene más derecho a ser clasificada entre las estructuras neuróticas que la «depresión neurótica». La patología del carácter, estudiada en la segunda parte de este trabajo, no constituye sino una disposición más estable de las organizaciones anaclíticas. Si el «carácter neurótico» corresponde efectivamente a combinaciones de un registro caracterial dado, por el contrario la «neurosis de carácter», por encima de una estructura neurótica y en función de esta estructura, se manifiesta como una expresión impropia porque las entidades clínicas precisas descritas bajo esos términos no corresponden a una estructuración de modo neurótico más de lo que conciernen realmente al «carácter».

Las «psicopatías» han sido durante mucho tiempo la comidilla de las crónicas psiquiátricas, psicológicas e incluso médico-legales. A veces hemos tenido la impresión de que nadie trataría de ver claro en este dominio misterioso y esotérico, lleno de proyecciones diversas por parte de los psicopatólogos.

En realidad, parece que el problema de las psicopatías no es simple ni unívoco: es evidente que entidades hasta tal punto polimorfas no pertenecen propiamente a ninguna estructura, y clasificar a todo asocial (a la vez más o menos simpático y más o menos inquietante) en semejante categoría donde todo puede tener cabida en función de nuestro propio sistema de referencias y de valores, no contribuye en absoluto a hacer avanzar el conocimiento de los mecanismos profundos de esas organizaciones reaccionales y, mucho menos todavía, a su eventual terapéutica.

En el capítulo siguiente veremos que los «psicópatas» pueden dividirse en varios grupos: algunos son sin duda auténticas estructuras psicóticas y, rara vez, estructuras neuróticas, pero la mayoría se reparte entre los perversos verdaderos y las tres organizaciones caracteriales: «neurosis» llamada «de carácter», «perversión» de «carácter» o «psicosis de carácter».

La psicosis histérica merece un último y breve párrafo. En función del punto de vista estructural aquí expuesto, no podemos sino considerar como un barbarismo el hecho de acoplar los sustantivos «histeria» y «psicosis». Sin embargo, se han presentado descripciones clínicas que corresponden a casos reales, en el plano patológico. La preocupación por conocer ante todo el nivel estructural latente y profundo sobre el que será posible hacer descansar el pronóstico y el tratamiento nos obliga a distinguir en tales observaciones por un lado las estructuras psicóticas diversas que presentan a nivel de las defensas o de los rasgos de carácter manifestaciones de *aspecto* histérico, y por otra parte, las estructuras neuróticas, de tipo histérico grave, que presentan *momentos* de desrealización, sin pasar sin embargo, a un modo de estructuración psicótica auténtica.

Para ilustrar las presentes afirmaciones sobre la multiplicidad estructural de las fobias, examinemos ahora tres observaciones de pacientes fóbicos correspondientes a organizaciones económicas diferentes. Los casos n.º 10 y 11 ya han sido objeto de un estudio conjunto publicado con J. CALLIER (1969).

Obs. n.º 9

Un caso de fobia psicótica

Patrice viene a consultarnos debido a que tiene miedo de salir de su casa, de alejarse de su domicilio, miedo del hospital, angustia por las noches, miedo de morir en el hospital o de morir por la noche. Sufre también de vértigo y de diversos problemas funcionales.

Todo ello le ha impedido hacer su servicio militar, conseguir una situación a pesar de sus estudios universitarios medios, y casarse, aunque vive desde hace dos años con una amiga en condiciones de hecho satisfactorias, según dice. Esas dificultades le molestan igualmente en su vida cotidiana, en sus ratos de ocio, incluso en el sueño.

Patricie viene a consultarnos por todos esos inconvenientes. Tiene 22 años. Nos dice que todo comenzó en ocasión de una operación quirúrgica del tabique nasal, hace dos años. El cirujano, contrariamente a sus promesas, no le habría anestesiado.

Ahora, después de esta intervención no volvió a sangrarle la nariz, mientras que antes sufría de epistaxis cuya importancia inquietaba mucho a la familia.

Para él, todo proviene de la operación y de la brutalidad del cirujano. Esta actitud linda con el delirio de persecución y comporta amenazas de retorsión.

Patrice no tiene ninguna actividad; vive en pareja con una amiga de la infancia, en una casa de los suburbios que pertenece a sus padres y totalmente a su cargo. Un día, intenta marchar a un chalet de la montaña con su amante para esquiar durante el día siguiente; pero debe regresar ese mismo día, ya que no puede pasar la noche solo con ella, alejado de los padres y rodeado por la nieve.

Sus únicas ocupaciones son la mecánica y la pintura abstracta. Construye móviles pero es incapaz de vender nada. No puede firmar nada con su nombre (el del padre) y su amante no es más que una compañera... tampoco se trata de darle su nombre, tanto por hemorragia narcista como por falta de una identidad personal perfectamente constituída.

Cuando le pedimos que nos hable de sus padres, tema que él mismo nunca había abordado (al cabo de una media hora de entrevista), pasa rápidamente sobre su padre, lo describe como un hombre enérgico y trabajador, de 50 años, director de una fábrica importante, pero que no está nunca en el hogar. Por el contrario, se extiende largamente sobre su madre y al cabo de varias entrevistas conocemos detalles importantes sobre la antigua relación madre-hijo:

Describe a la madre como una depresiva, continuamente ansiosa. En su infancia le administraba lavativas casi cotidianamente para una hipotética constipación... que por otra parte él nunca tuvo tiempo de demostrar.

Esta madre lo angustiaba mucho, además, respecto de sus epistaxis... lo vigilaba continuamente por esta razón, y nunca permitió que la abandonara durante toda su infancia: «*Hubiera podido morir, por la noche, de una hemorragia nasal, sin que nadie lo advirtiera.*»

Y esta ansiedad de la madre se ha prolongado en él por medio de una angustia de muerte, cuya expresión manifiesta ha hecho su aparición justamente en el momento en que había desaparecido la motivación racional.

Por lo tanto, nos encontramos claramente en plena economía psicótica, en la cual la evidencia de los desgastes relacionales profundos e irreductibles sólo ha podido manifestarse después de la desaparición de los soportes racionales (epistaxis).

Los sueños y los fantasmas evocan mutilación, niños estropeados, accidentes, hospitales.

Diversos incidentes ulteriores han venido a confirmar la naturaleza psicótica de la angustia en cuestión: los fenómenos fóbicos no constituyen sino las manifestaciones exteriores de la angustia de fraccionamiento y de muerte subyacente. La relación fusional con la madre tóxica no presenta ninguna duda. La genitalidad nunca ha podido alcanzar un status organizador. Las negaciones de la realidad, el a-pragmatismo, han ido aumentando, pero durante todo un período los comportamientos fóbicos eran los únicos dominantes, y un médico, por otra parte competente, consideró durante bastante tiempo el caso de este paciente como una «neurosis fóbica», a pesar de que en el actual estado de cosas el modo de estructuración psicótica fuese indudable.

Obs. n.º 10

Se trata de un joven de 18 años que viene con sus padres a consultarnos en relación con una fobia a las calles y muy especialmente a los cruces, al patio del liceo, a los lugares públicos, fobia que a veces es acompañada por una angustia aguda que le produce dudas acerca de quién es y acerca de lo que es real y lo que es imaginario. Sólo encontraba un medio de defenderse de tal angustia: hacerse admitir en la enfermería. Poco a poco, debió quedarse en casa y abandonar los estudios.

Jean Paul es el 5º hijo, único varón, de una pareja aparentemente sana. El padre ocupa una importante posición social. Es un hombre fuerte, equilibrado, que ama a su hijo, y a quien éste idealiza y teme. La madre es descrita como muy afectuosa, discretamente ansiosa e hiperprotectora, y un poco autoritaria.

La escolaridad ha sido buena hasta la clase de primero. Entonces Jean Paul se ha convertido en un muchachito temeroso y ansioso. Las masturbaciones muy culpabilizadas son acompañadas por fantasmas agresivos o de violaciones. Los sueños traducen la misma impetuosidad: uno nos presenta la escena de una relación sexual que se desarrolla en la calle... justo delante de la fábrica del padre... y que termina con un despertar brutal y angustiado.

El carácter erotizado del deseo a pesar de la cobertura agresiva, y el desafío insostenible al Super-yo rubrican las dificultades de inhibición e indican las causas de la angustia de las calles.

Nos encontramos en plena economía histerofóbica, en un estadio en que las defensas se hallan todavía felizmente en condiciones de flexibilidad suficiente como para no ser consideradas inmodificables.

En efecto, poco a poco aparecen mejores sueños en el curso de la cura, tal como el de un viejo gallo que, atacado por un macho más joven, se salva y abandona el lugar.

Evidentemente, nos encontramos en el terreno del Edipo. La angustia está muy vinculada a la castración y a un conflicto latente entre el Ello y el Super-yo. La relación de objeto es próxima y genital. La inhibición no basta al principio, pero sin embargo constituye el mecanismo principal de defensa del Yo. Se trata de la única categoría neurótica de la fobia, la histeria de angustia; la evolución ulterior ha sido muy satisfactoria y ha confirmado el diagnóstico.

Obs. n.º 11

Un caso de fobia anaclítica.

Jérôme es un comerciante de 34 años; luego de diversos ensayos ineficaces con medicación, ha venido a consultarnos por fobias que le asaltan cuando está solo en la calle. No puede andar o conducir sino es con su mujer al lado. Si tiene que desplazarse sin compañía, regresa al cabo de algunos kilómetros. Solo en su apartamento, la angustia vuelve a apoderarse de él.

Esos problemas comenzaron hace catorce años, inmediatamente después del deceso de la madre de Jérôme.

A la edad de 3 ó 4 años, estuvo a punto de ahogarse. Pudo salvarse gracias a la presencia de su madre no lejos del lugar; ella lo rescató a último momento y lo reanimó. Este hecho parecería construir el primer traumatismo, del que trataremos más adelante (capítulo siguiente).

En lo sucesivo, Jérôme presenta diversas «crisis de nervios» inexplicadas que parecen ocultar, por medio de un movimiento hipomaníaco, un impulso ansioso y depresivo.

Su madre muere cuando él tiene 22 años. Él era su hijo único y mimado. Esta muerte constituye su segundo y último traumatismo, en el sentido que le atribuiremos en el estudio ulterior de los «estados límites».

Inmediatamente se desencadenan crisis de agorafobia y de fobia a la soledad. Sin embargo, Jérôme se casa, cinco años más tarde, con una mujer enérgica y protectora que lo sostiene, lo estimula, lo suple en sus negocios y le permite un considerable éxito comercial. Pero los impulsos fóbicos se reproducirán desde el momento en que se encuentre solo y privado de la presencia de esta mujer que se ha convertido en un ser indispensable (tanto para sostenerlo como para ser agredida por él).

Las relaciones sexuales de Jérôme oscilan entre la impotencia y las eyaculaciones precoces. Su mujer no parece quejarse de ello.

Jérôme siempre ha sido un niño juicioso y no ha mantenido conflicto aparente con nadie.

No habla de su padre. Sin embargo, éste existe y resulser tan amable como él y tan dependiente de la madre como él.

Jérôme declara que nunca «sueña». Pero desde la primera entrevista tiene un sueño de ahogamiento: está solo en su coche, la carretera está inundada; el agua sube cada vez más. Se despierta lleno de angustia y gritando «Socorro».

Jérôme presenta una personalidad bastante patológica: un estado límite mucho más que una neurosis. La relación de objeto aparece como a todas luces. No existe ninguna base relacional de tipo verdaderamente triangular. El Yo se revela débil y frágil. Jérôme, en sus crisis de angustia, describe una impresión «de estallar». Parece, en efecto, que su Yo puede estallar, si no logramos reforzar rápidamente sus límites y su defensas. El Ideal del Yo ha seguido siendo el de un niño juicioso con su madre. La identificación con el padre no parece haberse efectuado en absoluto, y nada permite reconocer un verdadero Super-yo internalizado. Parece tratarse, más que de un conflicto entre las instancias, de una a-estructuración (cf. al capítulo siguiente) con dispositivos en los que la permanencia del objeto contrafóbico externo juega el rol esencial y protege por sí misma contra la angustia muy viva de objeto y de depresión.

Jérôme sigue siendo, en sí mismo, el objeto narcisista complementario de su mujer, como lo fue de su madre.

Jérôme se encontraba en el límite de la angustia de fraccionamiento, de nadificación y de muerte, sin tener sin embargo ese nivel, o sea sin haber entrado todavía en el registro de la línea psicótica; pero cuando ha venido a vernos por primera vez no estaba lejos de esa situación.

Su angustia era todavía la de la pérdida del objeto; no se refería a la castración.

La relación de objeto se había establecido según un modo puramente anaclítico, y no en un registro genital.

La inhibición no era suficiente para mantener al Yo fuera de la zona de emergencia de la angustia. El contacto con la realidad era todavía posible, pero a condición de que los reaseguros narcisistas indispensables para una tranquilidad relativa se reajustaran continuamente a la realidad.

4

Las a-estructuraciones

1. *SITUACIÓN NOSOLÓGICA*

Se estima habitualmente que el término «neurosis» ha sido introducido por William CULLEN en 1777, y el término «psicosis» en 1845, por FEUCHTERSLEBEN. Pero esas dos denominaciones han sido continuo objeto de modificaciones y de limitaciones en cuanto a su significación propia.

Las diversas escuelas psiquiátricas, psicológicas o psicoanalíticas no han cesado, desde la creación de estos términos, de precisar las entidades clínicas o estructurales a las que deben reservarse tales caracterizaciones.

Por el contrario, numerosos autores han intentado, en otro movimiento de investigación, atenuar los términos de «neurótico» o «psicótico», que son actualmente demasiado tajantes; los psiquiatras en particular han creado más de cuarenta denominaciones para dar cuenta de las posibilidades nosológicas: formas atenuadas de la demencia precoz (KRAEPELIN, 1883), heboidofrenia (KAHLBAUM, 1885), esquizofrenias latentes, organizaciones psicóticas esquizomorfas, esquizofrenia simplex (BLEULER, 1911), esquizotimia (BLEULER, 1920), esquizoidia (KRETSCHMER, 1921), esquizozis (CLAUDE, 1925), esquizomanías (LAFORGUE, 1927), formas benignas de la esquizofrenia, organizaciones esquizoides de carácter, esquizoastenia, esquizonoia, las falsas esquizofrenias llamadas pseudo-neuróticas, pseudo-psicóticas (de los autores norteamericanos), pseudo-caracteriales, polimorfas, ligeras, menores, crónicas, incipientes, borrosas, afectivas, apsicóticas, en potencia, larvadas, ambulatorias; así como los estados psicóticos introvertidos (JUNG, 1907), o pseudo-esquizofrénicos, los procesos psicóticos incipientes, las psicosis marginales, («rand-psicosis»), etc.

A esta lista podemos sumar el grupo de las denominaciones «prepsicóticas» diversas, de los psicópatas (E. DUPRE, 1925) y personalidades psicopáticas (K. SCHNEIDER, 1955), los delirios neuróticos de compulsión, las paranoias abortadas, la paranoia sensitiva, los apáticos, las personalidades hebefrénicas, algunas personalidades perversas, los «soñadores despiertos», los «caras largas», las reacciones psicógenas, las personalidades «as if» o «simili» (Helène DEUTSCH, 1945), los desequilibrios psíquicos (J. BOREL, 1947), los mitómanos (DUPRE, 1925), los desequilibrios caracteriales, los caracteriópatas, etc.

También podemos incluir, dentro de esta posición nosológica incierta, numerosos estados denominados «mixtos» o «depresivos», estados de angustia difusa evidentemente no neuróticos, una gran cantidad de las famosas «neurosis de carácter» y de situaciones de apariencia perversa, de toxicómanos o de delincuentes, de alcohólicos o de pseudomelancólicos.

Ya se trate de la primera actitud, que acentúa el rigor de los términos para excluir de su alcance los que no pertenecen ni a la estructura psicótica ni a la estructura neurótica, o de la segunda actitud, que diluye esos términos para extender su aplicación a otras categorías vecinas pero distintas, en los dos casos es posible dar cuenta de la existencia de una serie de entidades clínicas o de modos de funcionamiento mental que no corresponden a los dos grandes marcos estructurales que acabamos de estudiar en el capítulo precedente.

Comprobamos a continuación que la mayoría de los autores está de acuerdo en un punto de partida o de encuentro. Desde los trabajos de EISENSTEIN en 1949, principalmente, agrupamos la mayoría de esas entidades bajo el vocablo inglés *border-lines*, que podemos traducir como «casos límites», o, más frecuentemente, «estados límites». Este último término es el que empleamos de manera corriente en las investigaciones personales publicadas desde 1966.

Por el contrario, los trabajos de las diferentes escuelas

divergen todavía en cuanto a la posición nosológica precisa que debe acordarse a tales organizaciones.

Para algunos se trata aparentemente de *formas menores de psicosis* y, en particular, de formas menores de esquizofrenia. Este punto de vista ha sido desarrollado en parte por H. EY y sus colaboradores (1955 y 1967). Ahora bien, los criterios nosológicos de la esquizofrenia varían de una escuela a otra, y M. POROT nos recuerda la necesidad de mostrarnos muy prudentes en cuando a las formas atípicas de esta afección...

El mismo problema se ha planteado a partir de la paranoia y sus formas larvadas o menores, y también en lo que se refiere a las formas no acabadas de psicotización de tipo melancólico.

El problema parece aún más delicado en el ámbito de las prepsicosis: ¿estamos ya, o no, en el dominio de la economía psicótica?

Cuando examinamos detalladamente las observaciones realizadas por los autores que sostienen esta primera posición, nos damos cuenta de que algunos casos parecen corresponder a estructuraciones auténticamente psicóticas, muy crípticas, bastante focalizadas, del tipo parapsicótico descrito más arriba, o todavía poco descompensadas, en tanto que otros casos no parecen asentarse sobre una estructuración psicótica en función de sus datos económicos de base, tales como los hemos definido en el capítulo precedente.

Una segunda posición, menos difundida, y que también ha sido citada por H. EY (1955), considera que en este grupo de categorías atípicas se puede llegar a constituir *formas mayores de neurosis*. Numerosas manifestaciones fóbicas se incluyen en tales posiciones, situadas muy cerca de las psicosis, aunque conservan una categoría neurótica. Pero insistentemente hemos llamado la atención de los clínicos sobre los peligros de ceñirse sólo a los signos exteriores o de conferirles un valor nosológico en sí. Si bien existen, sin duda, formas graves de neurosis, no podemos confundir con ellas las organizaciones de aspecto exterior similar pero que no reconocen la supremacía del genital.

Una tercera posición teórica ha alcanzado un éxito considerable al defender la existencia de *formas de transición entre neurosis y psicosis*. H. CLAUDE (1937) ha desarrollado este punto de vista. En 1964, A. GREEN ha evocado la eventualidad de una continuidad posible entre estructuras neuróticas y psicóticas, pero no ha precisado si se trataba de una verdadera mutación estructural o de estados clínicos que se encuentran de hecho en una situación intermedia. Para MARKOVITCH (1961), se trataría realmente de una metamorfosis de la estructura.

Es posible responder que la concepción que aquí defendemos no implica esas «transiciones» sino en el momento de la adolescencia, o en algunos momentos ulteriores que puedan corresponder a retardos de adolescencia. Por el contrario, podemos concebir, en una misma estructura, variaciones de defensa o de síntomas, sin variación de la estructura de base: por ejemplo, una estructura psicótica no descompensada que se defiende perfectamente con la ayuda de defensas de tipo obsesivo, puede ser tomada por una estructura neurótica hasta el día en que se descompensa, pierde sus defensas obsesionales, y entra en el delirio; de la misma manera, una estructura histérica puede presentar, durante todo un período, impulsos agudos de alcance delirante y psicótico antes de descompensarse de manera neurótica, evidentemente bajo la forma de histeria de conversión o de histerofobia; en el plano latente, no habrán variado sin embargo las estructuras de base.

Un cuarto grupo de autores, cada vez más numeroso en el momento actual, considera que los estados límites constituyen una *entidad nosológica independiente*. Los psicoanalistas anglosajones han sido los primeros en defender este punto de vista: V. W. EISENSTEIN (1956), M. SCHMIDEBERG (1959), A. STERN (1945), R. KNIGHT (1954), O. KERNBERG (1967), han puesto en evidencia argumentos económicos determinantes. En Europa, M. BOUVET (1967) se ha dedicado a la descripción rigurosa de las diferentes relaciones de objeto. A continuación se sucederán los trabajos de MALE y de GREEN (1958) sobre las pesquizofrenias del adolescente, de LEBOVICI y DIATKINE (1955 y 1956) sobre las desarmonías evolutivas y las pre-psicosis en el niño, de A. GREEN (1964) sobre los límites entre neurosis y psicosis, de NACHT y RACAMIER (1967) sobre la «neurosis de angustia», de GRUNBERGER (1958) y PASCHE (1955) sobre el narcisismo, de MARTY, FAIN, DE M'UZAN y DAVID (1963) sobre las regresiones psicosomáticas, las síntesis presentadas por M. GRESSOT (1960) y B. SCHMITZ (1957) sobre el verdadero problema de los estados límites.

Yo he desarrollado mi investigación al mismo tiempo en la línea de los autores norteamericanos y europeos, intentando definir con el mayor rigor posible las bases metapsicológicas y genéticas específicas de una organización mental que, justamente, ofrece fluctuaciones e imprecisiones.

2. EL TRONCO COMÚN DE LOS ESTADOS LÍMITES

Así como la figura 2 nos muestra la evolución de la línea estructural psicótica y la figura 4 la evolución de la línea estructural neurótica, la figura 6 corresponde a la evolución del «tronco común» de los estados límites.

En el caso de los estados límites, el Yo ha superado, sin frustraciones demasiado grandes ni fijaciones demasiado importantes, el momento en que las deficientes relaciones iniciales y precoces con la madre hubieran podido operar una preorganización de tipo psicótico. Por lo tanto, ese Yo continúa sin demasiados tropiezos su camino hacia el Edipo cuando súbitamente, en el momento del inicio del Edipo en la mayoría de los casos, esta situación relacional triangular y genital no puede ser abordada en condiciones normales; el sujeto vive un hecho de realidad del contexto, que en otras circunstancias estructurales quizás no hubiera tenido el mismo impacto significativo, como una frustración muy viva, como un riesgo de pérdida del objeto; esto es lo que llamaríamos el «*traumatismo psíquico precoz*».

Tal traumatismo debe comprenderse en el sentido *afectivo* del término; corresponde ante todo a una intensa emoción pulsional que sobreviene en un estado todavía muy deficientemente organizado y poco maduro en cuanto a su equipamiento, sus adaptaciones y sus defensas como para hacerle frente en condiciones inofensivas: por ejemplo se trata, como en el «hombre de los lobos», de una tentativa de seducción sexual cualquiera por parte de un adulto, tentativa *real* en la mayoría de los casos, y no sólo fantasmática, como ocurre en el verdadero Edipo.

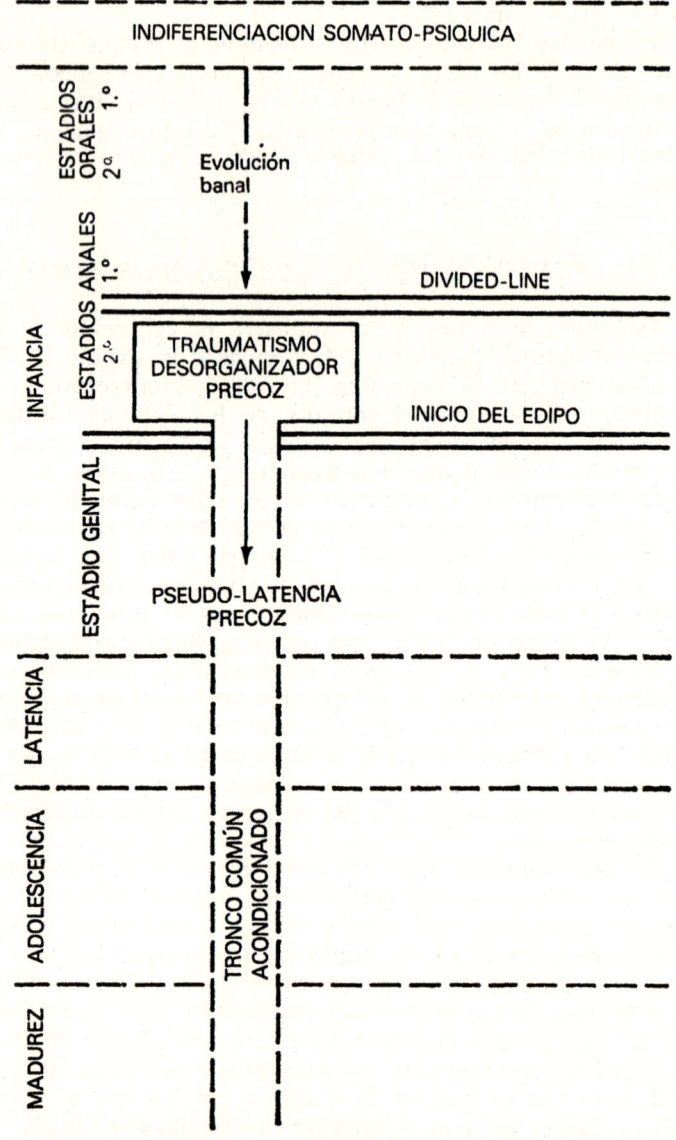

Fig. 6
Génesis del tronco común de los estados límites

Podemos considerar que el niño ha entrado de pronto, demasiado brutal y precozmente, así como demasiado masivamente, en una situación edípica para la que no estaba totalmente preparado. Por lo tanto, no le será posible negociar una relación triangular y genital con sus objetos como podría hacerlo un poco más tarde y mejor equipado, un sujeto de categoría «preneurótica».

Le será particularmente imposible tanto apoyarse sobre el amor del padre para soportar sus sentimientos hostiles hacia la madre, como a la inversa, y en otro momento, apoyarse sobre el amor de la madre para negociar su odio por el padre. Asimismo, le será difícil utilizar plenamente la inhibición para eliminar el exceso de tensión sexual o agresiva del consciente. Las imperfecciones y los fracasos de la inhibición serán frecuentes. El niño se verá ante la necesidad de apelar a mecanismos de defensa más arcaicos, más costosos para el Yo, y también más cercanos a los que emplea el psicótico, tales como la negación de las representaciones sexuales (y no de la realidad), el *clivage* del objeto (y no del Yo), la identificación proyectiva o el manejo omnipotente del objeto en general, bajo sus formas más variadas y sutiles[1].

Este primer traumatismo afectivo o «traumatismo precoz» desempeñará el rol de *primer desorganizador* (o de «desorganizador precoz») de la evolución del sujeto. Su efecto inmediato será el de detener la ulterior evolución libidinal del sujeto. Por lo tanto, nos encontraremos con que esta evolución se halla fijada de entrada, y a veces por mucho tiempo, en una especie de *pseudo latencia* más precoz y más duradera que la latencia normal; esta pseudo-latencia recubre a continuación el período de la latencia normal, luego lo que debería haber sido la efervescencia afectiva de la adolescencia, con sus posibilidades de mutaciones, transformaciones, intensas inversiones y desinversiones afectivas, que vuelven a poner en juego y en cuestión tanto los principios de la genitalidad como todas las adquisiciones (o las carencias) pregenitales.

Esta pseudo-latencia se prolongará mucho más allá de lo que hubiera debido ser la adolescencia, para cubrir todo

---

1. Cf. BERGERET, «El problema de las defensas», en *Compendio de Psicología Patológica*, Masson, París, 1972 (principalmente pág. 104).

un período de la edad adulta, e incluso a veces la totalidad del período adulto del sujeto hasta su muerte.

Este bloqueo evolutivo de la madurez afectiva del Yo en el momento en que aquella no está diferenciada sexualmente, constituye lo que he denominado «*el tronco común de los estados límites*» *(cf. fig. 6).*

Contrariamente a lo que sucede en la línea psicótica *(figura 2)* o en la línea neurótica *(figura 4),* ese tronco común no puede ser considerado como una verdadera estructura en el sentido en que entendemos el término dentro del marco de nuestra concepción, es decir que, como veremos de inmediato, no posee la fijeza, la solidez, ni la especificidad definitiva de las organizaciones verdaderamente *estructuradas*. El tronco común de los estados límites sólo puede permanecer en una situación «*acondicionada*», pero no fijada. Se trata de una «organización» de categoría provisoria, aun cuando tal acondicionamiento pueda prolongarse durante bastante tiempo sin demasiadas modificaciones.

Se trata de un esfuerzo costoso del Yo, que necesita poner continuamente en juego contrainversiones o formaciones reaccionales onerosas, cuyo objetivo consiste en permanecer a igual distancia de las dos grandes estructuras, una de las cuales ha sido felizmente superada (la estructura psicótica) y la otra desgraciadamente no alcanzada (la estructura neurótica) por la evolución pulsional y adaptativa del sujeto.

Esas dos verdaderas estructuras seguirán siendo, por otra parte, un «punto de mira» ambiguo para el Yo: por un lado, angustia de caer en el fraccionamiento psicótico pero envidia de las defensas más sólidas que aquél pone de manifiesto; y por otro lado, envidia y angustia de la genitalidad neurótica y de los placeres que podría procurar.

Es en medio de todos estos problemas que, como el junco de la fábula, el «tronco común» trata de plegarse y entregarse a numerosas contorsiones, de manera de no romperse durante las tempestades afectivas.

3. LA ORGANIZACIÓN LÍMITE

Lo propio del estado límite consiste en presentarse, desde el punto de vista estructural, y desde todos los otros puntos, como un estado intermedio entre neurosis y psicosis. Sabemos que lo propio de la estructura neurótica es fundarse en un ordenamiento de las condiciones de armisticio entre el conflicto latente que opone el Ello al Super-yo a través del Yo. Ese conflicto no puede concebirse sino en tanto genital y edípico. Por su parte, la estructuración psicótica corresponde a un conflicto entre pulsiones y realidad, conflicto del que llega a excluírse el Yo.

En cuanto a la organización límite, no se sitúa ni en una ni en otra de esas dialécticas. Se trata ante todo de una enfermedad del narcisismo. Una vez superado el peligro de la psicogénesis de tipo psicótico, el Yo no ha podido, sin embargo, llegar a una psicogénesis de tipo neurótico; la relación de objeto ha permanecido centrada sobre la dependencia anaclítica del otro; el peligro inmediato contra el cual luchan *todas las variedades* de estados límites es ante todo la depresión.

A) *El Yo anaclítico*

Los autores que se han interesado en la economía de las organizaciones límites como W. D. FAIRBAIN (1952), Robert KNIGHT (1954), EISENSTEIN (1956), Heinrich HARTMANN (1956), Michel GRESSOT (1960), A. GREEN (1962) y Otto KERNBERG (1967) siempre han insistido en mayor o menor medida sobre la coexistencia, en el seno de la personalidad límite, de dos sectores operacionales del Yo, uno que se mantiene en el marco de una clásica adaptación a los datos de la realidad exterior, y otro que funciona de un modo mucho más autónomo en relación con la realidad, y esencialmente fijado en las necesidades narcisistas internas, en el anaclitismo tranquilizador. Esta dualidad de los sectores operacionales no puede confundirse con un *clivage* verdadero del Yo como el que hallamos en las estructuras psicóticas. No se trata en absoluto de un estallido, tal como el mismo FREUD lo ha descrito muy bien en 1938, en su artículo sobre *El* clivage *del Yo en los mecanismos de defensa*. Esta defensa no alcanza al núcleo mismo del Yo. El Yo se deforma en algunas de sus funciones y opera sobre dos registros diferentes: por una parte un registro adaptativo en todo el campo relacional, en el que no existe ninguna amenaza para el individuo, ni en el plano narcisista ni en el plano genital; por otra parte, un registro anaclítico, desde el momento en que aparece alguna amenaza de pérdida de objeto como consecuencia de peligros que se sitúan, también, en los planos narcisista y genital.

Todo el problema económico de la organización límite se verificaría en las relaciones entre esos dos sistemas, adaptativos y defensivos a la vez, que permiten al Yo una cierta seguridad y una cierta movilidad pero que nunca constituyen una estructura verdaderamente sólida; el sujeto seguiría dependiendo de manera demasiado masiva de las variaciones de la realidad exterior y de las posiciones de los objetos, así como de su distancia respecto de sí mismo.

Todas las organizaciones límites, en tanto se sitúen en el eje del «tronco común» constituyen exclusivamente estados indecisos del Yo, que todavía no se hallan realmente estructurados de manera formal y definitiva. Esos estados se limitan, como hemos visto más arriba, a ser *«acondicionados»*, y en general, de manera bastante eficiente. Bajo su aspecto global, las defensas empleadas por un Yo semejante no son demasiado fijas, ni demasiado sólidas, ni demasiado especificadas, ni demasiado intercambiables. Conservan un cierto grado de fluctuación, pero infortunadamente pagan esta posibilidad con un detrimento de su fuerza.

Los sujetos en cuestión manifiestan una inmensa necesidad de afecto; por lo tanto, se las arreglan para mostrarse seductores. Su lucha sin fin contra la depresión los obliga a una incesante actividad. Su dificultad para comprometerse los coloca en la necesidad de aparecer como disponibles y adaptables en todo momento, a falta de poder adaptarse real y duraderamente.

El Yo del estado límite conserva en sus fijaciones una cierta tendencia hacia la antigua indistinción somato-psíquica (P. MARTY, M. de M'UZAN y C. DAVID, 1963) y puede retroceder en un momento particularmente angustioso a ese modo arcaico de expresión que utiliza el lenguaje corporal.

Las organizaciones límites no resisten las frustraciones actuales que despiertan las antiguas frustraciones infantiles significativas; esos sujetos, que a menudo dan la impresión de estar «en carne viva» por su grado de sensibilidad, utilizan fácilmente rasgos de carácter paranoico (Cf. III 2) para tratar de asustar a quien podría frustrarlos.

Su narcisismo está mal establecido y se mantiene frágil. Existe una evidente y excesiva necesidad de comprensión, de respeto, de afecto y de sostén, como lo ha mostrado claramente Adolphe STERN (1945). Su objeto es vivido como perseguidor, pero nunca tanto (ni tan analmente) como en el caso del paranoico; este objeto juega el doble rol de Super-yo auxiliar y de Yo auxiliar, y por lo tanto se sitúa, con una importancia ambivalente, como interdictor y protector a la vez.

La regresión comprobada en el ordenamiento límite no corresponde, como en la mayoría de los casos de estructuración neurótica, a una simple regresión pulsional que se ejerce especialmente sobre las representaciones. Como en el caso de la neurosis obsesiva, pero todavía mucho más lejos en sentido retrospectivo, comprobamos que existe una degradación parcial de la pulsión en sí misma.

Esto es lo que nos ha llevado a considerar que numerosos comportamientos fóbicos en los que la regresión se establece de esta forma (por ejemplo, «el hombre de los lobos» en relación con el «pequeño Hans») no constituyen simples «neurosis fóbicas», sino que deben clasificarse resueltamente del lado de las organizaciones límites.

B) La relación de objeto anaclítica

Como lo indica la etimología, el término griego «anaklitos», significa hallarse echado hacia atrás, tendido de espaldas, de manera esencialmente pasiva. La expresión griega «anaklitos thronos» corresponde a lo que actualmente denominamos «chaise longue». Los sentidos derivados del término «anaklitos» dan cuenta de los movimientos de «replegarse sobre», «inclinarse hacia», «recostarse contra». Y éste es precisamente el rasgo propio de la organización límite. Es necesario apoyarse sobre el interlocutor, ya sea en espera pasiva y mendigando satisfacciones positivas, o bien en manipulaciones mucho más agresivas, evidentes o no, de esa pareja indispensable. La relación de objeto anaclítica constituye, en efecto, una relación de gran dependencia que sigue viviéndose y jugándose de a dos, pero de manera muy diferente a la partida fusional del psicótico con su madre.

Para el anaclítico se trata de ser amado y ayudado tanto por uno como por otro de los integrantes de la pareja paterna. Bela GRUNBERGER ha mostrado (1958) que esos padres no se aparecían aún en el marco de una economía auténticamente genital; por lo tanto, se trata de agredir y dominar analmente a los dos padres por partes iguales.

El interlocutor del anaclítico no representa todavía a un padre edípico; la elaboración genital no está lo suficientemente avanzada como para permitirlo; pero por otra parte no se trata ya de una madre de esquizofrénico; felizmente, las fijaciones en estadios muy precoces no han alcanzado una intensidad suficiente. Las frustraciones sufridas por el anaclítico se sitúan más tardíamente que las del psicótico, y son también mucho menos masivas: no se encuentran todavía vinculadas a una elección sexual, pero tampoco dependen exclusivamente del polo maternal; conciernen tanto al padre como a la madre, pero en tanto que «mayores» y no que padres sexuados. Maurice BOUVET (1967) demuestra que el «padre» representa siempre una imagen fálica-narcisista asexuada con la que conviene conservar un modo de relación de tipo pregenital.

La imagen del «compañero» de Helène DEUTSCH (1945) traduce la necesidad de dependencia del objeto, la necesidad vital de su proximidad. Nos hallamos aquí muy cerca de la clásica relación de objeto de tipo contrafóbico.

Con referencia a la figura 7, podemos considerar por una parte que las estructuras psicóticas (que corresponden a la denominación freudiana de «psiconeurosis narcisistas» de 1914) presentarían una relación de objeto de tipo esencial y exclusivamente narcisista, y que por otra parte las estructuras neuróticas (conflicto de objeto edípico) ma-

	Instancia dominante en la organización	Naturaleza del conflicto	Naturaleza de la angustia	Defensas principales	Relación de objeto
ESTRUCTURAS NEUROTICAS	Super-yo	Super-yo con el Ello	de castración	represión	genital
ESTRUCTURAS PSICOTICAS	Ello	Ello con la realidad	de parcelación	negación de la realidad desdoblamiento del Yo	fusional
ORGANIZACIONES LIMITES	Ideal del Yo	Ideal del Yo con: – Ello – realidad	de pérdida del objeto	clivaje de los objetos forclusión	anaclítico

Fig. 7
Comparación entre las líneas estructurales.

nifiestan una relación de modo genital, en tanto que las organizaciones límites del tronco común (que corresponden en psicopatología a las «neurosis actuales», «neurosis de abandono», «neurosis traumáticas», etc.) se mantendrían en parte bloqueadas en su evolución afectiva, en una relación de objeto de tipo principalmente anaclítico, que manifiesta un apego particular al objeto, y que, como todas las adhesiones de ese género, sitúa alternativamente a los dos integrantes de la pareja en el rol del mayor o el pequeño, del perseguidor o el perseguido.

Suele evocarse la imagen del perrito, de la correa, y de la dama que lo pasea: ¿cuál de los dos tiene al otro en su poder bajo la nieve, en la calle, a las 23 horas, en la última y obligatoria salida de la tarde: el perro o su dueña?

C) La angustia depresiva

Al considerar la organización límite sólo en el estadio del tronco común acondicionado, el único aspecto clínico que puede descubrirse corresponde a los modos de reacciones manifiestas desplegados para luchar contra la angustia subyacente, que nunca es muy profunda, ni siquiera en los momentos de aparente hipomanía y euforia estridente.

Esta angustia particular de la organización límite es la angustia de depresión. Sobreviene a partir del momento en que el sujeto imagina que su objeto anaclítico puede faltarle, escaparse de él.

Por lo tanto, es en realidad una *angustia de pérdida de objeto*, ya que sin el objeto el anaclítico va a hundirse en la depresión. No se trata, sin duda, de una depresión de tipo melancólico, ya que en este estadio «límite» el objeto no puede hallarse todavía introyectado. Pero el duelo sigue siendo igualmente imposible.

La observación n.º 11 constituye un ejemplo clínico bastante característico de tal variedad de angustia.

El anaclítico tiene necesidad del otro a su lado; si bien teme los peligros de la intrusión propios de la excesiva proximidad, no puede resolverse a permanecer solo; por esta razón es que busca de buen grado el grupo, dentro del cual se siente más tranquilo. Hemos considerado, en ocasión de nuestra alusión a la «pseudo-normalidad» (cf. II, 1), cómo actuaba el grupo tanto para tranquilizar al inmaduro, como para limitarlo en su desarrollo afectivo.

La depresión que eventualmente acecha a la organización límite es descrita en la mayoría de los casos con el nombre de depresión *«neurótica»*. Una cierta cantidad de psicopatólogos ha protestado incesantemente contra esta calificación de *«neurótica»*, atribuída a una economía que de ninguna manera se halla organizada bajo la primacía del genital, ni a la sombra de la triangulación edípica, y en la cual el Super-yo sólo juega un modesto papel.

Esta angustia de depresión caracteriza a la organización límite y la especifica frente a la angustia de fraccionamiento de la estructura psicótica *(figura 7)* y a la angustia de castración de la estructura neurótica.

La correcta distinción de estas tres formas muy diferentes de angustia parece ser mucho más importante de lo que se ha considerado habitualmente. A partir de este elemento, esencial en el plano económico y profundo, nos parece posible establecer un diagnóstico con menos riesgos de confusión que a nivel de los síntomas superficiales, y que al mismo tiempo se refiera a la naturaleza del modo de estructuración (o de a-estructuración) de la personalidad. Por lo tanto, se trata mucho menos de «clasificar» que de «comprender»; la respuesta, relacional o terapéutica, se verá ampliamente facilitada por tal actitud.

La naturaleza auténtica de la angustia profunda, así como el modo de constitución del Yo, o el sistema de defensas, o el modo de relación de objeto, no debe estimarse de manera aproximativa, ni considerarse obvia en el sentido de la castración.

La manera de escuchar, en el plano relacional; de utilizar, en el plano escolar o profesional, y de ayudar, en el plano terapéutico, a los sujetos que encontramos en nuestros diferentes roles, no puede ser uniforme ni dejarse librada al azar. La angustia específica de cada uno rubrica su posición en el mundo: la angustia de fraccionamiento es una angustia siniestra, de desesperación y de repliegue. La angustia de castración es una angustia de carencia, dirigida hacia un futuro anticipado sobre un modo erotizado. Entre esas dos posiciones extremas se sitúa la angustia de depresión, que parece concernir a la vez al pasado y al futuro. Como dice Ralph GREENSON (1959), evoca un pasado desdichado, pero sin embargo testimonia una esperanza de salvación invertida en la relación de dependencia fecunda del otro.

D) Las instancias ideales

Nos encontramos, a propósito de las instancias ideales, con la misma necesidad de diferenciar sin ambigüedad la organización límite de los modos de estructuración psicótica o neurótica.

Del lado de las estructuras psicóticas, la fractura es considerablemente importante en el plano de las instancias ideales, ya que éstas se encuentran reducidas al estado de núcleos esparcidos en la organización psicótica, tanto en lo que concierne al Super-yo como en lo que concierne al Ideal del Yo. Es indiscutible que elementos de esas dos instancias se hallan presentes en la línea psicótica, pero de manera muy focalizada y estrictamente circunscrita a sectores restringidos, sin valor organizador general; en tanto que en la organización límite, si bien el rol del Super-yo sigue siendo muy imperfecto, el Ideal del Yo, por el contrario, se comporta como un verdadero polo en torno del cual se organiza la personalidad.

Las diferencias entre estructura neurótica y organización límite, a su vez, precisan de una reflexión más atenta: en principio es necesario referirnos a la distinción establecida por Bela GRUNBERGER (1958) entre los diferentes puntos de referencia metapsicológicos específicos de los funcionamientos neuróticos o narcisistas y que ha sido completada aquí. La línea neurótica correspondería pues a la articulación de los siguientes factores: *Edipo-Super-yo - conflicto genital - culpabilidad - angustia de castración - síntomas neuróticos*, en tanto que la línea narcisista respondería a la sucesión: *narcisismo - Ideal del Yo - herida narcisista - vergüenza - angustia de pérdida del objeto - depresión*.

Mientras persiste el acondicionamiento del tronco común, el movimiento depresivo se mantiene muy limitado y muy discreto; durante el período que debería señalar el inicio del Edipo clásico asistimos a la congelación, descrita más arriba, de la evolución libidinal en las posiciones del sector más elaborado de las fijaciones pre-genitales, es decir, las que tienen que ver con la fase fálica.

Luego se *«saltará»* de alguna manera el Edipo *(en tanto que organizador)*, para llegar al período de pseudo-latencia del que hemos hablado precedentemente. El hecho de que los aspectos organizadores del Edipo no hayan podido entrar en acción en la organización estructural, no quiere decir que en la personalidad límite no se encuentre ninguna adquisición edípica. Existen elementos edípicos y superyoicos en tales organizaciones, muchos más, por otra parte, que en una estructuración psicótica; sin embargo, esos elementos no desempeñan, ni en una ni en la otra, el principal papel organizativo.

Por otra parte, no todos los sujetos que dependen de nuestro «tronco común» presentan el mismo grado de adquisiciones edípicas: la importancia de tales aportes genitales depende de las condiciones de impacto del traumatismo desorganizador precoz; de la intensidad absoluta del afecto al que aquél está ligado, sin duda, pero también de la intensidad *relativa* del modo de recepción de este afecto, es decir, del grado de inmadurez del Yo en el momento de dicho traumatismo y de los medios de que disponía entonces el Yo para hacerle frente.

El Super-yo clásico de la estructura neurótica, definido sin compromiso posible en el fundamento mismo de la teoría psicoanalítica como el heredero y sucesor del complejo de Edipo, no podría constituirse de manera completa en el sujeto límite, en la medida en que las vivencias edípicas se hallan sensiblemente escamoteadas.

G. L. BIBRING (1964) ha mostrado que la regresión pre-edípica producida por el miedo que provocan las condiciones edípicas al sobrevenir demasiado precozmente en el interior de un Yo todavía mal equipado para hacerles frente, arrastra consigo los primeros elementos superyoicos ya constituidos hacia las fijaciones, muy importantes en esos pacientes, que se verifican a nivel de un *Ideal del Yo* pueril y gigantesco.

Podemos decir que la función del Ideal del Yo ya se

hallaba considerablemente invertida con anterioridad, durante el período pregenital, y que el repliegue de los primeros elementos superyoicos va a desarrollar todavía más esta inflación del Ideal del Yo que, a partir de ese momento, ocupará la mayor parte del rol que correspondería al Super-yo en la organización de la personalidad. Por supuesto, dado que este Ideal del Yo se encuentra, desde el punto de vista madurativo, en una situación mucho más arcaica que el Super-yo, comprendemos que tales personalidades permanezcan incompletas, frágiles e imperfectas; en síntesis, «organizaciones» o «acondicionamientos», pero no estructuras.

Desde nuestro punto de vista, es por esta razón que tales sujetos van a abordar su vida relacional con ambiciones heroicas desmesuradas de *hacer las cosas bien*, para conservar el amor y la presencia del objeto, mucho más que con culpabilidades por «haber hecho las cosas mal» en el modo genital y edípico y temor a ser castigados en ese mismo plano con la castración.

La comprobación del fracaso de sus ambiciones ideales, que no guardan proporción alguna con sus posibilidades personales, no orientará a los sujetos límites hacia la simple modestia ni, en caso de conflictos muy agudos, hacia la culpabilidad (línea neurótica); todo fracaso registrado con excesiva crueldad generará vergüenza o disgusto (línea narcisista) de sí mismo, que eventualmente podrán proyectarse sobre los otros.

Si esos sentimientos llegan a perturbar demasiado —de manera consciente o no— al acondicionamiento establecido en el seno del tronco común de manera todavía bastante incierta, veremos surgir, en el sujeto límite que ha permanecido a ese nivel, el peligro de manifestaciones depresivas.

Los padres de los sujetos límites han alentado las fijaciones en una relación estrechamente anaclítica. El plano aparente es tranquilizador: «*Si permaneces en mi órbita, no te ocurrirá nada desagradable*», pero el plano latente sigue siendo bastante inquietante: «*No me dejes, de lo contrario correrás grandes peligros*». Semejantes padres se muestran en general insaciables en el plano narcisista: «*Haz las cosas todavía mejor y*, mañana, *recibirás tu re-*

compensa, ya que tendré que amarte más». Desdichadamente, los «mañanas» maravillosos no llegan nunca...

Ante tales exigencias, a menudo contradictorias y sin contrapartida gratificante, el niño lucha en el interior de sí mismo con los dos Yo ideales, paterno y materno; y tal como lo muestra A. FREUD (1952), revive el conflicto paterno introyectado, en lugar de introyectar solamente las interdicciones paternas, como en el caso del establecimiento del Super-yo. De allí resulta, como sucede cada vez que el Super-yo no está lo suficientemente constituido, una intolerancia a las contradicciones tanto como a las incertidumbres.

Otra consecuencia de la debilidad del Super-yo se refiere a la facilidad con que la representación mental, o la expresión verbal, *pasan al acto*, de manera inesperada y a menudo incomprensible. A veces es más fácil comunicar bajo el pretexto de necesidades de la acción que por medio de expresiones verbalizadas o, con mayor razón, dejar lugar a la elaboración de fantasmas o ideas, reconocerlas, manipularlas e integrarlas.

El Super-yo, con cuya temible reputación nos encontramos a menudo, sólo reviste aspectos negativos. Si el Super-yo demasiado rígido lleva en sí los gérmenes de conflictos serios, un Super-yo inexistente obliga al Ideal del Yo arcaico, cuya categoría relacional ha sido superada, a retomar la principal función organizadora en los procesos mentales, lo que no puede darse sin un cierto anacronismo y una notable inadaptación.

E) *Los mecanismos de defensa*

De la misma manera, las organizaciones límites deben ser comparadas, en este nivel, tanto con las estructuras neuróticas como con las estructuras psicóticas.

El principal mecanismo de defensa neurótico sigue siendo, evidentemente, la *inhibición*, aun cuando le ayuden, como hemos visto más arriba, otros mecanismos accesorios. Pero la inhibición constituye un mecanismo bastante tardío y bastante elaborado; y en las organizaciones límites juega un rol mucho menor que en las neurosis.

La organización límite debe pues recurrir a mecanismos

de defensa menos elaborados y por ende menos eficaces, pero también menos costosos en contrainversiones que la inhibición; esos mecanismos son la evitación, la forclusión, las reacciones proyectivas y el *clivage* del objeto.

La *evitación* de la organización límite es del mismo tipo de la que se describe habitualmente en el registro fóbico; para el sujeto se trata de evitar el encuentro con a representación, aun cuando ésta se halle aislada o desplazada anteriormente por mecanismos anexos previos.

La *forclusión* concierne igualmente a una forma de rechazo de la representación perturbadora y se sitúa muy cerca de la negación del sexo femenino que encontramos en las organizaciones perversas y de las que hablaremos más adelante. La forclusión se dirige a una imagen más paternal, cuya representación simbólica es necesario rechazar.

Si bien la forclusión ha sido considerada a veces como un elemento que facilita ciertos procesos delirantes, parece que este caso sólo se produce cuando el Yo es presa de una desorganización más profunda que la que nos encontramos en el simple tronco común acondicionado.

Las *reacciones proyectivas* se emparentan con los mecanismos de identificación proyectiva de Mélanie KLEIN (1952), así como con las identificaciones con el agresor descritas por S. FERENCZI (1952) y A. FREUD (1949). Sin duda la clásica proyección sirve al acondicionamiento límite, así como al fóbico, para situar en el exterior la representación pulsional interior, pero los dos procedimientos precedentes coordinan sus esfuerzos para adueñarse de la representación externa, y permiten recuperaciones fantasmáticas de omnipotencia sobre el otro, que son tranquilizadoras. Pero esos fenómenos proyectivos van a limitar cada vez más, en su repetición y su intensidad a menudo crecientes (por una necesidad defensiva cada vez más estrecha), las experiencias relacionales auténticas; y el Yo irá poco a poco, y con riesgo de empobrecerse, hacia la claustrofobia o en dirección a las desrealizaciones.

El *clivage* que actúa en las organizaciones límites no es el verdadero *clivage* del Yo ligado al estallido, o al simple desdoblamiento del Yo, mecanismos de defensa psicótica contra la angustia de fraccionamiento y de muerte. Se trata aquí de un *clivage* de las representaciones objetales, de un simple desdoblamiento de las imagos, destinado a luchar contra la angustia de pérdida de objeto y el riesgo de llegar así al segundo modo de *clivage*, por verdadero desdoblamiento del Yo.

Bajo diversas denominaciones, ese *clivage* de imagos ha sido puesto en evidencia por la escuela kleiniana, principalmente a propósito de la relación con el objeto parcial (fase esquizoparanoide) y con el objeto total (fase depresiva).

El estado límite ya no se dirige, en su lucha contra la depresión de pérdida de objeto, simplemente a la inhibición, que requiere una mejor elaboración genital, ni tampoco al desdoblamiento del Yo, demasiado costoso regresivamente. Como lo ha mostrado S. FREUD en 1924, el Yo se «*deforma*» para no tener que desdoblarse. Funcionará entonces distinguiendo dos sectores en el mundo exterior: un sector adaptativo en que el Yo juega libremente en el plano racional, y un sector anaclítico en el que el Yo se limita a relaciones organizadas según la dialéctica dependencia-dominio. El Yo, sin verse obligado a operar negaciones de la realidad, va a distinguir sin embargo en este último sector y a propósito del mismo objeto, bien una imagen positiva y tranquilizadora, bien una imagen negativa y aterradora, sin posibilidad de conciliar las dos imágenes contradictorias a la vez.

Por lo tanto, nos encontramos muy cerca de la concepción kleiniana del «buen» y el «mal» objeto, y O. KERNBERG (1967) piensa que llegamos así a lo que él llama «la idealización predepresiva», es decir, a una situación de tres facetas en la que una parte del Yo permanece organizada en torno a introyecciones positivas mientras que otra parte del Yo, vuelta hacia el exterior, considera, por una parte, como realidad exterior los aspectos positivos de esta realidad, bien invertidos por la libido; y por otra parte rechaza, desde el momento en que los percibe como tales, los objetos externos frustrantes y amenazantes.

Por lo tanto, una organización de este tipo utilizaría más la forclusión que la negación (psicótica) como mecanismo auxiliar en su provecho.

4. EVOLUCIONES AGUDAS

El acondicionamiento del tronco común límite no es muy sólido, dado que no se trata de una verdadera estructuración.

Sin embargo, y al precio de muchos renunciamientos, compromisos, disimulos, prevenciones, defensas energéticas considerables y astucias diversas, algunas organizaciones límites logran mantenerse durante toda su vida en una situación sin duda incómoda, pero sin embargo hábilmente dispuesta.

Como ya lo hemos enunciado más arriba, cierta cantidad de los famosos «psicópatas» de los que se habla tan a menudo y con tan poca precisión, se clasifican en esta categoría organizacional poco constante, pero igualmente poco exigente en el plano estructural.

En un momento cualquiera de la vida del sujeto podemos asistir a una descompensación mórbida de la organización límite, lo que produce formas clínicas particulares:

A) Descompensación de la senescencia

Como hemos afirmado ya en los dos artículos anteriores (J. BERGERET, 1968 y 1971), existe una categoría de sujetos que han pasado toda su vida adulta como el roble de la fábula, sin doblarse ni plegarse, y que, de un solo golpe, totalmente imprevisible, llegan a «romperse», a «partirse» brutal y dramáticamente, en un período frecuentemente bastante precoz de su senescencia.

Hace algún tiempo me pareció interesante examinar el problema de esos casos relativamente frecuentes en práctica geriátrica, y ese estudio me ha conducido, por etapas sucesivas, a comprobaciones bastante inesperadas en un principio.

Se trata de pacientes que gozaban de una reputación de gente «hipernormal». Este aspecto de la defensa contra lo que podría parecer anormal quizás no aparezca inmediatamente a los ojos de los psiquiatras, más habituados a señalar los grados de lo patológico que los matices de lo «normal». Sin embargo, el buen sentido del entorno ha tenido muy en cuenta —aunque no siempre captara su significación defensiva— esta noción, que creemos importante, de una excesiva necesidad de adaptación en esos sujetos siempre activos y sin fracasos importantes (ni, por otra parte, éxitos espectaculares, si hacemos un análisis minucioso), bastante conocidos socialmente (fuertes contactos sociales o culturales) y que tienen fama de ser muy simpáticos.

Súbitamente, en el momento de su senescencia física, intelectual, social o afectiva, sobreviene un acceso patológico dramático, brutal, inesperado y muy grave.

Este acceso patológico se desencadena sin traumatismo aparente, ya que la senescencia por sí sola puede constituir ese traumatismo, esa pérdida de las posibilidades indispensables de organización.

O bien podemos constatar un traumatismo real que sobreactiva esa vivencia afectiva angustiante de la senescencia: deceso de un pariente cercano, aliado o amigo fuertemente invertido, matrimonio y separación de un «hijo querido», herida narcisista importante por problemas financieros, retiro, y en general todo lo que puede romper, sin preaviso (realmente considerado de manera consciente como ineluctable), una relación con los otros de modo esencialmente anaclítico, es decir, basada en la dependencia demasiado estrecha de otro que también depende estrechamente de sí.

Esta ruptura repentina de tal modo de equilibrio, en síntesis bastante poco madura y bastante poco genital (como dicen los psicoanalistas) produce a la brevedad un «*episodio de angustia aguda*» que puede ser asimilado a la famosa «neurosis de angustia» clásica cuando ese término se reserva (como entre los primeros autores que la habían descrito) a un episodio agudo muy intenso, transitorio y cercano a la despersonalización, como veremos en el parágrafo siguiente.

Este episodio de angustia aguda va a evolucionar aquí según modos particulares:

1) Muerte súbita: se trata en la mayoría de los casos de un falso infarto de miocardio, o más bien de una vasomotricidad paroxística coronaria o cerebral, en su punto de partida al menos.

2) Demencia senil: a menudo es relativamente rápida y precoz.

3) Afecciones psicosomáticas diversas según el nivel de la desinversión mental y el modo de excitación somático.

4) Ciertas neurosis bastante focalizadas pero muy intensas.

Cuando analizamos el pasado de estos pacientes no encontramos prácticamente ningún signo real de la línea psicótica en la adaptación a lo real, ni ningún signo de la línea neurótica clásica en una relación conflictual con los otros.

Por el contrario, observamos toda una serie de «acondicionamientos» cuya multiplicidad, así como la habilidad para evitar el fracaso, podría atraer la atención del psiquiatra atento.

También comprobaremos, si realizamos una observación más profunda, que a pesar de una vida sexual real, igualmente bien «ordenada», aparece una cierta «limpidez libidinal» a lo largo de toda su existencia. Su vida sexual (si bien está presente en sus manifestaciones) parece sin embargo *fijada* en su modo evolutivo, como en los niños en período de latencia, que no llegan a asumir su pubertad ni las modificaciones que ella implica en relación con los otros.

Su modo de relación con los otros ha podido parecer normal porque a menudo se dan buenas relaciones con parejas bien elegidas. En realidad, se trata (relación anaclítica) de una dependencia recíproca demasiado estrecha para ser madura. Su ruptura implica, no el duelo normal o la tristeza lógica, sino un verdadero pánico, como si se tratara de la amputación de una parte indispensable de sí mismo.

Las inversiones afectivas de tales sujetos habían permanecido desexualizadas, y los conflictos genitales habían sido cuidadosamente evitados. La erotización aparente seguía viviéndose de un modo narcisista, con un objeto mucho más «funcional» que real y sexual. Finalmente, la dependencia era servil con respecto a los objetos más próximos, y entremezclada con una dosis igual de agresividad en su contra.

Todo este arreglo provisorio se quiebra de pronto un

día y es difícil prever dónde puede detenerse semejante descompensación.

Conocemos desde hace mucho tiempo la evolución aceleradamente enojosa de todo «viejo caracterial» colocado por su familia (o por su pueblo o por su inmueble) en un establecimiento hospitalario, porque ha acabado por volverse insoportable. En la mayoría de los casos se trata de organizaciones límites de esta naturaleza que hubieran podido proseguir una vida relativamente feliz si los demás hubieran continuando alimentando su narcisismo, aunque más no fuera a través de las satisfacciones narcisistas que estos viejos tiranos obtienen de la irritación que provocan en los demás.

B) *Estallido del tronco común*

Una descompensación del mismo tipo puede sobrevenir de manera mucho más aguda aún en cualquier momento de la vida del sujeto y en ocasión de un segundo traumatismo psíquico desorganizador (*cf. fig. 8*).

Se trata de una gran crisis de angustia aguda impropiamente denominada *neurosis de angustia* y descrita por J. A. GENDROT y P. C. RACAMIER (1967) como un estado paroxístico y transitorio a la vez prepsicótico, preneurótico y prepsicosomático; es también un estado regresivo del Yo, muy próximo a los esbozos de despersonalización descritos por M. BOUVET (1967).

La causa exterior desencadenante puede ser de naturaleza extremadamente variada: pos-parto, matrimonio, duelo, transformaciones sociales, accidentes afectivos o corporales[1]. Ese traumatismo despierta por su vivencia íntima una antigua frustración narcisa predepresiva que corresponde al primer traumatismo desorganizador denominado «precoz», que ha sido cuidadosamente evitado hasta entonces.

Ante tal exceso de sobrecarga pulsional, y ante una situación que reactiva el primer traumatismo, el acondicionamiento provisorio e imperfecto del Yo se altera completamente; las defensas bastante poco específicas emplea-

[1]. Las operaciones quirúrgicas «a corazón abierto» ponen en evidencia una cantidad importante de dichas descompensaciones.

das hasta entonces se vuelven totalmente impotentes y la angustia se derrama así —ahora libremente— en el registro consciente, ligada a las más diversas representaciones ansiógenas.

Podríamos considerarnos como en plena «crisis de adolescencia», una caricatura de la crisis de la adolescencia, una crisis de la adolescencia a la vez brutal, intensa, tardía, abreviada, que pone en cuestión toda la organización profunda del Yo y sus acondicionamientos provisorios interiores.

A partir de este momento, ya no existe ningún ordenamiento intermedio posible: es necesario encontrar cuanto antes un sistema defensivo más eficaz, de lo contrario el sujeto será arrastrado a la muerte, ya sea por suicidio evidente o como consecuencia de un *colapso cualquiera*, favorecido por una debilidad orgánica localizada en tal o cual órgano. El caso de Julien *(obs. n.º 3)* corresponde a un fin semejante.

Sin embargo, habitualmente el sujeto se dirige hacia una de las tres vías psicopáticas bien conocidas, a partir del momento en que el «punto de no retorno» en relación con el antiguo acontecimiento ha sido superado:

La vía neurótica (cf. fig. n.º 8), si el Super-yo se muestra todavía lo bastante consistente como para autorizar una alianza con la parte sana del Yo, contra las pulsiones intempestivas del Ello. El nivel genital de la estructuración edípica se realizará finalmente, en ocasión de una mejor relación posible y al utilizar la energía accesoria liberada por el traumatismo psíquico. La entrada en la línea neurótica parece producirse más fácilmente en el nivel de la histerofobia o los mecanismos obsesivos.

La vía psicótica, si, por el contrario, las fuerzas pulsionales barren la parte del Yo que había permanecido hasta entonces bien adaptada a la realidad gracias a sus defensas anteriores. Entramos entonces en la línea psicótica *(cf. fig. 8)*, pero nunca en un modo de organización esquizofrénica demasiado arcaico. Parecería que a menudo los elementos depresivos de la categoría «límite» conducen al sujeto hacia una psicotización en torno del mismo núcleo depresivo en el registro melancólico, al convertirse el objeto anaclítico del que se carece en objeto introyectado, y al poder darse libre curso a los sentimientos de vergüenza y disgusto en relación con el Ideal del Yo, bajo la forma del autorreproche, que caracteriza este modo de organización psicótica.

Pero también parecen igualmente posibles otras formas de evolución psicótica, tales como las formas alucinatorias crónicas o las formas delirantes paranoides de evolución tardía, lenta y bastante focalizada (tal el ejemplo clásico n.º 12, citado más adelante).

La vía psicosomática, cuando las manifestaciones mentales se hallan desexualizadas, desinvertidas y autonomizadas en provecho de un modo de regresión a la vez somático y psíquico *(cf. fig. 8),* mal diferenciado en cuanto a la excitación y a la expresión, tal como ha sido descrita por A. BECACHE (1972) en la línea de los trabajos de la escuela francesa de psicosomática (M. FAIN y P. MARTY, M. de M'UZAN, C. DAVID).

Sigue siendo evidente que no son estos los modos habituales de entrada en tales entidades patológicas, pero la clínica nos muestra la realidad y la frecuencia no desdeñable de esta clase de evolución.

Igualmente conviene señalar que tanto el primer traumatismo como el segundo, pueden ser reemplazados a veces por una serie de «microtraumatismos» repetidos y similares, la suma de cuyos efectos corresponde prácticamente a un traumatismo único y más importante.

He aquí resumida la observación clínica de la descompensación psicótica de un estado límite:

Obs. n.º 12

Albertine tiene 50 años. Casada, sin hijos, ha ingresado hace un año en el hospital como consecuencia de un episodio delirante focalizado sobre un tema único: «Quiero que me entierren en X... con mi papá y mi mamá».

Esta paciente conserva un buen estado general a pesar de una cardiopatía mitral; muy correctamente vestida, se comporta en gran medida como «una dama de visita» cuando le pedimos que venga a la oficina a conversar con los médicos.

Habla con una voz de niñita y gestos graciosos, casi preciosos. Durante el diálogo sobre su pasado y la situación actual en general su conducta es adaptada.

Por el contrario, permanece en silencio desde el momento en que nosotros guardamos silencio frente a ella, y si nuestras preguntas acerca de sus problemas actuales se hacen muy apremiantes, aparece de inmediato el tema delirante: «Quiero que me entierren en X... con mi papá y mi mamá.» No obtenemos nada más, al máximo un «en fin... así es...» y luego un silencio tenaz, o bien la repetición de las mismas palabras.

Sin duda en muchos delirios de psicóticos encontramos temas sexuales, pero esos temas permanecen como núcleos esparcidos, no muy organizados, y sobre todo no funcionan como organizadores del proceso delirante. Aquí, por el contrario, Albertine organiza su delirio de manera específica en torno a una imagen en apariencia edípica, alrededor de un núcleo en apariencia «neurótico»: parece que buscara en la neorrealidad tranquilizadora de su tema delirante una satisfacción prohibida de niña en el lecho de los padres, que vincula la protección narcisista y el placer erótico al mismo tiempo, satisfacción doble pero ilusoria y con respecto a la cual se castiga enseguida por medio de la representación de su propia muerte.

Mecanismos tan sutiles y elaborados no corresponden, en general, a la sencillez y a la brutalidad de las construcciones psicóticas. A lo sumo podríamos ver allí ciertos comportamientos paranoicos; pero, evidentemente, no nos hallamos en absoluto en presencia de ese modo de organización.

Por supuesto, no podría tratarse del pasaje de una estructura neurótica a una estructura psicótica, no solamente porque tal pasaje es contrario a nuestras propias concepciones, sino porque es evidente que el pasado de Albertine no ha transcurrido nunca bajo una primacía genital de organización.

En efecto, y en primer lugar, si Albertine hubiese presentado un modo de estructuración neurótica en cierto momento de su evolución y hubiera experimentado luego una descompensación, esta descompensación no hubiera revestido sino un aspecto agudo y episódico (como la que encontramos a veces en el histérico), o bien, en el caso de una organización obsesiva, hubiéramos encontrado defensas de un orden muy diverso de las que se han desplegado en este caso.

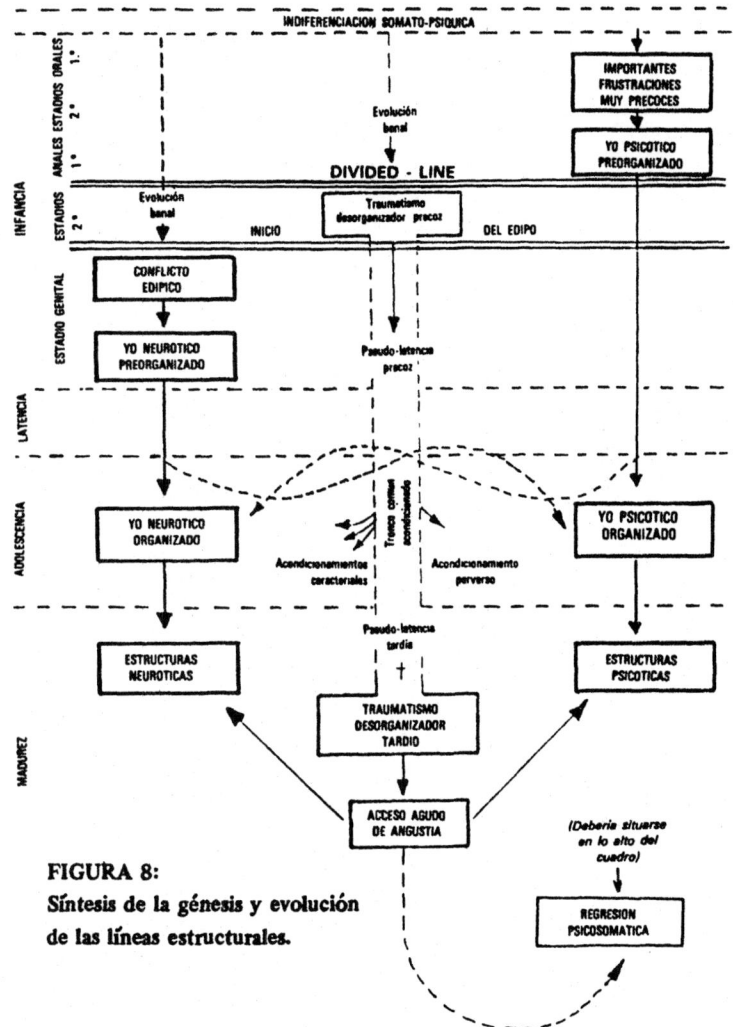

FIGURA 8:
Síntesis de la génesis y evolución de las líneas estructurales.

Por otra parte, las vivencias pasadas de la paciente se hallarían marcadas de manera mucho más clara por el sello del Edipo y la genitalización.

Ahora bien, Albertine nació en un pueblo del campo, vivió allí hasta los 13 años, y a esa edad se marchó a un pensionado. Cambió en varias oportunidades de escuela, por lo que no pudo fijarse ni sobre imágenes identificatorias estables ni sobre puntos fijos ideales, como suele ocurrir muy a menudo en el momento de la adolescencia.

Obtuvo su diploma y conoció luego a un farmacéutico, de más edad, que le propuso matrimonio.

Su madre se opuso al matrimonio en razón de la diferencia de medios. Albertine se sometió a esa decisión, pero cayó enferma (pleuresía). Las vacilaciones de dependencia entre el farmacéutico mayor que ella y la madre parecen evidentes: no hay rivalidad edípica vivida para con la madre. La seguridad junto a la madre la conduce hacia un eventual encuentro con el hombre.

La madre es descrita como una mujer muy activa, comprometida con la política local, respetada en la región y bastante sectaria. Hablamos poco del padre, agricultor y pequeño ganadero, de más edad, insignificante pero estable y que sobrevivió diez años a su esposa.

Tiene un hermano, un año mayor, profesor de lenguas vivas, casado con una «extranjera», sin hijos, y que vive lejos, en la tranquila oscuridad de un colegio de montaña.

De acuerdo con los consejos de su madre, Albertine acepta casarse a los 22 años con (dice ella) «el señor S...[1], un campesino bueno, como había hecho mi madre» *(sic)*.

Muy pronto Albertine se enferma. Ingresa primero en el hospital y luego en una casa de reposo (salpingitis tuberculosa). Desde que se restablece realiza cursos de contabilidad y ocupa a continuación un cargo de asistente de contabilidad en una pequeña industria. Permanece allí cinco años, y muy feliz, según sus palabras.

Pero dos acontecimientos vienen a perturbarla cuando llega a la cuarentena: la infidelidad del marido y el deceso de la madre. Éste desencadena una impresionante hemorragia nasal que requiere un taponamiento posterior

---

1. Cita su nombre propio, no su nombre de pila.

y que sin duda se relaciona con problemas cardio-vasculares no detectados hasta entonces.

La vivencia de la «hemorragia» narcisista de esta importante pérdida de sangre se suma a los duelos afectivos del amor del marido y la protección de la madre. A continuación se produce un episodio depresivo serio. Entra en un servicio psiquiátrico de urgencia, donde se le administra una serie de electro-shocks, así como una confortable dosis de neurolépticos.

Tal terapéutica se agrega, sin duda, a la suma algebraica de los traumatismos desorganizadores sufridos en tan poco tiempo.

Durante diez años se mantiene en condiciones predepresivas, viviendo junto a su padre en el recuerdo de la madre, y al cabo de este período, a los 49 años, y en ocasión del deceso de su padre, Albertine se descompensa en un primer cuadro psicótico clásico con estereotipias, apragmatismo, manierismo, sonrisas inmotivadas y la aparición del tema delirante: «Quiero que me entierren en X... con papá y mamá.»

Tratamientos médicos matizados enmiendan los signos exteriores. Sólo permanece el delirio focalizado, y la cardiopatía evoluciona muy poco. La enferma se mantiene calma en el servicio, sale con bastante frecuencia para dar un paseo o para hacer una visita a su marido (sobre todo cuando aquél tiene necesidad de ella para la cosecha de frutos o la vendimia). No acepta ninguna otra solución que no sea permanecer bajo la dependencia y la protección de los médicos: «Ellos saben lo que necesito.»

Evidentemente, no se trataba ni de una estructura neurótica ni de una estructura psicótica en un principio. El acondicionamiento imperfecto de su personalidad reposaba sobre una dependencia anaclítica de los otros. Sobreviene un primer traumatismo al reunirse varias frustraciones afectivas y una pérdida de seguridad, y luego hay un segundo traumatismo que quiebra todo lazo con la madre, aunque más no fuera por intermedio del padre, y que produce el hundimiento de esta «niñita» ya mayor en la crisis de angustia aguda, de la que no ha podido salir sino por la vía psicótica irreversible.

5. ACONDICIONAMIENTOS ESPONTANEOS

En numerosos casos el tronco común no conduce hacia descompensaciones brutales a los sujetos que han comenzado la pseudo-latencia bajo su registro; existen acondicionamientos particulares que parten del tronco común, ya sea en dirección de la línea estructural neurótica, ya sea en dirección de la línea estructural psicótica, y que conducen a soluciones mucho más estables y mucho más duraderas, que nos permitirán terminar y completar nuestro cuadro nosológico *(fig. 8)*.

A) *El acondicionamiento perverso*

El acondicionamiento perverso corresponde a lo que llamamos impropiamente la «estructura perversa» en lenguaje psiquiátrico. En realidad, se trata solamente de un acondicionamiento particular que se origina directamente en el tronco común, ciertamente mucho más estable que los acondicionamientos anteriormente descritos a nivel del tronco común, e incluso de un acondicionamiento establecido hasta tal punto en la mayoría de los casos, que en general resulta difícilmente reversible. Sin embargo, no podemos reconocerle la categoría de estructura, dada su esencia narcisista anaclítica y antidepresiva que no permite clasificarlo dentro de una u otra de las estructuras auténticas, neurótica o psicótica, y lo coloca en una dependencia lejana y relativa, pero económicamente efectiva, con respecto a la organización límite de la que se desprende genéticamente.

El acondicionamiento perverso resulta de una larga trayectoria para y proto-genital, bajo el amparo de la excitación paterna (y materna en la mayoría de los casos), que llevan poco a poco al individuo a «jugar al genital», sin haber alcanzado sin embargo, como la mayor parte de los sujetos límites, un nivel de organización realmente genital. Además, en este caso preciso, el juego pseudo-genital asume un aspecto particularmente estrepitoso y aberrante. Todo sucede como si la ventaja procurada aquí por la solidez inhabitual del acondicionamiento narcisista se pagara al precio de muchas otras complicaciones.

En la organización perversa se evita la angustia depresiva como consecuencia del éxito de una negación que se ejerce sólo sobre una parte muy focalizada de lo real: *el sexo de la mujer*.

Este objeto parcial no debe existir, al mismo tiempo que el objeto parcial fálico a cuya carencia corresponde aquél se halla feroz y complementariamente sobreinvertido sobre el registro narcisista.

Tal acondicionamiento se sitúa pues muy cerca de la línea estructural psicótica *(fig. 8)*, ya que el perverso opera a la vez una negación y una especie de «delirio», al igual que una estructura psicótica; pero en el caso del acondicionamiento perverso esta doble actitud de negación y «delirio» se limita exclusivamente a un campo sensorial único, estrictamente circunscrito en torno al sexo de la mujer y sus representaciones simbólicas.

El narcisismo primario se halla así mal integrado y fijado a nivel de la atracción por un objeto parcial lleno de misterio, en una evolución afectiva que ha permanecido indecisa entre un auto-erotismo que todavía no se ha superado completamente y un estadio objetal apenas alucinado y que nunca ha sido realmente alcanzado.

La precocidad de la excitación libidinal ha sido tal que pulsión y objeto parcial se han soldado demasiado pronto, y que el objeto total no ha podido constituirse. Al estudiar clínicamente este género de casos parece probable que el «traumatismo precoz» inductor de tal desviación en el modo de establecimiento de la categoría del objeto no corresponda al ejemplo clásico intenso habitualmente descrito a nivel del tronco común, sino que encontraría su equivalente cualitativo en la suma algebraica de pequeños impactos (micro-impactos) sucesivos causados por un verdadero desacondicionamiento continuo que se opera en el momento del impulso edípico, desacondicionamiento producido en la mayoría de los casos por la madre y que se ejerce sobre las primeras representaciones genitales triangulares.

La inyección repetida de un Yo Ideal materno exclusivo y angustiante actúa sobre el sujeto como una inyección de apomorfina, para producirle disgusto (a menudo para siempre, porque ese desacondicionamiento resulta muy eficaz y muy precoz) por la genitalización diferencial que transforma el falo en pene y hace aparecer al mismo tiempo la representación de un sexo femenino auténtico, en lugar de la antigua imagen de una castración fálica-narcisista. El niño que se orienta hacia la solución perversa no puede alcanzar esta imagen verdaderamente sexual y exaltante del polo genital femenino. Todo riesgo de aparición de una representación de este orden en su campo perceptivo consciente crea de inmediato un efecto de disgusto. El sujeto se siente como un apomorfinado ante un vaso de alcohol, pero, además, opera una huída hacia el falo protector, y esos dos movimientos son aún considerablemente reforzados por el hecho de que el sujeto siente que él mismo ocupa fantasmáticamente una deliciosa y tremenda posición femenino-pasiva, castrado en el registro fálico-narcisista.

Como lo ha evocado FREUD en su artículo sobre *La diferencia anatómica entre los sexos* (1925), en el niño una parte del Yo reconoce la castración, en tanto que otra parte del Yo la niega; esta dualidad se prolongará durante toda la vida en el sujeto que se ha desarrollado según el modo perverso. Por lo tanto, nos encontramos finalmente ante dos series paralelas de defensas: una se refiere al interior del sujeto (inhibición y mecanismos anexos), la otra a aquello que ha dejado en el exterior (negación y forclusión).

El acondicionamiento perverso funciona pues en dos registros simultáneos: por una parte un registro banal bien adaptado a la realidad para todo aquello que permanece ajeno a la representación del sexo femenino, y por otra parte un registro aberrante y des-real para todo lo que pueda evocar esta representación.

A propósito de este punto conviene manifestar un desacuerdo radical con una tendencia de moda, que se pretendería más lúcida, más sincera y más liberal al proclamar que «somos todos perversos...» (sobreentendiendo: a igualdad de estructura). Sin duda, existe en cada individuo un residuo de la actitud fundamental ambivalente del niño descrito por FREUD y citado más arriba. Pero ello de ninguna manera obliga al funcionamiento mental del hombre corriente a desarrollar dos sectores estancos según el lugar ocupado por la representación del sexo femenino:

a lo sumo, en el adulto ordinario, una reactivación de tales fijaciones antiguas aporta algunos imprevistos (no siempre perturbadores) a la relación. El acondicionamiento perverso es algo muy diferente, y en él el sistema de defensa contra el genital es verdaderamente *organizado* y *organizador*, y no ya un simple núcleo residual esparcido, junto a muchos otros núcleos residuales arcaicos que contribuyen a especificar la originalidad de cada uno y se traducen en rasgos de carácter, como veremos en nuestra tercera parte (III-2).

La negación de la organización perversa, en la medida en que permanece fijada en un sólo género de representaciones, podría compararse con la negación de las «parapsicosis», de las que hemos hablado a propósito de las organizaciones psicóticas igualmente centradas sobre desrealizaciones estrechas. La diferencia esencial entre un acondicionamiento perverso y una parapsicosis, a nivel de la negación, reside en la elección de la representación sobre la que se opera esa negación en uno u otro caso: una parapsicosis (cf. observación n.º 6) puede ejercer su negación (y su delirio) sobre cualquier punto de la realidad, en tanto que en la organización perversa la negación sólo se aplica sobre la representación del sexo de la mujer.

Maurice BENASSY (1959) ha distinguido, por otra parte, dos modos de negaciones posibles: el primero se referiría a la percepción de los objetos y el segundo a la significación afectiva de esos mismos objetos, exclusivamente. El primer modo de negación se aplicaría pues al ordenamiento perverso, así como a la actitud primitiva del niño varón en este embrión reversible de perversión constituido por su primer negación de la *percepción* del sexo de la mujer, tal como la ha descrito S. FREUD en su artículo *Algunas consecuencias psicológicas de la diferenciación anatómica entre los sexos* (1925). El segundo modo de negación, por el contrario, se aplicaría más, en tanto que negación del *sentido* que va a darse al sexo de la mujer, a la organización caracterial, de la que nos ocuparemos más adelante; y de manera más general, a lo que FREUD, en ese mismo artículo, atribuye al comportamiento específico de la niña pequeña frente al descubrimiento de su propio sexo, de una vez por todas en el plano perceptivo, pero que plantea problemas en cuanto a la significación de la diferencia anatómica que existe entre los dos sexos.

S. FREUD (1905) ha hablado de la «*neurosis como negativo de la perversión*», y del «*niño como perverso polimorfo*»; se ha visto en la necesidad de emplear términos tan evocadores en razón de las fijaciones que persisten entre los perversos, tanto a nivel de las tendencias parciales como a nivel de las zonas erógenas parciales. Esas fijaciones están ligadas a las primeras experiencias del niño y no han podido ser integradas por el Yo o la supremacía del genital y en la totalidad del genital, debido a la condición incompleta del narcisismo y de la maduración que hemos señalado en todas las organizaciones límites y sus derivados.

De manera más evidente aún que en todas las otras categorías de este mismo grupo, el Super-yo del perverso no ha podido formarse en el sentido post-edípico del término. Frecuentemente hablamos, refiriéndonos al perverso, del «Super-yo permisivo»; la expresión nos parece abusiva dado que sabemos ya que en toda organización límite el Super-yo sigue siendo muy incompleto, al carecer de suficientes vivencias edípicas en el plano organizador; con mayor razón en un acondicionamiento tan cercano a la línea psicótica.

El perverso funciona especialmente sobre la base de un Ideal del Yo narcisista, maternal y fálico. Como no ha podido reparar convenientemente su narcisismo ni encontrar un objeto total y elaborar procesos secundarios suficientemente eficaces, el perverso se ve obligado a recurrir a satisfacciones muy incompletas con objetos parciales y en zonas erógenas parciales. Por las mismas razones, sólo puede obedecer a impulsos imperativos, inmediatos y sin futuro, de sus procesos primarios.

En el acondicionamiento perverso la herida narcisista se oculta detrás de toda representación objetal (y con mayor razón si se trata de una representación femenina, vivida como castrada narcisísticamente). La brecha narcisista es irreparable: los procesos primarios exigen violentamente satisfacciones ligadas a pulsiones parciales, objetos parciales y zonas erógenas parciales.

F. PASCHE (1962) ha observado que el perverso nunca podía manifestarse como un individuo completo: a pesar de su negación específica, se refiere sin cesar al falo maternal. Su angustia profunda permanece fijada a la carencia narcisista frente a la-gente-sin-falo; es una angustia de pérdida de objeto, pero de pérdida de objeto parcial en ese caso particular de angustia depresiva. Por lo tanto, lo que está en juego es todavía más delicado en cierto sentido, en la medida en que la parte represente al todo. Como en la totalidad de los sujetos límites, no se trata aquí de una angustia de castración genital.

De entre el grupo de los acondicionamientos límites, el perverso es el que se defiende contra la angustia depresiva más dramática; él es quien se acerca más al fraccionamiento psicótico, sin poder de todas maneras obtener el beneficio del reposo reestructurante que aporta, paradojalmente, un verdadero delirio.

A propósito de un caso de masoquismo perverso, M. de M'UZAN (1972) aporta una confirmación estructural al punto de vista que acabamos de exponer, actitud bastante rara entre los psicoanalistas, que siempre han relacionado perversión y genitalidad. M. de M'UZAN muestra que, en los perversos, «*el lazo fundamental entre mutilación genital y castración se ha modificado radicalmente, o incluso destruido*»; habla de la primacía del falo, de posición orgástica melomaníaca. La diferenciación entre padre y madre sería caracterológica y no sexual. La personalidad se hallaría «*estructurada* fuera de la problemática edípica», al «margen del Edipo». El autor describe igualmente los riesgos de despersonalización y el «triunfo del orgullo» del perverso.

M. de M'UZAN plantea sus reflexiones a partir del conocimiento de las regresiones psicosomáticas. Hemos visto aquí hasta qué punto ese género de regresiones tenía elementos comunes con nuestra economía límite, y no es sorprendente que con bases tan semejantes lleguemos a comprobaciones paralelas.

No podríamos terminar este parágrafo sobre el acondicionamiento perverso sin poner en evidencia las razones que a veces han llevado a los psicoanalistas a incurrir en ciertas confusiones acerca de la naturaleza estructural del perverso.

En efecto, al parecer no distinguimos de manera lo suficientemente precisa lo que es realmente perversión de lo que sigue siendo neurótico (y por ende genital).

En el voyeurismo de la categoría neurótica, por ejemplo, existe una búsqueda del incesto con la madre en tanto que esposa del padre, mientras que en el voyeurismo de categoría perversa se trata simplemente de un cuerpo femenino impersonal; en ese caso no hay ni Super-yo en actividad ni culpabilidad, sino una necesidad narcisista compulsiva y agresiva, atemperada solamente por una vergüenza eventual, y no por el temor al castigo.

El obsesivo lucha contra un deseo de deshonrar al objeto edípico, en tanto que el coprófilo deshonra deliberadamente cualquier objeto y en general un objeto parcial.

El artista de categoría genital crea imágenes más o menos detalladas y variadas destinadas a una cantidad ilimitada de otros seres humanos, en tanto que el perverso se limita a imágenes bastante precisas, todas del mismo tipo, que se reservan para su placer personal o exclusivamente para aquellos que son semejantes a él.

El fetichismo, centrado sobre el Ideal del Yo, se orienta hacia una limitación del objeto parcial femenino, en tanto que los simbolismos genitales auténticos representan siempre un objeto total.

La homosexualidad, así como el masoquismo o la fobia, puede presentarse en cualquier modo de estructuración. La homosexualidad psicótica se encuentra por ejemplo en la paranoia, y constituye un ensayo de resolidificación del Yo sobre posiciones duales irrealistas pero tranquilizadoras; la homosexualidad neurótica no constituye sino una defensa contra el Edipo positivo; en cuanto a la homosexualidad perversa, concierne a la relación madre-hijo en los estadios pre-edípicos, es decir, a una búsqueda de la plenitud narcisista por medio del juego de la imagen en el espejo.

Para comprender bien la especificidad y la verdadera naturaleza económica de los acondicionamientos perversos resulta indispensable separarlos selectivamente de otras entidades estructurales vecinas, que conservan el mismo aspecto manifiesto pero no corresponden del todo a los mismos índices metapsicológicos latentes.

B) Las organizaciones caracteriales

A partir del tronco común acondicionado de las organizaciones límites se desprenden, en dirección hacia la línea neurótica, acondicionamientos bastante estables que imitan en mayor o menor grado los comportamientos neuróticos, sin que sin embargo se unan a la línea estructural genital. Estas son las llamadas organizaciones «caracteriales».

Tales organizaciones se originan cuando la angustia depresiva por pérdida del objeto es rechazada hacia el exterior y consigue mantenerse allí de manera bastante duradera. Ese mantenimiento de la angustia en el exterior del Yo sólo es posible al precio de un gran desgaste energético que permite el triunfo de las formaciones reaccionales, complicadas pero considerablemente bien adaptadas a las condiciones de la realidad externa. El consumo de energía psíquica necesario para este éxito es elevado, ya que esas formaciones reaccionales deben mantenerse incesantemente, bajo pena de que reaparezca la angustia en el interior del Yo, lo que siempre puede producirse en ocasión de un momento depresivo del que los «caracteriales» no están libres en absoluto.

P. C. RACAMIER (1963) ha descrito tres «enfermedades del carácter» que corresponden sensiblemente a nuestros acondicionamientos caracteriales: a la «neurosis» de carácter, a la «psicosis» de carácter y a la «perversión» de carácter.

Según la exigencia de rigor terminológico cuyos reclamos he proclamado continuamente a lo largo de todo este trabajo, no me es posible, evidentemente, aceptar los términos de «neurosis», «psicosis» y «perversión» adosados a la expresión «de carácter» por P. C. RACAMIER para definir esas tres entidades.

Pero por otra parte, como nuestra aversión por los neologismos inútiles resulta igualmente muy profunda, y como no he concebido todavía definiciones mejores hasta el presente, me daré pues por satisfecho con manifestar, por una parte, mi insatisfacción, y, por otra, me sacrificaré sin depresión a la modestia, utilizando términos que no me parecen adecuados pero que sin embargo ilustran bastante bien mi propósito. El compromiso provisorio al que he llegado finalmente consiste en colocar siempre los términos «neurosis», «psicosis» y «perversión» entre comillas, todas las veces que me encuentre en la obligación de emplearlos por necesidad en un sentido que, desde mi punto de vista, no es por cierto el suyo en el plano estructural.

Por el contrario, estoy totalmente de acuerdo con el contenido que P. C. RACAMIER daba a tales denominaciones en sus exposiciones de 1963.

En este capítulo me extenderé con mayor amplitud sobre esas tres categorías de nociones tan diversas y tan ricas en matices, dado que la segunda parte de este trabajo consistirá en el desarrollo de cada uno de esos puntos, a partir de la óptica clínica y relacional (cf. II, 3). Aquí me limitaré a exponer rápidamente sus situaciones recíprocas:

a) «Neurosis» de carácter

Las *«neurosis» de carácter* no pueden aspirar a la categoría estructural neurótica, ya que no se basan en un conflicto entre el Ello y el Super-yo. No consiguen acceder a un conflicto edípico porque no han podido vivirlo según el modo organizador. Su angustia se mantiene en un estadio pre-depresivo, de pérdida del objeto, no de castración. No hay ningún síntoma-compromiso de naturaleza neurótica. Se trata ante todo de enfermedades de la relación, que se apoyan sobre formaciones reaccionales, que utilizan el anaclitismo, es decir la dependencia, bajo el aspecto de una aparente dominación exitosa del objeto y de la imitación, más que la identificación.

Es el maltratado entorno quien se queja a la larga, y no el sujeto, mientras resistan las formaciones reaccionales.

Por lo tanto, se trata aquí de una rama surgida poco a poco del tronco común de las organizaciones límites *(cf. fig. 8)* y que constituye el tentáculo más pronunciado que ese tronco común emite en dirección de la línea estructural neurótica auténtica. La «neurosis» de carácter juega «a la neurosis» sin tener su riqueza estructural genital. Esta superchería exige pues un elevado gasto energético que se destina «a fondos perdidos» en costosas contrainversiones y que engañan eficazmente al entorno familiar, profesional o social, mientras le es posible mantenerlas. Esos sujetos son mucho más dóciles que los neuróticos en razón de sus necesidades anacríticas, mucho más activos y menos inquietantes genitalmente, y de allí una buena parte de su éxito junto a sus cónyuges o jefes de todos los niveles (al menos durante un cierto tiempo). En efecto, corren el riesgo de no tolerar la vejez, de ver que sus defensas o sus formaciones reaccionales se endurezcan (y por lo tanto de que el otro las soporte menos), o incluso que estallen (caso de descompensaciones de la senescencia citadas más arriba).

b) «Psicosis» de carácter

Las *«psicosis» de carácter* no dependen en absoluto de la línea estructural psicótica, ya que no existe dificultad de contacto con la realidad a ese nivel. Se trata solamente de un error de *evaluación afectiva* de esta realidad. Como consecuencia de un doble funcionamiento del Yo en un registro real y en un registro anaclítico distintos, y también como consecuencia del importante desarrollo de las proyecciones hacia el exterior que de él resulta para todo lo concerniente a los elementos perturbadores de las representaciones, el sujeto llega a cometer errores sensibles en la evaluación de una cantidad cada vez mayor de aspectos objetivos de la realidad.

Aquí se trata, pues, de una ramificación surgida del tronco común de los estados límites en dirección a las organizaciones neuróticas *(cf. fig. 8)*, pero que esta vez no llega tan cerca de la línea estructural neurótica, aunque se mantiene en esta dirección que sin embargo busca. El infantilismo y la falta de logros prácticos sigue siendo mucho más consecuente en las «psicosis» de carácter que en las «neurosis» de carácter.

c) «Perversiones» de carácter

Las *«perversiones» de carácter* corresponden a los «perversos» afectados de *«perversidad»* y no a los «perversos» afectados de perversión, ya que el mismo adjetivo corresponde a dos sustantivos muy diferentes en su significación clínica y teórica.

En las «perversiones» de carácter ya no se trata de operar una negación del sexo de la mujer, como ocurre en el caso de las perversiones a secas. La negación de las «perversiones» de carácter se ejerce solamente sobre el derecho de los otros a poseer un narcisismo propio: para tales sujetos, los otros no deben tener intereses propios y mucho menos inversiones en otras direcciones; todo objeto relacional sólo puede servir para tranquilizar y completar el narcisismo desfalleciente del «perverso» de carácter. El sujeto mantiene al objeto en una relación sadomasoquista muy estrecha.

Esos acondicionamientos se originan en la economía anaclítica del tronco común de las organizaciones límites *(cf. fig. 8)*. Son menos sólidos que las «neurosis» o incluso las «psicosis» de carácter, ya que en general el entorno los tolera difícilmente y, en razón de su agresividad a flor de piel, suele calificarlos de «pequeños paranoicos».

SEGUNDA PARTE

Hipótesis sobre los problemas del carácter

HISTORIA

La historia de la caracterología nos ofrece una riqueza y una diversidad de proposiciones de clasificación sobre las que no me será posible extenderme; esas proposiciones, en muchos casos, han resultado, desde su publicación, tan célebres como discutidas.

En líneas generales podemos dividir, de manera algo arbitraria, los diferentes sistemas caracterológicos en caracterologías de criterios físicos, psicológicos, patológicos o psicoanalíticos.

Las caracterologías de criterios físicos se esfuerzan por alcanzar el tipo de organización psíquica a través del aspecto corporal del sujeto. Su análisis va del exterior hacia el interior, de lo manifiesto a lo oculto. Los tipos «mixtos» abundan en ellas y hacen que muchas de las descripciones sean poco claras y discutibles.

Los «morfologistas» son conducidos por E. KRETSCHMER (1921: pícnico, leptosomo y atlético), VIOLA (1928: braquitipos, longitipos y normotipos), SIGAUD (1912: el plano y el redondo), MAC AULIFE (1926: los tipos francos y los tipos irregulares), MANOUVRIER (1902: los asténicos, los mesosténicos, los hiposténicos y los hiperesténicos), THOORIS (1937: el arctilíneo y el latilíneo), KRYLOF (1939: el grácil y el lipomatoso), VERDUN (1950: relaciones entre los volúmenes de la cabeza y el cuerpo), DUBLINEAU (1951: el escapular, el trocanteriano, el ilíaco y el armónico), CORMAN (1950: los dilatados y los retractados). W. H. SHELDON (1950) estableció sus famosas «correlaciones» a partir de clichés fotográficos que determinan los tres componentes: endomórfico, mesomórfico y ectomórfico.

Los «fisiologistas» se interesan por los metabolismos con FOUILLEE (1895), ALLENDY (1922), JAENSCH (1927), PENDE (1934), o por los factores neuro-humorales con CANON (la homeostasis: 1927), HESS (1926), SELYE (el concepto de *stress*: 1950) y W. LUTHE (1957).

Los «neurologistas» están representados principalmente por la escuela reflexológica de PAVLOV y MIASNIKOFF que, entre 1930 y 1950, han clasificado a los individuos en fuertes equilibrados móviles, fuertes equilibrados poco móviles, fuertes desequilibrados y débiles; únicamente los dos últimos tipos presentarían tendencia a la patogenia. KRASNOGORSKI (1949) definió el sanguíneo, el flemático, el colérico y el débil; IVANOV-SMOLENSKI a los tipos excitado, inhibido, lábil e inerte.

Todas estas caracterologías con criterios físicos siguen presentando infiltraciones más o menos metafísicas, ya que suponen una correlación posible entre particularidades físicas y psíquicas. Por lo tanto, existe una desproporción evidente entre la pequeña cantidad de diferencias físicas o fisiológicas que distinguen en el fondo a los seres humanos y sus muy numerosas diferencias psíquicas. Por otra parte, H. REMY y C. KOUPERNIK (1964) han mostrado hasta qué punto es conveniente desconfiar de las ideas demasiado simplistas que suponían una acción directa de las glándulas endocrinas sobre el psiquismo; en efecto, el mismo funcionamiento hormonal puede ser notablemente modificado en función de los factores psíquicos.

Un sujeto particular no puede ser considerado como determinado pasivamente por su constitución y su herencia somato-fisiológica; también lo es, y de modo activo, por el aspecto que su modo de funcionamiento mental y su tipo de relación objetal le hacen conferir, *ante los otros* (y a sus propios ojos), a su morfología general, a su semblante, a su estática, a su género de economía fisiológica, a su voz, etc., y ello independientemente (al menos en gran medida) de las cualidades o los defectos innatos que existen en esos diversos registros.

Aquél que haya alcanzado el nivel elaborativo edípico

utilizará, en su presentación corporal y su juego fisiológico corporal, un lenguaje erotizado. La semántica de ese lenguaje seguirá siendo corporal y su sintaxis afectiva resultará triangular y genital. En la estructura psicótica, por el contrario, el cuerpo será concebido y mediatizado como fraccionado, amenazado por un estallido de parte de los otros, en el contacto mismo con los otros. En cuanto a las organizaciones de tipo anaclítico y narcisista, su representación y su presentación de los aspectos corporales se mantienen estrechamente dependientes, según la distancia vivida del objeto, y según oscilaciones económicas permanentes e irregulares entre movimientos hipomaníacos y depresivos.

Así, las caracterologías según criterios físicos o fisiológicos se consideran superadas y demasiado focalizadas en su descripción, aunque en cierta medida buscan dar cuenta, con más o menos felicidad, de los estilos según los cuales los individuos se presentan a sí mismos tanto como a los otros. Por lo tanto, el aspecto físico podría finalmente traducir un aspecto relacional de hecho interesante, a condición de no aportar demasiado crédito a los factores físicos o fisiológicos denominados «constitucionales» exclusivamente.

Las caracterologías de criterios psicológicos se remontan a los tiempos más antiguos. La tradición remite a DEMOCRITO, HIPOCRATES y GALENO el origen de la célebre concepción de los «humores» (el bilioso o el colérico, el linfático o el flemático, el sanguíneo y el nervioso).

Los humanistas, a continuación de MONTAIGNE, LA BRUYERE, LA ROCHEFOUCAULD y VAUVENARGUES, autores tales como SHAKESPEARE, BOILEAU, LA FONTAINE o MOLIERE ingresaron en una vía científica con DESCURET (1841), S. PEREZ (1891), Th. RIBOT (1892) Fr. PAULHAN (1894), A. FOUILLEE (1895: temperamento de ahorro o de gasto), A. BINET (1895), W. STERN (1900), FURNEAUX JORDAN (1896: los activos, los reflexivos, los inactivos), QUEYRAT (1911: tipos puros, mixtos y equilibrados).

La escuela de GRONINGUE merece una mención aparte: HEYMANS y WIERSMA se apoyan sobre tres propiedades fundamentales: emotividad, actividad, repercusión de las representaciones, cuya combinación origina ocho tipos de caracteres (amorfos - apáticos - sanguíneos - flemáticos - nerviosos - sentimentales - coléricos - apasionados). En Francia, LE SENNE retoma y desarrolla esos trabajos a partir de 1930.

Toda una serie de teóricos se interesan accesoriamente en la caracterología: L. KLAGES (1910: reactividad, afectividad y voluntad), A. ADLER (1933: caracteres agresivos y no agresivos; separación y vinculación), C. G. JUNG (1913: introvertidos y extrovertidos, funciones fundamentales: pensamiento, sentimiento, sensación o intuición), QUERAT (1911: sensibilidad, actividad, inteligencia), WEBB (1913: entusiasmo o sociabilidad), G. SIGAUD (1914) y sus discípulos, L. VINCENT (1916), A. THOORIS (1937) y MAC AULIFE (1926); F. MENTRE (1920), Ach. DELMAS y M. BOLL (1931: avidez, bondad, sociabilidad, actividad, emotividad), G. EWALD (1924: asténicos, esténicos, impresionables, fríos), E. R. JAENSCH (1927: tipos centrales y periféricos, integrados o desintegrados), Ed. SPRANGER (el estético, el económico, el teórico, el sociable, el hombre que quiere el poder, el hombre religioso), F. KUNKEL (1930: constitución débil o fuerte según los datos de la constitución y de la educación), W. BOWEN (1931: el eusitimo o isotimo, el anisotimo y disentimo).

LE SENNE ha descrito las correspondencias entre los tipos descritos por HEYMANS y WIERSMA y los tipos hipocráticos, en su *Tratado de caracterología* (1945), que marca la detención, en Francia, de las investigaciones en el marco de la caracterología clásica. Citemos sin embargo los trabajos de PIERON (1957), de WALLON (1950), de Gaston BERGER (1950), de DUBLINEAU (1947), las consecuencias caracterológicas de los trabajos de H. RORSCHACH, retomados por H. FOISSIN (1965) y los aportes de J. TOUT-LEMONDE (1961: los generosos, los pródigos, los parsimoniosos, los vanidosos, los soberbios, los delicados y los indelicados), de J. RAMIREZ (1924) y U. MARQUET (1967).

La antropología cultural, finalmente, constituye otra corriente que aporta elementos interesantes a las caracterologías de criterios psicológicos. Los trabajos de MALINOWSKI, de M. MEAD (1934), de Ruth BENEDICT (1935) y de M. DUFRENNE (1953) se prolongaron en las investigaciones de K. HORNEY (1951), de FROMM y SULLIVAN (1953).

Pocas caracterologías de criterios psicológicos han impulsado la investigación relacional con la suficiente profundidad; aun en JUNG o RORSCHACH, la importancia que se concede sólo a los puntos de vista descriptivos reduce considerablemente el interés y el alcance del tipo descrito; es sin duda por esa razón que, luego de un cierto éxito a ese nivel, la investigación parece agotarse y la clínica no encuentra en ellas un terreno demasiado explotable. Se han tenido mucho más en cuenta los aportes constitucionales que las adquisiciones de la elaboración relacional y genética; el carácter es considerado como una suma de rasgos compartimentados estáticos, fijados de una vez para siempre. Nunca se ha tenido suficientemente en cuenta la importancia del modo de establecimiento, así como de la evolución, la relación objetal, la naturaleza de la angustia profunda y los mecanismos de defensa y de adaptación; en fin, el punto de vista de la economía libidinal se menciona muy poco en términos generales. En efecto, ¿cómo concebir una psicología del carácter sin tratar de definir los límites de la evolución, las fijaciones o las regresiones eventuales de la genitalidad?

Las caracterologías de criterios patológicos han aparecido más recientemente. A veces se las emparenta con la biotipología según el ángulo de la antropología criminal, con C. LOMBROSO (1875) B. di TULLIO, y luego VIOLA y PENDE.

E. KRETSCHMER (1972), luego N. KRETSCHMER (1954), así como VERDUN (1950), DUBLINEAU (1949), HOOTON (1939) y SHELDON (1940-1941) se consagraron a los factores bio-psico-fisiológicos. MORGENTHALER (1921), VINCHON (1924) y VOLMAT (1952) se dedicaron a investigaciones sobre las producciones artísticas de los enfermos mentales y H. EY (1948) a las de los surrealistas.

J. L. LANG y G. RAVAUD (1955) nos recuerdan que ARISTOTELES asimilaba los hombres políticos o los artistas a la locura de AYAX o a la misantropía de BELEROFONTE. MOREAU de TOURS (1859) y GALTON (1892) investigan los vínculos entre genio y neurosis.

La psiquiatría moderna, con Th. RIBOT (1893), E. KRAEPELIN (1890), MOREL (1860), KAHLBAUM (1885),

E. BLEULER (1911), E. DUPRE (1909), DELMAS y BOLL (1927), CLAUDE (1926), E. MINKOWSKI (1932) trata de establecer una caracterología coherente a la vez con las teorías clásicas del carácter y con los progresos realizados en el estudio de los problemas mentales.

La escuela de TUBINGEN ha dominado, a partir de 1921, esta tendencia. E. KRETSCHMER separó en primer lugar el ciclotímico del esquizotímico, y luego del epileptoide. KNIPPEL distingue en 1921 los fatigados, los somnolientos y los emotivos. F. MINKOWSKI (1927) considera tres poderes formales centrados sobre el objeto, el ser humano o el cosmos, al retomar una parte de los trabajos de LOMBROSO (1885), PICHON (1888), E. KRETSCHMER (1927). E. MINKOWSKI, por su parte, se apoya sobre BLEULER y JUNG para describir el «impulso vital», base relacional de cada individuo. K. LEWIN (1929), distingue sus «valencias» positivas o negativas, W. BOWEN (1931) concibe una ciencia del carácter basada sobre tres tipos: ensotímico, anisotímico y disentímico, L. SZONDI, en 1939, distingue las asociaciones factoriales del homosexual, del asesino, del epiléptico, del melancólico, del histérico, del catatónico, del paranoico y del maníaco. L. MARCHAND y J. de AJURIAGUERRA (1948) han analizado los problemas caracteriales de los epilépticos. J. DUBLINEAU (1947) discierne entre tipos «resistenciales» o «adaptativos». P. ABELY (1949) estableció una cierta cantidad de esquemas «endocrino-psiquiátricos» y M. VERDUN (1950) se ocupa de los disfuncionamientos neuro-simpático-caracterológicos. Finalmente, en 1966 L. MICHAUX distingue los caracteres emotivos, inestables, mitómanos, ciclotímicos, obsesivos, paranoicos, epilépticos, esquizoides y perversos.

Como lo han mostrado D. WIDLÖCHER y M. BASQUIN (1968), esas clasificaciones mezclan a menudo los simples estados anímicos con alteraciones de una naturaleza muy diferente. Sin embargo, debemos señalar que no cualquier comportamiento caracterial corresponde (en caso de descompensación) a este o aquel accidente patológico, así como toda estructura patológica conocida se presenta siempre acompañada de *posibilidades* caracteriales limitadas. Por lo tanto, no podemos limitarnos a una simple nomenclatura de entomologista sin vínculos precisos entre los diversos elementos presentes.

Tales estudios plantean también las delicadas cuestiones del «terreno» de las predisposiciones mórbidas, lo «normal» y lo «patológico», los factores de adaptación. Ante todo tendríamos que determinar condiciones de estudios dinámicos, tópicos o relacionales comparables; frecuentemente los psicopatólogos pre-freudianos han carecido de los medios para situarse en tales condiciones.

Las caracterologías de criterios psicoanalíticos han comenzado a desarrollarse con el artículo de FREUD en 1892, *Un caso de curación por medio de la hipnosis,* en el que se trata del carácter histérico. En los *Tres ensayos* (1905), FREUD termina por fijar un triple origen para el carácter: las pulsiones sexuales, la sublimación, y «otras construcciones destinadas a reprimir los movimientos perversos que han sido reconocidos como no utilizables». En 1915 aparece el artículo sobre *Algunos tipos de caracteres descubiertos en la labor psicoanalítica* (los frustrados, que esperan continuamente una reparación, los que fracasan ante el éxito y los criminales por culpabilidad). *El Yo y el Ello* (1923) nos remite al punto de vista tópico y al aspecto narcisista de la formación del carácter que resultaría de los sucesivos abandonos de objetos sexuales, y resumiría la historia de esas elecciones de objetos. En 1925, el estudio sobre *Algunas consecuencias psicológicas de la diferencia anatómica entre los sexos* se interesa por las distinciones, fundamentales en el plano genético, de los elementos caracteriales masculino y femenino. En *El malestar en la cultura* (1930), FREUD opone ya el tipo erótico al tipo narcisista.

En 1931, en *Los tipos libidinales,* S. FREUD se arriesga, por primera y única vez, a realizar un ensayo de clasificación caracterológica. Se apoya sobre las correlaciones que existen, en su opinión, entre carácter y libido, y rechaza toda categoría psiquiátrica buscando llenar «*la aparente fosa entre lo normal y lo patológico*». FREUD parte de tres tipos libidinales principales: *el tipo erótico* (libido vuelta en su mayor parte hacia la vida amorosa, con angustia de pérdida del amor y por ende dependencia de los objetos externos), *el tipo obsesivo* (dominado por la preponderancia del Super-yo y la angustia moral, por lo tanto con dependencia interna de las instancias interdictoras) y el *tipo narcisista «sin tensión entre Yo y Super-yo ni predominancia de las necesidades eróticas, orientado hacia la conservación de sí mismo, autónomo y poco intimidable; estos tipos se imponen a su alrededor como «personalidades» particularmente cualificadas para servir de sostén a los otros, asegurar el rol de líder,*[1] *dar nuevos impulsos al desarrollo cultural o atacar a lo establecido».*

Más tarde, y como en toda gestión caracterológica clásica, FREUD, poco satisfecho de sus tipos «puros», describe los tipos «mixtos»: *el tipo erótico obsesional* (vida pulsional fuerte pero obstaculizada por el Super-yo), *el tipo erótico-narcisista* (sería el más frecuente: la agresividad y la actividad se hallan ambas bajo la primacía del narcisismo) y finalmente *el tipo narcisista-obsesional.*

En el plano científico, las hipótesis de FREUD en ese artículo parecen algo insólitas en relación con el estado de sus elaboraciones conceptuales de 1931. Describir el tipo erótico predispuesto a la histeria como si se basara en una angustia de pérdida de objeto no es lógico en absoluto; poner en un mismo plano lo erótico, lo obsesivo y lo narcisista constituye una comparación sumamente heteróclita.

Finalmente, a propósito de los tipos mixtos, podemos lamentar que FREUD no haya precisado cómo, cualitativa y cuantitativamente, se operaba esta combinación, ya que es bien evidente que no puede tratarse de una mezcla banal o accidental.

Por último, en 1923, en las *Nuevas conferencias,* FREUD volverá a insistir sobre la influencia de los factores pregenitales sobre la formación del carácter, a propósito de los caracteres anal y uretral. Evoca las dificultades con que se enfrenta para definir un carácter y extrae la conclusión de que «*el carácter debe atribuirse al Yo».*

Los post-freudianos han avanzado poco a poco en la vía caracterial: SADGER en 1910 *(Erotismo y carácter anal),* E. JONES en 1913 *(Odio y erotismo anal)* S. FERENCZI en 1916 *(Ontogénesis de la importancia que se concede al dinero),* H. HELMUTH en 1921 *(Los problemas del carácter*

---

1. Conservamos la costumbre de traducir así, en inglés el término original freudiano «Führer».

en el niño), J. JASTROW en 1916 *(Carácter y temperamento).*

Los trabajos más importantes siguen siendo los de Karl ABRAHAM entre 1920 y 1925 sobre el carácter oral, el carácter anal, el carácter uretral y el carácter genital. Luego W. REICH, entre 1927 y 1933, ha puesto a punto los principios de su «análisis caracterial». En 1935, R. de SAUSSURE redacta un artículo sobre los rasgos de carácter reaccionales. S. NACHT presenta en 1938 su primera descripción del carácter masoquista. H. DEUTSCH publica en 1965 *Neurosis y tipos de caracteres,* retomando por una parte los trabajos de ABRAHAM y de RADO y sus propias investigaciones de 1942 sobre las personalidades «As if». Por otra parte, la aproximación caracterológica de A. FREUD en 1965 sobre las grandes líneas del desarrollo del niño debe constar en esta lista.

Los analistas contemporáneos han consagrado numerosos trabajos a los problemas caracteriales. J. FAVEZ-BOUTONIER nos propone, en 1945 *(Las debilidades de la voluntad)* un estudio basado en las relaciones entre el Yo y el Super-yo, y particularmente en eventuales debilidades; en *Angustia y libertad* (1945), el mismo autor se interesa por los variados aspectos de la angustia, según los diferentes aspectos del funcionamiento mental. S. LORAND, en 1948 *(Formación del carácter)* retoma una clasificación genética de las etapas caracteriales, en tanto que E. GLOVER (1948 y 1951) considera las particularidades del carácter como simples facetas de los diferentes sistemas del Yo.

P. FEDERN (1926) se refiere a los modos de funcionamiento del Yo fuera de la situación de conflicto, en tanto que F. ALEXANDER (1935) se interesa en los caracteriales «frígidos» y M. BALINT (1955) describe sus célebres «filobatos» y «ocnofilos». ZILBORG (1933) considera las defensas caracteriales. BERGLER (1933) retorna sobre el carácter oral, E. JONES sobre el carácter celoso (1930), O. FENICHEL (1937 y 1939) sobre los aportes narcisistas y NUNBERG (1956) opone de manera bastante radical carácter y síntomas.

E. KESTEMBERG distingue, en 1953, rasgos de carácter patológicos y formaciones reaccionales. El carácter correspondería en la vida, según el autor, a la elaboración secundaria en el sueño.

H. SAUGUET esboza en 1955 una síntesis de los diferentes caracteres, tambien en referencia a las formaciones reaccionales.

De 1948 a 1960, M. BOUVET se ha dedicado a distinguir los elementos del carácter genital de los elementos de un carácter «pregenital», cuyos componentes principales han sido a continuación retomados o desarrollados por muchos autores.

R. DIAKTINE y J. FAVREAU han abierto el camino, en 1955, a la reflexión sobre una eventual caracterología analítica. Definen el carácter como «el conjunto de los modos relacionales del individuo con lo que le rodea, en la perspectiva que da a cada personaje su originalidad». Diferencia carácter y neurosis de carácter. La génesis del carácter comprendería tres períodos: un período de identificación primaria, un período de identificación secundaria y finalmente el período de aparición del carácter propiamente dicho, que corresponde al final de la latencia, a la adolescencia y la madurez.

En 1963, J. LAMPL DE GROOT se interesa en la formación del carácter con referencia a la formación de los síntomas, tema desarrollado también por D. WIDLÖCHER en 1964 y luego en 1970.

D. WIDLÖCHER y M. BASQUIN han establecido, por otra parte, en el año 1968, una síntesis de la patología del carácter, distinguiendo carácter, personalidad y temperamento.

En cuanto a S. NACHT y H. SAUGUET, en 1969 han publicado una *Teoría psicoanalítica de la formación del carácter* que considera el carácter como un equivalente de un «síntomas del Yo».

M. H. STEIN, por último, comprende los rasgos de carácter como una defensa contra los síntomas, y considera el carácter como un principio de organización destinado a reducir los conflictos con un mínimo de energía, como una necesidad de encontrar la adaptación.

Para cerrar esta revista muy rápida e incompleta de los principales escritos que conciernen a las caracterologías de criterio psicoanalítico, parece oportuno citar el punto de vista crítico propuesto en 1954 por E. GLOVER: *«En lo que concierne a la caracterología psicoanalítica, se imponen dos observaciones: la primera es que en su momento esta caracterología analítica revolucionó completamente la psicología normal; la segunda que ahora es tiempo ya de someterla a una revisión radical. Con tantos otros descubrimientos psicoanalíticos, lo que en principio aparecía como una serie de formulaciones irreducibles se ha revelado a continuación nada más que como una aproximación grosera... Esta misma observación se aplica a la «primacía» de los componentes libidinales sobre los cuales se han basado hasta ahora todas las caracterologías psicoanalíticas. Tal revisión se impone (...) desde el momento en que el efecto de las primacías de los mecanismos mentales sobre las estructuras precisas del Yo no puede ser puesto en evidencia (...) A ello debemos agregar todavía que los antiguos trabajos sobre la caracterología se hallaban todos situados bajo la influencia de la evaluación preconsciente de un proceso terminado (end product). Son el reflejo de una tendencia, no demasiado extendida en los círculos psicoanalíticos, a proyectar sobre el niño pequeño procesos más elaborados de la segunda infancia y a veces de la vida del adulto».*

1

El carácter

Ya hemos comprobado la considerable diferencia que existe entre, por una parte, los abundantes conocimientos fragmentarios que poseemos sobre los problemas del carácter y, por otra parte, la precariedad de las síntesis que alcanzan a los diferentes niveles en los que podemos encontrar habitualmente elementos caracteriales.

La distinción dialéctica entre «neurosis de carácter» y carácter neurótico, habitual entre los psicoanalistas contemporáneos, no parece haber producido avances en este dominio. Me resultaría fácil acusar, una vez más, a los psicoanalistas por permanecer fijados en su óptica genital y edípica para explorar este ámbito, que los literatos o los biógrafos en general, y los biógrafos políticos en particular, conocen mejor que los psiquiatras, quienes no se sienten tan cómodos en él, como ocurre siempre que no se presenta de manera manifiesta un factor mórbido.

Como he expuesto más arriba, mis trabajos desde 1971 me han conducido a hipótesis que en principio delimitan tres niveles caracteriales muy diferentes.

Estos tres niveles hemos de considerarlos en las páginas siguientes con la atención que su importancia requiere, ya que los mismos —como queda dicho— han sido la conclusión de largas jornadas de investigaciones y análisis de datos.

1. El «*carácter*» propiamente dicho
2. El plano de los «*rasgos de carácter*»
3. El dominio de la llamada *patología* «*del carácter*»

Es posible que el lector vea en esta distinción simplemente una ordenación más precisa de datos que en última instancia no son nada nuevos. Sin embargo, esta clasificación me ha parecido una base necesaria para la prosecución de mis hipótesis, en el sentido de la investigación de las articulaciones que existen entre esos tres planos entre sí, por una parte, y por otra parte entre esos tres planos por un lado, y las estructuras de base por el otro.

Para resumir en líneas generales las orientaciones directrices de mis hipótesis, diría que considero el *carácter* como la emanación misma de la estructura profunda en la vida relacional (independientemente de todo factor mórbido eventual); el carácter constituye, pues, el testimonio visible de la estructura de base de la personalidad, el verdadero «*signo exterior de riqueza o de pobreza estructural*».

Una vez terminada la crisis de la adolescencia, tal como lo he considerado en mi primera parte, la estructura profunda se establece de manera definitiva o bien, en el caso de la estructuración anaclítica, un estado de organización se prolonga de manera bastante duradera, aun cuando todavía pueda ser alterado.

Pero, en uno u otro caso, en ese momento el acceso relacional traduce los modos de funcionamiento del Yo en el plano defensivo y adaptativo, la manera en que se tratan las necesidades pulsionales, la naturaleza de la elección objetal, el nivel de los conflictos, la categoría de las representaciones oníricas y fantasmáticas, o las particularidades de la angustia latente. El carácter se fija también por sus aspectos relacionales manifiestos que dependen de las características estructurales latentes y en estrecha corelación con ellas. Como lo ha definido H. EY (1967) *«el carácter es la fisionomía original de la individualidad psíquica».*

O. FENICHEL (1953) estima que «*el concepto de carácter encara un objetivo más amplio que el estudio de los mecanismos de defensa implantados en el carácter en sí mismo. El Yo protege al organismo contra las experiencias internas o externas que bloquean sus reacciones, pero también reacciona. Se expresa directamente y obliga a los otros a deformarse en alguna medida. La organización dinámica y económica de sus acciones positivas, la manera en que combina sus tareas para encontrar una solución adecuada, contribuyen también a constituir el carácter*».

En las formaciones del carácter, O. FENICHEL incluye no sólo los diversos niveles de funcionamiento del Yo, sino que toma en cuenta de manera directa las influencias del medio.

Según él, el carácter se sitúa en la confluencia entre las exigencias pulsionales y el mundo exterior; por lo tanto, sólo puede manifestarse a nivel de una de las funciones esenciales del Yo, tal como lo ha concebido siempre la teoría psicoanalítica.

S. RADO (1928) ha llegado incluso a predecir que las investigaciones futuras nos llevarán a la conclusión de que los elementos individuales que concurren a la actividad de síntesis del Yo constituyen el núcleo de lo que podríamos llamar «*el carácter del Yo*».

Actualmente, la mayoría de los autores parecen estar de acuerdo acerca de la estabilidad y la constancia del «carácter». Esta constancia dependería tanto de los datos innatos del Yo como de factores adquiridos temprana y tardíamente a nivel de la estructuración, y que implican las inevitables fijaciones y regresiones cuyas contorsiones más o menos arcaicas serían seguidas por el carácter.

La organización del carácter que corresponde a los acondicionamientos relacionales manifiestos de la estructura latente no puede proceder sino siguiendo paso a paso los progresos o los fracasos de la evolución estructural: categoría de las zonas erógenas, posibilidades de cambio del objeto, acondicionamiento de la ambivalencia primitiva, funcionamiento, reciprocidades de los principios de placer y de realidad, juego de identificaciones, negociación de las descargas pulsionales, constitución del Superyo, etc.

Así, poco a poco, el «carácter» podrá o no podrá, al igual que la estructura, desprenderse de la relación fusional, luego dual, luego triádica, luego triangular en sentido estricto y finalmente en el sentido más amplio del término. Tendremos así que estudiar sucesivamente los caracteres «psicótico», «narcisista» o «neurótico», de la misma manera en que lo hemos hecho a propósito de las estructuras de la personalidad.

A menudo se ha opuesto la trayectoria caracterológica a la trayectoria psicoanalítica; la primera aparece como descorazonadora, por la puesta en evidencia de un cierto automatismo que se ha tratado de distinguir de la compulsión de repetición descrita por los psicoanalistas, y que éstos tratan de poner en evidencia para permitir que el sujeto sea capaz de detenerlo. El psicoanalista se halla en posición ventajosa con respecto al caracterólogo, en la medida en que él penetra más en lo que especifica al carácter en tanto que modo de ser en el mundo, y también en la medida en que su aproximación fenomenológica se sitúa a un nivel tópico, económico y dinámico forzosamente más profundo que el del psiquiatra o el del psicólogo. El psicoanalista no puede dejar de emplear sus referencias de interpretación y sus métodos de escucha en la aproximación al sujeto que se examina, al igual que ese sujeto, en contrapartida, no puede ignorar que con él, con el psicoanalista, el modo de comunicación es forzosa y profundamente diferente.

1. LOS CARACTERES NEURÓTICOS

Desde luego no debemos confundir, como se nos ha advertido desde todas partes, «carácter neurótico» y «neurosis de carácter». Más adelante veremos (II) que la «neurosis de carácter» no tiene tanta relación con el carácter propiamente dicho en el plano económico, y que no constituye sino un esfuerzo por salvar el narcisismo *imitando* un carácter neurótico cualquiera. La «neurosis de carácter» no representa pues un estado auténticamente «normal», en el sentido en que lo entendía en la primera parte, y además la «neurosis de carácter» constituye la única verdadera «neurosis» *asintomática* (si bien no me gusta mucho emplear el término de neurosis, justamente en un caso que no potencia la organización bajo la primacía del genital), ya que el acondicionamiento «caracterial» del narcisismo tiene justamente por objeto evitar los síntomas.

Junto a las «neurosis» de carácter consideradas aquí como ramificaciones más estables desarrolladas *a partir* del tronco común de los estados límites, existen también simples *«caracteres narcisistas»* que corresponden al tronco común acondicionado de los estados límites *en sí mismo*.

No se trata, como veremos más adelante, de comportamientos caracteriales tan sólidos como las «neurosis» de carácter; efectivamente, esos caracteres dan testimonio de las actitudes antidepresivas y pre-fóbicas que siguen siendo patrimonio del tronco común, en tanto no esté mejor organizado ni todavía descompensado.

Todo es muy diferente en el *«carácter neurótico»*, cuyo objetivo no es de ninguna manera enmascarar, evitar o reemplazar un síntoma, por la razón fundamental de que, al nivel «normal» en que el carácter se expresa habitualmente, no existe ningún elemento mórbido que necesite recurrir al compromiso mediante el modo sintomático. El «carácter neurótico» corresponde simplemente al registro de expresión relacional banal de la estructura neurótica de base, en tanto ésta no se descompense. Traduce en comportamientos interpersonales las líneas directrices de la estructura de base, en cuanto a sus características de evolución pulsional y defensiva, a su modo de angustia específica, al nivel de elaboración de su funcionamiento fantasmático u onírico, tanto como al grado alcanzado en la constitución del Super-yo, ya sea en función de las fijaciones arcaicas de sus precursores (Yo ideal paterno, luego Ideal del Yo personal), como en función de la importancia de los factores organizadores de maduración edípica.

A) El carácter histérico de conversión

El carácter histérico de conversión corresponde a la base estructural más elaborada en el plano libidinal y a un estado del Yo que haya franqueado la etapa triangular genital edípica sin fijaciones pregenitales demasiado importantes. La inhibición actúa al máximo en este nivel estructural; la vida fantasmática y onírica se manifiesta rica en representaciones erotizadas. Existe una gran posibilidad de expresión imaginaria en relación con las mentalizaciones y las vivencias de la infancia, en particular en el período edípico.

Incluso fuera de toda extensión mórbida existe, en el seno de las estructuras de base, un conflicto de instancias. En las condiciones de «normalidad» en que se presenta el «carácter», un conflicto semejante se limita a un equilibrio entre necesidades pulsionales y limitaciones por parte de las interdicciones. Pero este equilibrio, como el de los astiles de una balanza, corresponde igualmente a una tensión *fisiológica* entre diferentes sistemas de palancas que actúan por parejas en sistema opuestos.

En todo conflicto neurótico se trata de una oposición entre las pulsiones del Ello y las interdicciones del Super-yo. A nivel del carácter histérico de conversión, hay tendencia a erotizar las relaciones más banales, a buscar duplicaciones de objetos infantiles en los objetos actuales; la sugestibilidad sigue siendo bastante elevada, las emociones emotivas (en apariencia irracionales) y la dramatización forman parte del mismo sistema de reproducción de las líneas conflictuales edípicas.

En la medida en que el Super-yo y la inhibición reducen la expansión libidinal, una parte de la energía pulsional se mantiene contenida e inutilizada; esta energía se halla pues complementariamente reinvertida en dominios relacionales paralelos, ya que la distancia del objeto del histérico de conversión no es nunca muy grande; la alternativa entre la necesidad y el temor de la proximidad del otro se manifiesta en los saltos de humor del carácter histérico de conversión, dado que actúa sobre las inversiones de afecto pero sin actuar sobre la realidad y sin separarse del objeto, en tanto que en el carácter histerofóbico existe la idea de una situación fobógena que puede producir la huida, y en el carácter obsesivo una «situación de dominio», a una cierta distancia, bien regulada y fríamente dispuesta.

Las «experiencias pantalla» descritas por O. FENICHEL (1953) tan frecuentes en la vida relacional del carácter histérico de conversión, deben considerarse desde un doble punto de vista: por un lado, constituyen una «pantalla» en el sentido protector, pero en el otro sentido del término, a la manera de una pantalla de proyección, facilitan la reproducción de las escenas arcaicas erotizadas y significativas.

Es en función de esos dobles aspectos que podemos relacionar la facilidad de hipnotización de los caracteres histéricos de conversión, así como el éxito logrado por las representaciones artísticas en tanto que pantalla: cine, teatro, obras literarias, esculturales o pictóricas, evitan al sujeto desenmascarar él mismo y abiertamente sus fantasmas eróticos, y al mismo tiempo le permiten proyectarlos sobre las representaciones evocadas en la obra. Y esto no sólo es válido para el verdadero carácter histérico de conversión que domina en una estructura histérica de conversión, sino que también se presenta, en menor grado aunque de manera bastante constante, en la mayoría de las otras estructuras, en el estado de «rasgo de carácter histérico», más o menos marcado. Las estructuras psicóticas más estrechas, aquellas cuyo índice de histerización caracterial es más débil, o incluso nulo, no pueden realmente cooperar con una evocación estética que corresponda a representaciones de tipo figurativo; la comunicación sólo puede suceder sobre los registros, no de un inconsciente objetal y genital inhibido, sino de un inconsciente mucho más primitivo, fusional, anacrónico e impersonal, situado fuera del campo sometido al reconocimiento del Yo, mucho antes de que la inhibición haya podido entrar en juego bajo el efecto de la reprobación sexual del Super-yo.

Hemos presentado a menudo al carácter histérico de conversión como *mentiroso*. También este es un efecto de la rica fantasmatización que es habitual en este género de carácter. La exuberancia de las imagos fantasmáticas u oníricas opera, como en el niño, un rechazo, una negación pura y simple, de la realidad edípica personal perturbadora.

Ruth MAC-BRUNSWICK (1943) estima a este respecto que «*el motivo principal de la negación infantil y de todas las mentiras patológicas que de ella dependen está constituido por acontecimientos que gravitan alrededor del complejo de castración y que han dañado el narcisismo del niño*».

Esta manera de ver el problema me ha parecido acertada, pero sin embargo considero abusivo el adjetivo «patológico» unido a mentira. Es una lástima, en efecto, que no podamos encarar una caracterología serena profundamente psicoanalítica sin por ello medicalizar de inmediato los fenómenos. De todas maneras, existe un margen muy explotable entre las descripciones entomológicas y los cuadros patológicos. Todo mi esfuerzo se orienta en ese sentido.

El carácter histérico de conversión (como sus «rasgos de carácter» menores correspondientes) piensa que «*si no es más que un sueño*», la representación no puede tener valor de culpa, y parece que la Iglesia Católica, esencialmente obsesiva y por ende anti-histérica, haya detectado alérgicamente esta superchería al crear el *pecado de pensamiento*, situado en el «Confiteor» en primer lugar, antes incluso de los «pecados de palabra», «de obra»... o «por omisión»... El reconocimiento claro e inmediato, por parte del obsesivo de carácter, de la provocación erótica contenida en el fantasma histérico, es vivido por el obsesivo como perfectamente insoportable, en la medida en que se estima perseguido así por el carácter histérico, que lo reintegra al exterior a partir de una inhibición muy profundamente oculta en él, el obsesivo, y gracias a los mecanismos de defensa que emanan de su estructura profunda.

Incluso es posible describir rasgos de carácter de conversión *colectivos* en el seno de una familia, para ocultar ciertas vivencias edípicas perturbadoras por medio de «mitos familiares», ventajosos al mismo tiempo como soportes y como máscaras; de la misma manera, existen los «mitos nacionales», de carácter histérico de conversión, que conservan el mismo objetivo: las ceremonias, pulsionales y expiatorias a la vez, del 14 de julio, por ejemplo, ocultan tanto la cobardía agresiva de la masacre de algunos pobres lampistas suizos que guardan a una docena de prisioneros de derecho común, como las satisfacciones pulsionales reactivadas en el recuerdo desplazado (en fecha) y simbolizado (en «libertad») de la muerte del padre egoísta, y luego en el castigo público de la madre que se abandona sexualmente a un «hermoso extranjero»; en tanto que, por otra parte, un carácter paranoico, por ejemplo, se expondrá como «partidario de la realeza» y vivirá esta jornada de conmemoración como un evidente «duelo nacional».

Para resumir en algunas nociones muy simples los principales elementos que definen el carácter histérico de conversión, deberemos insistir sobre el modo particular de *vida relacional* con sus *crisis*, que hacen alternar los momentos de *calor afectivo* y de *retractación* más o menos provocadora; y la facilidad del *lenguaje emocional* con traducción neurovegetativa bastante intensa. En cuanto al *lenguaje* en sí mismo, pasa de la gran *riqueza de expresión* al mutismo *enfurruñado* (pero de manera muy comprensible y coherente, contrariamente a lo que pasa con el carácter esquizofrénico). Las *pasiones* sufren los mismos *paroxismos*; toda posición afectiva, incluso las más banales en sí, tienden a asumir una *forma expresiva dramatizada* (en el sentido etimológico, y no trágico, del término). Se ha hablado, a propósito del carácter histérico, de un modo *«neurótico de expresión».*

FREUD (1931) ha presentado el carácter histérico de conversión como esencialmente volcado hacia la vida amorosa: amar y ser amado. Para él ese tipo de organización caracterial *«representa las reivindicaciones pulsionales elementales del Ello, al que se han plegado las otras instancias psíquicas».* Dicho de otra manera, es el tipo que corresponde con mayor perfección a los procesos mentales organizados bajo la primacía del genital.

También podríamos experimentar una cierta decepción, o una relativa amargura cuando vemos, en la mayoría de las descripciones caracterológicas, incluso las que emanan de los psicoanalistas, que el carácter histérico de conversión es presentado en primer lugar en sus aspectos exagerados, esencialmente defensivos y rápidamente mórbidos. La inmadurez afectiva, la mitomanía, las tendencias depresivas, la angustia de disgustar, la inconsistencia de la personalidad, etc... con las que se abruma muy frecuentemente al carácter histérico, no *están ya* en realidad en el dominio del carácter histérico de conversión, sino en el cuadro de la neurosis histérica por descompensación mórbida de la estructura; o bien, inclusive, esos comportamientos *nunca han sido* consecuencia de una estructura histérica y pertenecían en realidad a una organización narciso-anaclítica de la línea de los estados límites sobre la que nos hemos extendido largamente más arriba. En efecto, se puede evitar la confusión fácil y clásica entre carácter histérico de conversión y acondicionamiento caracterial de tipo histérico que raya en la «neurosis de carácter histérica». Esas dos últimas entidades pertenecen a los avatares del narcisismo en la línea «límite» y no tienen *estructuralmente* nada que ver con el carácter histérico de conversión, emanación funcional y relacional de una estructura neurótica de tipo histérico, no descompensada y bien adaptada, de identificaciones sexuales fáciles.

Otra clase de confusión puede irritar a los clínicos atentos...: a menudo se mezclan histeria de conversión y oralidad. Es un poco como si se clasificaran en una misma reserva mineral, hierro y cucharitas de café. Una cuchara de café contiene hierro, pero también una aleación de otros metales, y el mineral de hierro puede igualmente producir otros objetos que no sean cucharas de café.

Es evidente que el aspecto «anti-obsesivo» de la estructura histérica no es compatible con fijaciones exclusivamente anales en caso de regresión mórbida; se experimenta más bien una afinidad oral en razón de la proximidad objetal correspondiente, y del aspecto más directamente benéfico de las operaciones, sean tiernas o agresivas, a ese nivel. Sólo encontramos una conjunción oral histérica en el caso, justamente, de la regresión mórbida, y no en el plano *funcional y relacional* «*normal*» en el que queremos mantener el registro *estrictamente caracterial*.

A. LAZARE, G. L. KLERMAN y D. J. ARMOR (1966) han tratado de establecer un análisis factorial que se aplica a los elementos característicos de las «personalidades» obsesiva, oral e histérica: sus análisis comprueban una intrincación de factores «orales» (pesimismo, pasividad, agresividad oral, rechazo del otro, dependencia, parsimonia) con los factores que describen como «histéricos» (egocentrismo, histrionismo, labilidad emocional y afectiva, sugestibilidad, dependencia, erotización de las relaciones sociales, temor de la sexualidad) y reconocen que la «personalidad histérica» se individualiza con más claridad que la «personalidad oral». Nuestro ejemplo a partir de la cuchara de café y el mineral de hierro testimonia nuestro acuerdo con respecto a este punto; por el contrario, cómo osar hablar de «temor de la sexualidad» en tanto se trata simplemente de un *carácter* histérico propiamente dicho. Sin duda, a este nivel existe en el sujeto «normal» una defensa legítima del Super-yo y del Yo contra todo desborde pulsional no conforme a las realidades, pero se trata de un acondicionamiento vinculado al principio de realidad que respeta al mismo tiempo el principio del placer. La verdadera angustia genital ligada a la amenaza fantasmática de castración no aparece en los hechos sino con la descompensación mórbida del equilibrio entre Super-yo y pulsiones, dentro del campo de un Yo que ha perdido ya al menos una parte de su capacidad reguladora.

La situación del carácter histérico de conversión en lo más alto de la pirámide de las evoluciones mentales se debe a la riqueza de sus inversiones relacionales genitales y, podemos concluir, con G. ROSOLATO, en la posición central de la estructura de base histérica en relación con las concepciones clínicas de las diversas posibilidades de organización de los procesos mentales.

B) *El carácter histerofóbico*

Podemos distinguir de manera formal el carácter histérico de conversión a la vez del «carácter narcisista» de manifestación corporal, y del carácter «psicosomático». Ahora bien, a menudo es difícil no confundir en la práctica esas tres variedades de inversiones corporales a partir de funcionamientos mentales típicamente diferentes: en el *carácter histérico de conversión* domina el aspecto simbólico erotizado de la inversión corporal en la que la representación acaba fijándose; en el carácter histérico de conversión, fuera incluso de los síntomas mórbidos, *es el cuerpo el que habla*, los fantasmas se hallan de alguna manera «encarnados». En el *«carácter narcisista»* de manifestación corporal (descrito habitualmente con el vocablo de *«hipocondría»*), no se trata sino de manifestaciones relacionales y funcionales del tronco común acondicionado; la menor inversión de las descargas libidinales aumenta la tensión corporal y el cuerpo es tratado como si fuera un verdadero objeto; *se habla al cuerpo*, como se habla al objeto anaclítico. En el *«carácter psicosomático»*, en fin, la dificultad de distinguir lo somático de lo psíquico en la representación lleva al sujeto a mentalizar con menor facilidad, y por eso mismo a verbalizar menos de manera directa: el sujeto *habla con su cuerpo*, sin concederle valor simbólico.

Parece útil reconocer esos tres modos de *lenguaje del cuerpo* al nivel mismo del carácter, antes y fuera de todo episodio mórbido, ya que el modo de relación interpersonal a considerar, esperar o temer en este o aquel caso facilitará o complicará profundamente según se haya reconocido o no la manera, propia del sujeto, de utilizar la comunicación corporal.

En primer lugar, cabe distinguir muy claramente el *«carácter histerofóbico»* que consideramos ahora del *«carácter narcisofóbico»*, que estudiaremos más adelante (II, 1 c).

El carácter histerofóbico corresponde al funcionamiento relacional «normal», es decir, bien adaptado interiormente y exteriormente, de la estructura histerofóbica, tal como hemos intentado definirla más arriba, en tanto que el *carácter narcisofóbico* no es más que uno de los aspectos posibles del comportamiento, inestable estructuralmente, presentado por el tronco común de los estados límites, independientemente de toda descompensación franca. Este último carácter forma parte de una defensa antidepresiva del registro narcisista que necesita un gasto energético cierto, en tanto que el simple carácter histerofóbico es acompañado por un estado neurótico económico estable sobre una estructura neurótica en sí misma definitivamente fijada.

Con esta precisión no pretendemos insistir en el detalle, sino establecer que implica una distinción estructural y relacional *fundamental* entre dos modos de funcionamiento mental que parecen bastante cercanos por homonimia, pero que son radicalmente divergentes tanto desde el punto de vista tópico como desde los puntos de vista dinámico y económico.

Desde el punto de vista tópico, el carácter histerofóbico depende de la importancia de las presiones del Super-yo y el carácter narcisofóbico de la fuerza de atracción del Ideal del Yo.

En el plano dinámico, subyacen al carácter histerofóbico los conflictos edípicos y genitales atemperados por la inhibición (ayudada, a su vez, por el desplazamiento y el evitamiento) sin regresión pulsional, en tanto que en el carácter narcisofóbico descubrimos un conflicto con los aspectos frustrantes de la realidad exterior, realidad en cuyo seno el sistema de defensa se ve obligado a operar un *clivage* de las imagos objetales. Finalmente, en el plano económico, el carácter histerofóbico implica una inversión objetal de tipo esencialmente genital, en tanto que, por su parte, el carácter narcisofóbico simple no implica sino un juego de inversiones y contrainversiones narcisistas tales como las que ha descrito S. FREUD en su artículo sobre *El narcisismo*, en 1914.

Quizás el lector esté cansado de que, en todos los niveles de este estudio, se le recuerden las diferencias estructurales fundamentales entre la línea genital y la línea narcisista, diferencias cuyos efectos no se limitan en absoluto a una clasificación más rigurosa de las estructuras, y cuyas consecuencias pueden arrastrar al clínico de la psicología a confusiones caracteriales no desdeñables, así como al clínico de la patología a errores diagnósticos o terapéuticos graves.

Es cierto que al negarme sistemáticamente a mezclar, desde el punto de vista descriptivo, «estructura» de la personalidad, «carácter» y «enfermedad», en razón de la importancia del desfasaje de planos al nivel de los cuales se articulan esas tres nociones en el registro metapsicológico, me he dificultado la tarea. Con mayor razón parecerá temerario exigir una atención y un rigor suplementarios para tratar de diferenciar todo aquello que responde al agrupamiento estructural de una personalidad neurótica genital y edípica de todo lo que se le atribuye indebidamente.

El carácter histerofóbico se manifiesta de manera visible por medio de elementos variados, poco espectaculares, en tanto se trata de signos caracteriales que no alcanzan la categoría de síntoma: se trata de *angustias flotantes*, mal definidas y poco estridentes, que remiten las causas aparentes sobre todo a motivos *exteriores* y *afectivos* (en tanto que las angustias flotantes de los caracteres narcisofóbicos se refieren sobre todo a motivos más racionales que afectivos). Los problemas *neurovegetativos* son frecuentes y discretos a la vez: *vértigos, cefaleas*, y afectan con la misma discreción, pero con una real eficacia, ciertos sectores de la *vida relacional*. Un aparente *candor sentimental*, las afirmaciones de *objetivos ideales*, disimulan apenas el aspecto vivamente erotizado de las inversiones objetales. Las necesidades de *pureza* o de *virtud* no se vinculan con una exigencia ideal (como en el carácter narcisista), sino con una *formación reaccional* contra los deseos sexuales o agresivos. El comportamiento exterior, ya sea *desdichado y sufriente, ya sea triunfante*, no rubrica una reacción contra la pérdida de objeto, sino simples riesgos del *lazo erotizado*.

O. FENICHEL (1953) distingue los comportamientos destinados a evitar las situaciones primitivamente deseadas de los comportamientos «fóbicos» propiamente dichos que evitan ciertos lugares u objetos particulares.

El carácter histerofóbico constituye la ilustración, en el plano funcional y relacional «normal», de la estructura histerofóbica; ahora bien, esta estructura, aunque se mantiene dentro del cuadro histérico, es decir, altamente genital, corresponde sin embargo a un cierto fracaso de los procesos de inhibición; la influencia libidinal, para mantenerse en regla tanto con las exigencias complementarias de la realidad como con las del Super-yo, debe ser atemperada por medio de operaciones complementarias de desplazamiento y de evitación, gracias a las cuales la angustia subyacente logra manifestarse moderadamente, justo lo suficiente como para desencadenar la señal de partida de la defensa.

El fracaso de la inhibición con respecto a la estructura histérica de conversión parece provenir de condiciones más difíciles en las que se habría desarrollado la representación mental de la escena primitiva en el sujeto. Dicho de otra manera, la economía histerofóbica se situaría, de hecho, en posición intermedia entre la economía histérica (donde la escena primitiva ha conservado una categoría de elaboración fantasmática simple) y la organización narcisista-fóbica-depresiva-«límite» (donde la escena primitiva va a revestir un aspecto traumático, probablemente como consecuencia de condiciones de *realidad* demasiado intensas o demasiado precoces para el sujeto).

La economía histerofóbica se situaría muy cerca de la economía histérica denominada de conversión, en razón de su categoría auténticamente genital común, pero seguiría siendo fácil de imitar por el anaclítico «límite» (no organizado bajo la primacía del genital) en razón de la común inquietud narcisista que los acerca.

Conviene que en este presente parágrafo nos limitemos estrictamente al «*status*» del *carácter* histerofóbico, apoyándonos sobre los elementos estructurales de base, pero evitando todo lo que nos aproxime a los síntomas fóbicos que traducen un estado mórbido neurótico ya declarado.

Es evidente que el fondo del carácter histerofóbico une la excitación sexual a una representación de peligro. Ese peligro se manifiesta en este caso como un peligro de castigo sexual (castración). Para que ese peligro no pase al nivel de los síntomas es necesario, y suficiente, que el equilibrio se mantenga eficazmente gracias a un juego bastante flexible de las inversiones y las desinversiones objetales.

Toda ruptura en la flexibilidad de esas fluctuaciones puede tener como consecuencia una enojosa impresión de «claustrofobia moral», que desencadena pre-síntomas difusos y luego, eventualmente, síntomas verdaderos, en caso de aumento o persistencia de las excitaciones ansiógenas.

Uno de los recursos que el carácter histerofóbico conserva a su disposición (y no el «carácter narcisofóbico») es la sexualización de la angustia en sí misma, así como la identificación (sexual) con el objeto realmente amenazante: imagen paterna edípica, para el niño. Esos dos procedimientos confieren al carácter histerofóbico una facultad adaptativa bastante considerable, de la que se halla privado el carácter narcisofóbico, menos genitalizado.

El objeto contrafóbico, aun en su intensidad mínima, tal como se encuentra, sin llamar particularmente la atención, en caracteres histerofóbicos indiscutiblemente «normales», sigue siendo un objeto *sexual* y no es nunca, en principio, un objeto anaclítico como en el caso del carácter narcisista. Un «carácter histérico-fóbico», por ejemplo, tratará de casarse muy joven, en tanto que un carácter narcisista-fóbico optará por hallar su paz personal en una colectividad simpática, que incluya preferentemente ciertos elementos de mayor edad o más confirmados socialmente, que brinden seguridad, sin que el sexo cobre mayor importancia.

El carácter histerofóbico es extremadamente sensible a los movimientos corporales de equilibrio y de movilización en el espacio. Sensaciones erógenas o ansiógenas mezcladas se encuentran en íntima combinación. Las excitaciones o las inhibiciones sexuales permanecen en estrecha relación con los fenómenos neurovegetativos, pero el temor a las manifestaciones en este nivel desencadena en el carácter histérico-fóbico resistencia y aprensión frente la sugestión, y en particular a la hipnosis, en tanto que el carácter obsesivo permanece insensible ante ella, en razón del desinterés que crea un aislamiento eficaz; y el carácter histérico de conversión se complace en ella. En el carácter histerofóbico, la autoexcitación genital se halla proyectada sobre la realidad exterior, en tanto que en el carácter histérico de conversión se la mantiene interiormente, y aparece perfectamente anulada en el carácter obsesivo.

El valor simbólico del objeto fobógeno sobre el que se proyecta el elemento peligroso, aun fuera de todo síntoma verdaderamente neurótico, se mantiene en el registro *sexual* en el carácter histérico-fóbico, mientras que opera una amenaza narcisista en todo prodromo fóbico de modo anaclítico.

En el estado funcional «normal», el desplazamiento que opera la proyección, hacia el exterior en un principio y luego sobre un objeto de alcance no-genital, protege al carácter histérico-fóbico contra la descompensación mórbida. Quien se contenta con temer a las serpientes o a la pesca submarina puede vivir perfectamente en paz en otros dominios relacionales; y seguramente nadie calificaría esas actitudes como propias de la morbilidad. Y, por otra parte, ¿quién puede vanagloriarse de no experimentar alguna «pequeña fobia genital», o incluso alguna «fobia anaclítica» menor, sin que por eso se lo rechace hacia el registro psiquiátrico? Los fantasmas, las ensoñaciones diurnas o las vivencias oníricas de carácter histérico-fóbico están llenas de representaciones sustitutivas que autorizan una descarga pulsional limitada en tanto el sujeto permanece en estado de vigilia consciente.

La angustia flotante, presente pero poco visible, y escasamente perturbadora, corresponde en el carácter histerofóbico a un compromiso, a una señal, y a una garantía en el equilibrio pulsiones - defensas. La buena adaptación utiliza esa señal sin tener que afirmar ni negar brutalmente la causa.

C) *El carácter obsesivo*

Bajo el título de «carácter obsesivo», o incluso de «carácter compulsivo», la mayoría de los tratados clásicos ponen de inmediato el acento en los rasgos denominados «anales» o «sádicos-anales». Así como yo denunciaba más arriba el peligro de una confusión entre «carácter histérico» y «rasgos de carácter orales», parece útil formular nuevamente ahora una advertencia contra la tendencia demasiado frecuente a reducir el «carácter obsesivo» sólo a los componentes que giran en torno a la agresividad anal.

El carácter obsesivo, como todo carácter, traduce esencialmente en la relación los elementos de base de la estructura particular a la que corresponde. Como consecuencia de la regresión libidinal parcial al estadio sádico-anal, al cual se mantiene sometida toda estructura obsesiva, es completamente legítimo encontrar rasgos de carácter anal, sádicos y masoquistas, en un carácter obsesivo; sin embargo, es necesario que nos cuidemos mucho de reducir lo esencial del «carácter obsesivo» a esos únicos aspectos manifiestos. En efecto, el carácter obsesivo se mantiene en el marco de las organizaciones de la línea neurótica, y por ende genital; el elemento organizador fundamental de la estructura gira pues en torno al Edipo y no a los elementos pregenitales; lo pregenital a ese nivel sólo constituye una defensa contra el Edipo y lo genital, en tanto que, en otras situaciones, la organización mental puede muy bien efectuarse bajo la primacía de lo pregenital con elementos genitales sobreagregados, pero que no son ni específicos ni organizadores; en esos últimos casos, la tríada anal de S. FREUD (1917): orden - economía - obstinación se halla frecuentemente sublimada en lugar de actuar como defensa, tal como ocurre en la estructura o el carácter obsesivo, y parece interesante distinguir, por ejemplo, a propósito de las reacciones ante la limpieza, los dos géneros muy diferentes de caracteres denominados «*de la perfecta ama de casa*».

Obs. n.º 13

Un carácter obsesivo

Educada entre un padre taciturno y una madre que no podía quedarse quieta, en un medio modesto pero muy «a caballo sobre los principios» sociales y morales, Agathe, a pesar de ser una joven muy bonita y de desear profundamente «fundar un hogar» (más que «casarse»), sólo a los treinta y cinco años encontró al hombre que se casaría con ella, después de dos años de reflexión: él tiene diez años más que ella.

La pareja «marcha bien», pues el marido, representante de una importante empresa de productos alimenticios, necesita viajar mucho y el aspecto exterior de su esposa lo valoriza considerablemente frente a sus clientes o a sus propios agentes: en la medida en que ella no presenta en absoluto los signos de un carácter histérico-provocador, Agathe consigue que la mayor parte de los hombres se muestren admirativos hacia ella, sin atraerse por eso (oh, maravilla, en semejante función comercial) las iras de las otras esposas.

Su belleza fría y bien regulada deleita al otro, hombre o mujer, sin dar lugar nunca a una excitación lo bastante fuerte o consciente como para verse inmediatamente después demasiado defraudada o culpable.

Todo está bien «organizado» en casa de Agathe. Cuando el marido recibe clientes, o colaboradores, o incluso a su propio jefe, la recepción está tan bien preparada hasta en los menores detalles y en todos los planos, que el convidado se siente fascinado al ser el centro de tanto interés y tantas atenciones. Felizmente, no regresa lo suficientemente a menudo como para percibir la rigidez del protocolo y el esfuerzo que se despliega, sin alegría, en ocasión de su visita.

Ya que, en la intimidad, Agathe es una esclava de lo que sus padres llaman su «perfeccionismo» (para minimizar las cosas) y los otros sus «manías» (para traducir su irritación).

En efecto, si Agathe está siempre tan impecable en su persona y tan bien maquillada o peinada, es porque no puede sufrir la idea de que un vestido esté sucio, usado o deformado; de que una mancha altere su tez (lo que podría interpretarse como falta de aseo), de que sus cabellos puedan verse en desorden o con rastros de caspa, etc.; hubiera arruinado pronto a su marido si éste hubiera ocupado una posición menos lucrativa.

En el piso de Agathe el solo pensamiento de que un visitante pueda encontrar una pared manchada, un cabello en un lavabo, una taza de W.C. cubierta de sarro (¿quién pensaría que soy?) produce terror; todos los objetos de la mesa deben revisarse continuamente en todos sus detalles antes de que lleguen los convidados. Estos por otra parte, duermen en el hotel, y no se invita a ninguna familia, ya que, si a pesar de todas las preocupaciones y precauciones, descubrieran una mancha en una sábana, ¿que pensarían?

En lo de Agathe sólo se comen productos de primera calidad para estar seguros de que son sanos. Por razones de salubridad, frecuentan solamente los grandes restaurantes y aun así repasan cuidadosamente (y con gran distinción en la discreción) sus cubiertos y el borde de sus vasos.

Luego de haber tiranizado a sus padres, Agathe habría superado seguramente el cuadro caracterial para entrar en el cuadro mórbido de una verdadera neurosis obsesiva si por fin no se hubiera casado, o si no hubiera encontrado un marido que también es en sus negocios un caso de «neurosis de carácter obsesivo», y si no hubieran podido, ambos, aliar sus mecanismos defensivos complementarios (y ligeramente desfasados estructuralmente) en una verdadera «perversión de a dos» de tipo caracterial conyugal, situación que ya desearíamos a muchas de nuestras «excelentes amas de casa» de categoría obsesiva menos afortunadas...

Lo que sorprende en el caso de Agathe y especifica su «carácter obsesivo» es, por una parte, su perfecta adaptación a las condiciones internas y externas de sus realidades (lo que hace de ella un «*carácter*» y no una «neurosis») y, por otra parte, su economía centrada no en la necesidad de realzar lo «limpio» y lo «bello» en tanto que *tales* (lo que habría de ella un carácter perfeccionista) sino en su angustia de ser sorprendida eventualmente, y a pesar de todas sus preocupaciones, en una actitud que deje traslucir la necesidad de ensuciar o de manchar. Este es el mecanismo original que sólo podemos encontrar en las estructuras *obsesivas*.

Por supuesto, si se hubiera tratado de una enferma, hubiera sido útil profundizar aún más las investigaciones en lo referente a la génesis de tales formaciones reaccionales.

Todo lo que se ha podido saber en este caso es que existía un lazo edípico tierno con el padre, fácilmente perceptible cuando se veía a Agathe junto a sus dos padres. Esta relación afectuosa con el padre se convertía en su contrario ante la mirada reprobadora de la madre. Luego, ese movimiento secundario doblemente agresivo se invertía nuevamente en un tercer tiempo, en una necesidad de borrar toda «mancha» que pudiera permitir la percepción de alguna huella de agresividad.

Obs. n.º 14

Un carácter narcisista

Si bien mi desarrollo teórico respecto del «*carácter narcisista*» sólo aparece más adelante en este capítulo (III 1 c), he creído preferible situar la presente observación clínica paralelamente con la forma precedente, que en el plano manifiesto se le asemeja en varios puntos. Lo mismo que en la pedagogía de la lengua inglesa, nos parece indudablemente más instructivo comparar aquí, acercándolos en el espacio, a los «falsos amigos», con el fin de poner en evidencia de manera más demostrativa sus divergencias fundamentales.

Noemí ha sido siempre una niña atractiva, muy apegada a padres muy ricos que la mimaban. Era la más joven y la «más débil» (al mismo tiempo que «la más rica») de la familia, después de sus dos hermanos mayores. Sus padres, que afortunadamente habían abandonado con bastante prontitud a su suerte a los dos «insoportables» muchachos, concentraron por el contrario todos sus cuidados y su afecto sobre Noemí, a quien educaron tratando de revivir en ella los ideales de juventud que les habían sido caros en otras épocas, sin que jamás hubieran podido alcanzarlos, ya que sus propios padres no habían podido proporcionarles los medios fundamentales para ello.

Sus profesores no eran nunca «suficientemente» buenos, se llenaban los vacíos (supuestos) con innumerables lecciones suplementarias, además de cursos de música, de danza, de cocina, de mantenimiento, etc.

Tanto que Noemí pasó bastante rápidamente del estado de «niña encantadora» al de «mujercita encantadora». Siempre vestida con una rebuscada corrección, Noemí recibía en casa poniendo una atención extraordinaria en el bienestar de cada uno de sus invitados. Querida tanto por los hombres como por las mujeres, lo mismo que Agathe, nunca tuvo necesidad de recurrir a la provocación histérica. El placer que provoca proviene de la evidente satisfacción que ella siente al proporcionar ese placer, pero los hombres no le piden más en la medida en que todavía aparece como una adolescente soñadora y frágil; las mujeres, por su parte, no se inquietan, dada la escasa heterosexualidad verdadera que ella evoca; por el contrario, el potencial homosexual afectivo que se desprende de ella no les disgusta.

Si examinamos lo que pasa «detrás del telón», o sea luego de la partida de los convidados, no descubriremos ninguna obsesión atormentadora (por temor a un juicio de condenación que se ejerce sobre la mala conciencia del sujeto), como en el caso de Agathe.

En Noemí no hay ningún temor realmente super-yoico del «mal» (y sobre todo del mal sexual, ni siquiera transformado bajo la cobertura de la agresividad anal); lo que le interesa es que los otros adviertan en ella el «bien», lo «bello», lo «bueno». Todos los adornos en la vestimenta, todos los objetos dispuestos en el apartamento, toda la organización de las comidas o las habitaciones (ya que le encanta recibir) concurren para realizar el esfuerzo de ser «bien vista».

Por otra parte, hay un detalle que merece mención: los padres de Noemí viven en gran parte en casa de ella; están presentes en todas las recepciones, y lo que se espera durante toda la velada es el juicio de ambos, el que alguien agradezca calurosamente antes de retirarse; ese reconocimiento constituye una anticipación de su satisfacción ante la inversión realizada por Noemí; finalmente, son sus cumplidos los que acecha y busca Noemí cuando todo el mundo ha partido.

En casa de Agathe solía suceder que el marido no encontrara siquiera una toalla para secarse al salir del baño, ni ninguna reserva en la nevera cuando volvía tarde por las noches y en ayunas. Poco importaba: no quedaba nada «sucio», y eso era lo esencial. En el caso de Noemí, por el contrario, poco importaba la noción de cualquier «pecado» en los otros; eso contaba muy poco para ella: bastaba con que todo se viera bonito, que rindiera homenaje a su narcisismo y al de sus padres; eso le aseguraba afecto y protección como respuesta.

Los antiguos autores psiquiatras, MOREL (1980), MAGNAN (1891), PITRES y REGIS (1902), JANET (1908), DUPRE (1926), han descrito las manifestaciones caracteriales de la estructura obsesiva bajo la forma de tendencia a los escrúpulos y a las crisis de conciencia, timidez, inhibición, y cierta dificultad para vivir los deseos sexuales; todos han insistido también en la necesidad de orden, reglas y economía. Además, autores recientes como WIDLÖCHER y BASQUIN (1968) destacan los comportamientos de duda, aislamiento y pensamiento mágico (por necesidad de anulación), todo lo cual contribuye a minimizar las expresiones de la vida afectiva del carácter obsesivo.

El carácter obsesivo está dominado simultáneamente por un deseo de satisfacción de la pulsión sexual y por la necesidad de que tal deseo no pueda ser reconocido; la pulsión agresiva viene a reemplazar parte de la pulsión sexual, y las formaciones reaccionales, en apariencia muy justificadas, ocultan a su vez las expresiones agresivas. Todo parece sumamente lógico, bien dispuesto para proteger al sujeto dentro de un sistema que lo aísla y lo endurece; pero la economía genital se mantiene siempre subyacente.

Las cosas no van tan lejos en el simple carácter obsesivo, hábil y racionalmente dispuesto, como en la verdadera neurosis obsesiva, donde el desequilibrio operado por las exigencias pulsionales por un lado, y un mayor o menor desborde del Yo por el otro, ponen al Super-yo en la obligación de combatir al descubierto, en terreno de alguna manera desprotegido, y al Yo, en la de desarrollar a la vez síntomas de alarma y nuevos medios de defensa mucho menos tolerables en el plano relacional.

En el carácter obsesivo, los elementos defensivos se mantienen adaptados a los juicios «racionales» del contexto social; el Yo y el Super-yo se entienden para contener al Ello con los medios propios del modo de estructuración obsesiva (que hemos estudiado en nuestra segunda parte: anulación, aislamiento, regresión, racionalización, formaciones reaccionales en particular) sin que ni el Ideal del Yo ni la realidad exterior creen conflictos importantes. En organizaciones así, sólo resultan perdedoras, en definitiva, las pulsiones sexuales; son las pulsiones sádico-anales las que se hallan gratificadas en compensación regresiva para calmar las tensiones del Ello, al mismo tiempo que una parte de las necesidades libidinales y narcisistas se derivan al nivel de la intelectualización y la racionalización, cuyo éxito frente a la sociedad, como el del Yo, se garantiza de antemano. S. FREUD (1931) expresa este orgullo intelectual del comportamiento obsesivo al mostrar cómo a ese nivel el sujeto «*ya no está dominado por la angustia de la pérdida del amor; da pruebas de una dependencia, por así decir, interna y no externa, manifiesta una dosis elevada de confianza en sí y deviene, socialmente, el verdadero soporte y sobre todo el conservador de la cultura*».

LAZAR, KLERMAN y ARMOR (1966) determinan nueve rasgos que compondrían el carácter obsesivo: orden, obstinación, parsimonia, desprecio del otro, constricción emocional, duda de sí mismo, Super-yo severo, rigidez y perseverancia.

Pero estas concepciones nos conducen de nuevo a distinguir, por una parte, los elementos anales y agresivos, utilizados secundariamente por los mecanismos dependientes de diversas organizaciones, y por otra parte aquello que, por la manera de tratar las fijaciones y las regresiones anales, sigue permaneciendo específicamente dentro del ámbito del mecanismo obsesivo.

H. EY, P. BERNARD y Ch. BRISSET (1967) han propuesto un cuadro muy interesante con miras a clasificar los rasgos de carácter obsesivos. He extraído personalmente un esquema *(fig. 9)* centrado en las diferencias de las posiciones caracteriales derivadas a partir del erotismo anal.

En el cuadrante (A) se clasifican los rasgos ligados al erotismo anal tal como se expresa en el estado pulsional directo, sin ninguna defensa, (es decir, en los comportamientos perversos): método *frío*, *parsimonia* sistemática, *obstinación* inflexible.

En el cuadrante (B) el Ideal del Yo ha invertido tales rasgos en *limpieza*, *escrupulosidad*, *sumisión*, y es necesario afirmarlos a todos (caso de los estados límites) para conservar el amor.

En el cuadrante (C) el Ideal del Yo ha actuado de manera negativa y ha reflejado así los deseos eróticos anales primitivos en la necesidad de *manchar*, de *robar*, de *oponerse;* los deseos eróticos anales se han infiltrado de abundantes elementos agresivos (es el caso de los mecanismos psicóticos o de los comportamientos de perversidad).

En el cuadrante (D), esos elementos sádico-anales reflejados son secundariamente inhibidos, anulados y transformados, también por formaciones reaccionales, en una necesidad de «*no ser visto de otra manera* que no sea *limpio, escrupuloso,* sumiso (es el caso del mecanismo obsesivo que se encuentra en el estado no-mórbido del carácter "obsesivo")».

Finalmente, el cuadrante (E) tiene en cuenta la interacción de la organización edípica sobre los elementos pre-

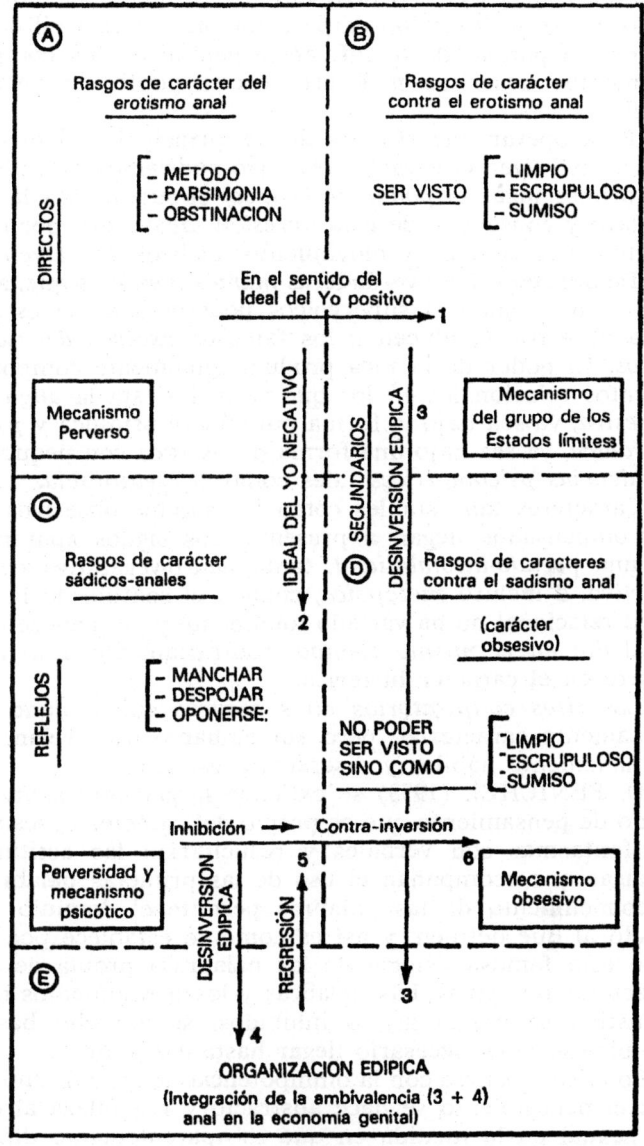

FIG. 9
Interacción de los elementos caracteriales del punto de partida anal.

genitales anales en los dos sentidos: 5) regresión por un lado y 3-4) desinversión edípica por otro, para facilitar el retroceso parcial de la influencia genital en los comportamientos descritos más arriba con punto de partida anal.

Para operar una síntesis de los principales elementos que constituyen el carácter obsesivo podríamos mencionar en primer lugar el *poder de la idea;* el sujeto es a la vez esclavo y consciente de esta *opresión ideica* que, por otra parte, sufre eclipses y movimientos cíclicos de vaivén.

De allí se derivan verdaderas *manías mentales* que, aliadas a los elementos superyoicos poderosos de la estructura obsesiva, conducen a los famosos *excesos de escrúpulos.* El poder de la idea produce igualmente comportamientos relacionales en los que se manifiesta la *angustia obsesiva,* ya sea bajo la forma puramente psíquica y *pseudo-fóbica,* ya sea bajo una forma paroxística con pequeñas *incidencias psicomotrices* tales como la *ereutofobia.*

Caracteres tan estables como los sujetos obsesivos no descompensados llegan a presentar los signos aparentes de una *pseudo-inestabilidad,* tanto neuro-vegetativa como afectiva, e incluso *metafísica,* cuando el sentido de la actitud relacional no ha variado totalmente y permanece ambivalente *en el mismo tiempo,* contrariamente a lo que ocurre en el carácter histérico.

Los *ritos conjuratorios* no son raros en el plano estrictamente caracterial, pero sin embargo se revelan extremadamente hábiles y discretos a ese nivel.

O. FENICHEL (1953) se extiende largamente sobre el modo de pensamiento que es propio del carácter obsesivo: los fantasmas son verbales y resucitarían las actitudes arcaicas que acompañan el uso de las primeras palabras; el conocimiento de las palabras permite el dominio del objeto al que definen, y así es como se establece poco a poco esta famosa «magia de las palabras» propia de los caracteres obsesivos. Las palabras y los pensamientos que angustian se hallan así, o inhibidos, si con ello basta, o anulados, si es necesario llegar hasta ese punto.

Lo mismo ocurre con la omnipotencia de los pensamientos: el pensamiento se hace abstracto y reemplaza al deseo sexual en la medida en que es aparentemente difícil de controlar; esta abstracción del pensamiento compulsivo, sus sistematizaciones, sus categorizaciones, sus teorizaciones, protegen contra la realidad angustiante al mantener lo real a respetable distancia, sin abandonar sin embargo el contacto con ella.

La bisexualidad y la ambivalencia pulsional obsesivas se mantienen presentes, pero moderadas y discretas, bajo el aspecto caracterial, en tanto que las relaciones con las realidades interiores o exteriores no adquieran un aspecto conflictual lo bastante intenso como para poder pasar al ámbito del aspecto mórbido sintomático.

El carácter obsesivo piensa más de lo que actúa. La tendencia al inmovilismo evita un riesgo de pérdida del control y la aparición del sentido consciente del deseo. El miedo clásico al cambio puede conducir, en las formaciones reaccionales tan frecuentes en los caracteres obsesivos, a una defensa por medio de la actitud opuesta de cambio. Pero, en la mayoría de los casos, se trata aquí de organizaciones pseudo-obsesionales, en realidad anaclíticas, con una defensa de modo obsesional superficial que viene secundariamente en ayuda de un carácter narcisista, así como de los mecanismos que le son propios.

El modo de pensamiento particular del carácter obsesivo, al igual que la regresión parcial con sus elementos bisexuales y ambivalentes en el plano pulsional, engendran una simbolización compleja en la que a veces es difícil reconocer lo que representan pene, falo y ano.

Se habla muy a menudo de las actitudes mágicas del pensamiento obsesivo. También en este punto debemos distinguir lo que sigue siendo claramente obsesivo (es decir, la sobreinversión defensiva del intelecto, la regresión hacia los modos arcaicos de pensamiento supersticiosos) de las coberturas obsesivas racionalizantes en las estructuras psicóticas predelirantes no descompensadas, y que se adhieren aún a una buena parte de lo real, gracias a defensas eficaces que se toman del más regresivo de los mecanismos neuróticos.

Frecuentemente se ha clasificado dentro del grupo de los caracteres obsesivos el «*carácter psicasténico*», basado sobre la depresión moderada, la tendencia a los escrúpulos y las crisis de conciencia, la hiposexualidad, la veleidad. WIDLÖCHER y BASQUIN (1968) agregan el aspecto inteligente, la meticulosidad, la seriedad del pensamiento, el conservadurismo, las inhibiciones, las repeticiones, y piensan que es necesario distinguir este aspecto caracterial, así como los rasgos de carácter anal, del auténtico carácter obsesivo.

Efectivamente, parece que en lo que concierne al carácter denominado «psicasténico», nos encontramos en presencia de uno de los modos de *carácter narcisista* que descansa sobre una organización límite; la organización no se ha efectuado bajo la primacía del genital ni del Super-yo, y predomina ostensiblemente la atracción del Ideal del Yo, con los corolarios de ausencia de estructuración sólida del Yo y necesidad de seducir al objeto, por miedo a perderlo.

2. *LOS CARACTERES PSICÓTICOS*

La noción de «*carácter psicótico*» es relativamente poco utilizada en psicología normal o patológica, ya que el calificativo de psicótico reviste en general un sentido pesimista y bastante específicamente patológico.

Sin embargo, las estadísticas serias más recientes que tienen en cuenta una proporción de estructuras psicóticas diversas del orden del 30 % en una población europea corriente, muestran cuan lejos nos hallamos, felizmente, de contar con otros tantos «enfermos psicóticos» en la misma población; por ende, podemos suponer que una considerable cantidad de sujetos así estructurados sobre un modo psicótico no producirán jamás síntomas de psicosis durante toda su vida, y se detendrán felizmente en un estado de adaptación relacional de su estructura, de categoría meramente caracterial. Dicho de otra manera, es probable que el «carácter psicótico» esté mucho más extendido de lo que suponemos, y que, por otra parte, se lo encuentre con mayor frecuencia que al carácter auténticamente neurótico.

Además, cuando en psicología se observa lo que ha pasado en el período de vida de un enfermo psicótico anterior a la aparición de los síntomas, se habla de «prepsicosis», y los diferentes autores, o las diferentes escuelas, han descrito numerosos rasgos de personalidades «premórbidas», ya se trate de los psicotipos de KRETSCHMER (1948), los introvertidos de JUNG (1907), los esquizotímicos de BLEULER (1920), el carácter sensitivo de KRETSCHMER (1948), los idealistas de GUIRAUD (1950), entre tantos otros. Ahora bien, lo que se descubre en la vida relacional adaptada de un sujeto de estructura psicótica antes de un episodio de descompensación mórbida, debe ser considerado de la misma forma que lo que ocurre en la vida relacional de un sujeto de estructura psicótica en quien todo nos hace suponer que no se descompensará jamás: por lo tanto, al nivel relacional del sujeto «normal» debemos operar de la misma manera en la línea estructural psicótica que en la línea estructural neurótica, es decir, refiriéndonos a la noción de «*carácter*».

En el estudio de nuestros diferentes tipos de caracteres psicóticos, tendremos que operar de entrada una simplificación en relación con nuestro estudio precedente (1-3) que se refiere a las estructuras: el grupo de las estructuras *melancólicas y maníaco-depresivas* no tiene, en el plano caracterial, un equivalente particular, por la razón que habíamos indicado precedentemente: en efecto, este grupo de estructuras no se origina en una psicogénesis que haya seguido la línea psicótica sino, por el contrario, la aparición de una forma melancólica o maníaco-depresiva de psicosis corresponde a la degradación, en el sentido psicótico, de una organización límite depresiva, o ciclotímica, de naturaleza simplemente anaclítica hasta entonces, y que se descompensa, bien progresivamente, como consecuencia de microtraumatismos afectivos, o bien brutalmente, luego de una clásica crisis de angustia aguda. (1-4).

El «carácter» que precedía a ese modo bastante particular de incorporarse a la línea psicótica correspondía, pues, a un modo caracterial simplemente «narcisista», tal como lo describiremos más adelante, y no a un «carácter psicótico» ya establecido, sobre el fondo de una estructura psicótica de base que no existía todavía en ese momento.

Parece que el «*carácter cíclico*», que se sitúa en las descripciones psicopatológicas entre las mínimas variaciones tímicas visibles en toda estructura y las manifestaciones verdaderamente mórbidas de la auténtica psicosis maníaco-depresiva, no constituye en absoluto una forma degradada de la psicosis periódica, sino que corresponde más bien a las vacilaciones reaccionales de tipo hipomaníaco o de tipo abandónico del comportamiento anaclítico límite ante la angustia de pérdida de objeto.

Por otra parte, el hecho de que numerosos disfuncionamientos diencefálicos puedan desencadenar tales distimias tampoco nos permite deducir el origen neurológico del comportamiento cíclico.

J. FROSH (1972) ha insistido prudentemente sobre la necesidad de no confundir «el carácter psicótico» con el «estado límite», ni en el plano clínico ni en el plano metapsicológico. Para él el carácter psicótico no se presenta justamente ni como una psicosis larvada o latente, ni como una fase de transición hacia la psicosis; el modo de funcionamiento caracterial constituiría una adaptación del sujeto contra la descompensación psicótica; sin embargo, los procesos de base seguirían siendo de tipo psicótico, tanto a nivel del modo de constitución del Yo como de la relación de objeto o de la relación con la realidad.

A) *El carácter esquizofrénico*

Si empleo los términos «carácter esquizofrénico» en lugar de la denominación frecuente en el pasado de «carácter esquizoide», es para diferenciarme mejor de las antiguas descripciones que mencioné a propósito de nuestra evocación de las teorías caracterológicas y que oponía a menudo la noción, económicamente muy imprecisa, de esquizoide (o esquizotimia) a una noción mucho más vaga estructuralmente de cicloide (o ciclotimia).

Para las tendencias constitucionalistas, toda afección psicótica, y en particular esquizofrénica, corresponde a la evolución mórbida de una «constitución» hereditaria preestablecida. Esta «constitución» parece comprender, en numerosos autores, a la vez la «estructura» y el «carácter», tales como son abordados y definidos en el presente trabajo. Dicho de otra manera, los constitucionalistas se inclinan por un carácter pre-mórbido, y en suma pre-psicótico, en el sentido de que hay muchas posibilidades de que tal carácter origine en lo sucesivo una psicosis declarada.

Personalmente, no planteo el problema en términos tan pesimistas; creo que el carácter en el estado funcional «normal», así como los síntomas, en caso de enfermedad, son testimonios de la organización estructural profunda y fija del individuo. La mayoría de las muy frecuentes estructuras esquizofrénicas que hallamos en la vida corriente sólo se traducen mediante un «carácter esquizofrénico», y nunca producen una esquizofrenia. La identidad de estructura entre esas dos eventualidades, carácter esquizofrénico y esquizofrenia mórbida, parece sin embargo innegable.

Por otra parte, creo oportuno clasificar con el vocablo de «esquizoide» o «esquizotimia» entidades ya mórbidas en mayor o menor grado, como lo han hecho algunos autores. Ya me he extendido respecto de este tema en mi introducción al estudio de los estados límites (1-4). En mi opinión, no debemos confundir carácter puramente funcional de base estructural esquizofrénica, con debilidades narcisistas más o menos depresivas del humor, que salen ya del marco de la «normalidad», aun cuando la organización económica de base se sitúe a un nivel mucho menos regresivo que la estructura esquizofrénica.

También es por eso que empleo preferentemente los términos de «carácter esquizofrénico» de manera tal que se especifique bien de qué estructura subyacente precisa me propongo hablar.

Para MINKOWSKI (1953), «*la noción de esquizofrenia, en tanto que enfermedad mental, tiende a descomponerse en dos factores de orden diferente: primeramente, el esquizoide, factor constitucional, específico por excelencia, más o menos invariable por sí mismo en el curso de la vida individual; y en segundo lugar, un factor nocivo, de naturaleza evolutiva, susceptible de determinar un proceso mórbido mental*», y C. GUYOTAT (1963) confirma, en su monografía al respecto, el aspecto «dihíbrido» de la estructura esquizofrénica.

Desde nuestro punto de vista, lo que podemos oponer a los autores que hablan en términos de «constitución» es que ellos hacen alusión a las «estructuras» a propósito de los elementos de base de los enfermos, describiendo solamente los «caracteres» en sus estudios clínicos, en tanto que el carácter no figura para nada en la evolución mórbida (por el contrario, rubrica la no-morbilidad) y que la verdadera estructura de base (aun cuando se desee llamarla «constitución», lo que no es importante en sí) no puede ser descrita en términos de fenomenología, sino que debe abordarse solamente desde el ángulo de una metapsicología que ponga de manifiesto los mecanismos profundos, las inversiones y los conflictos latentes, y no los epifenómenos manifiestos poco específicos.

En el carácter esquizofrénico, las emociones, lejos de limitarse, como en el sujeto de carácter neurótico, a ser apenas una señal, llevan por el contrario a la inversión de la mayoría de las funciones del Yo, todavía marcadas por una cantidad de huellas mnésicas a las que se hallaban ligadas anteriormente. K. R. EISSLER (1954) estima que la debilidad del Yo impide a este último resistirse a la realización de las potencialidades afectivas que se desencadenan en ocasiones fortuitas exteriores al sujeto. Un Yo de tales características dispone sobre todo de una energía esencialmente pregenital.

El carácter esquizofrénico se reconoce por las oscilaciones de la regulación emocional, los aspectos particulares e imprevisibles de los procesos de pensamiento, la orientación narcisista brutal de las inversiones, y la intrincación ambivalente de los componentes relacionales de ternura y hostilidad.

Esos aspectos constituyen un fondo común a los diferentes tipos de carácter esquizofrénico, pero sigue siendo evidente que existen formas clínicas variadas de expresión de ese mismo carácter que pueden revestir, de manera constante o variable, aspectos de alcance cíclico o fóbico, u obsesivo, o hipocondríaco, o inclusive psicopático, a pesar de mantenerse profundamente esquizofrénico en el plano económico.

Las formas más puramente caracteriales han atraído la atención desde hace mucho tiempo por sus rasgos de comportamiento caracterizados por el manierismo, la tendencia al aislamiento, la ensoñación, la extravagancia, o bien los celos, y la inseguridad. Las dificultades en las relaciones sociales son frecuentes; el carácter esquizofrénico no inspira simpatía: en la mayoría de los casos, manifiesta un a-pragmatismo sexual más o menos acusado. La carencia afectiva es de rigor.

Sin duda, sería perjudicial identificar todos esos signos, variables por cierto pero centrados en la falla primitiva de la estructura, con un estado de ingreso progresivo en la enfermedad.

Sin duda, cuando una esquizofrenia declarada comienza a manifestar sus síntomas, encontramos en la investigación sobre su pasado los rasgos citados más arriba, pero considerarlos como formando parte del cuadro patológico inicial de la afección sería mezclar peligrosamente los planos; si bien toda esquizofrenia supone anteriormente un período de simple «carácter esquizofrénico», el caso inverso no es exacto, y un carácter esquizofrénico puede muy bien permanecer fijo y exento de toda manifestación sintomática durante la vida entera.

El carácter esquizofrénico se reconoce exteriormente por su *carencia en el contacto*, su tendencia al *repliegue sobre sí mismo*, a una actividad interior bastante intensa (sea cual sea el dominio de aplicación); sin embargo, podemos percibir algunos pequeños elementos *ilógicos* (o poco comprensibles, sin que por ello parezcan «complicados», como en el carácter neurótico). El escaso *calor afectivo* que se desprende de su contacto, la *frialdad del comportamiento relacional*, el *desinterés objetal* a menudo bastante evidente, especifican la conducta de tales sujetos, de afectividad muy *ambivalente*, con *oscilaciones sentimentales repentinas* y poco explicables entre la *hiperestesia* y la *anestesia* del afecto, sin que el objeto se haya movido un ápice. En este género de carácter encontramos tanto *intelectuales* como *idealistas* (poco convincentes), originales, tímidos, encerrados en sí mismos o «engañados» (del tipo de los héroes pasivos de las bromas de estudiantes); a veces, inclusive, el tipo de vagabundo antisocial o impulsivo.

Para H. EY, P. BERNARD y Ch. BRISSET (1967), el carácter esquizofrénico es una forma de carácter que ha permanecido fijada a las tendencias primitivas conectados con el narcisismo y la introversión, en una especie de temor y de rechazo tanto de la realidad como del contacto con los otros.

WIDLÖCHER y BASQUIN (1968) consideran que el carácter esquizofrénico presenta una superficie «*lisa y resbaladiza*». La expresión nos parece efectivamente bastante feliz para dar cuenta de la actitud particular de esos sujetos «*ni alegres, ni tristes,* dice DELAY (1946), *sino serios, que presentan una ausencia de humor, una especie de adiaforia*». La sensibilidad se mantiene siempre distante. Las representaciones, a menudo abstractas, son desconcertantes para quien no tiene el mismo sistema de referencias, ni la misma clase de elaboración mental. Encontramos, en la expresión artística del carácter esquizofrénico, la misma riqueza de abstracción, consecuencia de la manera muy particular con que la estructura esquizofrénica trata la realidad, en función de sus propias incertidumbres y de sus propias necesidades narcisistas. La vida fantasmática es rica, la ensoñación profusa y en la mayoría de los casos fácilmente consciente. En la medida en que ese desarrollo de la vida imaginaria fije las necesidades energéticas y las vuelva hacia el interior, la consecuencia relacional se traducirá en una disminución de las inversiones en el dominio de la acción.

Se ha hablado mucho de la indiferencia afectiva del carácter esquizofrénico; para algunos, no se trataría tanto de una anestesia afectiva, sino de una afectividad ambivalente, incluso a veces exacerbada, pero oculta. Sin embargo, parece, al examinar tales comportamientos, que el problema no consiste tanto en saber si tales caracteres experimentan o no experimentan sentimientos reales, sino en considerar a partir de qué datos se desencadenan sus vivencias afectivas; ahora bien, parece cierto que las representaciones que corresponden a los afectos experimentados se hallan menos ligadas a los datos objetales o reales que a las creaciones imaginarias, de las que esos datos no constituyen sino un elemento más. Se trata a la vez de un soporte y de un accesorio en relación con la economía estrictamente narcisista de base que preside las elaboraciones fantasmáticas y regula tanto su sentido como su intensidad, de manera difícilmente previsible para quien permanece mucho más aferrado a la necesidad de los factores objetivos.

De allí deriva, para el observador exterior, una evidente impresión de aislamiento; no está seguro de que el carácter esquizofrénico considere su mundo interior de la misma manera que el sujeto estructurado de otra forma, y lo halla demasiado desprovisto y vacío de objetos. El sentido que se da al objeto y a la relación objetal en general es diferente, y ese es el rasgo esencial que debemos señalar como específico de la vida relacional de tales sujetos.

La rigidez del idealismo, a menudo en relación con posiciones filosóficas o metafísicas que pueden parecer curiosas a un carácter neurótico, responden, justamente, a una debilidad de las funciones habituales de síntesis del Yo y también a un debilitamiento de las instancias organizadoras clásicas constituidas sobre el Super-yo y el Ideal del Yo. El narcisismo primario bajo la supremacía de procesos mentales elementales tiene como consecuencia una retracción relacional en dirección a la economía autística, a la que indudablemente nunca se alcanzará en tanto el sujeto permanezca en el cuadro caracterial y consiga mantenerse funcionalmente adaptado a él.

Un ejemplo clínico de carácter esquizofrénico está dado por la observación n.º 1, antes del episodio agudo que, por otra parte, se ha disipado rápidamente.

B) *El carácter paranoico*

También en este caso es a menudo difícil distinguir lo que constituye un «carácter paranoico» de lo que pertenece ya a las manifestaciones paranoicas mórbidas, tanto más cuanto que clásicamente los comportamientos descritos bajo el término de paranoia varían sensiblemente de un autor a otro y de una forma clínica a otra forma clínica.

Para H. EY, P. BERNARD y Ch. BRISSET (1967), el carácter paranoico ha permanecido fijado a un temperamento agresivo o a formas primitivas de experiencias de frustración o reivindicación.

Los principales elementos que definen la traducción caracterial de una estructura paranoica se resumen en una cierta exaltación bastante constante, acompañada por un comportamiento sistemáticamente razonador, reivindicativo y rencoroso, vengativo e idealista, poco realista, incluso fanático en el plano ideológico y en lo que concierne al orden en general, más especialmente al orden social en particular; el carácter paranoico da constantemente pruebas de orgullo y desconfianza, de frigidez afectiva y de deformación en sus juicios.

Los rasgos dominantes de ese modo de carácter se refieren a la vez a las debilidades narcisistas primarias y a la vivacidad de las defensas contra los deseos homosexuales pasivos, reparadores del fracaso de la relación con la madre.

No deben confundirse con el auténtico carácter paranoico todos los comportamientos de reacción ante las frustraciones, o incluso de agresividad manifiesta, que corresponden a las variaciones de humor, ni tampoco todos los comportamientos que no presenten defensa particular contra la homosexualidad.

Asimismo, la proyección utilizada en el caso del paranoico sigue siendo la clásica proyección *sobre* el objeto descrita por FREUD (1895) y no concierne a los mecanismos de proyección *en* el objeto para asegurarse el dominio y la proximidad tranquilizadora, del tipo de la identificación proyectiva de la escuela kleiniana. En el mecanismo paranoico son las representaciones, e incluso las pulsiones globalmente rechazadas por el Yo, las que se hallan proyectadas *sobre* el objeto que se ha convertido inmediatamente en perseguidor y que nunca se preservará como útil y tranquilizador.

Los tratados de psicopatología están abarrotados de descripciones de «pequeños paranoicos». Se nos muestra a un cliente gruñón, a un padre susceptible, que no soporta las frustraciones banales de la vida, a un viajero irascible, un enfermo que se cree mal atendido, un ciudadano protestón, un inquilino quisquilloso, un falso modesto, un idealista torpe, un inestable afectivo, etc.

Ahora bien, a menudo nos resulta trabajoso encontrar y reconocer bajo tales cuadros los aspectos fundamentales de la estructura paranoica que ha sido descrita más arriba: en la mayoría de las ocasiones se confunden casos particulares de carácter narcisista o de «neurosis de carácter» (cf. II-3) con el eco caracterial de una estructura paranoica.

La personalidad sensitiva de KRETSCHMER (1948) que presenta fragilidad del Yo con hiperemotividad, indecisión, escrupulosidad, incapacidad de hacer frente a los choques afectivos y a las adversidades, por *depresión* más que por rebelión, no puede clasificarse junto a las organizaciones de modo paranoico, sino que debe permanecer incorporada al grupo de los estados límites.

En este punto del desarrollo de mis hipótesis, y al llegar al fin de las descripciones que se relacionan con los diferentes aspectos mórbidos, estructurales y caracteriales que pueden revestir las estructuras tanto neuróticas como psicóticas, es necesario señalar una vez más que siempre, ante el examen de una entidad psicopatológica o funcional o estructural dada, dependa de una u otra línea clásica, vemos que en las descripciones más corrientes se mezclan los elementos que pertenecen a la estructura aludida con elementos heterogéneos, de naturaleza narcisista y predepresiva, que imitan todo lo que vemos en el campo de las estructuras neuróticas o psicóticas vecinas.

Mi investigación pretende oponerse a esta confusión, no por simple interés especulativo o entomológico, sino en razón de las consecuencias, tanto psicosociológicas como psicopatológicas y sobre todo profilácticas y terapéuticas que necesariamente debemos extraer de esta distinción.

Las manifestaciones aparentes del carácter paranoico son bien conocidas, y sin embargo es útil precisarlas rigurosamente, con el fin de evitar la confusión clásica con la perversión de carácter.

La *sobreestimación del Yo* tiene como consecuencia: 1.º «*orgullo* (en el sentido habitual del término, es decir reprobativo) y *vanidad*, a veces enmascarada bajo una *falsa modestia* que nunca llega a engañar (como en ciertos caracteres narcisistas); el sujeto se ve arrastrado tanto a actitudes de *estoicismo*, como a *extravagancias* en el sentido contrario, o incluso al *proselitismo*, más o menos aliado a un *exhibicionismo mental*.

La *desconfianza*, habitual desde el escalón caracterial, prepara las impresiones de *persecución, aislamiento*, y *susceptibilidad* casi constante.

Los *errores de juicio* conservan una dialéctica mental (en tanto que entre los perversos de carácter tienen necesidad de justificaciones racionales). La *lógica* que fascina al carácter paranoico no convence a los observadores. Las fases de *excitación* y *depresión* se suceden, pero no alcanzan jamás al comportamiento físico (como en las organizaciones anaclíticas).

Hay también alternancia entre los *movimientos egocéntricos* y los *pseudo-altruistas*. *La inadaptabilidad social relativa* del carácter paranoico proviene sin embargo de sus *interpretaciones erróneas de la realidad*, más que de su *incapacidad de disciplina colectiva* y su *ausencia de espíritu de grupo*. De allí resulta una cierta *soledad vital*, *frecuentes rebeliones*, y a veces un verdadero «*vagabundeo mental*».

Algunas psicopatías de la literatura psiquiátrica clásica deberían clasificarse resueltamente en el marco de los caracteres paranoicos.

La sobreestimación de Sí que se encuentra en el carácter paranoico corresponde a una pérdida de los límites razonables del narcisismo. La ausencia de autocrítica sostiene el mismo proceso de pérdida de límites con respecto a la necesidad de poder narcisista compensador, y a la carencia narcisista en los fenómenos esenciales constitutivos del «Sí»; y, simultáneamente, a la carencia de seguridad en el dominio del erotismo anal. Esos dos aspectos perfectamente complementarios nunca deben hallarse disociados cuando queremos hablar de economía profunda del modo paranoico. Si el acento se pone sólo sobre el primer movimiento, nos arriesgamos a una confusión con la economía esquizofrénica, y si sólo realzamos el segundo movimiento, nos situamos demasiado cerca de los mecanismos obsesivos.

Debemos apuntar otro aspecto del carácter paranoico: la escasa sociabilidad de los sujetos, que en la mayoría de los casos se hallan aislados en la vida, en tanto que los caracteres narcisistas con los que a menudo se confunde al carácter paranoico buscan y obtienen habitualmente una presencia tranquilizadora en los grupos sociales.

Los problemas somáticos desempeñan un papel importante en la distinción entre carácter paranoico por una parte, y línea narcisista por otra, ya se trate de un simple «carácter narcisista» o bien de una «neurosis de carácter». En primer lugar, y tal como lo hemos visto con respecto a las caracterologías de criterios físicos, la manera en la que el sujeto presenta su cuerpo a los otros depende de sus propios datos caracteriales; ahora bien, la estructura paranoica conlleva una rigidez afectiva y relacional que se traduce de manera bastante constante y bastante específica por medio de un «porte altivo», frecuentemente caricaturizado; es raro encontrar un carácter paranoico auténtico entre los obesos, los depresivos corporales, o los famosos «sanguíneos». La manera corporal de afirmar la necesidad de aislamiento en relación con los otros, propia del carácter paranoico, no se halla jamás en la línea narcisista-anaclítica, que por el contrario trata de «hacerse ver bien» para seducir al otro y atraerlo, con el fin de tranquilizarse.

Por otra parte, es banal recordar que el carácter paranoico disfruta de una «salud de hierro». En realidad, rechaza sobre todo la posibilidad de que el otro se enternezca con relación a las pequeñas molestias físicas que él pueda experimentar, y que oculta cuidadosamente; en tanto que el narcisista anaclítico insiste, en su deseo de seducir y de hacerse compadecer, en el menor malestar susceptible de conmover al interlocutor.

Esto nos conduce a una reflexión sobre las relaciones entre el carácter paranoico y la gestión masoquista. Th. REIK (1940) se ha extendido ya sobre este tema, retomado más tarde por J. NYDES (1963).

Los dos comportamientos se refieren a la vez al amor pregenital, sentimiento que descansa sobre la ambivalencia y la dependencia, y al sentimiento de fuerza compensatoria, que se extrae de la omnipotencia infantil para disimular la actitud latente de debilidad y de súplica de protección.

El carácter paranoico renuncia al amor para tratar de preservar un sentimiento de fuerza, en tanto que el comportamiento masoquista, por el contrario, renuncia a la fuerza para intentar preservar el vínculo de amor.

Por otra parte, el carácter paranoico utiliza preferentemente, como ya hemos visto, el mecanismo proyectivo clásico para defenderse contra la noción de vergüenza, en tanto que la identificación con el agresor se mantiene más en el registro sado-masoquista.

En los dos casos ha sido imposible conseguir una identificación válida con el padre del mismo sexo, que no ha dejado de ser todopoderoso; el carácter paranoico debe defenderse contra este adversario que se presume, y la aceptación de cuyo amor se consideraría como un sometimiento a las castración fálica-narcisista y a la «degradación» homosexual pasiva.

Incluiré aquí una observación característica de carácter paranoico para ilustrar mejor mi exposición:

Obs n.º 15

Un carácter paranoico

Alphonse es tan desconocido en el resto del departamento, como imposible de ignorar en la importante concentración urbana en la que hace estragos. Sesenta años, el porte altivo, el aspecto rígido, enderezador de entuertos y dador de consejos, este curioso personaje importuna con grandilocuencia a cualquiera que se cruce en su camino, e inquieta particularmente a los débiles; sin embargo, se las arregla para ser nombrado vice-presidente de numerosas asociaciones locales, ya sean de música o de automóviles, la oficina de ayuda mutua cantonal o la asociación deportiva municipal, sin ser sin embargo ni músico ni deportista, y mucho menos aún filántropo. Al no tener ningún contacto humano positivo, se ha vuelto abogado de negocios: conocido por sus intensas necesidades de dinero, ocupa por obligación funciones en el «consejo» de varias sociedades inmobiliarias importantes, pero bastante administrativas, ya que ha roto rápidamente con toda empresa de dirección más «personal».

Si bien sigue siendo un «civilista» mediocre, se le escucha porque se le teme, y a menudo se recurre a él porque se le tiene miedo. Su habilidad consiste en afirmar con autoridad todo punto de vista favorable a su parte, en apoyarse sobre un solo aspecto válido de la coyuntura y luego aplastar al adversario con su mal humor, a partir de ese islote de certidumbre. En una tercera etapa, se coloca de oficio en «justiciero» fuera de la justicia, y propone un compromiso condescendiente, ventajoso para el consejo de administración anónimo de la S.A.R.L. a la que representa y no demasiado oneroso para el adversario, que teme encontrar en los Tribunales a un adversario tan despiadado y feroz.

Si ha obtenido todas las funciones honoríficas enumeradas más arriba en su subprefectura (más algunas condecoraciones) no es porque se lo ame, ni porque se lo aprecie, sino porque se le teme y porque «se le debe mucho»: en efecto, hace donaciones «principescas» a la mayoría de las asociaciones declaradas bajo la cobertura de la ley de 1901; no porque tenga fortuna, no porque sea «bueno», ni siquiera bonachón, como un simple narcisista que quisiera que se lo ame... Por el contrario, se comporta desdeñosamente, como un aristócrata, y en contrapartida, no se le puede tratar de otra manera que la presente: no se le acuerda ninguna función práctica importante, ni la presidencia (es demasiado temido), ni el secretariado (no está lo suficientemente bien adaptado), pero se le conceden siempre «vice-presidencias», decorativas y muy representativas. Con lo cual, ha realizado su deseo: omite pronunciar el correctivo «vice» ante el término «presidente», y estrecha manos, en nombre de las susodichas asociaciones, en bodas, funerales, inauguraciones y ceremonias oficiales u oficiosas diversas. Tiene su lugar en las partidas de bridge o en las recepciones del Sub-prefecto, del Procurador, del Coronel de transmisiones, o de algunos industriales o grandes comerciantes locales.

¿Alphonse era rico de nacimiento? En absoluto. Sus padres eran pequeños-comerciantes y murieron tempranamente, por lo que tuvo grandes dificultades de dinero y numerosas deudas.

Tanto y hasta tal punto que el contable de la más importante de las sociedades para las cuales trabaja le ha obligado a aceptar un curioso arreglo destinado a evitarle un despido y eventualmente un embargo: dicho contable retiene por su cuenta parte de los honorarios que se deben al abogado, y arregla cuentas directamente, mes a mes, con sus principales acreedores: propietario, sastre, carnicero, tienda de alimentación, etc. De esta manera, Alphonse continúa disponiendo del resto de sus ingresos para sus múltiples y reiteradas liberalidades.

De hecho, Alphonse está casado, pero lo más que se sabe es que se ha casado con una mujer tímida, más joven, que no sale nunca y tiene mala salud; se sabe también que tiene dos hijos, pero no se les conoce: la hija mayor, de 28 años, asmática, es profesora auxiliar en una escuela privada que dirige una hermana de su madre; el hijo, de 24 años, no ha podido completar su ciclo en una escuela de comercio; ahora se le ha «ubicado» en la oficina de un abogado del departamento vecino. Ni uno ni otro de los hijos está casado.

Los que conocen a Alphonse se preguntan por qué este hombre, siempre solo en la ciudad y en la vida, ha creído oportuno casarse; es indudable que Alphonse ha concebido el matrimonio como una obligación social de buena ley, al mismo nivel que saber montar a caballo, adherir a la «Acción Francesa» o preparar el pelotón de alumnos oficiales de reserva. Por otra parte, no se le conoce ninguna vinculación femenina; es famoso por su desconsideración con respecto a las mujeres y su sadismo hacia los jóvenes de uno u otro sexo (arrastrado por mi pensamiento, iba a escribir: «los jóvenes de los dos sexos»).

Alphonse no sonríe nunca, nunca cede, nunca se doblega. Rígido como la espada de la justicia, siempre está listo para abatirse sobre aquél que está a punto de desfallecer. Alphonse se irrita por nada desde el momento en que entreví un fantasma, aunque sea apenas consciente, en el que alguien pueda acusarlo de torpeza; al mismo tiempo que demuestra un profundo desdén por quien lo ignora, toda relación próxima se transforma enseguida para él en una amenaza posible, y al menor alerta con cierta base real, en una agresión. Se adivina fácilmente la defensa radical contra la homosexualidad pasiva latente detrás de tales comportamientos manifiestos, y ello rubrica, desde el punto de vista funcional y relacional, una estructuración mental de modo típicamente paranoico. Ese diagnóstico es confirmado, si fuera necesario, por la enorme falencia narcisista primaria que se produjo en ocasión de las enfermedades sucesivas y después las muertes de ambos padres, muy próxima una a otra y por último cuando se lo colocó bajo la tutela de un tío materno, antiguo funcionario colonial autoritario y sádico, que le impartió desde entonces una educación espartana.

En su mantenimiento corporal, Alphonse ha heredado la rigidez vertebral de ese tío, muy conocido en la región por su silueta de hidalgo. Alphonse, a pesar de la edad y las comidas de negocios, sigue mostrando un vigor, una esbeltez, un tono y una salud que le envidian muchos de sus conciudadanos más jóvenes, que no por eso desean encontrarse afectivamente «en su pellejo».

Si bien el diagnóstico de estructura paranoica no plantea ningún problema en particular, podríamos discutir, por el contrario, la situación «caracterial» del caso de Alphonse.

La notable adaptación exterior de la que Alphonse da muestras frente a las condiciones exteriores particularmente complicadas, y la manera en que ha conseguido hacer que los otros lo toleren nos permiten pensar que es un «carácter psicótico» de tipo paranoico y no una prepsicosis en peligro de descompensación. Justamente, si no hubiera poseído acondicionamientos caracteriales lo bastante sólidos en su estructura, se habría descompensado mucho antes de haber alcanzado la sesentena. Los «falsos caracteres paranoicos» que he descrito a propósito de las «perversiones de carácter», los que derivan del acondicionamiento más o menos sólido de una organización límite y no de una estructura psicótica paranoica, desencadenan reacciones de lasitud y de rechazo mucho más rápido que los caracteres psicóticos. En efecto, el «carácter psicótico» mantiene al otro alejado afectivamente, en tanto que el «perverso de carácter» tiene necesidad de agotar narcisísticamente su objeto, lo que hace que el objeto deje de tolerarlo rápidamente, desde que comienza a experimentar él mismo un sentimiento de hemorragia narcisista, de «vampirización» por parte del otro que lo vacía, en tanto sujeto, de su propia sustancia.

En tanto que la estructura paranoica se mantiene sobre el registro del carácter, las proyecciones separan y aíslan al objeto del sujeto, mientras que en la «perversión de carácter» los *clivages* objetales y las identificaciones proyectivas llegan a colocar al sujeto en una situación de verdadero «cáncer» devorador, en el interior mismo del objeto.

El objeto se defiende mejor contra la proyección psicótica en tanto ésta se mantenga en el plano caracterial, y por ende moderado, ni muy lógico ni delirante, que contra la identificación proyectiva intensa del «perverso de carácter». Es más fácil para el objeto defenderse cuando no reconoce sus propios rasgos en las proyecciones del sujeto *sobre* él, que cuando siente al sujeto penetrar brutalmente *en* él, contra sus deseos.

Todas esas razones reforzarían la posibilidad de que Alphonse evolucionara en el marco de un «carácter paranoico», sin llegar a la necesidad de una descompensación mórbida sintomática y delirante.

Lógicamente, Alphonse posee suficientes recursos de composición con los elementos reales (externos y también internos) auténticos como para no necesitar fabricarse una «neorrealidad» a la medida de un delirio paranoico.

3. LOS CARACTERES NARCISISTAS

Si bien podemos encontrar en toda línea estructural, ya sea en el estadio puramente caracterial o en el estadio de la sintomatología mórbida, y de manera casi constante, *«rasgos de carácter narcisista»*, debemos distinguir tales aspectos fragmentarios en el plano funcional (evidentemente relacionado con una mayor o menor afección narcisista arcaica) del conjunto de elementos, bien articulados entre sí, que constituyen el verdadero *«carácter narcisista»*.

El «carácter narcisista» corresponde a una adaptación relacional de la organización narcisista descrita más arriba a propósito del grupo de los estados límites. A menudo es difícil distinguir un auténtico «carácter narcisista», por una parte porque ese tipo de carácter puede asumir aspectos variados que revisaremos en este parágrafo, y por otra en razón de las facilidades de imitación de otros modos de evolución estructurales que siempre revisten (tanto en la caracterología como en la sintomatología) las diferentes entidades que se originan, de manera inmediata o lejana, en el tronco común acondicionado de los estados límites.

Los caracteres narcisistas corresponden a los datos de base que describía S. FREUD (1931) a propósito de su tipo libidinal «narcisista»: FREUD subrayaba *«esencialmente factores negativos:* ni tensión entre Yo y Super-yo, ni establecimiento de un verdadero Super-yo, ni primacía del genital, sino por el contrario preponderancia organizadora de las pulsiones del Yo, en el sentido de los «instintos de conservación». *«El Yo de tales organizaciones dispone de una gran dosis de agresividad que se manifiesta en una aptitud para la acción».*

Pero entre las organizaciones narcisistas existen sin embargo comportamientos en los que la inhibición de las pulsiones agresivas coexiste junto con las inhibiciones que se ejercen sobre las pulsiones sexuales. Algunas tendencias depresivas aparecen también en el sujeto desde el momento en que las condiciones defensivas que anteriormente contenían a las pulsiones agresivas pierden su eficacia. Una cierta pasividad corresponde al sistema caracterial de orientación netamente narcisista; pero esta pasividad puede a su vez, como lo demuestra O. FENICHEL (1955), y dado un cierto contexto, o bien erotizarse secundariamente en el registro de la receptividad oral tanto como en el de la homosexualidad pasiva, o bien verse sobrecompensada por una reacción contrafóbica basada en un mecanismo de naturaleza anaclítica.

En efecto, y de acuerdo con las numerosas descripciones que hemos realizado hasta ahora, la economía narcisista, al nivel en que la consideramos en tales organizaciones, se refiere siempre a una dialéctica que puede ser dual o triádica. La economía fusional es superada estructuralmente, pero la economía triangular edípica no se alcanza todavía. La relación de objeto sigue siendo de modo anaclítico.

La angustia presente en todo el grupo de economía narcisista se manifiesta como un temor a perder el amor y la protección del objeto.

Para asegurarse ese mantenimiento de la dependencia (y del dominio a la vez) del objeto, el carácter narcisista, en el estado relacional y funcional, dispone de diferentes soluciones que producen otros tantos subgrupos caracteriales narcisistas.

A) *El carácter abandónico*

El «*carácter abandónico*» es el que refleja más fielmente la angustia de pérdida del objeto. Sin alcanzar el aspecto patológico de la «neurosis de abandono» descrita por G. GUEX (1950), hallamos sin embargo, en el plano del carácter, y en estado embrionario y todavía adaptado, rasgos comunes con la entidad mórbida correspondiente. Los tres pilares de la variedad abandónica del carácter narcisista son la angustia de abandono, la no-valorización y la agresividad reaccional. En efecto, el sujeto experimenta dificultades para afirmarse, duda fácilmente de sus propias capacidades para ser amado y afrontar a los otros; esta no-valorización no descansa solamente sobre la inhibición, sino que también proviene de la agresividad subyacente, concebida como una reivindicación y una venganza en función de las frustraciones pasadas; infligir a los otros las misma frustraciones sigue siendo una finalidad perseguida y prohibida, y al mismo tiempo este último movimiento contribuye por su parte a mantener las inhibiciones.

Otro resultado perseguido por la agresividad subyacente es el de desmantelar, el de dominar al objeto de manera tal que se lo mantenga cercano y, por ende, actúe como un elemento tranquilizador. Sin embargo, la susceptibilidad del sujeto siempre permanece alerta: la menor «carencia» afectiva o materializada en el tiempo o el espacio desencadena una vivencia hostil, sean cuales sean los lazos pasados o la razonable seguridad del futuro. La ambivalencia arcaica permanece viva, y el menor fantasma de distanciamiento la desencadena violentamente.

Para la mayoría de los autores parece evidente que tales mecanismos automáticos y brutales remiten a fijaciones infantiles en relación con separaciones de los padres, con el destete, la imposición de una nodriza o una experiencia de pensionado, o los viajes de los padres en una época en que el niño sólo podía evaluar el tiempo exacto de separación como indeterminado; para él no existía ningún índice de retorno, y sólo percibía la realidad de la partida: para el sujeto, todavía mal equipado, el concepto de retorno no existía en mayor medida que para el hombre primitivo, que no está convencido, cuando ve ponerse el sol detrás de la montaña, de que ese mismo sol volverá a calentarlo e incluso iluminarlo en la mañana siguiente.

B) *El carácter de destinado*

El «*carácter de destinado*» presenta una apariencia contraria al carácter precedente, debido a la certidumbre de reiniciación de un ciclo ineluctable; sin embargo, ese ciclo no tiene nada de tranquilizador. LAPLANCHE y PONTALIS (1967) han insistido en el aspecto patológico de este mecanismo, ya citado por FREUD en *Más allá del principio de placer* (1920), a propósito de la gente que se cree perseguida por un destino desdichado, los amigos traicionados, o los benevolentes a los que se les paga con la ingratitud.

Nos encontramos pues muy cerca de los comportamientos abandónicos, así como de los «*caracteres de fracaso*». Lo esencial de esos mecanismos descansa sobre un fantasma inconsciente que pertenece al sujeto, pero que el sujeto cree que retorna sin cesar desde el exterior; de allí el aspecto persecutorio y hasta demoníaco que reviste el componente pulsional agresivo contenido en el fantasma, componente que actúa como si repercutiera, desde el exterior, sobre un terreno ya preparado para recibirlo.

El movimiento inicial, que produce ulteriormente la compulsión de repetición, se origina en un primer momento durante el curso de una operación proyectiva, que expulsa el elemento pulsional culpable del consciente y de la persona, hacia el exterior.

Por otra parte, tales conductas se hallan secundariamente infiltradas por rasgos masoquistas y autopunitivos, aun cuando se mantengan dentro del registro del carácter y no desborden aún hacia el dominio de la patología caracterial.

Las repeticiones de las vivencias engendran las repeticiones de reacciones idénticas; y la tendencia al retorno de lo inhibido engendra a su vez las repeticiones de las vivencias; narcisísticamente, esta repetición de acontecimientos desagradables en el plano manifiesto se utiliza sin embargo como medio ventajoso para dominar la situación y evitar el retorno demasiado brutal de la excitación ligada a las representaciones latentes que presentan el riesgo de retraer la conciencia hacia el retorno de un elemento inhibido todavía más temible.

C) *El carácter narcisista-fóbico*

El «*carácter narcisofóbico*» (narcisista-fóbico) ha sido considerado al principio de este capítulo en oposición al carácter histerofóbico, con el que se lo confunde tan a menudo.

El fóbico-narcista atrae la atención por el aspecto deficitario y negativo de su comportamiento de inhibición, que se ejerce sobre dominios frecuentemente bastante extendidos. Pero, en tanto que esta inhibición se dirige en el carácter histérico-fóbico a las representaciones sexualizadas, en el carácter narcisofóbico se trata ante todo de una inhibición de la ambivalencia dependencia-agresión, que por el contrario se manifiesta de manera muy positiva (aunque habitualmente camuflada) en la relación con el objeto contrafóbico de tipo narcisista que conviene mantener bajo el dominio del sujeto.

Este tipo de objeto contrafóbico protege al sujeto, en tanto que el objeto contrafóbico de tipo histérico-fóbico opera como objeto sexual y como defensa contra el objeto sexual a la vez.

El carácter narcisofóbico se distingue por la fragilidad del Yo, que aunque unificado (nunca se trata de un Yo psicótico) jamás aparece lo suficientemente completo desde el punto de vista narcisista y también por una emotividad a flor de piel que puede desencadenar en cualquier momento tempestades afectivas.

Formaciones reaccionales más o menos poderosas pueden, a partir de un carácter de este tipo, conducir a comportamientos *perfeccionistas* cuyo celo se propone capturar mejor al objeto paterno o sus sustitutos. Un ejemplo clínico de este tipo se encuentra descrito en nuestra observación clínica nº 14, citada más arriba paralelamente con el perfeccionismo obsesivo.

El carácter fóbico-narcisista no conlleva tantas conductas simbolizadas como el carácter histerofóbico; en el primer caso encontramos menos cantidad de conductas «incomprensibles» que en el segundo. Sin embargo, los comportamientos paradojales de huida hacia adelante y *miedo de tener miedo* siguen siendo patrimonio del carácter fóbico-narcisista, menos elaborado, más arcaico y más brutal, en cuanto al funcionamiento mental de base, que los caracteres del registro neurótico.

La actitud pasiva que habitualmente se da en estado directo en el fóbico-narcisista, se refleja fácil y rápidamente en comportamientos de desafío reaccional, a menudo inesperados para el interlocutor, lo que dificulta las relaciones con esta clase de sujetos.

D) *El carácter fálico*

El *«carácter fálico»* concierne al comportamiento de los sujetos de organización narcisista-anaclítica que buscan una parte de su seguridad en el amor a sí mismos o a los objetos parciales que los representan, o bien incluso a objetos totales con los que se identifican.

WIDLÖCHER y BASQUIN (1968) señalan el aspecto ambicioso de un carácter de esta naturaleza, a quien le interesa ante todo negar la castración narciso-fálica.

La afirmación de la posesión del falo permite al sujeto recuperar la confianza en sí y la competencia con los objetos no sexuales. En efecto, aun cuando quiera parecer «super-viril», el carácter fálico no actúa sobre el plano de la potencia sexual. Su heterosexualidad es frágil. La apelación a una homosexualidad vivida en un modo afectivo y activo calma la angustia y satisface al mismo tiempo la tendencia agresiva. El carácter fálico se presenta también como una defensa contra la posición caracterial depresiva cuya presencia subyacente, constante en todas las organizaciones narcisistas, constituye un elemento selectivo en el plano nosológico, pero siempre inquietante, de todas maneras, en cuanto a sus consecuencias mórbidas imprevisibles.

E) El carácter depresivo

El «*carácter depresivo*» constituye, aunque no se lo encuentre en estado puro, un elemento de base de toda la caracterología narcisista. La inclinación depresiva, verificada en todos los narcisistas con mayor o menor intensidad, se halla en relación con la situación pregenital de las organizaciones narcisistas, de donde se deriva un retorno a la ambivalencia arcaica. El funcionamiento mental del carácter depresivo se define por la ambivalencia. Las tendencias tiernas y hostiles sostienen entre sí una lucha indecisa, en la que ninguna de las dos llega a dominar.

K. ABRAHAM (1924) ha mostrado la correlación que existe entre los elementos depresivos y las fijaciones orales. Para él, el fundamento de la ambivalencia se sitúa a nivel del erotismo oral.

Junto al carácter depresivo, podemos encontrar comportamientos narcisistas muy similares.

F) El carácter hipocondríaco

El «*carácter hipocondríaco*» se traduce, fuera de toda afección mórbida, por las preocupaciones con respecto al estado de salud del sujeto a propósito de esta o aquella parte del cuerpo. Esta parte no tiene ni un valor simbólico genital como en el caso del carácter histérico, ni valor de comunicación no mentalizada como en el carácter psicosomático, sino que corresponde a una fijación depresiva centrada en un punto preciso del organismo que se ha convertido en un mal objeto parcial narcisista, un objeto parcial a la vez inculpado y perseguidor gracias al cual el lazo anaclítico con el objeto total tiende a ser mantenido, por fuerza, a la sombra del riesgo fantasmático.

Ciertamente, sería abusivo considerar todo carácter hipocondríaco como perteneciente al dominio mórbido; en la medida en que, justamente, el «juego del cuerpo» sea aceptado por el objeto y por el sujeto mismo, en el marco de la relación anaclítica, y en la medida también en que esta situación no progrese demasiado, permanecemos en un dominio caracterial, funcional y simplemente relacional, específico aquí de la economía narcisista.

Sin duda es enojoso que tantos tratados clásicos hayan mezclado bajo la clasificación general de hipocondría tanto datos altamente patológicos como situaciones simplemente caracteriales; o mecanismos estrictamente narcisistas, simultáneamente con comportamientos manifiestos de naturaleza histérica, o psicosomática, o incluso netamente psicótica.

El verdadero mecanismo hipocondríaco, tal como lo encontramos en estado funcional en el carácter hipocondríaco, traduce un retroceso de la inversión libidinal de objeto exterior con aplazamiento de esta inversión sobre un objeto narcisista interior al cuerpo del sujeto. Es la imago objetal, la representación intrapsíquica del objeto exterior que se limita, en el repliegue narcisista, al campo de un órgano corporal interno.

Sin embargo, es necesario señalar que, en muchos casos el repliegue narcisista concierne sólo al propio cuerpo, pero puede, por analogía, extenderse a las vestimentas, al automóvil, a la vivienda, o a los otros miembros del entorno, invertidos con los mismos valores narcisistas y las mismas debilidades o los mismos ataques frustrantes que el propio cuerpo. Existe, pues, una sobreinversión narcisista a esos niveles, una especie de «hipertonia» afectiva.

Contrariamente a la vivencia corporal histérica, la angustia subyacente en el carácter hipocondríaco no concierne a la castración genital, sino simplemente a la angustia de pérdida de objeto. La introyección hipocondríaca se orienta ya, aunque en grado mínimo, en la misma dirección que la introspección melancólica; corresponde a una regresión oral, concierne al falo y a la agresividad con respecto al objeto que puede llegar a faltar; la represión de esta agresividad revierte en reproche contra una parte del cuerpo propio y representa así, al mismo tiempo, una maniobra preventiva de autopunición.

G) *El carácter psicasténico*

El «*carácter psicasténico*» ha sido clasificado con frecuencia entre los caracteres obsesivos. De hecho, parece que, como en muchos puntos de esos dominios caracteriaies, se han clasificado mecanismos muy diferentes bajo la misma etiqueta.

Muchas psicastenias se reconocen más por sus comportamientos depresivos que por aspectos compulsivos. Las tendencias a los escrúpulos y a las crisis de conciencia suelen responder a las necesidades perfeccionistas narcisistas y no a las anulaciones obsesivas. La introspección puede concernir a las necesidades de satisfacer el Ideal del Yo, mucho más que al miedo frente a un Super-yo severo.

Lo que aparece como un detalle manifiesto en muchas de las descripciones debería sin embargo despertar la atención sobre el plano de la economía latente: la hiposexualidad habitualmente mencionada remite a la primacía organizadora de tipo narcisista y no edípico.

En cuanto al conservatismo doctrinario, a la necesidad de abstracciones, a la dificultad de las afirmaciones, a la rigidez moral, todos esos factores parecen poder explicarse muy bien (al menos en una considerable cantidad de casos) por el temor de fallarle al Ideal paterno, sin tener que apelar a un aplastamiento por parte del Super-yo, en el sentido pleno del término.

H) *El carácter psicopático*

El «*carácter psicopático*» continúa produciendo numerosas descripciones clínicas y teóricas, si bien la mayoría de los autores se sienten incómodos con la noción de psicopatía.

Parece evidente que, casi siempre, el psicópata en estado patológico corresponde a una «perversidad del carácter», tal como la definiremos más adelante. Sin embargo, al nivel caracterial, nos encontramos con una economía puramente narcisista que vive con toda claridad la parte agresiva de su anaclitismo, en lugar de inhibirla o de volverla contra sí mismo como en muchos casos de los que acabamos de revisar.

La «antisociabilidad» del carácter psicopático no persigue otro fin que atraer la atención del objeto anaclítico por el que se estima olvidado, frustrado y mal querido.

La rebelión del psicópata no es independencia, sino

simple desborde afectivo: la inestabilidad emocional traduce la debilidad pregenital del Yo; la labilidad afectiva, la sugestibilidad, corresponden a la gran dependencia anaclítica. El suicidio, tan frecuente entre estos casos, rubrica la inmensidad del factor depresivo latente detrás de la violencia de las aberraciones manifiestas.

Se da una fuerte relación sádico-oral sin que los conflictos pasen a ser vividos interiormente, en tanto que el principio del placer logre crear descargas instantáneas. Pero la dependencia con respecto al objeto invertido, y la violencia del lazo afectivo, definen también aquí una economía narcisista, de un tipo particular pero profundamente anaclítica por debajo de afirmaciones muy opuestas.

I) El carácter hipomaníaco

El «*carácter hipomaníaco*» corresponde a una reacción contra la tendencia depresiva. Es una huida hacia adelante en el dominio de la actividad.

La exuberancia de las ideas, del lenguaje o de la acción, a veces incluso de la sexualidad, sólo sirve para cubrir hábilmente la falla narcisista antigua.

Para algunos, esta defensa triunfa de manera constante; para otros, el movimiento depresivo latente reaparece en algunos momentos, creando así un «*carácter maníacodepresivo*» de categoría estructural visiblemente no psicótica y que puede muy bien permanecer durante toda la existencia del individuo en el registro caracterial relacional y funcional, que testimonia una organización narcisista profunda, sin pasar jamás a un registro mórbido.

La hipomanía representa un momento caracterial de no-sufrimiento, pero poco constructivo en elaboraciones mentales, en tanto que el momento caracterial depresivo, acompañado de algunas dificultades (incluso en el simple estadio puramente caracterial), ofrece mejores posibilidades de elaboración, lo que permite suponer que el Yo de un carácter depresivo es más independiente a pesar de todo que un Yo de carácter hipomaníaco.

4. LOS CARACTERES PSICOSOMÁTICOS

La complejidad de las investigaciones que realizan actualmente los especialistas de la psicopatología psicosomática no permite desarrollar ampliamente aquí un tipo de carácter «psicosomático», pero creo que es esencial citar, de todas maneras, y a nivel caracterial, algunos puntos de referencia concernientes a la manera en que se traduce, fuera de toda sintomatología netamente mórbida y en los planos relacional y funcional, un funcionamiento mental particular de las organizaciones psicosomáticas. También es interesante oponer esta variedad de funcionamiento mental a la de los otros grupos caracteriales.

C. DAVID (1961) ha mostrado las dificultades de la conceptualización psicosomática, pero sitúa el espectro psicosomático al nivel en que las manifestaciones somáticas y la intencionalidad se hallan todavía confundidas, antes de que el valor simbólico del síntoma haya adquirido un sentido en relación con el contenido psíquico.

M. FAIN y P. MARTY (1964) se refieren a la segunda fase anal de K. ABRAHAM, para concebir un erotismo ligado a la retención del objeto en el interior del cuerpo, que sólo puede encontrar su plena expresión si existe una división neta entre actividades mentales y dinamismo somático.

Por lo tanto, una tal erotización podría realizarse, sobre el plano caracterial, sin ninguna manifestación exterior aparente.

La economía psicosomática corresponde, como entre los estados límites, a un modo de transformación de la libido objetal en libido narcisista, pero la regresión psicosomática, mucho más profunda, transforma el lenguaje psíquico en lenguaje somático que, por otra parte, se diferencia claramente del lenguaje histérico de conversión, en la medida en que esta última comunicación sigue siendo simbolizada, sexualizada y se mantiene siempre en relación estrecha con el registro mental. En el registro psicosomático, por el contrario, ya no hay simbolización, el lenguaje del cuerpo no sólo es utilitario, como lo precisan P. MARTY y M. de M'UZAN (1963), sino que se convierte en expresión de un verdadero pensamiento *operatorio*. La actividad fantasmática se reduce automáticamente otro tanto, y es acompañada por el fenómeno de desexualización descrito tan a menudo. Las tendencias agresivas se liberan en las manifestaciones corporales al mismo tiempo que los fantasmas agresivos; en cuanto a ellos, justamente están alejados del dominio corporal.

El carácter psicosomático no se refiere a ninguna significación simbólica como en el caso del carácter histérico, ni a un lugar preciso de inversión narcisista como en el carácter hipocondríaco. Lo que caracteriza al carácter psicosomático, de manera completamente original, es el modo de funcionamiento mecanizado del pensamiento, la racionalización de los comportamientos por causas exteriores, en sí mismas mecánicas y desafectadas, el escaso impacto de los afectos, la gran habilidad de tales sujetos para mostrarse al sujeto como si no viviera ninguna emoción, y al mismo tiempo crear *en el otro* y dentro del otro una verdadera emoción[1].

Observamos, en el diálogo con tales caracteres, que el auditor ve en acción ante sí al narrador de una historia dramática vivida sin drama por el sujeto, pero recibida por el, y *en el* que escucha, como intensamente dramática. Este auditor se siente por otra parte mucho más implicado, como si él mismo fuera sujeto, y no como simple objeto para el narrador. Se siente tentado de dejar su plano de observador para entrar en el relato que se le propone, y tentado también de reaccionar por medio de un compromiso personal en el seno del relato, en lugar de permanecer como un simple testigo exterior.

Como ya lo ha destacado M. FAIN (1969), ante el carácter psicosomático que desconoce totalmente el conflicto edípico, el interlocutor de carácter neurótico comienza a experimentar un extraño sentimiento de alienación.

El carácter psicosomático da pruebas, por el contrario, de un modo de adaptación a la realidad muy sólido: se le considera prudente y equilibrado. El carácter psicosomático no concede mucha importancia a los problemas afectivos.[2]

---

1. Cf. BERGERET, J. Los «inafectivos», *Rev. fr. psychanal.*, 34, 5-6 septiembre de 1970, 1183-1191.
2. BERGERET, J. Capítulo sobre el diagnóstico diferencial de los mecanismos psicosomáticos en *La depresión y los estados límites*, (a publicar por Ed. Payot, París).

El objeto interno del carácter psicosomático se halla, como han mostrado P. MARTY, M. de M'UZAN y C. DAVID (1963) opacificado, negado, vaciado de sentido aparente. Su inconsciente está cerrado con candado, aislado y salvaje. Hay pocos fantasmas y pocos sueños verdaderamente elaborados, pocos intercambios interpersonales. La expresión verbal es más bien disecada, el lenguaje, empleado en el sentido estrictamente funcional de la expresión, es pragmático e instrumental.

En contrapartida, estos sujetos se identifican muy fácilmente, sin grandes problemas y sin gran emoción, con cualquiera que encuentren en su camino, pero se trata más bien de una identificación de superficie: es la famosa «reduplicación afectiva» de los autores de la Escuela de París.

Dos casos de caracteres psicosomáticos merecen ser rápidamente citados: por una parte el «carácter alérgico», y por otra parte el «carácter jaquecoso».

El *«carácter alérgico»* corresponde a una necesidad de *«acercarse lo más posible al objeto, hasta confundirse con él»* (P. MARTY, 1958). Se verifica una identificación profunda y sin límites, una cierta confusión con el objeto. De allí resulta un modo de acondicionamiento del objeto que disminuye los límites de separación frente al sujeto. En un doble movimiento de intercambios identificatorios, el sujeto adorna al objeto con sus propias cualidades y, en contrapartida, se adorna con las cualidades del objeto.

Pero tal intercambio se somete a criterios convenientes para el Ideal del Yo del sujeto; la elección de los objetos acondicionables debe responder a las exigencias caracteriales del alérgico.

La relación de este tipo de carácter puede hacerse sobre todos los planos (sensorial, motor, fantasmático, intelectual, o humoral); lo que el carácter alérgico trata de revivir es la fusión con la madre. La escasa solidez real de su Yo es compensada por la facilidad de los intercambios de objeto.

Los caracteres alérgicos logran esa paradoja relacional que permite considerarlos como *caracteres psicóticos con los cuales se tuviera un contacto estrecho;* como psicóticos, en razón del aislamiento que demuestran en el plano de los afectos, pero como histéricos, por otra parte, en razón de sus necesidades de proximidad objetal.

El parentesco representado, a propósito del esquema n.º 8, entre las organizaciones límites y las regresiones psicosomáticas, se manifiesta particularmente al nivel de los caracteres alérgicos en los cuales se constatan movimientos depresivos en ocasión de una evasión objetal.

Se han verificado igualmente formas caracteriales hipomaníacas entre los alérgicos, que parecen constituir un negativo reaccional de los movimientos depresivos precedentes. P. MARTY (1958) ha hablado incluso de formas pseudo-paranoicas; el término parece, quizás, algo forzado, tanto más cuanto que el autor reconoce la flexibilidad del sujeto en ocasión de tales impulsos, así como el enquistamiento del dominio donde se manifiestan; en mi opinión, estamos muy cerca de los desarrollos caracteriales límites en dirección a las psicosis y, principalmente, las parapsicosis.

La influencia del Super-yo y la estructuración de modo edípico son netamente eliminadas del carácter alérgico por la mayoría de los autores. M. FAIN (1969) piensa que se trata más bien de la reproducción de un lazo entre el Yo onírico y el Yo adormecido, de la unión establecida entre la satisfacción alucinatoria del deseo y el narcisismo primario. La irrupción súbita de un elemento edípico en una economía como ésta, la imagen del padre por ejemplo, tendría valor de alergeno, pero el modo anaclítico sigue siendo esencial en el plano relacional, ya que tales sujetos no funcionan bien en el registro caracterial sino cuando se preserva la presencia *física* del objeto, en tanto que en el carácter narcisista la sola idea de la presencia es suficiente para mantener el equilibrio. A este nivel encontramos una prueba más de la mayor regresión de los mecanismos alérgicos que se refieren a períodos anteriores a toda mentalización auténtica.

El inconsciente alérgico se habría convertido en asiento del deseo de la madre de hacerlo retroceder al narcisismo primario, evocando el completamiento relacional. A continuación, el carácter alérgico lucharía contra su objeto según un modo repetitivo relacional, alucinado por un sí alérgico, como si deseara verlo regresar al narcisismo primitivo.

P. MARTY (1969) ha matizado mucho las opiniones de la Escuela de París al situar clínicamente toda una serie de regresiones psicosomáticas parciales, y de fijaciones arcaicas parciales, que pueden coexistir con organizaciones libidinales más flexibles que las hasta ahora descritas a propósito del carácter alérgico «puro». Y su cuadro de las «inorganizaciones libidinales», que prepara el camino a los rasgos alérgicos, parece situarse muy cerca de los caracteres narcisistas de tipo «límite», a los que he consagrado toda una parte de mis propias investigaciones clínicas.

El *«carácter jaquecoso»* es otra categoría caracterial psicosomática, que ha suscitado muchos trabajos y muchas controversias.

A. GARMA (1962) piensa que cualquier nivel de conflicto puede manifestarse por medio de un terreno jaquecoso y trata de definir la significación de la sensibilidad jaquecosa, tanto en las estructuras histéricas u obsesionales como en las organizaciones estructurales de modo psicótico. Sin embargo, el grado de inmadurez afectiva, la falla en la genitalización, el temor de perder el objeto del amor, que se citan como predisposiciones particulares del carácter jaquecoso, sitúan a este carácter muy cerca de nuestros «caracteres narcisistas-anaclíticos» y los errores de las interpretaciones psicoanalíticas a los que alude A. GARMA parecen orientarse en el sentido de las concepciones sostenidas en el presente trabajo.

El carácter jaquecoso correspondería a una manera de salir del marco del conflicto, no regulado, entre dependencia y agresividad, a un nivel de tensión interna que niega la necesidad de actividad, tanto mental como corporal.

S. FREUD (1901) habla de sus propias jaquecas en ese sentido. Antes de una crisis de jaqueca comenzaba por sentir que olvidaba algunas palabras, y luego, durante la crisis en sí misma, perdía el uso de todos los nombres propios.

P. MARTY (1951) se mostraba ya sumamente prudente en cuanto a los matices referidos a los modos de estructuración que determinan el carácter jaquecoso. Descubría comportamientos jaquecosos en sujetos de estructura psicótica o de estructura neurótica. Sin embargo, como en el caso de las alergias, el carácter jaquecoso se describe a menudo como referido a una organización mental poco genitalizada, en relación de conflicto anaclítico con el objeto y que reposa sobre carencias narcisistas, arcaicas, que han sobrevenido con anterioridad a las posibilidades de expresión mental.

Los escritos consagrados a los fenómenos jaquecosos, así como a sus mecanismos psíquicos de base, abundan en la literatura psicoanalítica, parapsicoanalítica y pseudopsicoanalítica. De ella extraemos, por una parte, una penosa impresión de confusión; pero por otra parte se verifican dos hechos: en primer lugar, la frecuencia de los «terrenos» jaquecosos que pueden entrar en una categoría caracterial, luego la aparente multiplicidad de las estructuras de base que podrían soportar un acondicionamiento caracterial jaquecoso.

Numerosas investigaciones bibliográficas hacen difícil la conclusión de la existencia o no de un elemento caracterial común a los diversos comportamientos jaquecosos, por lo que me ha parecido necesario volverme hacia la experiencia clínica y tratar de reflexionar sobre los casos encontrados en la práctica o simplemente en la vida, de confrontar tales casos con las reflexiones de S. FREUD (1901) sobre sus experiencias de olvidos personales durante los episodios de jaqueca, y por otra parte con el punto de vista que defienden P. MARTY (1951) y M. FAIN (1969) en lo referente a la dialéctica entre Yo onírico y Yo adormecido.

Me ha parecido interesante tratar de verificar las hipótesis que sitúan al «carácter jaquecoso» como una capacidad específica de *interferencia*, no solamente de las elaboraciones fantasmáticas perturbadoras, sino, más profundamente aún, de sus fundamentos elementales a nivel de los pensamientos asociativos.

Dicho de otra manera, el mecanismo jaquecoso opera de la misma forma que los alemanes durante la ocupación de Francia, cuando interferían las emisiones radiofónicas británicas en lengua francesa destinadas a hacer conocer a los franceses informaciones de tal naturaleza que les llevarían a oponerse al opresor y a concederles una participación activa en el conflicto del momento.

Si se prefiere una comparación menos guerrera, y más

cercana al fenómeno jaquecoso en el plano de la economía mental, diríamos que la crisis jaquecosa aparecería en un momento en que se trata de interrumpir defensivamente la cadena asociativa, en el instante en que ésta va a despertar el conflicto latente de manera peligrosa para el Yo tanto como para sus otros adversarios. La jaqueca perturbaría pues el acceso al consciente de pensamientos belicosos, de la misma manera que el despertar detiene o suprime la elaboración onírica en el momento en que esta amenaza con devenir excesivamente perturbadora.

Habitualmente se considera, y con razón, al ensueño como guardián del sueño, pero quizás no nos preocupamos lo suficiente por esas variedades de insomniacos para los que el despertar sigue siendo el «*guardián del ensueño*», guardián en un sentido que ya no tiene nada de protector, sino que reviste un aspecto estrictamente interdictor, como el guardián de la prisión, o más irónicamente aún, el «guardián de la paz» que está presente en la ciudad para hacer respetar las prohibiciones emitidas por el «legislador».

El sujeto se despierta probablemente en el momento en que la elaboración onírica (o incluso la simple trama latente del ensueño, todavía muy imprecisa en el plano manifiesto) amenaza con desencadenar la evocación de una representación que afecta a ese pedúnculo de la cadena asociativa que se hunde profundamente en el inconsciente y que J. GUILLAUMIN (1972) ha estudiado en su *Ombilic du rêve* con referencia a *Die Traumdeutung* (FREUD, 1900).

Cuando los elementos que emergen poco a poco de la cadena asociativa no se limitan ya exclusivamente a la parte del inconsciente que linda con el pre-consciente (es decir, la zona en que la angustia, aún en el flujo del sueño, sigue siendo soportable) y se sumergen más profundamente en el «cordón umbilical» hasta las capas subterráneas de la fantasmática primitiva, la angustia no puede contenerse, ni siquiera en un marco tan amortiguado como la puesta en escena secundaria de un sueño.

Las cosas sucederían de la misma manera en el caso del acceso de jaqueca y en el sueño, ya que el umbral a partir del cual se opera la acción defensiva puede hallarse perfectamente disminuido por puntos débiles, ocasionales o durables, en el sistema psíquico o en el sistema corporal (fatiga, conflictos, enfermedades orgánicas, vivencias presentes demasiado intensas o demasiado invertidas, incitaciones o inversiones alimentarias orales o anales, relacionales sádico-anales o genitales demasiado vivos en ese momento, etc.).

Pero más allá de todos los factores ocasionales posibles parece existir una categoría de individuos para quienes la *ocultación* mental por vía jaquecosa se hace automáticamente indispensable desde el momento en que la cadena asociativa aporta elementos que amenazan con constituir el punto de partida de fantasmas perturbadores para la tranquilidad del Yo.

El «carácter jaquecoso» estaría constituido en tanto que mecanismo específico a ese nivel; por ende, parecería muy diferente del mecanismo alérgico, pero de todas maneras se comportaría claramente como un «carácter psicosomático», en la medida en que se trataría todavía, prácticamente, de hacer desaparecer una representación mental, siempre poniendo el acento relacional sobre un fenómeno de alcance físico.

5. *EL CARÁCTER PERVERSO*

En primer lugar, debemos preguntarnos si realmente existe un «carácter perverso» aparte de la situación particular del perverso auténtico por un lado, y aparte también de lo que habitualmente llamamos «perversión de carácter» por otro.

En efecto, parece que según la psicogénesis de la situación perversa, existe un trayecto que parte de la línea anaclítica-narcisista del tronco común de los estados límites *(Figura n.º 8)* en dirección a la línea psicótica, ante la cual se detiene la organización perversa, sobre la negación de la realidad focalizada en el sexo de la mujer; en ese trayecto podríamos situar un modo caracterial relacional, y no todavía patológico, de tipo perverso.

Por lo tanto, parece plausible considerar un estado caracterial, es decir, funcional y relacional, que reposa sobre un modo de organización mental de tipo perverso, pero que no se traduce por medio de inadaptaciones de comportamiento como las que se encuentran en el perverso ya declarado.

Efectivamente, existen sujetos que responden a los criterios expresados por FREUD en las *Nuevas conferencias* (1933) y que definen como de naturaleza perversa el hecho de reaccionar ante las frustraciones por medio de una regresión a la sexualidad infantil.

Como lo muestra O. FENICHEL (1953), nos encontramos así en presencia de «perversos polimorfos» de tipo infantil y no forzosamente de perversos típicos tales como se los representa habitualmente.

Esos «perversos polimorfos» corresponden al «carácter perverso». El aspecto principal de su satisfacción se desplaza sobre un placer preliminar, una pulsión parcial, o un objeto parcial. Es difícil separar la estimulación previa de la satisfacción terminal. Placer y tensión siguen estando más o menos confundidos: no existe en estos casos esa caída de tensión que corresponde a la satisfacción total del deseo genital.

Un modo tal de funcionamiento mental puede encontrarse tanto en los otros registros (y en particular en el registro narcisista o en el registro agresivo) como en el registro sexual.

El mecanismo perverso implica condiciones precisas y bastante formales para obtener el placer. Y esta necesidad diferencia de manera radical las condiciones genitales banales de las condiciones perversas de obtención del placer: si bien no está prohibido en absoluto que las estructuras genitales conserven su categoría genital utilizando, *accesoriamente,* y con una cierta *diversidad,* este o aquel rasgo perverso fragmentario en ocasión de los preludios del placer, o a veces en las condiciones de obtención del placer, la naturaleza misma del verdadero mecanismo perverso implica, de manera *constante* y *fija,* un modo único de obtención del placer ligado a un objeto parcial, y en definitiva, a un placer parcial. El carácter perverso no llegaría tan lejos. Se detendría todavía en un aspecto «polimórfico» e infantil de las situaciones que desencadenan el placer.

El «carácter perverso» correspondería pues a un funcionamiento no patológico basado sobre una organización mental perversa, es decir de tipo narcisista-fálico, con negación del sexo femenino, pero que realiza la relación amorosa sin tener necesidad de pasajes al acto que impliquen síntomas perversos. Bajo la cobertura de una vida relacional en apariencia sin grandes conflictos y sin gran estruendo, gracias por una parte a elecciones de objetos que se prestan a ello y gracias también a un relativo porcentaje de elementos sádicos y parciales que bastan para permitir un juego sexual manifiesto adaptado a las condiciones exteriores consideradas «normales», en el caso del simple «carácter perverso» podríamos decir que el arreglo entre fantasmas y actos es hábil: habría suficientes fantasmas perversos discretos como para obtener el placer y al mismo tiempo engañar al verdadero deseo del Ello, por medio de una realización que sigue siendo de alcance sexual banal en el plano manifiesto; de la misma manera, este alcance sexual manifiesto operaría una triquiñuela semejante, paralela y complementaria, al mistificar los objetos, o incluso los simples observadores exteriores, en la medida en que se les ocultaría el verdadero detonador perverso del placer obtenido.

Pienso, por una parte, que los «caracteres perversos» son más numerosos de lo que creemos, pero, sin embargo, no pueden confundirse con los «pequeños-del-lado-(perverso)-del pecado» a los que se canta en el «samba» brasileño y que no constituyen más que un poco de «condimento» complementario, muy corriente en toda organización genital «normal».

Una cosa es no ocultar nunca a un niño —no más que a un adulto— la totalidad de un cuerpo y la diferencia anatómica entre los sexos, y dejarle descubrir poco a poco el *sentido* que su progresiva maduración afectiva dará a las representaciones percibidas, y otra cosa es atravesar agresivamente la para-excitación de un sistema de defensas no preparadas, por medio de una escena perversa que ridiculiza los esfuerzos de elaboración fecunda íntima de los fantasmas referentes a la escena primitiva.

El efecto traumático que bloquea la evolución genital ulterior es evidente: el mantenimiento de la inmadurez afectiva, la fijación en la primacía del pregenital que de ella deriva, cuando no un acondicionamiento perverso que, si esperamos un poco más, evoluciona silenciosamente hacia un «carácter perverso»...

Conocemos desde hace mucho tiempo los efectos desastrosos que tiene en el desarrollo madurativo mental la intervención repentina de un clásico exhibicionista que el niño entrevé en el rincón de un jardín público o de una escalera, cuando esta agresión psíquica sobreviene en un momento clave de su desarrollo afectivo, momento en que elabora fantasmatizaciones tanto más delicadas cuanto que en esos momentos de «crisis» suele tratar de llenar las lagunas· de su educación, siempre imperfecta.

No es imposible pensar que los «caracteres perversos» se crean, en gran cantidad, en la conjunción de las agresiones perceptivas, agresivas y erotizadas sobre un modo perverso con el que la sociedad atiborra actualmente a los jóvenes que todavía, lamentablemente, están muy mal preparados por sus mayores.

6. OBSERVACIONES SOBRE LOS PROBLEMAS DEL CARÁCTER EN EL NIÑO

Los problemas del carácter, ya bastante complicados en el adulto a pesar de su categoría estructural fija, y a menudo difíciles de precisar mediante una ojeada clínica, se complican todavía más en el niño, por una parte porque un diagnóstico estructural de base se enfrenta con una mayor diversidad categorial, y por otra parte porque en la mayoría de los casos esas estructuras no están todavía fijadas de manera definitiva.

A una mayor cantidad de combinaciones posibles se suma una relativa movilidad de los puntos fijados; en el niño, nada contribuye a simplificar las cosas.

Por lo tanto, parece muy interesante tratar de determinar en un niño lo que, sin ser patológico, se mantiene en el dominio funcional y relacional del carácter para dar testimonio ya, al menos, de un punteado estructural profundo.

Más allá justamente de la presencia de síntomas, es sin duda con el objeto de examinar el tipo de carácter del niño que tratamos de determinar la clase de relación de objeto (autística, simbiótica, anaclítica, parcial, etc.), el modo de organización de las defensas (negaciones, *clivages*, inhibiciones, identificaciones proyectivas, etc), el nivel alcanzado por el desarrollo libidinal, el grado de integración de las pulsiones agresivas, la categoría de las representaciones fantasmáticas u oníricas, la variedad más corriente de angustia profunda, el registro autorizado de la expresión pulsional, el progreso de las identificaciones, el paralelismo (o no) entre el desarrollo del Yo y el de las exigencias pulsionales, el rol recíproco correspondiente a cada instancia tópica, etc.

De todos esos factores podemos extraer una especie de «perfil caracterial» que varía, sin ninguna duda, con el tiempo, con las detenciones y crisis o las evoluciones rápidas que alternan en la trayectoria madurativa; pero que en la mayoría de los casos sigue una línea estructural ya pre-establecida por los elementos impuestos o adquiridos anteriormente en los intercambios con el mundo exterior, tanto en el plano biológico como en el afectivo. En ese sentido podrá formularse un pronóstico de estructura posible (o de varios modos de estructuración posibles, con una gama de probabilidades), pronóstico a menudo muy útil con vistas a correctivos eventuales, tanto en el plano psicopedagógico como en el plano psicopatológico y que en ciertos casos sólo son detectables al nivel del carácter y en un momento precoz de bifurcación evolutiva perturbadora; sigue siendo muy útil reconocer a tiempo esos casos.

Las teorías que consideran, en la formación del carácter del niño, un único factor vinculado con la sola organización neurobiológica, o con la sola acción del medio, simplifican considerablemente, al menos en apariencia, las dificultades de comprensión de la génesis del carácter; sin embargo, en la actualidad sus posiciones exclusivas y unívocas son difíciles de sostener.

El rol de los factores físicos y fisiológicos, de la manera en que ha sido vivido el cuerpo, por razones específicamente internas, en la elaboración del esquema corporal, así como los intercambios relacionales con los objetos exteriores significativos, no pueden separarse en el seno de ninguna psicogénesis.

Las dos líneas de factores se hallan inmediatamente vinculadas y no puede negarse ninguna de ellas, así como ninguna de las dos puede actuar de manera solitaria. He tenido ocasión de seguir el caso de una niña ciega congénita, completamente aislada en la familia desde su nacimiento, que no sólo presentó los clásicos comportamientos psicomotores del «blindismo»[1], sino que desarrolló paralelamente un evidente carácter autístico que la primera trilogía «terapéutica» consultada (psiquiatra - asistente social - psicólogo) confirmó de manera radical como signo de psicosis con debilidad irrecuperable en función de lo *que han dicho los tests»*.

Ahora bien, posteriormente se comprobó que se trataba, no de un auténtico autismo infantil del tipo descrito por L. KANNER (1943), sino simplemente de un «pseudoautismo» secundario del tipo sobre el que insisten K. MAKITA y J. de AJURIAGUERRA (1971). En efecto, colocada en un contexto hospitalario menos formalista, la niña tuvo por fin la oportunidad de desarrollar muy rápidamente una relación de objeto, de tipo anaclítico en un primer momento, que se traducía en el plano caracterial por medio de manifestaciones de apego y celos al mismo tiempo, que al principio alternaban con leves retornos al «blindismo», desde el momento en que se encontraba a solas en su habitación; luego esos rastros de aislamiento afectivo fueron cesando poco a poco, y progresivamente se desembocó en una relación mucho más objetal con «papás» y «mamás», así como en una sensibilidad muy viva que testimonia una total ausencia, en el plano estructural, tanto de psicosis como de debilidad, y permite partir de un carácter simplemente narcisista, cada vez menos estrecho, para iniciar, a la sombra de intercambios relacionales mejores, una escolarización progresiva y especializada, que da lugar a muchas esperanzas.

Desde hace demasiado tiempo la patología del carácter en el niño ha sido considerada en el plano hospitalario y administrativo, pero también en el plano teórico, en función de una fijeza que, tal como hemos insistido en afirmar es propia exclusivamente de los elementos caracteriales del adulto.

---

1. Palabra formada a partir del término inglés *blind* (ciego) y el sufijo *ism*. Literalmente: *cieguismo*. (N. del T.).

En lo que concierne a la evolución del carácter en el niño, parece indispensable asumir una posición radicalmente diferente, que considero adecuado precisar al final de este capítulo.

Al igual que en el adulto, no podemos apoyarnos sobre un síntoma para establecer la verdadera naturaleza del modo de estructuración que se halla en vías de desarrollo en el niño. Pero en el caso del niño ese modo de estructuración parece aún más difícil de determinar que en el adulto, por una parte en razón de la movilidad estructural todavía posible y por otra debido al hecho de que los signos premonitorios de una futura estructuración *neurótica*, por ejemplo, en la mayoría de los casos no se sitúan en el niño precisamente al nivel de una sintomatología que en el adulto denominaríamos «*neurótica*».

Incluso podría tratarse de signos premonitorios de una evolución estructural psicótica ulterior, o también simplemente de una evolución «caracterial». Comportamientos de *aspecto* fóbico, compulsivo, o incluso de «conversión» aparentemente histérica, no corresponden al esbozo de un verdadero carácter *neurótico* sino cuando la dinámica conflictual subyacente se sitúa al nivel del Edipo auténtico y de una angustia de castración verdaderamente *genital*. Si no, se trata de angustias y de conflictos mucho más arcaicos, y de naturaleza esencialmente pregenital (devoramiento, fraccionamiento, etc.) y sería abusivo (y también demasiado optimista) hablar ya en términos de «*neurotismo*», sea en el simple gesto clasificador o en el comportamiento relacional, mucho más comprometedor en el plano socio-educativo, o incluso terapéutico.

Por otra parte, como lo han mostrado KREISLER, M. FAIN y M. SOULE (1966), las dificultades más profundas que presenta el niño para la elaboración de un carácter acorde con tendencias conflictuales contradictorias, pueden conducir a una descarga inmediata de las tensiones internas en el comportamiento psicosomático, al evitar justamente, por medio de ese subterfugio, la elaboración de fantasmas demasiado terroríficos.

Como lo precisa J. C. ARFOUILLOUX (1972), los problemas del carácter en el niño deben ser re-evaluados en función de las adquisiciones recientes de la paidopsiquiatría y del «psicoanálisis precoz», tal como resulta de la obra de R. DIATKINE y J. SIMON (1972).

De acuerdo al sentido general del presente trabajo, me parecía importante analizar también a nivel del niño la difícil dialéctica entre los tres polos fundamentales: estructura, carácter, síntoma, así como entre las tres líneas fundamentales: fusional, anaclítica, y genital.

7. ¿EXISTE UN «CARÁCTER EPILÉPTICO»?

Se ha hablado a menudo de «carácter epiléptico» o de «problemas caracteriales epilépticos», así como de una simple «personalidad epiléptica» o incluso «de epileptoidia», y de «tendencia gliscroidea».

En el plano dinámico, la crisis epileptoide ha sido considerada a veces como una descarga pulsional agresiva, sádica, destructora en el sentido homicida o suicida, que combina a la vez el «crimen» y el «castigo».

H. EY (1954) ha comparado el epiléptico a una *botella de LEYDE* que se carga y se descarga de un solo golpe ante cualquier contacto de sus dos electrodos. H. EY ha descrito a ese respecto los rasgos fundamentales de la personalidad epiléptica, que reuniría la comprensión, la disminución y el éxtasis, la explosividad, la resolución por la crisis del malestar y de la angustia previas, las satisfacciones arcaicas reencontradas en la tempestad de los movimientos.

Los psicoanalistas han hablado de erotización del cuerpo entero, o incluso de «orgasmo extragenital» en el momento de las crisis.

Ante la multiplicidad de descripciones, muy diversas y tanto más contradictorias cuanto más precisas se pretenden, podemos preguntarnos si existe verdaderamente una estructura «epiléptica» auténtica, y un carácter «epiléptico» que traduciría específicamente, de manera relacional y funcional, esta estructura.

¿No se trataría más bien, en el caso del problema epiléptico, de la creación de un modo *particular* sobre un psiquismo estructuralmente ya determinado por el sujeto, tal como ocurre en muchas otras perturbaciones, como resultado de un problema de deficiencia orgánica, o bien de una afección claramente somática?

En efecto, la correlación entre comicialidad por una parte y elementos caracteriales observados entre los epilépticos por otra parece cada vez menos radical. L. y A. COVELLO (1971) reconocen múltiples dificultades para definir una «personalidad epiléptica»; en el transcurso de su investigación encuentran pocas particularidades constantes entre los sujetos observados; las personalidades están esencialmente compuestas y constituidas a partir de elementos muy variados de estructuras.

Cabe emitir la hipótesis de que el problema epiléptico se superpone a cualquier modo de estructuración psíquica profunda, ya sea de modo funcional, anaclítico o genital, y puede modificar secundariamente el comportamiento caracterial inicial que es propio de esta estructura, en función de elementos específicos introducidos por el componente mórbido epiléptico.

El aporte de los mecanismos comiciales actuaría pues en el plano caracterial en los sujetos afectados de epilepsia, de una manera paralela a la que se da para las modificaciones caracteriales inducidas por otros componentes mórbidos, por ejemplo en el síndrome de KORSAKOV, en las encefalitis, en ciertos tumores cerebrales o en numerosos casos de traumatismos craneanos, en problemas vasculares, en intoxicaciones variadas, agudas o crónicas, o incluso en síndromes infecciosos o parasitarios muy conocidos, como la sífilis o la amibiasis crónica.

Todo impacto patológico transforma sensiblemente las manifestaciones caracteriales de la estructura de base preexistente, y a menudo de una manera específica también de la naturaleza de la variedad patológica en cuestión.

Esto no sólo es evidente en lo que concierne a las afecciones consideradas «psicosomáticas», sino que actúa de la misma manera para los problemas cuyo origen orgánico no es ni discutible ni secundario.

L. y A. COVELLO estiman «*evidente que a partir de la primera manifestación crítica considerada como síntoma, la estructura psíquica del paciente, su vivencia intercrítica, las reacciones del entorno, las modificaciones afectivas y las posibilidades de inversiones reales y fantasmáticas sufren un corte, una herida».*

A esta herida vivida por el sujeto se agrega para otros autores una herida igualmente creada por el medio familiar del epiléptico.

En contrapartida, lo que parece particular del problema de la epilepsia, es que el *umbral* de excitación que produce las «crisis» patológicas parece estar, *además*, singularmente disminuido por la naturaleza constante de esta o aquella debilidad *estructural* de fondo, y también por las condiciones ocasionales de menor resistencia causadas transitoriamente por conflictos psíquicos más o menos agudos, nacidos en el interior de la estructuración estable y definida del sujeto.

Evidentemente, la epilepsia no constituye en absoluto una entidad psicosomática, en el sentido anorgánico y corriente del término, ya que no se trata, ni en la alergia ni en la jaqueca, de ningún problema somático particular, anterior y *exterior* a los fenómenos observados. Pero de todas maneras podemos considerar un aspecto «psicosomático» de la epilepsia si estimamos que en esta afección existe, según lo señalaban WIDLÖCHER y BASQUIN (1968), una dialéctica muy íntima entre lo orgánico y lo afectivo. El factor somático, en efecto, repercute vivamente en el plano psíquico, en tanto que el factor psíquico crea probablemente (o rechaza), en buena parte, condiciones favorables para el desencadenamiento del proceso somático.

De la práctica clínica deducimos que las crisis, en la vivencia de las diferentes variedades de estructuras subyacentes a los fenómenos epilépticos, pueden muy bien realizar una «muertecita» que concreta en el plano de la fantasmática edípica el deseo de la madre y el deseo de la muerte del padre, o bien, en otro caso, la zona orgánica concebida como epileptógena se vivirá como objeto-interno-nocivo a expulsar, paralelamente a lo que ocurre con los hipocondríacos[1]; en otros casos asistiremos a una regresión hacia la indiferenciación somato-psíquica, como en el caso de las organizaciones psicosomáticas, con un cuerpo

---

[1]. J. y A. COVELLO comparan ciertas vivencias de epilépticos con las vivencias de los sujetos operados por un defecto estético evidente.

que funciona como único lenguaje posible, de manera global y funcional, sin ninguna elaboración simbólica.

En definitiva, al nivel caracterial concebido en nuestra hipótesis como un eco relacional de la estructura de base, y dada la pluralidad de los factores en cuestión, es difícil sostener la idea de un «carácter epiléptico»; una noción así, demasiado directamente ligada a la noción de estructura homóloga, no puede encontrarse aquí en estado puro.

2

Los rasgos de carácter

El estudio de los múltiples rasgos de carácter nos introduce en un terreno que no se funda solamente, como el carácter propiamente dicho, sobre la estructura de base del sujeto, sino que hace interferir, en el mismo sujeto, mecanismos completamentarios muy diversos destinados ya sea a mantener en estado de «adaptación normal» una estructura, a pesar de sus fallas o deficiencias, ya sea a ayudar a una estructura en estado de desfallecimiento patológico por medio de mecanismos defensivos accesorios.

a) Por un lado, existen elementos de carácter que corresponden habitualmente a estructuras y que constituyen simplemente «caracteres» en el caso en que se hallen articulados a una estructura *homóloga*. Por ejemplo, un conjunto de elementos caracteriales obsesivos que se encuentran en un sujeto de estructura obsesiva no descompensada constituye un «carácter obsesivo». Pero si, por el contrario, los elementos caracteriales observados no corresponden a la estructura profunda del mismo sujeto, no estamos ya en presencia de un simple «carácter», sino de «*rasgos de carácter*»: por ejemplo, si nuestra estructura obsesiva descrita más arriba, además de su «carácter obsesivo» obligatoriamente dominante, presenta elementos caracteriales histéricos sobreagregados, designaremos esos elementos heterogéneos de carácter en relación a la estructura, bajo la denominación de «rasgos de carácter» histéricos en un obsesivo.

Los «rasgos de carácter» de esta naturaleza corresponden a lo que hemos señalado precedentemente con respecto a la intrincación de factores estructurales histéricos y obsesivos, por ejemplo. En el caso de «rasgos de carácter histéricos» que se hallen junto a un «carácter obsesivo» dominante, en el seno de una estructura obsesiva de base, se trata de simples testimonios de un pasaje transitorio de la evolución libidinal del sujeto a un grado de desarrollo superior (grado genital de modo histérico), que se ha alcanzado en un cierto momento pero que se ha invertido mal, antes de que se produzca la regresión de la libido al grado correspondiente a la estructura de base definitiva (es decir, aquí, el grado genital más arcaico de modo obsesivo, con fijaciones pregenitales en el segundo estadio anal).

En el caso contrario, los «rasgos de carácter obsesivos» presentes junto al «carácter histérico» dominante en el seno de una estructura histérica de base, corresponden a los residuos de algunos avatares localizados que se han producido en los períodos anteriores de la evolución libidinal, más arriba del grado histérico de desarrollo genital y más abajo de la *divided line*, es decir, en el período en que hubiera podido construirse, si esas fijaciones hubieran sido más fuertes y más «organizadoras», una estructuración de modo obsesivo. Tales «rasgos de carácter» no son significativos de la estructura.

b) Por otro lado, fuera de los elementos de carácter que corresponden a la estructura profunda del sujeto y de los rasgos de carácter heterógenos sobreagregados que corresponden a otra estructura, podemos encontrar también en el mismo sujeto elementos caracteriales que ya no corresponden a alguna estructura auténtica elaborada de manera madurativa, sino que traducen simplemente una fijación o una regresión desarrollada en un nivel cualquiera de la evolución pulsional, tanto libidinal como agresiva, en el seno de la génesis de esta estructura. Por ejemplo, siempre en el caso de una estructura obsesiva de base (no descompensada), encontraremos en primer lugar un «carácter obsesivo», luego eventualmente algunos «rasgos de carácter histérico» y además, llegado el caso, un «rasgo de carácter» «uretral», o «fálico».

En suma, los diferentes «rasgos de carácter» representan en el plano de las manifestaciones relacionales una «rueda de auxilio» de los eventuales desfallecimientos del «carácter» propiamente dicho. En los registros donde se presenta el riesgo de una *«falla de la estructura de base»*, el «carácter» no se mostrará a ese nivel lo suficientemente equipado por sí mismo como para cumplir su tarea relacional sin abandonar el registro de la adaptación. Entonces el Yo apelará a operaciones caracteriales supletorias al dirigirse a elementos defensivos (rasgos de carácter estructurales) o regresivos (rasgos de carácter pulsionales) inesperados a priori en el registro de su estructura profunda original.

Conviene recordar aquí (quizás no lo hayamos dicho con la suficiente claridad hasta ahora) que a pesar de todas las clasificaciones estructurales precisas y relacionalmente propuestas, nunca se me ha ocurrido que, en la práctica, podamos encontrar una sola *«estructura pura»*, de manera ideal. Toda estructura de la personalidad contiene sus fallas genéticas. Por lo tanto, no todo «carácter» puede ser «completo», como consecuencia de sus obligatorias insuficiencias. Siempre coexisten, junto al carácter, algunos «rasgos de carácter» complementarios, a niveles variados.

El examen clínico de una estructura «sana» o, con mayor razón, de una estructura descompensada, se hace entonces extremadamente delicado, en la medida en que es necesario utilizar para el diagnóstico estructural los elementos caracteriales visibles, y en tanto a menudo sigue siendo difícil determinar a primera vista, y en una primera entrevista, lo que pertenece al carácter auténtico de lo que se debe a los aportes accesorios de los diferentes «rasgos de carácter». Algunos de estos rasgos, por razones puramente ocasionales y exteriores o bien por el contrario, por razones personales ligadas al observador, saltan a la vista incluso con mayor rapidez que los verdaderos elementos de base latentes del carácter propiamente dicho.

Es decir, toda la multiplicidad de las variedades de rasgos de carácter que se encuentran en psicología responden a la diversidad de sus roles y a la pluralidad de sus orígenes.

S. FREUD (1940 c) ha emitido la hipótesis de que el Yo se ve obligado a veces para evitar una ruptura con la realidad exterior, a aceptar su deformación, y a someterse a una especie de herida o desgarramiento. Es en ese orden de fenómenos que debemos considerar la presencia de una estructura determinada (obsesiva, por ejemplo), de rasgos de carácter heterogéneos que pertenecen a otra organización más regresiva del Yo (narcisista, por ejemplo), de manera tal que cubra así, bien o mal, las brechas creadas en la construcción estructural de los mecanismos mentales por las inevitables concesiones realizadas por el Yo ante los impactos exteriores particularmente traumatizantes.

También es posible observar «rasgos de carácter» que no tengan nada de patológico en sí, que participen en el seno de una estructura homogénea o heterogénea en las operaciones económicas y relacionales destinadas, *junto con los síntomas* (que señalan la alarma y la desadaptación más o menos importante), a mantener la estructura ya mórbida en un sector de adaptación. Dicho de otra manera, en tanto que el «carácter» no constituye sino el eco relacional no mórbido de una estructura, los «rasgos de carácter» en sí pueden hallarse tanto como participantes en las operaciones funcionales de una estructura que se encuentra en un estado considerado *«normal»*, como participantes en las operaciones funcionales de una estructura que se encuentra en un estado considerado *«patológico»*.

S. FREUD (1908 b) ha definido el *«rasgo de carácter»* como *«el resultado de las actividades de la red intercambiable de pulsiones originales, de las sublimaciones y de las formaciones reaccionales»*; por lo tanto, mis reflexiones sobre los rasgos de carácter van a articularse entre esos tres polos.

O. FENICHEL considera los rasgos de carácter como formaciones de compromiso entre pulsiones y defensas del Yo, tanto para organizar como para bloquear esas pulsiones. Los primeros rasgos de carácter se denominan en general «sublimativos» y los segundos «reaccionales».

Los *«rasgos de carácter sublimativos»* tienen por objeto satisfacer las pulsiones y evitar la inhibición; concurren al funcionamiento normal del Yo, sin empobrecerlo por medio de un consumo suplementario de energía, como los rasgos reaccionales. Los rasgos de carácter sublimativos actúan tanto sobre las pulsiones agresivas como sobre las pulsiones sexuales. Se dirigen hacia la integración de esas pulsiones en el funcionamiento no obstaculizado del Yo, y contribuyen asimismo a una reunión, a una vinculación de los dos grupos de pulsiones entre sí. Por otra parte, sigue siendo evidente que esta convergencia positiva de las pulsiones sólo puede hacerse bajo la preponderancia de los elementos libidinales; de lo contrario, prevalecería la tendencia a la divergencia, y el Yo se hallaría en la obligación de buscar nuevos mecanismos defensivos, lo que implicaría su superación del cuadro caracterial y su ingreso en el dominio sintomático.

En la limpieza anal del niño aparecen rasgos de carácter sublimativo cuando las deposiciones adquieren valor relacional positivo, primero frente a la madre y luego ante los otros en general, así como en el interior mismo del propio cuerpo. Más tarde, si ese juego anal llega a invertir poco a poco otros rasgos sublimativos, libidinales, en un segundo momento se convertirá en una limpieza sublimatoria que engloba entonces una cantidad de elementos edípicos en el movimiento regresivo parcial, provisorio e indispensable de la latencia.

También la curiosidad puede constituir un rasgo de carácter sublimatorio que permite, como lo han demostrado S. NACHT y H. SAUGUET (1969), las investigaciones y las primeras elaboraciones genitales al mismo tiempo que origina intereses sociales y culturales.

Lo mismo ocurriría con los rasgos de carácter que permitan integrar la parte eventualmente perturbadora de las pulsiones parciales, evitando una evolución perversa, exclusivamente fijada sobre tendencias homosexuales activas o pasivas (como las compulsiones primarias de tipo poligámico o poliándrico) que permiten una vida relacional heterosexual relativamente estable y feliz en la medida en que, justamente, se sitúa en el margen, de todas maneras suficientemente amplio y bastante diversificado, que queda entre la rigidez y la incoherencia.

Los rasgos de carácter reaccionales corresponden a elementos constantes de la personalidad destinados a operar, al precio de ciertas deformaciones del Yo, defensas suplementarias y costosas contra las representaciones pulsionales perturbadoras o sus elaboraciones fantasmáticas eventuales. El caso de la limpieza en la mecánica obsesional se ha convertido en el rasgo de carácter reaccional que más frecuentemente se cita como ejemplo. Pero también lo es el exceso de amor que se afirma en el mecanismo histérico de lucha contra la agresividad. (FREUD, 1926 d).

H. SAUGUET (1955) pone en evidencia las consecuencias, embarazosas para el Yo, de los rasgos reaccionales: alteran el Yo, le hacen perder su plasticidad, lo vuelven mucho más rígido y limitan así sus posibilidades de acción. La impudicia, la temeridad, el exceso de cortesía, la sensibilidad, el espíritu sistemático de crítica, constituyen otros tantos rasgos de carácter reaccionales de origen pulsional, estructural o mixto muy frecuentemente (como la vergüenza, el disgusto, la piedad o el pudor).

Por otra parte, existen rasgos reaccionales tanto al nivel de las «pulsiones del Yo» como de las pulsiones sexuales o agresivas; los avatares del narcisismo pueden generar reacciones de orgullo ante el sentimiento de inferioridad, tanto como reacciones de desprecio de sí mismo que a veces contrabalancean una inaceptable necesidad de dominar. Las actitudes ambiciosas pueden recubrir tanto una inferiorización afectiva como desbordamientos activistas que pueden responder a una profunda pasividad psíquica.

Lo mismo ocurre en el caso del frígido o el hiperemotivo, y los recientes trabajos abundan en demostraciones a menudo muy interesantes sobre los diversos modos reaccionales que se han encontrado en el marco de los rasgos de carácter y en los movimientos afectivos contra los que deben defender al Yo.

Desdichadamente, existe una confusión bastante frecuente entre rasgos de carácter reaccionales y patología del carácter.

El rasgo de carácter, incluso el «reaccional» contribuye a la defensa del Yo en los límites de la *adaptación,* aun cuando intervenga junto a síntomas que rubrican un funcionamiento ya mórbido de la otra parte de la estructura, en tanto que la patología del carácter corresponde a acondicionamientos pseudo-normales, costosos y poco seguros para el Yo. El rasgo de carácter reaccional se encuentra principalmente en las dos líneas estructurales auténti-

cas, en tanto que la patología del carácter sigue siendo
patrimonio de la línea media «límite», sólo acondicionada
y no sólidamente estructurada.

1. RASGOS DE CARÁCTER ESTRUCTURALES

Se trata, de acuerdo a lo ya precisado más arriba, de
rasgos de carácter que corresponden a elementos estructurales aislados y que no dependen de la estructura de
base del sujeto; es el caso, por ejemplo, de los rasgos
de carácter histéricos que se hallan muy frecuentemente
en el seno de una estructura obsesiva, junto a los elementos lógicos del «carácter obsesivo» que dominan el
comportamiento relacional de dicha estructura obsesiva,
en tanto no se descompense.

No habría demasiados elementos nuevos para presentar en relación con tales rasgos caracteriales, que pueden
originarse a partir de cualquier elemento del carácter
homólogo que se identifique en el funcionamiento relacional de una estructura del mismo tipo. Un rasgo de
carácter histérico, por ejemplo, podrá manifestarse tanto
en el seno de un carácter «histérico», en medio de todo
un conjunto de otros rasgos de carácter histérico que traducen en comportamientos relacionales la estructura histérica profunda y fija del sujeto en cuestión; pero el mismo
rasgo podrá encontrarse igualmente, a título aislado y
complementario, en el seno de una estructura obsesiva
a la que asegura un complemento de cohesión adaptativa
a las realidades.

Todas las referencias caracteriales ya consideradas a
manera de eco de las categorías estructurales de base
pueden dar nacimiento a rasgos de carácter.

A) Los rasgos de carácter neuróticos

Los rasgos de carácter neuróticos ya no se encuentran
a título aislado, como el «carácter neurótico», solamente
en el caso de una estructuración homóloga; aparecerán de

manera independiente, ya sea por encima de otro modo de estructuración neurótica distinto de aquel del que deberían depender habitualmente, ya sea por sobre una estructura no neurótica.

Descubriremos, por ejemplo, un rasgo de carácter obsesivo aislado en el caso de una estructuración histérica no descompensada, junto al conjunto de rasgos habituales del carácter histérico; o bien, en el caso de una estructura psicótica no descompensada, junto al conjunto de los rasgos vinculados con el carácter específico de esta estructura.

En el primer caso, una falla en la estructuración histérica será compensada por un elemento caracterial más regresivo y fragmentario, pero suficiente como para asegurar esa obstrucción; en el segundo caso, por el contrario, será muy ventajoso para el equilibrio del sujeto el hecho de disponer de un elemento caracterial más elaborado libidinalmente bajo la forma de una actividad caracterial que, aunque reducida, permanece sin embargo en el registro neurótico.

a) **Los rasgos de carácter histéricos**

corresponden, ya sea a elementos aislados extraídos del *carácter histérico de conversión (erotización evidente; teatralismo; mitomanía; afectividad artificial, desplazada y caprichosa; regresión de la acción al pensamiento erotizado)*, ya sea a elementos del *carácter histerofóbico (sugestibilidad; variabilidad de la distancia relacional; evitamientos y desplazamientos en el comportamiento exterior; erotización enmascarada, etc.)*. Un rasgo reaccional clásico del carácter histerofóbico lo constituye la *tendencia moralizadora*, que anula e invierte en su contrario al fantasma inconsciente de prostitución correspondiente tanto a los deseos sexuales como a los deseos agresivos referidos a la mujer.

b) **Los rasgos de carácter obsesivos**

están lógicamente constituidos por elementos que se hallan en el *carácter obsesivo: rigidez del modo de pensamiento; fijeza del orden ético y estético, permanencia de las pro-*

tecciones físicas y morales; necesidad de orden, de limpieza, de simetría, de exactitud en el espacio y en el tiempo; poder mágico del pensamiento que alterna con las dudas; impresión de incompletitud en el gesto, la acción, el tiempo, etc.

B) *Los rasgos de carácter psicóticos*

Los rasgos de carácter psicóticos se hallarán en una estructura psicótica diferente de la entidad homóloga, o bien también pueden manifestarse en ocasión de una falla (aguda o crónica) en el seno de una estructura neurótica. En todo movimiento regresivo relativamente profundo que se produzca en un edípico auténtico podemos ver aparecer también, antes que cualquier otro síntoma, rasgos caracteriales psicóticos diversos que no deben llamarnos a confusión en cuanto al diagnóstico o al pronóstico estructurales.

a) **Los rasgos de carácter esquizofrénicos**

son los elementos del carácter esquizofrénico ya descritos: *retroceso afectivo; impresión de torpeza y de extrañeza corporal; angustia de gran vulnerabilidad; comportamiento frío y áspero; soledad sentimental y dificultad de comunicación; estereotipos de comportamiento, tendencias a la actividad rumiante, etc.*

b) **Los rasgos de carácter paranoicos**

se refieren al carácter paranoico en sus dos puntos principales, la proyección narcisista y la defensa antihomosexual pasiva: *rigidez de comportamiento; reproches persecutorios, ideas grandilocuentes, deformación de la realidad afectiva; reivindicaciones agresivas; exhuberancia del humor; alergia a las frustraciones; intuiciones interpretativas, etc.*

C) Los rasgos de carácter narcisista

Los rasgos de carácter narcisista corresponden a las tan numerosas y variadas formas que hemos estudiado a propósito del carácter narcisista. Esos rasgos narcisistas pueden infiltrar cualquier organización límite por una parte, y cualquier estructura fija por otra, justamente en razón de la fluidez de los mecanismos que las definen. Habitualmente se los clasifica en rasgos *depresivos, fóbicos* (de naturaleza narcisista), *abandónicos, maníacos, hipocondríacos, fálicos, psicasténicos, psicopáticos, comportamientos de fracaso, o de destinado, etc.*

A veces resulta difícil reconocer el carácter *aislado* de uno o dos rasgos de «determinado» carácter que actúan en el marco de una estructura, descompensada o no, de categoría no homóloga. Si esos elementos se presentan con demasiada evidencia, sentimos por lo general la necesidad de dejarnos arrastrar por la costumbre de considerar esos rasgos aislados como el conjunto de un «*carácter*» de tipo homólogo, para lo cual tratamos de justificarnos deformando ligeramente algunos otros rasgos que se encuentran junto a los primeros, para remitirlos todos al mismo modo caracterial. Por ejemplo: supongamos una estructura de tipo psicótico no descompensada, en parte debido a la eficacia de las buenas relaciones conservadas en un sector del Yo gracias a los oficios de uno o dos rasgos de carácter obsesivo (necesidad de orden en una profesión meticulosa y necesidad de reglas morales escrupulosamente respetadas dentro de un grupo religioso tranquilizador); el observador, ante el impacto de esos dos rasgos exteriores de carácter demasiado evidentes, pensará de inmediato en un *carácter obsesivo,* y por ende en una estructura obsesiva, y tratará de fundamentar su diagnóstico en otros elementos que puedan descubrirse en el sujeto y que se orienten en el mismo sentido: por lo tanto, declarará como de naturaleza caracterial *obsesiva* una rigidez de pensamiento (que sin embargo tiene más que ver con la limitación del registro mental, falto de vivencias menos regresivas, que con la defensa contra las vivencias edípicas) o un comportamiento de duda (cuando éste traduce mucho más una angustia de fraccionamiento del Yo que el temor de que una acción reprobada por el Super-yo se realice a pesar suyo); ahora bien, si realizamos un análisis más profundo del contenido latente, los dos últimos rasgos verificados en ese caso particular se revelarán como rasgos que traducen simplemente en elementos caracteriales psicóticos muy clásicos un fondo estructural menos aparente, pero auténticamente psicótico.

La manera en que la multitud de los rasgos de carácter de todos los orígenes se articulan entre sí por una parte, y con las estructuras profundas por otra, constituye una de las riquezas, y por qué no, una de las bellezas de la vida, al mismo tiempo que, felizmente, se refuerzan así las posibilidades defensivas que siguen siendo relacionales. Pero el clínico se encuentra repentinamente frente a un mosaico complicado, un rompecabezas de colores inesperados colocados uno junto a otro, un laberinto de cambios de dirección imprevisibles ante los cuales tiene muchas posibilidades (y muchos derechos) de afrontar los riesgos del error o la impotencia...

2. RASGOS DE CARÁCTER PULSIONALES

Sin duda, parece difícil separar los rasgos de carácter pulsionales de los rasgos de carácter estructurales, en la medida en que los segundos descansan sobre los primeros; de todas maneras, los rasgos de carácter «estructurales» necesitan un estudio distinto debido a que engloban en sus procesos, no sólo elementos pulsionales, sino *también*, y *sobre todo*, la manera *peculiar a cada estructura* de tratar el factor pulsional. De la misma manera, parece obligatorio estudiar en un rubro particular los rasgos de carácter pulsionales, rasgos en los que encontramos en estado prácticamente puro, al menos teóricamente, las características de las diferentes etapas del desarrollo pulsional.

Aparentemente es difícil hablar, como lo hacen muchos autores, de *«carácter oral»* o de *«carácter anal»*, o de *«carácter sádico»*, etc., a propósito de los elementos pulsionales únicamente.

En efecto, si bien es lícito revisar los diferentes rasgos de carácter que corresponden a una pulsión parcial o total en cada momento de su desarrollo, (y tanto de un modo directo como de un modo reaccional o sublimado), no podemos concebir una «estructura» que descanse sobre simples bases pulsionales (que *emanen solamente del Ello*) sin ninguna intervención del Yo en principio, y luego de la realidad, o del Super-yo y del Ideal del Yo. Ahora bien, sin estructura verdadera no puede haber «carácter» propiamente dicho, ya que el carácter se limita a la traducción relacional de la estructura.

En lo que concierne a los elementos caracteriales pulsionales, pues, no es posible considerar otra cosa que *«rasgos de carácter»*.

En líneas generales podemos distinguir dos grandes categorías de rasgos de carácter pulsionales: los rasgos de carácter libidinales y los rasgos de carácter agresivos. Sin duda podríamos agregarles los rasgos que se relacionan también con las «pulsiones del Yo», tal como los describió S. FREUD en su segunda teoría de las pulsiones, y volveríamos a encontrarnos así muy cerca de los elementos del carácter narcisista descrito más arriba.

A) *Rasgos de carácter libidinales*

Cada etapa del desarrollo libidinal determina un modo de relación caracterial, que nada tiene en sí de mórbido, que de inmediato tiñe más o menos su personalidad, pero sin que nunca se encuentre en el estado puro; ni de manera independiente para determinar un modo específico de estructura.

a) **Rasgos de carácter orales**

K. ABRAHAM (1924) ha distinguido dos períodos libidinales de tipo oral, basados sobre el modo particular de los intercambios con la madre: un período de simple *«succión»*, en que el niño acepta recibir de la madre su alimentación esencial tanto como sus otras satisfacciones, y por otra parte, un período de *«mordisco»* en el que, al tener ya a su disposición algunos dientes y músculos más fuertes, comienza a crearse una relación ambivalente de dependencia y oposición; libido y agresividad pueden entonces manifestarse con respeto a un mismo objeto.

Diferentes rasgos de carácter derivan de esas situaciones, primero en el niño de más edad y luego en el adulto, no sólo y de manera demasiado simplista según los prototipos de esos dos períodos, sino también según las diversas maneras en que esos períodos han sido vividos e integrados; describimos así los rasgos de carácter del «*oral satisfecho*»: redondez y plenitud físicas, seguridad de sí, *gourmet* y *gourmand* satisfecho, capaz de tener paciencia y gozar de lo que se le ofrece, poco dispuesto a privarse, pero capaz de benevolencia y de generosidad, que trata de compartir su placer y que es agradecido con quien se lo procura; es la persona a quien es un gusto invitar y por quien nos gusta ser invitados. Por el contrario, el «*oral insatisfecho*» llega a perturbar las reuniones más apacibles: sin poder aceptar que se le gratifique, lo que le quitaría motivos de reivindicación, el oral insatisfecho, la boca seca y ávida, no soporta ninguna frustación, no se concede ningún placer que provenga del otro, permanece en lucha constante tanto contra el deseo de que se ocupen de él como contra su propio deseo de ocuparse de sí mismo; necesita agarrar, arrancar, atacar, maltratar al otro, hacer el intento de castrar oralmente los objetos.

K. ABRAHAM (1925) describe rasgos de avaricia oral, de dependencia, de mendicidad y de oblatividad alternados, así como una sublimación oral en la esfera intelectual; pero si tales sublimaciones son poco exitosas, la ambivarencia oral lleva al sujeto a entablar relaciones sociales muy importantes debido a su necesidad de «vomitar» enseguida todo lo que había tratado de incorporar en el momento precedente. Muchos intelectuales brillantes y «venidos a más» consiguen llevar una existencia antisocial lamentable, al dar la impresión de jugar a los «hipersociales» en una formación reaccional muy mal racionalizada.

El rasgo oral arcaico puede servir también como fijación regresiva a las otras satisfacciones pulsionales prohibidas o mal integradas: en esos casos es frecuentemente la función oral-verbal la que sirve de soporte a esos «reflejos pulsionales». El impulso de hablar (tanto como la comezón uretral para los sujetos más elaborados) significa deseo de atacar, de acallar al objeto. Existen rasgos orales reaccionales que necesitan la presencia constante de un hilo de baba en las comisuras de los labios, y que significan a la vez necesidad y placer de morder al otro, así como ciertos glandes conservan una gota de gonococia incurable destinada a consumir a toda pareja eventual.

El taciturno poco locuaz puede desarrollar una defensa opuesta contra los mismos conflictos profundos.

BERGLER (1933) piensa que las sublimaciones orales pueden a veces conducir al sujeto a identificarse con el objeto-alimento, en tanto que GLOVER (1925) describe fracasos orales que conducen a movimientos caracteriales depresivos.

La curiosidad puede superponerse al hambre y es señal de los mismos excesos glotones-sádicos. Lo mismo sucede con los casos de avidez por la lectura, y también, inversamente, con ciertas reacciones disléxicas defensivas.

El erotismo oral, como lo muestra H. SAUGUET (1955), puede ser satisfecho tanto por comida como por la bebida, el tabaco o el beso.

La generosidad y la avaricia tienen también sus fuentes más arcaicas en el erotismo oral: sujetos que hayan integrado mal ese impulso erótico se revelan incapaces, tanto de pedir cualquier cosa a los otros como de ofrecerles un regalo, en tanto que las tendencias sádico-orales operan una verdadera vampirización del objeto, que a menudo llega a protestar, hasta tal punto se siente «chupado» por el sujeto.

Un caso de frustración oral que acarrea rasgos de carácter reaccional particulares es el de un niño en edad edípica que ve a un hermano menor mamar de seno materno; su primera reacción es sentir que él mismo ya no recibe tanto en el plano oral; la segunda reacción, concomitante, es sentir que el rival va a «comerle» a su madre ya edípica, y las dos frustraciones van a infiltrarse recíprocamente para obstaculizar en cierta medida la progresión de la organización genital por una parte, y dar una coloración erótica edípica a toda nueva frustración oral, por otra.

La frecuencia de los rasgos de carácter orales en el interior de los comportamientos, tanto caracteriales como sintomáticos, de estructuración o bien histérica o bien esquizofrénica, no debe llevarnos precipitadamente a la conclusión de que existe una correlación constante entre oralidad y esquizofrenia por otra.

Esta observación parece tanto más valedera cuanto que muchos autores presentan una tendencia demasiado apresurada a poner la etiqueta de «sadismo anal» a toda actitud de reivindicación lo suficientemente viva ante la reactivación del recuerdo de una antigua frustración narcisista. Ahora bien, muchas de esas reacciones, en las que aparecen realmente movimientos sádicos y anales, se hallan infiltradas también por elementos reivindicativos orales, así como, en un cierto número de casos, un examen atento del nivel y de la cualidad de la pulsión en cuestión permite eliminar todo aporte, ya sea sádico, ya sea anal, y reconocer la exclusividad de las manifestaciones pulsionales orales.

b) Rasgos de carácter anales

S. FREUD (1908 b) ha precisado los rasgos fundamentales de carácter anal, que se centran en torno a la tríada parsimonia, exactitud y obstinación.

El punto de partida erótico reside en el placer de la defecación al nivel del ano, por una parte, y en la manera en que son tratadas relacionalmente las materias fecales por otra.

El problema del control, tanto del placer como de las materias, plantea al niño muchos problemas en su relación con su madre y sus educadores; la importancia de la situación ontogénica del estadio anal (a caballo sobre la *divided line* de separación de las estructuras psicóticas y neuróticas), la duración de ese estadio, su proximidad a los estadios genitales y su rol fundamental en el acceso a aquellos, su reactivación intensa en el momento del período de latencia, la manera de acoplarse con gran facilidad tanto a los deseos edípicos como a los deseos agresivos, todos esos factores hacen que los elementos caracteriales anales constituyan los fundamentos de toda personalidad.

Después de los trabajos de K. ABRAHAM (1925) se han considerado dos períodos anales: el período de «*rechazo*» y el período de «*retención*» anales. Entre esos dos períodos pasa la *divided line* descrita *(cf. figura n.º 8)* como límite que separa las principales fijaciones conducentes a la separación entre la estructuración de modos neurótico o psicótico. El *primer período anal*, el período anal de puro rechazo, corresponde a un comportamiento caracterial de destrucción del objeto y se mantiene en la génesis de la economía psicótica, en tanto que el *segundo estadio anal*, ligado a las posibilidades de retención objetal, asegura ya un control del sujeto que respeta su realidad y su autonomía; este segundo período se sitúa en el marco de la génesis neurótica.

Parece evidente que los rasgos caracteriales clásicos de parsimonia, exactitud y obstinación se refieren mucho más al segundo período anal que al primero, en el que los elementos caracteriales parecen estar representados más bien por el desprecio, la fecalización, el rechazo del objeto identificado con las materias fecales, que deben ser rechazadas a su vez como inasimilables y peligrosas.

Pero debemos rechazar ahora la habitual colusión entre los elementos caracteriales anales y el sadismo.

Sin duda el término mismo de «sadismo» se halla inspirado en un nombre patronímico que evoca la erotización que se obtiene de común acuerdo sólo con la violencia. Ahora bien, el empleo habitual de la palabra sadismo no corresponde, en principio, sino a un rasgo *agresivo* (en suma, sin matiz erótico).

Si queremos respetar el sentido de los términos y las nociones, sin mezclar embarazosamente planos muy diferentes, es necesario distinguir, por otra parte, un *erotismo anal* que, aun bajo la forma ligada al primer período anal de expulsión, no tiene nada de «sádico» (en el sentido de las pulsiones agresivas), ya que se mantiene económicamente libidinal; y por otra parte, el «*sadismo*» en el sentido psicoanalítico (y no pornográfico) del término, es decir, un concepto que permanece bajo la pura dependencia de las pulsiones agresivas y que no tiene en sí ningún elemento que se deba a las tendencias libidinales.

La intrincación automática de las dos líneas, agresiva y libidinal, a nivel anal, es un hecho innegable en la génesis estructural; sin embargo, puede parecer peligroso, en el plano conceptual, que esta coyuntura se considere tan evidente que la denominación híbrida de «sadismo-anal» signifique una sola unidad conceptual inseparable.

Corremos así el riesgo de perder de vista la especifidad del erotismo anal tal como puede existir, independientemente de todo elemento agresivo, con todas sus facetas también auténticamente voluptuosas, tan estructurantes y tan sublimables como las hemos considerado en el caso del erotismo oral.

Los rasgos de carácter anales se limitan demasiado frecuentemente en las menciones habituales a los aspectos restrictivos y pesimistas de la economía sádico-anal destructora del primer período anal; y ello ya sea bajo la forma de rasgos directos (*suciedad, rechazo objetal*), o reaccional ante las interdicciones ligadas a la expulsión (*alergia a toda autoridad, oposición sistemática, ironía punzante, sarcasmos, etc.*).

Pero también existen, al igual que para la oralidad caracterial, rasgos anales eróticos sublimados de manera exitosa, que caracterizan a los sujetos con la *generosidad*, la *originalidad*, el *dinamismo* y la *creatividad* (literatura, pintura, industria, arquitectura, según dice SAUGUET, 1951).

Para los psicoanalistas, la pregenitalidad asume con demasiada frecuencia valor de regresión restrictiva, de defensa negativa antigenital, de campo libre abierto a los desbordes de la agresividad. Aun cuando en clínica psicoanalítica revista fácilmente este aspecto, no por eso es menos cierto que, en el plano de la génesis de la estructuraciones y del carácter, la pregenitalidad y la analidad en particular no tienen por qué ser malditas hasta ese punto: no es ni antilibidinal ni pro-agresiva en sí; en las condiciones genéticas y relacionales banales, la pregenitalidad, que es ya libidinal por hipótesis, prepara las vías de una genitalidad feliz y una no menos feliz integración, bajo la primacía del genital, de las pulsiones agresivas.

Todo esto se relacionaba pues con la inversión por parte de la libido de la zona anal, y con sus consecuencias caracteriales. Por otra parte, podemos considerar el rol asignado a los problemas relacionales que se refieren a la utilización de las materias fecales: es la dialéctica posesión-desposesión lo que se juega a ese nivel, en el plano todavía narcisista y que pronto será genital: poseer y ser poseído, poseer y dar, poseer e intercambiar, poseer y prometer sin dar, poseer y hacer esperar para dar, poseer y no poseer más, poseer y «estar poseído», etc.

Muchos rasgos de carácter reaccionales *contrariados, coléricos, rabiosos, rencorosos, agriados, irritables, impulsivos o reivindicativos* se inscriben en ese registro. Heces, dinero, niños asumen el mismo sentido simbólico a ese nivel.

Nos parece útil no extender a otras series, que sin embargo se citan muy frecuentemente a este respecto, los rasgos de carácter verdaderamente anales. Ya hemos visto, a propósito del «carácter obsesivo», la importancia de no mezclar dos planos caracteriales muy distintos, de los cuales uno se apoya sobre el otro, pero sumándole sus mecanismos propios, que ya no tienen nada de específicamente anal. Lo mismo ocurre a propósito de la paranoia o la perversión.

c) Rasgos de carácter uretrales

Los elementos de carácter uretral operan una transición entre los rasgos anales y fálicos de los que permanecen impregnados. La economía uretral realiza la *competición*: es, por ejemplo, el juego de los niños que tratan de reconocer el poder del que orina más lejos. Pero ese certamen alcanza ya al genital en algunas ocasiones, cuando se trata de reconocer «el sexo que orina *de pie*» (la literatura contemporánea precisa, por otra parte, que las «mujeres fálicas» actúan de esa manera).

Una manifestación uretral reaccional muy conocida se presenta en la enuresis, en la que se mezcla, además del gozo uretral proto-orgástico en el flujo voluptuoso y cálido que acaricia las vías genitales, la evocación anal del «manchar», el disgusto ante la suciedad y la vergüenza ante el objeto al que se dirige el fluir ambivalente.

S. FREUD (1932 a) ha comparado el erotismo uretral a la segunda fase masturbatoria infantil.

Numerosos eyaculadores precoces, y algunos comportamientos exhibicionistas manifiestan tales rasgos de carácter considerados frecuentemente como «fálico-pasivos», para mostrar claramente el sentido del reclamo narcisista oculto tras la agresión manifiesta.

Los rasgos de carácter uretrales se mantienen en el dominio de las «bromas y engaños», del «fuego de artificio», del «tiro al blanco» sobre el registro genital. En general se produce la misma superchería sobre el registro paralelo de las pulsiones agresivas. La imitación con actividad real sólo se ejerce sobre el ruido, el olor a pólvora, el humo que la sigue; pero el objeto se ha mantenido cuidadosamente protegido... y también el sujeto; sin embargo, el simulacro ha aportado un alivio pulsional.

d) **Rasgos de carácter fálicos**

Los rasgos de carácter fálicos continúan, sobre la base del impulso de los rasgos uretrales, las manifestaciones competitivas, pero que conciernen ya más específicamente a la competición entre los sexos.

Los comportamientos infantiles e impulsivos, la búsqueda del prestigio y el respeto a cualquier precio, la imposibilidad de soportar un fracaso o una crítica ante los otros, la necesidad de encontrar sujetos sexuales «idénticos», la difícil integración de las tendencias homosexuales pasivas primero, y luego activas, constituyen las bases de formación de los elementos caracteriales fálicos.

El «falo» no es todavía el «pene»; existe ya un principio de sexualización, pero éste se presenta defensivamente incompleto y sobreinvertido narcisísticamente.

Podríamos decir que la imagen del «pene» está ligada a la posibilidad de la representación de su funcionamiento relacional genital, en tanto que el «falo» está destinado en un primer momento a ser *mostrado* y *admirado*.

En el rasgo caracterial fálico, no es el objeto lo que cuenta, sino el hecho de tener (o no) *el* falo, de ser uno mismo (o no) *el* falo.

El temor a la castración *fálica* conduce, a ese nivel caracterial, a una mayor falización del cuerpo entero. La angustia ante la homosexualidad pasiva latente, el temor y la vergüenza de mostrar tendencias eróticas de modo femenino-pasivo (*en los dos sexos*) conducen, tanto en la mujer como en el hombre, a reivindicar una actitud manifiesta de homosexualidad activa, compromiso entre las dos líneas de deseos pasivos-anales y heterosexuales activos (*en los dos sexos*) al mismo tiempo que conservan, con carácter altamente reconfortante, las antiguas inversiones económicas de tipo narcisista.

Al examinar el comportamiento de ciertos movimientos destinados a «liberar» a la mujer, nos damos cuenta de que el falismo pone en cuestión la condición femenina, tanto de parte de las mujeres como de los hombres, dado que la representación del órgano masculino corresponde para unos y otros, no a un pene relacional, sino a un falo competitivo, y que, al mismo tiempo, el órgano femenino no puede ser representado sino como pasivo y perseguido, y no se le reconoce ningún derecho activo en el juego de los intercambios sexuales.

El comportamiento caracterial fálico no puede concluir en un reconocimiento sereno de la separación real entre los sexos: al nivel fálico, para mantenernos «iguales en derechos», debemos ser *semejantes*. Sólo la economía genital aporta representaciones en las que los humanos podrán aspirar al derecho de ser *iguales* y *diferentes* a la vez, y la posibilidad de encontrarse justamente en la *diferencia* que no impide ni un goce igual, ni una actividad igualmente intensa.

e) **Rasgos de carácter genitales**

La metabolización y la integración (no me gusta mucho el término «unificación») de las pulsiones parciales y de las representaciones parciales, así como de las resonancias parciales de las zonas erógenas parciales y los objetos parciales, bajo la primacía del genital, conducen a un reconocimiento de la categoría de realidad y de paridad de los dos sexos que va a hallar su primer campo de experiencia, sufrimiento y satisfacciones, en la vivencia triangular edípica.

La zona genital se vuelve entonces erógena *en sí*, es decir, en tanto que *genital* y no en tanto que simple soporte del falismo o de la agresividad.

En este nivel podemos distinguir aquellos que diferencia los «*rasgos de carácter genitales*» de los «*rasgos de carácter neuróticos*». En mi opinión, ambos tipos no pueden confundirse conceptualmente.

El rasgo de carácter genital sigue siendo un elemento

real y objetivamente observable, en la medida en que constituye un fragmento *aislado* que rubrica el acceso a la categoría genital de al menos una parte de la personalidad. Por el contrario, sólo podríamos concebir como perfectamente *ideal* e irrealizable una personalidad que fuera «genital» en su totalidad; dicho de otra manera, y hablando con propiedad, no puede existir un «carácter genital».

El «carácter», en el sentido completo del término (el que corresponde a una estructura homóloga auténtica) que comprende el máximo de rasgos de carácter genitales es el «*carácter neurótico*», del que hemos hablado más arriba.

Por lo tanto, es conveniente, tal como lo hemos propuesto, y ya se trate de rasgos de carácter anales o de rasgos de carácter orales, estar al nivel de los rasgos de carácter genitales estrictamente atentos al aspecto específico de los ecos caracteriales que corresponden a ese nivel evolutivo último y preciso de la libido, y reconocer al mismo tiempo lo que esta última etapa debe a los estadios evolutivos que le han precedido, pero sin ocuparse de esas mismas etapas anteriores en el examen de lo que existe de original y de inimitable en los comportamientos funcionales y relacionales de esa etapa *genital*.

Sólo a nivel del estudio de los diferentes «caracteres neuróticos» parece lícito considerar el aspecto más realista de las cosas. No puede encontrarse ningún carácter «genital puro», ya que aun el individuo más maduro arrastra obligatoriamente a nivel estructural (y por ende también en los ecos caracteriales de su estructura) secuelas de fijaciones en estadios pregenitales (oral o anal) o protogenitales (uretral o fálico). Todo «carácter genital» conservará un aspecto imperfecto sobre el plano teórico ideal, pero al mismo tiempo menos absoluto, más matizado y más coloreado también en el plano de la realidad humana, todas las veces (felizmente frecuentes) en que los elementos antigenitales no arrastren al sujeto hacia una agresión mórbida.

El éxito, siempre relativo, del acceso del «carácter neurótico» a la economía genital se traducirá por medio de dos factores de importancia: en primer lugar, la organización estructural (y por lo tanto también caracterial) se hace bajo la *primacía del genital*, y por otra parte, aun cuando numerosos rasgos caracteriales antigenitales llenen las lagunas estructurales inevitables, existe no obstante una gran cantidad de rasgos de carácter genitales activos en el funcionamiento relacional espontáneo del psiquismo del sujeto, y tanto la cantidad como la importancia cualitativa de esos rasgos dependerán de la manera en que el niño haya abordado, vivido, y luego resuelto las diferentes etapas de su conflicto edípico; dicho de otra manera, de cómo haya salido de su *ambivalencia* pregenital, de sus economías pulsionales y objetales *parciales*.

K. ABRAHAM (1925) señala que el «*estadio final*» de la evolución caracterial se apoya no solamente en los inconvenientes y las debilidades, sino también en todas las ventajas encontradas en las adquisiciones caracteriales de los estadios precedentes: «*En el estadio oral, la capacidad de emprender y la energía, en el estadio anal la resistencia, la perseverancia, etc., en el sadismo, el poder de lucha por la vida. Si el desarrollo del carácter ha proseguido con éxito, el sujeto debe ser capaz de controlar sus pulsiones sin verse sometido a la necesidad de negarlas...*»

El carácter neurótico debe extraer de la importancia de los rasgos genitales, así como de la diversidad de los rasgos parciales antigenitales, la estabilidad y la riqueza funcional y afectiva de su Yo, capaz de matices y mutaciones que no implican ni rigidez, ni incoherencia, ni desórdenes serios, tanto para el sujeto como para los objetos. Las pulsiones, tanto las sexuales como las agresivas, ya no serán sistemáticamente negadas, anuladas, evitadas, desplazadas o inhibidas; una buena parte puede ser utilizada relacionalmente de manera directa; otra parte puede concluir en sublimaciones válidas; y por último, la parte cuya contención asegurarán los diversos sistemas defensivos no tendrá ya potencia suficiente como para inquietar al Yo en lo esencial de su funcionamiento adaptativo; además, tanto la elección como el juego de los sistemas defensivos se mostrarán suficientemente flexibles y oportunos como para evitar al máximo las disonancias afectivas.

Los rasgos de carácter genitales corresponden al fin del estadio ambivalente precedente; autorizan el acercamiento a un objeto que no es al mismo tiempo el soporte de las representaciones agresivas o agredidas; se manifiestan bajo forma de *comprensión, respeto por el otro, ideal de unión afectiva,* posibilidad de *intercambios,* sin temor a la pérdida ni necesidad de provecho, *sentimiento amoroso* (en la medida en que llegue, en el estadio genital, a unir sobre el mismo objeto el deseo sensual y la ternura afectiva).

Si creemos lo que afirma M. BOUVET (1956), la relación genital perfecta sería, por así decirlo, «*sin historia*», en el mismo sentido en que declaramos que «la gente feliz no tiene historia». Sin embargo, como lo demuestran LAPLANCHE y PONTALIS (1967), el objeto amoroso debe ser a la vez único (en tanto pleno, singular y original) e intercambiable (porque el genital no puede carecer de objeto de amor; la pérdida del precedente le conduce a un cambio, no a una depresión).

Uno de los rasgos fundamentles del carácter genital reside pues, tanto en la capacidad de *estabilidad* en el interior del buen intercambio relacional, como en la *flexibilidad* para el cambio desde el momento en que el intercambio deviene objetiva y objetalmente demasiado desventajoso.

B) *Rasgos de carácter agresivos*

Junto a las pulsiones libidinales, las pulsiones agresivas originan paralelamente una serie de rasgos de carácter elementales muy corrientes, que rara vez se hallan ausentes de toda formación caracterial, dada su banalidad, y que durante todo un período evolutivo resultan difícilmente separables de los producidos por aquellas, a pesar de sus diferencias económicas.

a) **Rasgos de carácter sádicos**

Si bien lo esencial del rasgo de carácter de este tipo es muy claramente reconocible y consiste sobre todo en encarnizarse contra los objetos, es muy raro ver esa clase de rasgos caracteriales descritos de manera pura y sin que se les asocie, ya sea a rasgos anales (el famoso «sadismo-anal»), ya sea a rasgos masoquistas (los no menos famosos

331

«sadomasoquismos»). S. FREUD ha utilizado a lo largo de toda su obra el término «sadismo», bien el en sentido puramente «agresivo» (la escuela kleiniana se ha atenido a este último aspecto), bien en un sentido mixto (sexual y agresivo).

El rasgo de carácter auténticamente sádico es, de hecho, difícil de determinar con precisión, ya que no debe corresponder a un comportamiento relacional agresivo en el que el sufrimiento del otro no sea considerado; correlativamente, no debemos encontrar piedad (directa o indirecta) para con el objeto al que el sujeto hace sufrir, ni el *placer* que el sujeto mismo pueda extraer del sufrimiento del objeto. Sólo debe contabilizarse la satisfacción directa de la pulsión.

Los rasgos de carácter sádicos parecen, por el contrario, estrechamente ligados a la noción de *Bemächtigunstrieb*, citada por FREUD desde 1905 (*Tres ensayos*) y retomada en 1913 *(Predisposición a la neurosis obsesiva)*, en 1915 *(Las pulsiones y sus destinos)*, y 1920 *(Más allá del prinpio del placer)*. LAPLANCHE y PONTALIS (1967) traducen el término por «pulsión de dominio»; para el sujeto se trata de dominar al objeto por la fuerza. Después de 1920, aparecería este rasgo como una herencia de la «pulsión de muerte».

Los trabajos de I. HENDRICK se refieren a una necesidad de dominar al objeto, necesidad de naturaleza en apariencia no sexual, pero que en realidad parece muy cercana a los rasgos caracteriales descritos a propósito de la uretralidad y del falismo, rasgos que siguen basándose en una logística libidinal, en tanto resulta difícil separar las pulsiones agresivas, en vivo, de las infiltraciones libidinales, y a la inversa.

Sin embargo podemos constatar que en el sistema pulsional freudiano existe, entre las pulsiones agresivas y las pulsiones sexuales, la misma clase de relaciones complementarias que se describen en el famoso esquema del *Yang* y *Ying* chinos, en el que la suma de dos factores permanece siempre igual a una constante: desde el momento en que uno de los dos elementos disminuye cuantitativamente, el otro compensa esta pérdida por medio de un aumento compensatorio de fuerza igual y de sentido opuesto.

Las hipótesis freudianas se complican todavía más como consecuencia del hecho de que no solamente la libido desfalleciente cede el paso a las pulsiones agresivas, sino que toda debilidad de una forma elaborada de libido nos remite a una alteración cualitativa regresiva, y por ende degradada, de la cantidad de libido restante.

Esto nos permite comprobar que los rasgos de carácter sádicos son tanto más netos y diferenciables cuanto más débil es la cantidad de la libido, por una parte, y por otra parte en cuanto que, frente a ellos y cualitativamente, estamos en relación con formas arcaicas de la evolución libidinal tales como las hemos descrito más arriba: formas oral, anal, uretral y fálica.

Parece indudable que deberíamos distinguir, en cada etapa del desarrollo afectivo, y en la intrincación pulsional más legítima y estrecha, la parte que retorna a la génesis de la línea pulsional libidinal, y también la parte que se vuelve hacia la línea pulsional agresiva. Quizás convendría incluso hacer también el balance, en un tercer plano, del rol relativo de las «pulsiones del Yo» en el sentido narcisista y freudiano del término.

Los rasgos de carácter sádico que se remiten a la agresividad *actuada, verbal,* o simplemente *mentalizada,* sobre el objeto, no difieren sensiblemente de aspecto, retengamos o no la hipótesis del «instinto de muerte», ya que se trata aquí, de todas maneras, de un rasgo directo de carácter, de una manifestación relacional de la estructura subyacente, independiente, al menos a priori, del aspecto eventualmente reflejo del sadismo sobre el mismo sujeto.

Como lo ha mostrado D. LAGACHE (1960), es conveniente no confundir los rasgos de carácter sádicos con los rasgos de carácter que testimonian una simple necesidad de actividad. Si bien el sadismo es efectivamente «activo», existen por el contrario muchas otras formas de actividad en relación con modos de funcionamiento del Yo que no tienen en sí nada de agresivo y que, por el contrario, se orientarían en el sentido creador e integrador del Eros, en tanto que la agresividad en sí misma induce siempre la desorganización y el fraccionamiento.

b) Rasgos de carácter masoquistas

Es totalmente excepcional tropezar, en la literatura psicopatológica o psicológica, con descripciones del masoquismo que no estén impregnadas ni de sadismo ni de erotización.

Si bien resulta efectivamente muy raro encontrar, en la práctica, un elemento masoquista (como, por otra parte, un elemento «sádico») en estado puro, sigue siendo cierto sin embargo que el mecanismo pulsional agresivo de modo masoquista existe con perfecta independencia, desde el punto de vista teórico al menos, tanto respecto del modo pulsional sádico como de los múltiples riesgos de la libido.

S. FREUD (1924 c) ha determinado tres registros masoquistas: un registro *«erógeno»*, un registro *«femenino»* y un registro *«moral»*.

El masoquismo «erógeno» corresponde a una organización perversa: el sufrimiento sirve a la vez para ocultar y atizar el placer; el placer se obtiene en las condiciones parciales de finalidad, objeto, zona y realizaciones que rubrican la perversión del cuadro clásico. No nos ocuparemos aquí de ese modo masoquista.

El masoquismo «femenino» es una creación freudiana de carácter más filosófico y hasta casi metafísico que estrictamente psicológico. Esta noción aparece ligada al postulado de la «pasividad» femenina, de la «castración» femenina; dicho de otra manera, de la «inferioridad femenina», posición que los psicoanalistas varones no han sido los únicos en defender, y a la que los movimientos feministas estridentes aportan una adhesión profunda bajo la cobertura de una vigorosa formación reaccional de sentido manifiesto y aparente diametralmente opuesto. La buena conciencia psicoanalítica no exige, en el plano científico, la aceptación de esta concepción, que es en suma muy poco halagadora para con la mujer.

Nuestro interés en el plano caracterial se aplicará por el contrario al mecanismo del masoquismo denominado *«moral»*, en el que trataremos de distinguir lo que se relaciona con el narcisismo (mecanismos de «fracasos», de «destinados», de «abandono», etc.) y lo que se mantiene específicamente masoquista, es decir, bajo la estricta dependencia de las pulsiones agresivas.

El rasgo de carácter masoquista resulta, desde esta óptica, uno de los más corrientes, en medio de todas las estructuras u organizaciones psíquicas, pero a un nivel esencialmente *pre-edípico*.

Sin duda, el masoquismo constituye una agresión centrada sobre sí, pero al mismo tiempo, es también una hábil provocación al objeto. Ahora bien, este objeto no se sitúa en una economía triangular edípica. Los interlocutores del masoquista caracterial son siempre *los dos padres a la vez*, ya sea en los registros psicótico o neurótico o en el anaclítico. El reproche potenciado puede enunciarse: «*Mirad lo que habéis hecho de mí*», y se dirige a todos los «mayores».

Cuando, por ejemplo, el niño interpela al padre, designa al mismo tiempo a la madre: «*No soy yo quien te amenaza, dice al padre, es* ella *quien te ha castrado, y mira, no me tienes ningún temor porque ella me ha castrado a mí también, pero tú, tú has permitido que lo hiciera.*»

Sin embargo, permanecemos todavía en el ámbito de una economía triádica proto-edípica, en el sentido genital del término, ya que se trata aquí de la castración *fálica-narcisista-anal-agresiva* y no de la auténtica castración genital, cuya angustia sólo podría aparecer en una economía triangular mucho más elaborada sexualmente y que necesita de las vivencias edípicas que justamente el mecanismo masoquista ha evitado abarcar e integrar en tanto que tales, aun cuando eventualmente coexistan a su lado.

El rasgo de carácter masoquista es a la vez la agresión y el camuflage de la agresión, gracias a tres subterfugios complementarios:

a) La proyección de los fantasmas agresivos del sujeto sobre el objeto: «*Es el otro el que me ataca, y es por eso que sufro*»

b) La mistificación del objeto durante el ataque agresivo: «*Yo soy débil y desdichado; por lo tanto, no puedo atacarte: desármate*»

c) Bajo la cobertura del sufrimiento, se reducen al silencio las instancias ideales o interdictoras: «*No se aplasta a un hombre caído por tierra.*»

Parecería que esta forma de masoquismo caracterial sólo puede venir a reforzar secundariamente los reclamos del erotismo anal para concurrir al movimiento homosexual pasivo, así como el sadismo, más directo y brutal, viene a reforzar los erotismos uretral y fálico en el movimiento homosexual activo.

El hecho de que FREUD haya hablado, después de 1920, de un *«masoquismo primario»* directamente derivado del instinto de muerte, y paralelo al sadismo, no modifica la presente concepción del mecanismo profundamente agresivo que subyace en todos los casos a los rasgos masoquistas.

c) **Rasgos de carácter autopunitivos**

Podemos distinguir los comportamientos autopunitivos que corresponden, ya sea a los comportamientos masoquistas, ya a los comportamientos de «fracaso». Las actitudes repetitivas de fracaso responden (LAFORGUE, 1939) a una imposibilidad de satisfacer la pulsión inconsciente; el mecanismo masoquista, como acabamos de ver, permite el ataque sutil del otro a la sombra del sadismo dirigido contra sí.

Las actitudes autopunitivas se interpretan a menudo en el sentido de una sanción que el sujeto se inflige a sí mismo para satisfacer a un Super-yo demasiado exigente. Sin embargo, en la línea de pensamiento común a todo este trabajo, nos encontraríamos, al aceptar esta interpretación, con la noción de «Super-yo», la herencia del Edipo, y por ende la acción de la libido, por lo que nos parece más riguroso limitar, en este parágrafo, la noción caracterial de autopunición a los aspectos pulsionales agresivos, sin interferencia, al menos en el plano teórico, de los elementos genitales (en general concomitantes, sin duda, pero dependientes de una línea pulsional distinta).

Efectivamente, al referirse a *Análisis terminado y análisis interminable* (1937 c) encontramos la descripción de elementos de pulsiones agresivas que FREUD presenta como susceptibles de manifestarse, *fuera de toda vinculación con el Super-yo*, en ciertas necesidades de punición.

A ese nivel, nos mantenemos dentro del marco del «masoquismo secundario», en la medida en que se trata, en esa clase de rasgos de carácter autopunitivos, de un verdadero retorno contra sí mismo de una parte de las pulsiones agresivas. Contrariamente a los rasgos de carácter masoquistas, los rasgos de carácter autopunitivos no podrían depender nunca de un «masoquismo primario».

C) *Rasgos de carácter que dependen de las pulsiones del Yo*

S. FREUD nunca abandonó completamente, ni siquiera después de su hipótesis concerniente a las pulsiones de muerte, las nociones anteriores que se referían a las «pulsiones del Yo», definidas en la primera teoría de las pulsiones.

De manera que, junto a los rasgos de carácter que se refieren a las pulsiones sexuales primero, y luego a las pulsiones agresivas, tenemos derecho todavía a plantear la existencia de rasgos de carácter que representan las manifestaciones relacionales y funcionales de las «pulsiones del Yo».

De todas maneras, la segunda teoría de las pulsiones presenta la noción capital de *«narcisismo»*, y sin duda es allí donde se sitúa el nudo conceptual del problema de la génesis y el completamiento del Yo, de sus relaciones con las orientaciones pulsionales en general y libidinales en particular.

Y ello hasta tal punto que pareciera que al intentar describir los «rasgos de carácter que dependen de las pulsiones del Yo» volvemos al nivel de los *«rasgos de carácter narcisistas»* ya citados en este mismo capítulo a propósito de los «rasgos de carácter estructurales».

Ese «cortocircuito» entre esas dos nociones de «pulsión del Yo» y de esfuerzo de organización narcisista que se detiene a nivel del simple «acontecimiento» de ese tipo, constituye a la vez un corolario y una confirmación de las hipótesis emitidas aquí en cuanto a la categoría, particular y no muy estable, de todo nuestro grupo «límite», ya sea a nivel estructural, a nivel caracterológico o a nivel patológico.

3

La patología del carácter

Ya hemos considerado más arriba las grandes líneas de los problemas referentes a la patología del carácter. También evocamos el lugar que ocupan las enfermedades del carácter en el seno de la nosografía, y habíamos insistido también en la relativa estabilidad de tales acondicionamientos en medio de una línea que no podía merecer el vocablo de «estructural» en razón de su fragilidad habitual. El término de «organización» parecía más conveniente para designar el conjunto del sistema «límite», a partir del cual se supone que se diferencian las «enfermedades del carácter».

Esas «enfermedades del carácter» tienen en común su aspecto *asintomático*. La mayoría de los autores que se han consagrado a su estudio han reconocido ese aspecto, principalmente aquellos que se han preocupado por las «neurosis» de carácter.

O. FENICHEL (1953) comprueba que, en la «neurosis» de carácter, la lucha entre las fuerzas pulsionales y la angustia tiende a devenir estacionaria y rígida: *«En lugar de una guerra de movimiento, lo que se sostiene es una guerra de posiciones»*; el paciente puede, por ende, ocultar sus movimientos depresivos y sus inhibiciones detrás de una fachada caracterial relativamente intacta.

O. KERNBERG (1970) trata de formular puntos de referencia psicoanalíticos que conciernan a la patología del carácter. Se detiene en las formas asumidas por el Yo y el Super-yo por una parte, por las relaciones de objeto internalizadas por otra parte, y por último, por los derivados pulsionales. Los parámetros de gravedad se situarían así a los niveles del desarrollo instintual, del desarrollo del Super-yo, del establecimiento de las operaciones defensivas del Yo, y de las viscisitudes de las relaciones de objeto internalizadas.

El nivel superior «de organización caracterial» patológica comprendería los componentes caracteriales histéricos, obsesivos y depresivos.

El nivel medio agruparía los elementos de carácter orales, pasivos-agresivos, sadomasoquistas, algunos elementos narcisistas o perversos.

Finalmente, el nivel inferior alcanzaría a las personalidades infantiles y muy narcisistas, las personalidades antisociales, los caracteres «as if», los caracteres caóticos, las derivaciones sexuales múltiples, los toxicómanos, las personalidades prepsicóticas y, sin duda, en el nivel más bajo del cuadro, las personalidades psicóticas.

Tenemos, por cierto, interés en distinguir en un primer momento aquello que, en el plano económico, diferencia radicalmente la economía estructural de las neurosis o las psicosis «clásicas» de la economía de las organizaciones «límites».

En la economía estructural de tipo «clásico» (cf. figura 10) el carácter constituye el modo de expresión relacional y funcional correspondiente a la categoría de adaptación. Ese carácter se descompone en elementos sublimativos por un lado, y reaccionales por otro. Los elementos sublimativos aseguran una paz total a los sistemas pulsionales y defensivos, al evitar de manera constante el recurso a los procesos habituales de inhibición; por su parte, los elementos reaccionales continúan utilizando la energía transmitida por el Yo, pero este desgaste energético no protege al Yo solamente contra eventuales desbordes pulsionales que permanecen dentro del cuadro caracterial; además evita que el Yo se descompense en la vía sintomática. Dicho de otra manera, las formaciones reaccionales constituyen una verdadera barrera contra la evolución sintomática manifiesta, en tanto se mantienen al servicio exclusivo del carácter.

En la economía «límite», las cosas suceden de otra manera: como no existe vía sintomática, el esquema, en lugar de ser «triangular» entre estructura, carácter y síntoma, se vuelve simplemente lineal: organización, carácter, depresión. Es el «carácter» quien defiende (como puede, en una «pseudo-normalidad» que representa un *acondicionamiento* muy relativo) al Yo contra la descompensación (depresión). Si el carácter *(cf. figura 11)*, constituido de formaciones reaccionales ya poderosas y de sublimaciones (y más específicamente aún de *«Idealizaciones»* en relación con el *Ideal del Yo*, y por ende menos sólidas), no basta para evitar la depresión bajo su simple aspecto funcional, va a sufrir (y el Yo con él, desde luego) una deformación en el sentido de la patología del carácter, tal como la

Fig. 10
Esquema de funcionamiento de la economía estructural clásica.

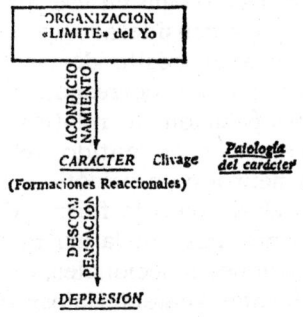

Fig. 11
Esquema de funcionamiento de la economía de una organización límite.

deformación citada por FREUD (1940 e) en su artículo sobre los mecanimos de *clivage*.

Al parecer, es la aparición (o no) de fenómenos importantes de *clivage* lo que operará la separación entre «carácter» y «patología del carácter» a nivel de las organizaciones «límites».

En efecto, resulta igualmente importante diferenciar bien lo que distingue las entidades clínicas comprendidas en el cuadro general de la *«patología del carácter»* de las entidades estructurales clásicas *(neuróticas o psicóticas)* por una parte, y por otra de las entidades psicológicas que he clasificado en el marco de los *«caracteres narcisistas»*.

En lo que concierne a la separación entre patología del carácter y entidades estructurales clásicas, las cosas parecen simples y evidentes, tanto en los planos fenomenológico y sintomático manifiestos como en el plano económico; hemos señalado continuamente las divergencias latentes a nivel de la angustia, los mecanismos de defensa, el modo de relación de objeto, los factores tópicos en juego, etc. Sin duda no es necesario insistir nuevamente en todos esos puntos.

En contrapartida, la diferencia entre la patología del carácter y los diversos caracteres «narcisistas» puede revestir aspectos más sutiles; son principalmente los refuerzos cuantitativos de las formaciones reaccionales de los diferentes mecanismos proyectivos y de los *clivages* los que determinan cualitativamente, al fin de cuentas, el tránsito del carácter a la patología en ese nivel *(cf. figura 11)*. En efecto, como hemos considerado ya a nivel de la «normalidad» y también a propósito de las anorganizaciones, el «carácter» particular que corresponde a la línea «límite» se halla en una posición de relativa «pseudo-normalidad», menos «normal» en el sentido del éxito adaptativo que los caracteres neurótico o psicótico; es por eso que la figura 11 está concebida bajo la forma «lineal». La «patología del carácter» no constituiría así más que una exageración de las formaciones reaccionales, de las proyecciones y *clivages* de las formas «caracteriales» de tipo «narcisista límite», y cuanto más importancia asumieran esas formaciones caracteriales, proyecciones o *clivages*, más nos internaríamos en los «grados» de esta patología caracterial en el sentido «neurosis» de carácter → «psicosis» de carácter → perversión de «carácter».

BION (1954) ha subrayado el momento de empobrecimiento del Yo que resultaba de manera directamente proporcional a la intensidad de los fenómenos defensivos de tipos proyectivos variados.

A fuerza de expulsar partes cada vez más importantes de sí mismo, el Yo llega a vaciarse también de una parte de su substancia.

De la misma manera, al no poder el sujeto tolerar más las frustraciones, se le hará difícil asistir progresivamente a la formación del objeto real, formación basada justamente sobre la experiencia de frustración, que para él se ha hecho insoportable.

La «patología del carácter» sigue siendo una *enfermedad*, no solamente de la relación objetal, sino también de la *categoría* misma del objeto, ligada a un vicio más o menos grave según las variedades clínicas de enfermedades del carácter en la constitución de la representación objetal.

Una última hipótesis a este respecto concierne al orden en el que se proponen esas tres entidades: la «perversión» del carácter sería considerada como la más alienante de las tres, en razón de los perjuicios más consecuentes que hace sufrir al objeto. En efecto, como se trata de una *patología de la relación*, mucho más que de una patología del Yo, en el sentido estricto del término, me ha parecido correcto clasificar las tres entidades por orden creciente de su grado de deterioro de la relación objetal.

En lo que concierne a esta *«patología del carácter»*, no me corresponde, luego de haber manifestado a lo largo de todo este trabajo tanta independencia, y de haber manejado muy frecuentemente el sarcasmo con respecto a las imperfecciones de los sistemas o las denominaciones de los otros, aceptar una posición de modestia y contentarme con una terminología que no me satisface en absoluto. Efectivamente, para no caer en la suficiencia neológica, que no me atrae, será necesario que me refiera a las nociones de «neurosis» de «carácter», de «psicosis» de «carácter», y de «perversión» de «carácter» mientras no se trate, en mis desarrollos ulteriores a esos niveles, ni de verdaderas estructuras neuróticas o psicóticas, ni de perversión en el sentido habitual del término, y que esas entidades no se sitúen nunca a nivel del «carácter» tal como se lo habrá definido más arriba, sino que contengan ante todo problemas económicos referidos a la esfera narcisista y ya prepatológica.

Infortunadamente, ninguna empresa humana realista puede evitar la paradoja, el compromiso o la limitación...

Si bien retomo palabra a palabra la terminología psiquiátrica habitual en la enumeración de mis categorías, tanto caracteriales como estructurales, no pienso que por ello sea posible considerar que recurro a una clasificación de tipo «psicopatológico», en el sentido en que se entiende generalmente ese término.

En efecto, las clasificaciones de criterios psicopatológicos se apoyan en gran parte y en primer lugar sobre los síntomas manifiestos constatados en las organizaciones mórbidas para tratar de elevarnos luego, en mayor o menor medida, hacia lo que permitiría definir una estructura o un carácter, en tanto que yo personalmente no conservo la terminología psiquiátrica sino para identificar mejor las líneas de los mecanismos *latentes* fundamentales y distintos, calificándolos, para mayor precisión y sencillez en la comunicación, con la ayuda de epítetos muy conocidos y bien delimitados. Nunca trato de partir del avatar mórbido de una estructura para determinar sus ejes rectores, sino que por el contrario me propongo comprender el fundamento metapsicológico específico de cada estructura, para considerar a continuación su evolución lógica, tanto en la dirección del carácter como de los síntomas eventuales que le corresponden en caso de descompensación.

1. LA «NEUROSIS» DE CARACTER

En primer lugar, conviene precisar suficientemente que muchos autores que en el curso del último decenio se han ocupado del problema de la patología del carácter, clasifican bajo el título de «neurosis de carácter» al conjunto de tres entidades caracteriales patológicas. Me parece que puede evitarse esta confusión, dadas las diferencias fundamentales comprobadas entre esas entidades, en cuanto al modo de *status* y de manejo de las representaciones objetales.

Sin duda los mecanismos reaccionales y de *clivage* de la imago objetal se mantienen bastante paralelos en las tres variedades de enfermedades del carácter, y asociados a los mismos movimientos proyectivos o de huida y evitamiento; pero la manera en que esos mecanismos se articulan entre sí varía de forma bastante clara de una manifestación a otra de esta patología.

Yo reservaría la denominación de «neurosis» de carácter a una situación del sujeto que comprende, por una parte, una *disociación* entre el *mantenimiento del narcisismo personal* a un nivel antidepresivo suficiente como para autorizar un juego de escondite, tanto con los objetos como con la falla narcisista inicial (profesión, política, arte, filosofía, técnica, realizaciones materiales de todos los niveles) y, por otra parte, el *fracaso relacional* interpersonal y afectivo, que ya no permite la aparente estabilidad del simple «carácter narcisista» (su limpidez afectiva, su moderación pulsional, suficiente bajo los auspicios del Ideal del Yo, su poder relacional seductor en todas direcciones), sin por ello crear deformaciones demasiado netas de la realidad (como en las «psicosis» de carácter) o amputaciones demasiado tóxicas del narcisismo del otro (como en las «perversiones» de carácter).

P. C. RACAMIER (1963) parece haber sido uno de los primeros en interesarse en las originalidades de cada una de esas entidades mórbidas. Para él, la neurosis de carácter es realmente una *«enfermedad»*, ya que pone al individuo en situación de desventaja permanente, aunque no se manifieste ningún síntoma clásico de manera evidente. El sufrimiento del sujeto se muestra difuso, imperfectamente consciente, remitido a los «fracasos» o las «pruebas», materializado por las inquietudes de los otros más que del sujeto mismo.

Efectivamente, muy a menudo es el entorno el que conduce al sujeto a consultarnos, o quien lo acompaña para dar explicaciones, o incluso lo arrastra, y a veces por la fuerza, a la consulta.

Cuando ese paciente consigue expresar con cierto grado de claridad su sufrimiento, en general no se cuestiona demasiado; en un primer momento, si confiesa cierta perturbación relacional, es para pedir al terapeuta que lo cure de manera «mágica» y exterior, no para que lo ayude a modificar un comportamiento que él juzga, poco más o menos, perfecto (traducimos: esencial para su protección). Todo cambio interno lo angustia enormemente. El simple pensamiento de una modificación del equilibrio personal, considerado precario, crea una aprensión que hace que el paciente rehuse toda ayuda terapéutica, si la oferta de curación no ha proporcionado, de entrada, los aportes narcisistas complementarios suficientes y tranquilizadores.

El entorno de tales sujetos juega de manera bastante constante el rol de objeto contrafóbico, aun cuando esta situación no se manifieste a primera vista. Se trata, sin duda, antes que todo, de un objeto contrafóbico de tipo narcisista y anaclítico sobre el que el sujeto experimenta la necesidad de apoyarse, de «apuntalarse», y no de un objeto contrafóbico del tipo presente en las histerofobias e investido esencialmente de un potencial genital pulsional y defensivo a la vez.

El objeto (y principalmente la multiplicidad de los objetos) en la «neurosis» de carácter permanece *en principio* invertido en el plano pre-edípico: es al mismo tiempo el «fuerte» que tranquiliza, en el sentido protector, y también el «mayor» contra quien se yergue la rebelión y la agresividad del sujeto que se declara a sí mismo «pequeño», con toda la ambivalencia narcisista que ello supone. Si existe (y existe casi siempre) una inversión genital, *también*, de este objeto, tal inversión se mantiene en contrapartida paralela, secundaria y accesoria, pero ni primordial ni estructurante en el plano económico. Sin ninguna duda en todos los niveles de las «organizaciones límites» se hallan presentes elementos dispersos de vivencias edípicas parciales (y sobre todo del «Edipo negativo»), pero esos elementos no juegan sino a título fragmentario, aislado y parcial; no revisten de ninguna manera el rol de primado de la organización. Se mantienen adheridos a los elementos pregenitales anaclíticos en torno a los cuales se ha realizado el acondicionamiento narcisista antidepresivo del Yo.

La importancia de los problemas económicos del narcisismo, alrededor de los cuales se realiza la organización del Yo, bajo la égida del Ideal del Yo (y no del Super-yo), va a la par con la deficiencia arcaica experimentada, a nivel narcisista justamente, en un período proto-edípico de la evolución afectiva. Esta incompletitud narcisista primaria (mucho menos fuerte y mucho menos precoz que las predisposiciones de la primera edad en el recién nacido pre-psicótico) desencadena una disminución, una verdadera «debilidad» (aparente) de las pulsiones del Ello. En realidad, toda una parte de la energía pulsional, que ha sufrido una regresión muy clara en el plano libidinal y simplemente se ha deformado en el plano agresivo, se ve utilizada por formaciones reaccionales más o menos profusas, que de hecho constituyen a la vez una «combustión pulsional» parcial y una lucha antipulsional. Esto es también lo que hace tan sutil y frágil a la vez el acondicionamiento caracterial de este tipo.

Una proporción importante de la energía libidinal, degradada, se invierte en la defensa, junto con la energía de las pulsiones agresivas, y da a las formaciones reaccionales de la «neurosis» de carácter esa forma de defensa *erotizada* que seduce al ingenuo en el primer contacto, y lo vuelve furioso con bastante rapidez, desde el momento en que se reconoce como simple «*objeto auxiliar*» del sujeto, y no objeto con pleno derecho.

Además, cuando la erotización de la defensa se vuelve demasiado fuerte o comienza a mostrarse con una cierta evidencia, se desarrolla en el sujeto, como lo ha señalado P. C. RACAMIER (1963), una especie de «*defensa contra la defensa erotizada*».

La movilidad de un sistema relacional semejante, destinado ante todo a aislar y a dominar al objeto, se acompaña paralelamente con *proyecciones* de tal intensidad que muchas «neurosis» de carácter se confunden a veces con «caracteres psicóticos». Sin embargo, en el primer caso se sigue manipulando astutamente la realidad, en tanto que en el segundo caso se manifiesta ya un cierto grado de negación e introyección frente a esta realidad.

Las formas clínicas de las «neurosis» de carácter tienen en cuenta el nivel de fijación de la evolución libidinal en el momento en que se ha realizado el «*primer traumatismo*». Los rasgos caracteriales se han vuelto rígidos en este estadio y a veces son comparables a los rasgos de la neurosis clásica, imitados por la «neurosis» de carácter. Una «neurosis» de carácter bloqueada inicialmente en el segundo estadio anal, imitará al carácter obsesivo por medio de sus rasgos reaccionales, pero la organización económica permanecerá, sin embargo, mucho más pobre, porque es al mismo tiempo mucho menos genital. Toda «neurosis» de carácter imita a una neurosis clásica, manifiesta *«signos exteriores de riqueza»* caracterial (pseudoneurótica), muy *«por encima de sus medios»* económicos, desde los puntos de vista de la categoría de la estructura del simple Yo anaclítico.

Lo mismo ocurre con esos fenómenos *«pseudo-histéricos»* descritos por H. EY (1967) que se presentan a veces como *«fanfarrones del vicio»* y se componen un personaje «hipersexual» muy calculado para enmascarar mejor sus insuficiencias organizacionales a nivel de la genitalidad.

La vida fantasmática de esas «neurosis» de carácter sigue siendo débil. M. FAIN (1966) ha comparado su comportamiento con el de esos insomniacos que «encienden la luz» ante todo indicio de sueño perturbador; de la misma manera, las «neurosis» de carácter se aferran vivamente a la realidad desde el momento en que se anuncia una elaboración fantasmática inquietante; e incluso se cuidan de no interesarse sino en un aspecto bastante funcional y bastante pragmático de la realidad inmediata, a fin de eliminar, en la medida de lo posible, toda «incitación asociativa».

Un ejemplo de «neurosis» de carácter

BOUVARD Y PECUCHET

A menudo se ha maltratado mucho a esos dos personajes, ridículos para los otros, pero desdichados para sí mismos, e incluso algunos críticos han llegado a declarar que «sentían piedad de FLAUBERT», por haber escrito páginas (en apariencia) tan estúpidas...

Sin embargo la mayoría de esos mismos autores celebran los méritos del realismo sentimental de FLAUBERT en ocasión de las descripciones afectivas manifiestas que, en Madame Bovary, sólo testimonian en realidad una genitalidad de cobertura, por encima de los enormes problemas narcisistas latentes.

A propósito de Bouvard y Pecuchet, sabemos que Flaubert pasó los seis últimos años de su vida en una encarnizada labor de compilación, para no terminar una obra de la que nos dice que *las mujeres tendrán en ella poco lugar y el amor ninguno*...

Ya estamos advertidos. ¿De qué se trata, pues?

De dos pobres seres, no tan masculinos, aunque no aparezcan de manera manifiesta como demasiado homosexuales, si bien el erotismo anal de Bouvard, hijo natural y marido engañado, destinado a ser maltratado por las mujeres fálicas (episodio con la viuda Bordin) sea evidente, y la pasividad sexual de Pecuchet no presente ninguna duda (episodio de Mélie). Los dos salen lastimados y decepcionados de sus intentos de acercamiento sexual... aparte de la aproximación picaresca verbal y sin peligro con la estatua de yeso del cenador.

Ya se entreguen sucesivamente, en el ocaso de su vida, a intentos de recuperación narcisista en los planos racionales de la química o de la alquimia, de la cultura o de la cocina, de la historia natural o de la medicina, de la arqueología o de la geología, de la historia o de la novela, de la política o de la filosofía, de la religión o del espiritismo, de la pedagogía o del amor, ya busquen incluso la muerte... todo esfuerzo concluye inevitablemente en un fracaso...

Lo que debía restaurarles narcisísticamente a los ojos de los otros tanto como a sus propios ojos, va a agregarse a la suma de heridas narcisistas anteriores; no triunfan, pero tampoco se dejan abatir. La depresión no se hace presente nunca, ni siquiera en la escena del suicidio fallido; pero el éxito tampoco llega nunca.

Por lo tanto, no estamos en el plano de un simple carácter, ya que hay repetición del fracaso, ni al nivel del simple «tronco común», ya que no hay depresión. Según las hipótesis esquematizadas en la figura 11, nos encontramos en una ramificación lateral sólidamente acondicionada a partir de la economía límite: la patología «neurótica» del carácter.

La negación del fracaso, la ausencia de sufrimiento, el

activismo desplegado en formaciones reaccionales renovadas sin cesar, todo habla en favor de la «neurosis» de carácter.

Al igual que la actividad febril, esta hipomanía permanente que niega el fracaso constituye un verdadero *síntoma sin síntoma* de tales estados.

El anaclitismo está desarrollado, tanto frente a los otros como, en primer lugar y esencialmente, entre ellos mismos. No eran nada antes de encontrarse, juntos pueden emprenderlo todo.

Sobreviene un fantasma pseudo-genital —¿tendrán que separarse? De ninguna manera... el anaclitismo femenino no corre el riesgo de compensar la solidez del lazo homosexual latente; además, la mujer representa un peligro para la integridad del Yo financiero o corporal y una afrenta para el narcisismo; eso no interesa: se volverá a la solución hábilmente puesta a punto, justo con la suficiente autopunición como para no inquietar narcisistamente a los vecinos, y con las suficientes gratificaciones narcisistas como para satisfacerse en circuito anaclítico cerrado.

El escaso realismo con respecto a las cosas (dinero) o los objetos (la gente del pueblo) se ve compensado por un idealismo ingenuo y sin límites. Nunca se ve asomar una interdicción verdaderamente superyoica; el Ello (bien inhibido fuera de la autopunición en el escándalo aguado de cada fracaso) se mantiene débil en el plano manifiesto; el Yo hace lo que puede, con medios autónomos insuficientes, para darse a sí mismo la ilusión de su completamiento y su seguridad.

Incluso el fracaso final rubrica de manera admirable su «neurotismo» caracterial: luego de haber jugado durante toda la obra a los «falsos autónomos», el bosquejo inconcluso (de hecho *realmente* y por muchas razones) de la obra de Flaubert nos muestra a nuestros dos fantoches que entran resueltamente en el anaclitismo de renunciamiento y de «imitación»: se vuelven definitivamente *copistas*.

Si bien la novela no nos informa nada acerca de su infancia, de todas maneras hemos señalado más arriba las fallas narcisistas evidentes para el autor tanto en uno como en el otro de los dos «héroes-pararrayos-que-ponen-su-parte» para poder, a la vez, mantener a pesar de todo un lazo relacional con la realidad considerada perseguidora y encontrarse sin cesar con una experiencia de fracaso en sus aproximaciones a ella.

El objeto auxiliar y funcional exterior no puede bastar ni ser abandonado. La única relación próxima y durable se establece entre ellos dos; juegan recíprocamente entre ambos el rol del único objeto narcisista contrafóbico eficaz posible. La defensa por medio de nuevas «manías» y nuevas proyecciones, continuamente renovadas y repetidas, se convierte en un verdadero «síntoma» asintomático, ahogo y ahogamiento narcisista-fálico de las reacciones latentes ya tan fácilmente erotizadas. Esos «fanfarrones desengañados» de la relación erótica con los fantasmas sexuales de colegial o de soldado del duque de Aumale imitan la categoría genital y erótica sin poder aportarnos la menor prueba de una elaboración edípica o de un conflicto triangular neurótico.

Se trata evidentemente de una línea caracterial fundada sobre la primacía del narcisismo y no del genital. Por otra parte, la sucesión de los fracasos no permite permanecer en la simple línea del «carácter narcisista». En contrapartida, no hay deformación de lo real por *clivages*, tal como la encontramos en un comportamiento psicótico de carácter, ni herida del narcisismo del otro que haga pensar en una perversión del mismo cuadro.

Por banal que sea en cada nueva ocasión su comportamiento tragicómico, la repetición sistemática de tales comportamientos rubrica una «neurosis» de carácter, y no un «carácter».

La escasa gravedad de las afecciones objetales y reales les permite mantenerse en el cuadro «neurótico» de esta patología caracterial.

2. LA «PSICOSIS» DE CARÁCTER

Como consecuencia de un juego mucho más intensivo de los fenómenos proyectivos, de las formaciones reaccionales y, sobre todo, de los *clivages* de las imagos objetales, la «psicosis» de carácter, aunque no niega la realidad (cosa que en cambio hace la psicosis a secas), llega a cometer serios errores en la evaluación de esa realidad.

En efecto, las defensas caracteriales alcanzan, en esta variedad mórbida, a escindir dos aspectos efectivamente invertidos de esta realidad: vivencias contradictorias, gratificantes por un lado e inquietantes por otro. Además, al encontrarse las representaciones perturbadoras a su vez inmediatamente proyectadas al exterior, enfocan más específicamente el aspecto inquietante, ya aislado, de la realidad externa, que se mantiene doblemente a distancia después de esta operación.

En definitiva, asistimos pues a un doble *clivage*, interno y externo, de los elementos de la realidad, divididos en gratificantes y perturbadores.

Basta con que se acentúe el movimiento complementario de sobreinversión de las imagos separadas como gratificantes por una parte y de desinversión de las imagos separadas como inquietantes para el narcisismo por otra parte, para hallarse finalmente ante una falsa evaluación de la realidad, típica del modo de funcionamiento mental de las «psicosis» de carácter.

Es el caso de los sujetos que, por ejemplo, de viaje por un país extranjero, experimentan una tal necesidad vital de reforzar sus inversiones narcisistas personales y tal necesidad complementaria de desinvertir los elementos que se refieren a *«la inquietante extrañeza»* proyectada sobre los otros, que practican un *clivage* de las representaciones, profundizado hasta el punto de llegar a volverse insoportables para sus anfitriones y de verse obligados a partir de regreso antes de lo previsto, y sin haber comprendido lo que había pasado realmente en el plano de los objetos externos y de la sutil manipulación de sus objetos internos.

Tales sujetos necesitan el «shock» deprimente de un importante traumatismo social, o de una experiencia colectiva agresiva en su contra (grupo social o grupo de sensibilizaciones diversas, que busca una «verdad» cualquiera, pero que en realidad se orienta sobre todo a las fallas de la coraza caracterial del otro) para hacerlos vacilar sobre sus bases caracteriales personales hasta entonces consideradas «inquebrantables» o «incorruptibles», en cuanto se mezcla con ellas, por añadidura, una noción de valor.

A menudo algunos síntomas verdaderos, pero discretos, coexisten en otra parte, si los elementos caracteriales no llegan a cubrir por sí mismos las brechas pulsionales: algunas fobias o algunos comportamientos obsesivos de cobertura, ligeros y muy racionalizados.

Los logros de las «psicosis» de carácter son más difíciles y menos duraderos que los de las «neurosis» caracteriales. El fracaso es más rápido y de rigor, aun cuando una particular inteligencia en las racionalizaciones, un raro talento en la audacia relacional, un gran dominio inconsciente de los elementos de *clivage* y una feliz proporción de los rasgos sublimatorios y reaccionales consiguen engañar durante largo tiempo o permiten una recuperación secundaria, nuevamente temporal, luego del fracaso precedente.

La *«caída narcisista»* final sobreviene siempre, un día u otro: al principio, ilumina súbitamente todo lo que pertenece al registro aberrante en la construcción caracterial, y que hasta entonces había pasado desapercibido.

La cólera, y también el alivio, compensadores del sentimiento de haber sido engañados, conducen entonces a los objetos a negar a su vez todos los elementos que pertenecen al sector positivo y no afectado por el *clivage* del individuo. Se necesita cierto tiempo, y probablemente objetos menos afectados personalmente en su narcisismo, para que esos elementos positivos puedan ser reconocidos otra vez serenamente.

El conjunto del comportamiento de la «psicosis» caracterial asume un aspecto estrictamente defensivo: es la famosa «armadura caracterial». Este mecanismo se asienta de manera particularmente feliz en ciertos tribunos, en ciertos hombres políticos, artistas y escritores.

Las formaciones reaccionales, los *clivages* y las proyecciones parecen de importancia vital para el «psicótico» de carácter: su dinámica sigue siendo: *ser o no ser*. En tanto el mecanismo no triunfe, la personalidad no se halla ni asentada interiormente ni afirmada exteriormente; desde el momento en que el mecanismo funciona, comienza la penetración de las dificultades sociales; en el momento en que el mecanismo cede, el Yo se ve amenazado por el retroceso o el derrumbamiento.

El mecanismo de la «psicosis» de carácter funciona como un delirio a mínima, no focalizado (como una parapsicosis), pero que preserva *todos los niveles* todavía en contacto con la *realidad banal y esencial*. En lo que se refiere al resto, al terreno objetalmente afectado por el *clivage*, el «psicótico» de carácter llega a poner en duda esta parte perturbadora y separada, con una facilidad que no puede concebirse en el individuo «normal». En este último, efectivamente, el displacer, externo o interno, sigue siendo un componente de la realidad tanto como la satisfacción interna. Además, es en la experiencia primitiva de frustración donde se constituye la representación del objeto. Pero esta frustración debe mantenerse de todas maneras en un nivel de moderación y situarse en un contexto de amor maternal de tipo objetal. En la génesis del Yo del «psicótico» de carácter, esta frustración ha sido demasiado fuerte y se ha vivido en un contexto que no proporcionaba el calor afectivo suficiente. Por lo tanto, no ha podido manifestarse como un elemento constitutivo de la realidad: muy por el contrario, las representaciones aceptables de la «realidad» del paciente se hallan obligatoriamente amputadas por tales frustraciones. Ya no se trata de una diferencia cuantitativa. La categoría misma de los fundamentos de la representación de la realidad difiere radicalmente.

El nivel «tópico» de las «psicosis» de carácter permanece centrado sobre un Yo frágil, pero que puede engañar durante largo tiempo, y sobre un Super-yo bastante poco organizado. Por el contrario, el Ideal del Yo, muy poderoso, como en todas las ramas de los acondicionamientos «límites», sostiene bajo una estricta tiranía tanto al Yo como a los objetos.

Las pulsiones sexuales son escasamente activas, y más inhibidas en cuanto a su finalidad que reprimidas por la inhibición bajo la dependencia de un Super-yo muy activo. Por el contrario, las pulsiones agresivas siguen siendo mal controladas por el Yo pregenital y el Super-yo deficiente.

Las tendencias a las descargas agresivas inesperadas se describen a veces por medio de la expresión *ego-defect*, para realzar su valor de expresión directa sádica sin pasar por el filtro del Yo organizado de manera objetal y genital madura.

Un ejemplo de «psicosis» de carácter

ROBESPIERRE

Jules VALLES declaraba que, luego de Jesucristo, la humanidad no había conocido más que un gran hombre: Robespierre.

Sin embargo, para muchos este personaje es sólo un monstruo sanguinario, inaccesible a la piedad, que entregó a la guillotina a todos sus antiguos amigos y a muchos inocentes.

Durante más de un siglo el nombre de Robespierre no ha sido pronunciado sino con horror; luego, poco a poco, autores de opiniones diversas han tratado de rehabilitar al «monstruo jacobino» y devolverle un lugar de primer plano entre los personajes de la Revolución Francesa.

Sin embargo, todavía no tenemos conocimiento de muchas calles que llevan el nombre de Robespierre. La impresión algo alucinante que ha dejado el personaje está aún lejos de disiparse...

¿Cómo es posible que un individuo cuya vida fue tan breve, tan pública y tan bien transcrita, continúe suscitando juicios apasionados y oportunos, que no conciernen tanto a sus ideas sino a su personalidad misma, dicho de otra manera, a la relación que existe entre sus «síntomas», su carácter y su estructura?

En efecto, nada parece banal en él, ni su nacimiento, ni su infancia, ni su vida política, ni su vida sexual, ni sus amistades, ni sus posiciones metafísicas, ni su defensa ante los ataques ni, por último, y sobre todo, las circunstancias de su caída y su muerte.

Tenemos la impresión de que siempre existe un sensible desfasaje entre las realidades exteriores penosas (y a menudo lamentables) en medio de las que se debatía, por una parte, y la grandilocuencia de sus pretensiones ideales externas por otra.

Además, esta grandilocuencia no tenía, evidentemente,

ninguna relación con la megalomanía de tipo paranoico. La grandilocuencia se mantiene ligada a un esfuerzo de manipulación del objeto; la megalomanía constituye una negación de este último.

El mayor de cuatro hijos, nació cuatro meses después del matrimonio de los padres, que no se comprendían en absoluto. La madre murió de parto luego de cinco embarazos sucesivos. El padre se negó a asistir a las exequias, abandonó a sus hijos y desapareció para dilapidar la sucesión familiar; murió poco después, y era evidentemente un psicópata notorio.

Maximiliano, educado por sus abuelos maternos, entró al colegio de Arras, donde reveló un carácter detestable, presa del deseo de brillar por su labor y de destacarse por sobre los otros. Becario en Louis-le-Grand, sufre por «sentirse diferente de los otros», y fuera del trabajo intensivo, se hunde, émulo de Rousseau, en las ensoñaciones o los paseos solitarios...

Más tarde, como abogado en Arras, ocupa sus ratos de ocio con la literatura y la filosofía. Desde la convocatoria de los Estados Generales es elegido diputado del tercer Estado e ingresa de golpe en la historia.

Su sinceridad excusa su violencia. *«Este joven irá lejos*, dice muy pronto Mirabeau, refiriéndose a él; *cree en todo lo que dice»*.

En 1871 se le nombra «acusador público» en el tribunal criminal del Sena: situado en la posición de «verdugo» (a la que le conducen lógicamente sus diatribas agresivas, frente a los ojos del público) y detentador de un poder bastante absoluto sobre la vida de los otros (con el que no cesa de acusar a «todos los tiranos del mundo»), comienza, como tantos otros «hombres del destino» (viejos o no tanto, civiles o militares, hombres políticos famosos o repudiados) por declararse víctima, y sostiene que hace ofrenda de su vida al país. Como en el primer sueño de un análisis, como en la obertura de una ópera, o las primeras palabras de dos amantes, su discurso inicial en ese cargo simbólico de acusador público contiene el resumen premonitorio de todo lo que seguirá: *No es sin cierto espanto que considero los penosos trabajos a los que mi situación va a condenarme, pero estoy llamado a un destino tempestuoso; es necesario que siga mi curso hasta que haya hecho el último sacrificio que se le pueda ofrecer a la patria*»[1].

Se separa muy pronto de sus compañeros de los primeros combates (Mirabeau, Lameth, Barnave, etc.) y poco a poco se transforma, al decir de MICHELET, «*en el gran obstáculo de aquellos a los que había abandonado*».

De la misma manera, comienza por aceptar la presencia del rey, para luego reclamar su muerte.

Miembro del «Comité de Salud Pública», no participa en el funcionamiento del tribunal revolucionario, y cuando familias suplicantes lo solicitan en su domicilio, a menudo le resulta difícil no firmar un billete liberador. No tiene nada de perverso, ni siquiera caracterial. Su narcisismo hipersensibilizado no soporta el frente a frente individual acusador; quisiera ser terriblemente *amado*, pero en público la tensión se hace demasiado fuerte, todo parece acusarle de sus propios y desdichados orígenes, su ascensión compensatoria, su angustia y su agresividad internas; entoces, todo se vuelve persecutor, y en un movimiento defensivo impulsional directo, terriblemente costoso y que pronto lo agotará a pesar de los estímulos excitadores de un Ideal del Yo desmedido, no podrá resistir el ritmo abrumador de una «carrera» terriblemente endiablada.

Cuando se halla solo frente a sus propios problemas, como el 8 ó 9 Termidor, se lo ve oscilar, tergiversar, perder su aplomo, angustiarse, abstenerse de elegir; por el contrario, desde el momento en que se siente en oposición ante un grupo adverso, la violencia renace de inmediato: Hébert y sus partidarios, Danton, Desmoulins y sus amigos, son los que pagan esta angustia desde el momento en que supera el umbral de lo que la conciencia puede soportar, de lo que el Yo puede organizar, del mantenimiento en representaciones de la realidad, no demasiado afectadas por el *clivage*.

Por encima de cierta intensidad afectiva, la angustia de pérdida del objeto alucinado como indispensable en tanto que poderoso y amante, lleva a Robespierre, por un lado, a rechazar como malo (en las tinieblas *exteriores* o la fecalización de facto), toda representación no conforme

---

[1]. Los extractos de los discursos de ROBESPIERRE citados han sido extraídos de la edición de los *Grandes oradores republicanos*, Le Centaure, París, 1948.

a una fusión predelirante (en el sentido de una neo-construcción irreal y tranquilizadora) de las imágenes paterna y materna protectoras y gratificantes; a pesar de que, en un movimiento complementario y simúltaneo, se cree por otro lado un lazo igualmente sub-delirante con la representación *interna* positiva de un Ser Supremo dotado de todos los poderes, de todas las bondades y de todas las virtudes, pero que permanecería estrictamente como el Ser Supremo *de* Robespierre, el suyo, no el de los hermanos curas (el Dios de la Iglesia) ni el de los hermanos revolucionarios (la diosa «Razón»).

Tales *clivages*, tales formaciones reaccionales, tales proyecciones e identificaciones proyectivas, de carácter tan visiblemente autocentrado narcisísticamente, resultarían intolerables para el propio narcisismo, siempre bastante amenazado y exaltado a la vez en un período tan conflictivo.

A propósito de un ensayo de delimitación de la noción de «normalidad», he dicho (II-1) que el individuo «normal» se reservaba el derecho de comportarse de manera aparentemente aberrante en condiciones excepcionalmente «anormales». Este punto de vista puede aplicarse de hecho al caso de Robespierre que, en condiciones de realidad exterior efectivamente excepcionales, hubiera debido comportarse de manera aparentemente aberrante para ser considerado «normal»; esto es, no «ser como todo el mundo», ni seguir con tan pocos matices una línea ideal demasiado utópica.

Si hubiera podido disponer de una suficiente madurez afectiva que le permitiera «*amar*», Robespierre hubiera podido utilizar su excepcional inteligencia y su indiscutible incorruptibilidad no para atizar mediante excesos suplementarios procesos primarios ya desencadenados, sino, por el contrario, para remontar la corriente de esa regresión primitiva colectiva y devolver alguna audiencia al principio de realidad a través de una secundarización y una elaboración que hubieran podido evitar la perversización bonapartista ulterior e ineluctable de la situación.

Nuestro propósito aquí no es en absoluto el de juzgar a Robespierre (ni a ningún otro), sino tratar de comprender el nivel de funcionamiento de tales o cuales procesos mentales: los de Robespierre, a la vez mórbidos y asintomáticos, entran indiscutiblemente en la patología caracterial, y bajo una forma que parece netamente psicótica, dada la importancia del *clivage* de las imagos y la amputación consecutiva de la realidad, así como el empobrecimiento progresivo del Yo, a manera de contrapartida inevitable.

Este hombre no era ni un demagogo ni un perverso: sufría verdaderamente la situación en la que se hallaba; sufría sinceramente por sus actos y nada tenía que ver con esos pequeños tribunos de comités diversos, sedientos del poder con el que fantasean, excluidos por sus padres y que manifiestan visiblemente su placer en degradar los objetos actuales de proyección con sus propios deseos de poder y con sus propios movimientos persecutorios.

Robespierre, el «incorruptible» en el plano libidinal oral (asceta), anal (desprecio por el dinero, pero siempre limpio y elegante) y genital (no se le conoce ninguna amante y sólo dos novias puramente platónicas), da pruebas de una pobreza y una rigidez afectivas descritas muy a menudo y que se traducen en su lenguaje: nunca encontramos en sus discursos otros impulsos que no sean los sádicos (y sus consecuencias masoquistas), sino la necesidad de una lógica aparente e inflexible, en nombre de la cólera y la justicia (por otra parte, esta última se vive más con una espada que con una balanza).

Los *clivages* que alteran la realidad se manifiestan tanto en su necesidad de una representación encarnada en él en su rigor, o en el exterior, en el Ser Supremo en su trascendencia, como en la necesidad de certidumbre de la existencia de la Naturaleza virtuosa, buena y justa, omnipotente e inmortal, de sus fantasmas de primera infancia, reactivados más tarde por la lectura de Rousseau, mientras que por otro lado sus proyecciones, directas o identificadoras, lo pondrían al abrigo de las representaciones inaceptables de sus pulsiones agresivas.

No podía sino hacerse rechazar por los violentos de su época, en razón de la ambivalencia de sus provocaciones. Al mismo tiempo, a fuerza de *clivages* y de proyecciones, llegaba a comportarse con los otros como si ya no existieran y, en el mismo momento, se apropiaba narcisistamente de la «parte del león» en el plano de la idealización, del rigor y de la intransigencia.

Por una parte, obligaba a sus objetos a venir a inclinarse el 8 de junio de 1794, en ocasión de la fiesta del Ser Supremo, ante su propio Ideal del Yo, al que elevaba al altar de la patria; por otra, poco tiempo después, el 28 de julio, en su último discurso, agobiaba a esos mismos objetos con sus proyecciones, cuya simple enumeración parece difícilmente creíble: en efecto, trata prácticamente a la Asamblea ante la que se presenta de grupo de *conspiradores, dictadores, enemigos del pueblo, perseguidores, traidores, tiranos, ateos, déspotas, agentes del extranjero, contrarrevolucionarios, criminales, asesinos, bribones, ambiciosos, cómplices de los escándalos, facciosos maquiavélicos, viciosos, alevosos y pérfidos...*

Luego de lo cual afirma saber «*también cuáles son los deberes de un hombre que puede morir defendiendo la causa del género humano*» y que estima que «*la muerte es el comienzo de la inmortalidad*».

No podemos estar de acuerdo con R. LAFORGUE (1950) cuando sostiene la hipótesis de un Super-yo demasiado severo en Robespierre, o cuando propone un diagnóstico de paranoia.

Robespierre no estaba organizado de manera suficientemente edípica como para superar el estadio del Ideal del Yo y alcanzar una organización superyoica bajo la primacía del genital. Al igual que su hermana Charlotte (agriada y virtuosa), o su otra hermana Françoise (muerta a los 22 años) o su hermano «Bonbon» (guillotinado con él), Maximiliano no había encontrado jamás verdaderamente al otro sexo.

Sin embargo, Robespierre no era en absoluto un psicótico de la línea clásica: su Yo no estaba fraccionado ni afectado por el *clivage*. Sólo sus representaciones objetales habían sufrido notables deformaciones de acuerdo con ese proceso defensivo, pero no su Yo.

Por otra parte, Robespierre se mantendría demasiado aferrado narcisísticamente al objeto anaclítico ideal, y centrado sobre un Ideal del Yo antidepresivo, como para acercarse a una estructura paranoica. Nunca niega la realidad, pero ejerce con violencia el *clivage* sobre las representaciones y no busca ni satisfacción, ni poder, sólo una tranquilidad inhallable, que le lleva a reiniciar continuamente profundos e inagotables *clivages* del mundo... hasta tal punto que, todavía en nuestros días, los autores se pelean por defender una u otra de sus representaciones inconciliables, ambas sin embargo perfectamente auténticas... aunque desorientadoras por su aspecto inconciliable... Aun a través de sus cronistas, y mucho después de su muerte, «el incorruptible» no admite el término medio, ni el empate: todavía necesita desencadenar, de manera eternamente repetitiva, nuevos *clivages* de las imagos.

3. LA «PERVERSIÓN» DE CARÁCTER

La «perversión» de carácter corresponde en realidad, como ya hemos señalado, a los sujetos afectados de *perversidad*, en tanto que la perversión auténtica, descrita a propósito de las estructuras, se refiere a los verdaderos «perversos» en el sentido habitual del término.

A menudo es difícil distinguir esos pacientes de los caracteres paranoicos. Sin embargo, en el caso presente, sólo se trata de un intento de salvataje del narcisismo personal gracias a los aportes del narcisismo de los otros, y esto en el seno de un Yo simplemente lagunoso, relativamente incompleto, en tanto que, en toda estructura paranoica, existe ya una economía de fraccionamiento del Yo y una ruptura de la relación con los otros.

Por otra parte, es necesario separar también de manera radical los «perversos» de carácter de los «perversos» de perversión verdadera. Estos últimos, en efecto, operan una negación del sexo de la mujer con una sobreinversión compensatoria del falo, en tanto que los primeros, los simples «perversos» de carácter que nos interesan aquí, se contentan con negar al otro el derecho a poseer su propio narcisismo.

Por lo tanto, nos hallamos ante una regresión, no a una economía de eficiencia genital parcial, sino a una economía esencialmente narcisista, con peligro de descubrir en ella «burbujas» genitales diversas asociadas (hetero u homosexuales), puramente yuxtapuestas y no organizadoras.

Para el «perverso» de carácter, los objetos no pueden

poseer individualidad competitiva, intereses propios, inversiones en direcciones que no se centren sobre el sujeto mismo; es posesivo, intransigente y exclusivo en sus exigencias afectivas: todo debe ser pensado para él y sólo para él. Los otros están obligatoriamente destinados a completar el narcisismo desfalleciente del «perverso» caracterial al precio de su propio narcisismo. El «perverso» de carácter mantiene a sus objetos en una relación anaclítica tan estrecha en el plano sadomasoquista y narcisista como aquella en la que el perverso de perversión necesita conservar a su objeto homosexual en su posesión erótica.

También es preciso puntualizar la existencia y la naturaleza del lazo homosexual del «perverso» de carácter. Al igual que en las otras enfermedades del carácter, la homosexualidad pasiva nunca falta en la parte de inversiones libidinales que se ha mantenido; pero este aspecto homosexual pasivo es particularmente evidente y operacional en el caso de la «perversión» de carácter.

Otro rasgo aproxima la «perversión» de carácter a la perversión verdadera: es la ausencia de sufrimiento y de culpabilidad de los sujetos. En uno y otro caso debemos atribuir esas carencias tanto a la escasa eficacia del Superyo, como a la debilidad del Yo para evitar que las pulsiones pasen a los actos. Sin embargo, en el caso del perverso auténtico, el pasaje al acto alcanza tanto a los componentes genitales parciales como a los componentes agresivos, en tanto que, en la «perversión» de carácter, se trata esencialmente de los componentes agresivos, ya que los elementos sexuales se sitúan al nivel de epifenómenos, principalmente homosexuales pasivos, o bien heterosexuales de cobertura, más que de inversiones genitales auténticas.

Desde hace mucho tiempo se describe el caso de los *inválidos morales* que no tienen ninguna referencia interdictora introyectada y cuyos comportamientos agresivos se sitúan a nivel de la expresión directa de la pulsión. Las defensas clásicas, en tales sujetos, están tan ausentes como la organización habitual de un Super-yo posedípico.

La literatura, la historia, las gacetas de los tribunales, abundan en ejemplos de esta clase, y mucha gente descrita como «*psicópata*» corresponde a una verdadera organización «perversa» del carácter.

Los trabajos de PINEL (1809) sobre la «manía sin delirio», de ESQUIROL (1838) sobre la «monomanía instintiva», de MOREL (1857) sobre la «locura de los degenerados», de PRICHARD (1835) sobre la «moral insanity» o de los autores germánicos sobre la «moralische Krankheiten» marchan en el mismo sentido, así como los «desequilibrados» de MAGNAN (1893).

EY, BERNARD y BRISSET (1967) han descrito una clínica de la «impulsividad perversa», que corresponde muy bien a nuestros «perversos» de carácter: tensión agresiva, impulsividad, rencor, resentimiento, irritabilidad, indisciplina, inafectividad, inadaptabilidad, amoralidad, carácter reacio, obstinación, insensibilidad al amor, al cariño, al respeto, al dolor personal y al de los otros, hipocresía, vengatividad, violencia, rebelión, perfidia, alevosía, cinismo, disimulo... la lista de rasgos expuestos así parece inagotable, y parece orientarse siempre en el sentido de los casos clínicos que encontramos en nuestra categoría de «perversos» de carácter.

J. A. ARLOW (1969) ha subrayado dos aspectos particulares de las perversiones de carácter: en primer lugar, el aspecto no realista de los comportamientos (esos pacientes se las arreglan para *ignorar* las situaciones desventajosas, en tanto que los fóbicos las *evitan*), a continuación una tendencia a las mentiras, poco importantes, por otra parte, pero que de todas maneras le ahorran la experiencia de «ver la verdad de frente». Y ARLOW señala variedades particulares de «perversos» de carácter: los «farsantes» y los «mistificadores», siempre en tren de falsificar la verdad bajo aspectos poco culpabilizantes. Se trataría, o bien de una necesidad de crear angustia en el otro, o bien de una manera de asumir poder sobre él, o incluso del placer de mostrarle que se lo ha «poseído». Para el autor, lo esencial consistiría en evitar por encima de todo la emergencia de los fantasmas inconscientes; la «perversión» de carácter tendría como fin, al igual que el síntoma, tratar de dominar una situación fantasmática peligrosa.

En un trabajo reciente sobre la «perversión» afectiva, C. DAVID (1972) pone el acento sobre el basamento depresivo de tales comportamientos, sobre la importancia del Ideal del Yo. Señala la posición nosológica intermediaria entre neurosis y psicosis de tales entidades clínicas. En los sujetos de este tipo, la imagen virtual e introyectada jugaría un rol más gratificante que el objeto mismo en su realidad.

«*El "perverso" afectivo,* piensa G. DAVID, *deja la presa por la sombra, ya que la sombra constituye para él la verdadera presa.*» La inhibición de la pulsión en cuanto al fin reemplazaría a la inhibición de la neurosis clásica al dar nacimiento a verdaderas fuerzas antisexuales disociativas que alimentarían la tendencia autocéntrica y la autoafectación. Veríamos aparecer así un movimiento de fetichismo interno, una especie de «fetichismo sin fetiche».

Habría, en suma, muchas maneras aparentes de ser «perverso»...

Un ejemplo de «perversión» de carácter

YAGO

En principio, parece interesante señalar que SHAKESPEARE se inspiró, para su *Otelo,* en una novela aparecida en 1565 en la *Hecatommithi* de Giraldi CINTHIO. En su relato, CINTHIO traza ante todo un retrato «*neurótico*» de un Yago al que describe como locamente enamorado de Desdémona: son sus celos sexuales con respecto de Otelo lo que constituyen la trama del drama.

En la obra de SHAKESPEARE todo será diferente: de todos los héroes diabólicos de SHAKESPEARE (y Dios sabe que existen muchos de ellos), Yago es presentado sin duda como el más sutilmente pérfido, y también es el «genio malo» del autor que se halla descrito con más cuidado, finura en el trazo y precisión en las líneas de fuerza caracteriales. Yago se muestra a la vez cínico, vivaz y hábil, agresivo y ambicioso pero igualmente *celoso:* sin embargo, los celos del Yago de SHAKESPEARE no pueden compararse con los del personaje de CINTHIO: en tanto que el segundo manifestaba los clásicos celos amorosos, el primero se limita a unos celos narcisistas fundamentales, que una posición narcisista-fálica por una parte, frente al conponen en cuestión, no una categoría personal genital, sino junto de los objetos, y homosexual por otra parte, con respecto a los objetos particulares representativos del poder. Si no se tuviera en cuenta (omisión frecuente en muchos comentadores) este resorte, sutil pero muy poderoso a nivel narcisista, Yago no tendría ninguna motivación para acciones tan tenebrosas, los antiguos psiquiatras y legistas lo juzgarían afectado por la famosa *«perversidad constitucional»*, y se lo consideraría incomprensible racionalmente; pero nosotros creemos poder explicar de todas maneras esa perversidad con un poco más de precisión actualmente, y en el registro de la patología caracterial.

A veces se ha creído, no sin razones, aunque quizás equivocadamente, que el drama de SHAKESPEARE puede reducirse a un concierto homosexual entre Otelo y Yago. Incluso algunos han llegado a sugerir que hubiese sido más oportuno que la pieza se titulara *Yago* y no *Otelo*, hasta tal punto la extrañeza inquietante del personaje siembra la acción de rasgos oscuros, comunes a todos los humanos, y que éstos no pueden reconocer sino en una media-tinta proyectiva, muy esfumada, impregnada de placer no confesado y de horror abiertamente declarado.

El genio de SHAKESPEARE consiste en esbozar, en el límite de lo consciente y lo preconsciente del espectador, una fascinante alegoría de las pulsiones narcisistas y sádicas en estado puro, despojadas de sus habituales componentes sociales dulcificadores, culpabilizados o genitalizados.

Yago es la avidez fundamental, «la envidia» en el sentido kleiniano del término: es el tratar de recuperar para sí lo que los otros, y no él, han obtenido.

Ya no hay en Yago ni culpabilidad, ni temor a la castración, ni rastros defensivos de un Edipo, ni siquiera dulcificado; todo es allí narcisísticamente grandioso, tanto en la indiferencia frente al Super-yo interiorizado, como frente al narcisismo del otro. ¿Para quién de nosotros Yago, además de sus aspectos profundamente letales (y más allá incluso de su inevitable conducta de fracaso), no representa, *también*, al vengador, «sin temor ni reproche», de todas las concesiones que, desde nuestra más tierna infancia, hemos debido acordar al narcisismo de nuestros hermanos o hermanas en tanto que rivales? ¡Qué poder para el mal!, nos hacen exclamar nuestras instancias ideales; pero una voz secreta (al nivel más arcaico de la constitución de nuestro «no-otro») nos murmura con suavidad que Yago no ha experimentado ni miedo, ni vergüenza, ni disgusto... Y este es sin duda el aspecto más «perverso», *en el plano caracterial*, del personaje: el de despertar en nosotros «el Yago que duerme» al nivel más elementalmente narcisista; esta avidez fundamental arcaica servirá de fundamento tanto al odio por el objeto en el marco fusional, como al odio por la mujer en el marco homosexual, como al odio por el padre del mismo sexo en el marco del Edipo.

De un extremo al otro de la pieza, Yago no varía un ápice, hasta tal punto el «perverso» de carácter, como todo perverso, es incapaz de matices y transformaciones.

De la misma manera, nuestras más prehistóricas raíces narcisistas-sádicas se mantienen inmodificadas en nosotros, en el plano pulsional.

El espectador es a la vez un Otelo, apasionado, sentimental, generoso, espontáneo y vulnerable en sus intercambios con objetos sexualizados no omnipotentes en sí mismos, y un Yago frío, cínico y constante en su «autismo narcisista», que no niega en absoluto la realidad, sino que, por el contrario, la utiliza «golpe a golpe» y «golpe por golpe», con fines estrictamente egoístas, funcionales, operatorios y calculados.

Yago es el ácido derivado de nuestras experiencias narcisistas primarias frustradas, que se infiltra en las fallas de nuestras relaciones objetales y allí corroe, lenta pero seguramente, nuestras articulaciones objetales más sinceramente amorosas; esta acción corrosiva y solapada de las pulsiones de muerte parece tanto más consagrada a la eficacia cuanto que Otelo en sí mismo no es en absoluto un carácter constituido solamente de ternura edulcorada e idealizada, sin otro componente heterogéneo: su sangre mora evoca la herencia del Ello que bulle por debajo de su «noble» comportamiento manifiesto.

A Yago le resultará fácil fecalizar la imprecisa y límpida figura femenina y derribar las defensas antipregenitales del «salvaje-civilizado» subyacente, imagen mucho más cargada afectivamente, aunque mucho menos soportable a plena luz, de todos los que no se han conservado en nuestra iconografía defensivo-agresiva, de los «salvajes a secas», lo que hubiera sido más simple, pero demasiado directo.

La homosexualidad latente de Yago surge en todo momento. A propósito de Desdémona: *Y yo, yo también la amo, pero no por codicia, más bien al contrario, por necesidad de nutrir mi venganza* (contra Otelo), *ya que sospecho que el moro lascivo se ha acostado en mi lugar. Este pensamiento, como un veneno, me corroe interiormente y mi alma no puede estar satisfecha antes de que estemos* empatados, (sic), *mujer por mujer* (sic), *o al menos antes de que yo haya inspirado al Moro[1] unos celos tan poderosos que la razón no pueda ya curarlos*» (II, 1); o a propósito de Cassio: «*Pondré a Cassio en el lecho...*» o directamente a propósito de Otelo: «*Abusaré del Moro de la manera más grosera...*» (sic).

Ya se trate de Emilia o de Desdémona, Yago no considera a las mujeres (incluso en el fantasma de ser engañado por Otelo) sino como un medio de encontrar sexualmente al hombre: al igual que en las estancias de Mefisto ante Marguerita y Fausto, los versos de Yago comienzan con una aparente galantería al estilo del cumplimiento cortesano más clásico y terminan con una amarga fecalización moral. De la misma manera que el homosexual perverso «remeda» a la mujer y la ridiculiza en sus propios *comportamientos,* el «perverso» de carácter ridiculiza la femineidad por medio de la proyección sobre las representaciones femeninas de sus propios *rasgos de carácter* agresivos.

La ambivalencia narcisista de Yago desencadena movimientos agresivos y maníacos de superficie necesarios para enmascarar el movimiento de aproximación pasiva y latente con respecto a los hombres: Yago no quiere suplantar a Otelo, desea con violencia nada más que conservar el segundo lugar después de él, sin duda el de Cassio, pero también el de Desdémona.

De la misma manera, presta, *en sus fantasmas,* su propia esposa a Otelo en el primer acto, y a Cassio en el

---

[1]. Existe además, sin duda, un juego de palabras que da a la palabra «Moro» un sentido más bien de homosexualidad «*trans-sexual*».

segundo. Necesita ser el segundo en todas partes, detrás de la imagen masculina poderosa.

Esas dos aproximaciones se presentan como casi delirantes en su evidente irrealidad, por lo tanto como «casi psicóticas», pero también se hallan focalizadas sobre un problema *en apariencia* sexual y *en apariencia* femenino, por lo que resultan igualmente «casi perversos», pero aquí *en primer lugar* bajo la primacía del narcisismo. Es esta doble ambigüedad todavía puramente fantasmática y sin pasaje al acto satisfactorio lo que caracteriza la «perversión» de carácter.

Un momento igualmente muy característico de toda la ambivalencia afectiva y proyectiva devoradora del personaje nos muestra a Yago imaginando, para perturbar a Otelo, una escena en la que Cassio lo hubiera abrazado, durante una noche pasada en su propio lecho, pensando en Desdémona. El arte sugestivo de SHAKESPEARE envuelve al espectador, lo manipula hábilmente en la medida en que se limita a una evocación a la vez segura y discreta, que no exige jamás la aprobación del consciente pero que tiene como consecuencia la complicidad de los movimientos afectivos y proyectivos preconscientes, los que se sitúan tan cerca de la realización alucinatoria del deseo...

Conclusión

Nos parece muy utópico creer que en fecha próxima estaremos en condiciones de agotar, en una síntesis nosológica, descriptiva o teórica cualquiera, la multiplicidad de los acondicionamientos que el clínico encuentra y distingue a nivel de la multitud de los elementos constitutivos de los procesos mentales.
Los esquemas directrices propuestos aquí, a partir de una aproximación estructural latente, para diferenciar y articular a la vez los datos psíquicos fundamentales, no tienen de ninguna manera la pretensión de alcanzar a incluirlos todos, a clasificarlo todo, ni, mucho menos aún, a explicarlo todo.
Mi propósito ha consistido, fundamentalmente, en intentar precisar una visión metapsicológica de conjunto que englobara la mayoría de las entidades clínicas existentes, sean patológicas o no, y que no se contentase con clasificarlas en grupos y sub-grupos arbitrarios, sino que tratara de comprender cuáles son las vinculaciones tópicas, económicas y dinámicas que pueden garantizar un modo de articulación, flexible pero lo suficientemente constante, entre todas esas variedades originales.
La primera conclusión a la que he llegado es la de que no existe sino un número muy limitado de estructuras de base, cuando reservamos esta denominación para factores a la vez muy precisos, muy profundos y muy constantes.
Por lo tanto, parece posible reunir y articular entre sí una serie de datos, tanto caracterológicos como psi-

quiátricos, a partir de esta noción de *formaciones estructurales de base*, sin caer sin embargo en una clasificación simplemente psicopatológica.

La mayoría de los estudios caracterológicos antiguos se consagran a descripciones a menudo felices, pero habitualmente fragmentarias y superficiales, sin bases estructurales definidas con la suficiente claridad. Muchos intentos nosológicos y psiquiátricos se limitan a una separación en grupos de síntomas y síndromes. En cuanto a los intentos de comunicación entre los sistemas caracterológicos y psiquiátricos, en la mayoría de los casos han acabado en la dominación del determinante mórbido.

Mi esfuerzo de reflexión es el resultado de veinticinco años de práctica psicológica y psicopatológica en grados diversos, y de nueve años de investigaciones sobre el problema de las estructuras de base o de sus manifestaciones visibles, tanto mórbidas como no mórbidas.

La hipótesis de trabajo que he desarrollado aquí supone que toda *organización estructural* de la personalidad puede traducirse en la vida relacional tanto bajo la forma de elementos de *carácter*, en el estado normal de adaptación, como bajo la forma de *síntomas*, en caso de desadaptación y de enfermedad.

El criterio de «normalidad» sigue vinculado, para mí, al grado de adaptación a las realidades internas y externas del sujeto, y constituye la línea que separa las dos vertientes precedentes.

Una estructura de base se define por la solidez, la permanencia y la relativa fijeza de los mecanismos mentales esenciales: modo de constitución del Yo, manera en que se tratan las expresiones y las representaciones pulsionales, rol de las instancias ideales e interdictoras, grado de evolución y de elaboración libidinal, tipo de relación de objeto y su distancia, naturaleza del modo de angustia profunda, sentido del equilibrio entre inversiones narcisistas y objetales, variedad del vínculo con la realidad, nivel y consecuencias de los conflictos internos o externos, influencia recíproca de los procesos primarios y secundarios, categoría de los sueños y los fantasmas, primacía de tal grupo de mecanismos de defensa, dialéctica particular entre principio de placer y principio de realidad, etc.

Tales exigencias en el establecimiento de un diagnóstico estructural de la personalidad de base me han conducido a limitar la denominación de «*estructura*» únicamente a las líneas neurótica y psicótica con sus variedades categoriales intrínsecas: las variedades esquizofrénica, paranoica y maníaco-depresiva (incluida la variedad melancólica) del lado de la línea psicótica, y del lado de la línea neurótica las variedades obsesiva e histérica (de angustia o de conversión).

Los comportamientos fóbicos pueden encontrarse, sin limitación, en el seno de cualquier organización estructural de base, pero no me ha parecido posible distinguir una categoría estructural específicamente *fóbica*.

Entre esas dos líneas estructurales de base, y conforme tanto a la práctica clínica como a la opinión de numerosos autores contemporáneos, parece situarse una organización intermediaria que no presentaría ni la solidez ni la fijeza de las estructuras clásicas de la personalidad, sino que correspondería a un simple acondicionamiento narcisista no confortable y sostenido por costosas formaciones reaccionales, que en épocas de «normalidad» dan la apariencia de una «hipernormalidad» y, en caso de debilidad, una patología depresiva. Es lo que llamamos habitualmente «*border-lines*» o «*estados límites*».

Esa línea puede perfectamente descompensarse en las direcciones neurótica, psicótica o psicosomática; ahora bien, las líneas neurótica o psicótica sólo podrían comunicarse entre sí a nivel de la gran crisis de la adolescencia.

Según las hipótesis emitidas durante este trabajo, la línea intermediaria podría originar también acondicionamientos más estables: acondicionamientos perversos o acondicionamientos caracteriales, sobre los que me he extendido particularmente, en razón de que su situación ha sido habitualmente bastante mal definida, tanto del lado de la caracterología como del lado de la psicopatología.

Si bien las observaciones psicopatológicas demuestran ser muy útiles para guiar la trayectoria del psicólogo a lo largo de su investigación en busca del hilo director de las organizaciones mentales de base, de sus límites y sus desviaciones, sigue siendo evidente, sin embargo, que esta gestión no puede detenerse sólo en los aspectos mórbidos de lo que se ha comprobado.

Una organización estructural de base, tal como se la

delimita en las presentes hipótesis, no corresponde sino a un ensamblaje y a una interacción recíprocas de los mecanismos psíquicos, más o menos fáciles de detectar de manera aislada, y cuyo *conjunto, únicamente,* constituye el aspecto estructural viviente de la personalidad.

Una organización estructural de base no puede de ninguna manera presentarse en estado puro a las miradas o las investigaciones del observador. Para ser percibida por otro sujeto situado en el exterior de sí misma, debe asumir una dimensión *«operacional»* y relacional cuyas dos partes principales se hallan situadas, si esta estructura funciona de manera adaptada, en el registro del carácter y de los rasgos de carácter, y, por otra parte, si la estructura funciona de manera inadaptada, en el registro de las enfermedades, los síntomas y los síndromes.

Es en esta encrucijada donde parece realizable una unidad de diálogo entre psicología clínica, caracterología y psiquiatría, a la luz del pensamiento psicoanalítico.

Cada categoría estructural nace, vive, se desarrolla, vacila, retrocede y progresa, conserva el derecho al triunfo y al fracaso, sea cual sea su categoría intrínseca.

En la medida en que las antiguas clasificaciones no podían rendir cuenta a la vez de los caracteres y de las estructuras de la personalidad, los hábitos bastante fijados de catalogación dejan de ser explotables, excepto en sus aspectos descriptivos; esas clasificaciones permanecerían a nivel manifiesto y superficial sin alcanzar el plano metapsicológico latente y profundo. De la misma manera toda categorización no reversible entre vertiente mórbida y vertiente no mórbida se revela de manera tal que satisface al psiquiatra pero no autoriza ninguna síntesis que supere el marco puramente médico.

Convencido de la importancia de esos tres polos inseparables, representados por la estructura de la personalidad, el carácter y la eventual sintomatología, he tratado de evitar la peligrosa tentación de mezclar demasiado, al querer alcanzar un compromiso a cualquier precio, los datos específicos de cada una de esas tres partes.

Primero me dediqué a reunir una gran variedad de observaciones directas o indirectas, a comparar mis propias constataciones con los trabajos de todos los orígenes que se refieran a los numerosos aspectos nuevos y fragmentarios que conciernen a las estructuras de la personalidad, los caracteres y la nosología psiquiátrica. Sobre esta confrontación he establecido mi punto de partida: en la medida en que tal o cual elemento parecía recibir una verificación clínica desde diversos ámbitos, he considerado la posibilidad de elaborar, poco a poco, una síntesis cada vez más panorámica; me he esforzado por relacionar entre sí los eslabones clínicos y teóricos que, junto con los especialistas en esos problemas parciales, hemos estimado lo suficientemente sólidos.

Todavía faltaba extraer de mis propias observaciones y de mis propias reflexiones nuevas hipótesis que permitieran diluir en alguna medida las soluciones de continuidad que persistían entre las diversas posiciones teóricas ya adquiridas y aparentemente incorporadas.

Aquí es donde se encuadra la concepción de la fluctuabilidad de los estados límites, de su posición intermedia, no solamente desde el punto de vista nosológico, sino sobre todo en los niveles genético, clínico y metapsicológico.

He considerado, en el mismo sentido, las posibilidades de comunicación entre las dos grandes líneas estructurales de base, solamente en la adolescencia, y luego los tránsitos de los estados límites hacia las líneas psicótica, neurótica o psicosomática.

A continuación, me ha parecido que la evolución hacia la organización perversa por una parte, y hacia los acondicionamientos del carácter por otra, no podía concebirse sino a partir de una economía narcisista y anaclítica de tipo «límite».

Finalmente, he creído que todos estos cimientos estructurales, así precisados y articulados entre sí, podían dar cuenta tanto de los funcionamientos relacionales caracteriales, como de las evoluciones patológicas más o menos profundas.

Podríamos considerar el conjunto de mi sistema como demasiado limitativo, restrictivo y predeterminado; creo, por el contrario, que me doy por satisfecho con presentar un simple marco, una especie de *árbol genealógico de las estructuras y de su destino*, una «espina dorsal» concebida como lugar de encuentro de los puntos de vista genético y metapsicológico; sobre esos ejes conceptuales elementales es donde propongo incorporar, aquí y allá, todas las entidades caracteriales o nosológicas, bien definidas anteriormente, pero de manera más dispersa, y al mismo tiempo aportar a esas descripciones manifiestas una dimensión estructural y una profundidad latente que, en mi opinión, les han faltado hasta hoy con demasiada frecuencia.

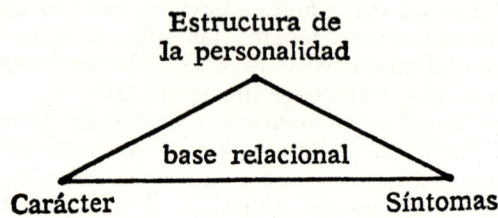

FIG. 12
Esquema del área relacional neurótica.

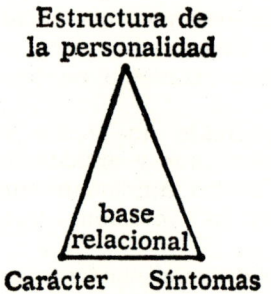

FIG. 13
Esquema del área relacional psicótica.

Mi trayectoria metodológica corresponde por una parte a la idea de una base estructural constante, bastante simple y bastante fija, a partir de un cierto grado y de un cierto momento de la evolución afectiva; supone, por otra parte, un respeto riguroso e indispensable por la inmensa variedad de entidades originales que pueden evolucionar sobre esta base conceptual con todos los matices, las movilidades relativas, las variaciones adaptativas, las oscilaciones entre manifestaciones relacionales sintomáticas o caracteriales... que constituyen al fin de cuentas la vida, tal como la concibe el sentido común, o, dicho de otra manera, la lucha entre pulsiones de vida y pulsiones de muerte, según la última óptica freudiana.

Mi trabajo se ha centrado en un objetivo sintético que trata de aclarar mejor las conexiones íntimas contenidas en el interior del campo triangular isósceles que parte de la cima estructural para concluir en la base relacional limitada por los dos polos, caracterial y mórbido.

Podemos imaginar que, cuanto más elaborada sea la posición del modo de organización psíquica (en dirección a la maduración libidinal, genital, edípica y neurótica), mayor será el ángulo de la cima estructural y mayor será también la base relacional *(cf. figura n.º 12)*, en tanto que, en la medida en que la estructura vaya en dirección del Yo organizado de manera psicótica, *(cf. fig. 13)*, el ángulo de la cima estructural resultará por el contrario más agudo, y la base relacional se restringirá notablemente; los síntomas se situarán en un punto mucho más cercano al carácter, y el margen de seguridad, la separación funcional entre los dos polos de la base relacional, disminuirá.

Me he conformado con precisar de manera bastante esquemática los índices estructurales y caracteriales esenciales, y me he esforzado en decir las cosas en términos suficientemente simples.

Pretendo suscitar intercambios de puntos de vista fecundos, e investigaciones nuevas en direcciones que, muy a menudo, no he podido tocar sino superficialmente, al carecer de tiempo, de medios o de ideas personales lo suficientemente claras.

Es posible que algunas de mis hipótesis requieran modificaciones o deban abandonarse en lo sucesivo; la importancia de mis lagunas en muchos dominios no me es desconocida.

Me gustaría, en particular, desarrollar más mis investigaciones en relación con los psiquiatras de niños, con los cuales no siempre me he mostrado demasiado benevolente en el curso de este trabajo. Estimo indispensable un diálogo más profundo y más directo entre psiquiatras de niños y psiquiatras de adultos, ya que esas dos categarías de especialistas se hallan, de hecho, notablemente diversificadas, y no se encuentran todo lo que sería de desear.

BIBLIOGRAFÍA

R.F.P.
Revista francesa de Psicoanálisis, P.U.F., París.
E.M.C.
Enciclopedia Médico-Quirúrgica, Psiquiatría (3 volúmenes), París.
I.J.P.
The International Journal of Psycho-Analysis, Baillère, Tindall and Cassel, Londres.
P.U.F.
Presses Universitaires de France, París.

ABRAHAM K.
1912. Notes on the psycho-analytical investigation and treatment of manic-depressive insanity and allied conditions, Basic Books, N.Y., 1953.
1921. Contributions to the theory of anal character (Compléments à la theorie du caractère anal), in *Selected Papers*, Hogarth Press, Londres, 1942. Traducción francesa de M. ROBERT y M. de M'UZAN, R.F.P. *34*, n.° 2, marzo-abril 1960, 187-206.
1924. *Versuch einer Entwickelunggeschichte der Libido auf grund der Psychoanalyse seelischer störungen*, Internat. Psychoanal. Verlag, Leipzig, Traducción francesa I. BARANDE, en K. ABRAHAM, *Oeuvres complètes*, tomo II, Payot, París, 1966. 254-314.
1925. Beträge der Oralerotik zur charackterbildung, en *Psychoanalytische Studien zur charackterbildung*, Internat. Psychoanal. Verlag, Leipzig, Trad. al francés I. BARANDE y S.

CHAMBON, en K. ABRAHAM, *Oeuvres Complètes*, tomo II, Payot, París, 1966.
ACH, N.
1935. *Analyse des Willens*, Urban, Berlín.
ADLER, A.
1955 a. *La psychologie de l'enfant difficile*, Payot, París.
1955 b. *Connaissance de l'homme*. Traducción francesa de MARTY J., Payot, París.
AJURIAGUERRA, J. (de)
1949. Vue d'ensemble sur les troubles d'evolution de la motricité, du langage et du caractère à dysfonctionnement conjoint. *Sauvegarde*, 1949, 39, 1-43.
1971. *Manuel de Psychiatrie de l'enfant*, Masson, París.
AJURIAGUERRA, J. De y GARRONE, S.
1963. Mécanismes d'organisation et facteurs de désorganisation dans l'evolution de l'enfant. *Médicina e Higiene*, 1963, 21, 413-416, 462-464.
ALBY, J.
1958. Névroses de caratère et caractères névrotiques, *Encéphale*, 47, 1-16.
ALEXANDER, F.
1923. The castration complex in the formation of character, *I.J.P.* 4, 11-42.
1930. The neurotic character, en *I.J.P.*, 11.
ALLENDY, R.
1929. Classification des caractères, *Higiene mental*, 24, 84-88.
ALLPORT, F. H.
1955. *Theories of perception and the concept of structure*. Wiley, N.Y.
AMIEL, R. y LEGIBRE, F.
1970 a. Le Test de T. Langner, *Anales médico psiquiátricos 128*, 1 n.° 4, 565-580.
1970 b. Un test rapide pour l'appréciation de la santé mental, *E.M.C., Psychiatrie*, Colección periódica, n.° 30, 1, diciembre.
ANZIEU, A.
1968. Sur quelques traits de la personnalité du bègue, *Bulletin de Psychologie*, 270, *31*, 15-19, 1022-1028.
ANZIEU, D.
1956. *Le Psychodrame analytique chez l'enfant*, P.U.F., París.
1959. *L'auto-analyse*, P.U.F., París.
1965. La notion de structure, *Bulletin de Psychologie*, 239, *38*, 13-15 febrero, 710.
1966 a. La Méthode projective, *Bulletin de Psychologie*, 248, *19*, 13-15 febrero, 829-916.
1966 b. Oedipe avant le complexe ou de l'interpretation psychanalitique des mythes, *Les Temps modernes*, n.° 245, oct. 675-715.

1967. T.E.E. ou les jeux de la création cinématographique, *Les Temps Modernes*, marzo, n.° 250, 1713-1722.
1968. Observation clinique d'un groupe malade, *Bulletin de Psychologie*, 270, *31*, 15-19, 976-982.
1969 *a*. Difficulté d'une éstude psychanalitique de l'interpretation, *Bulletin Assoc. psychanal. Fr.*, n.° 5, 12-32.
1970 *a*. *Les méthodes projectives*, P.U.F. París.
1970 *b*. Eléments d'une théorie de l'interpretation, R.F.P., *34*. 5-6 septiembre, 755-820.
1971 *a*. Le corps et le code dans les contes de J. L. Borges, *Nouvelle Revue de Psychanalyse*, París, n.° 3, primavera.
1971 *b*. L'illusion groupale, *Nouvelle Revue de Psychanalise*, París, n.° 4, otoño.
ANZIEU, D. y MARTIN, J. Y.
1969 *b*. *La dynamique des groupes restreints*, P.U.F., París.
ARDOINO, J.
1954. Propos sur une caractérologie d'una méthode d'analyse du caractère, *Psyché*, 9-87, 47-70.
ARFOUILLOUX, J.-C.
1972. Les troubles du caractère chez l'enfant, *Concours médical*, *84*, n.° 34-35, 5511-5516.
ARLOW, J.
1963. Conflit, régression et formation des symptômes, *R.F.P.*
1969. Phantasy, Memory and Reality Testing, *Psychoanal. Quarter.*, *38*, 28-51.
BAER, A.
1950. Le Test de Rorschach interpreté du point de vue psychanalitique, *R.F.P.*, *14*, n.° 4, octubre.
BALINT, M.
1952. Character analysis and new beginning 1933, en BALINT, M., *Primary love and psychoanalytic technique*. Londres, The Hogarth Press, 159-172.
1955. Friendly Expanses-Horrid empty spaces, *I.J.P.*, *36*, 226-241.
1959. *Thrills and regressions*, Hogarth Press, Londres.
BARANDE, I.
1966. Lecture des «Mémoires» de Schreber, *R.F.P.*, n.° 1, 27.
1968. Le vu et l'entendu dans la cure, *R.F.P.*, n.° 1, 67-96.
BAUMEYER, F.
1956. The Schreber case, *I.J.P.*, *37*, 61-74.
BECACHE, A.
1972. Malades psychosomatiques, en *Abregé de psychologie pathologique*, Masson, París, 197.
BENASSY, M.
1951. Etude de la personnalité par la méthode des tests, *Le Travail humain*, *14*, n.° 2, abril, 103-118.

1956. Evolution de la Psychanalyse, en *La Psychanalyse d'aujourd'hui*, Tomo II, P.U.F., 761-784.
1967 *a*. Le problème général des Border-lines. Document de travail de l'Association internationale de psychanalyse.
1967 *b*. Psychanalyse théorique, *Bulletin de Psychologie*, 261, *20*, 22, 15 mayo.
1969. Le Moi et les mécanismes de défense, en *La théorie psychanalytique*, París, P.U.F., 285-348.
BENASSY, M. y CHAUFFARD, C.
1942. Le Test F de Cattel est-il un test objetif de tempérament, *Année psychologique*, *33*, 199-230.
BERGE, A.
1970. *L'enfant au caractère difficile*, París, Hachette.
BERGER, G.
1950. *Traité pratique d'analyse du caractère*, P.U.F., París.
1971. *Caractère et personnalité*, P.U.F., París, 120.
BERGERET, J.
1964. A propos de la pathologie du caractère, *Journal de Médecine de Lyon*, número especial.
1968 *a*. Un cas particulier de psychopatologie de la sénescense, *Rev. Hyg. Méd. soc. 16*, n.° 6, 617-620.
1968 *b*. A propos de l'Acting-out dit «d'adolescence» et du contretransfert, *R.F.P.*, n.° 56, 1001-1005.
1969. A propos de deux cas d'agoraphobie chez l'homme, *R.F.P.*, n.° 4, 577-588.
1970 *a*. Les états limites. Réflexions et hipothèses sur la théorie de la clinique analytique. Conferencia dada en la S.P.P., marzo.
1970 *b*. Les «inaffectifs», *R.F.P.*, 34, 5-6 septiembre, 1183-1191.
1970 *c*. La rélation médecin-malade, *Information psychiatrique*, n.° 3.
1970 *d*. Les états limites, *E.M.C.*, *Psychiatrie*.
1972 *b*. Rélations entre déréalisation, dépersonnalisation et délire, en *Abregé de psychologie pathologique*, Masson, París, 174.
1972 *c*. Les états limites et leurs aménagementes, en *Abregé de psychologie pathologique*, Masson, París, 179-197.
1972 *d*. La notion de structure, en *Abregé de psychologie pathologique*, Masson, París, 125-129.
1972 *e*. La notion de normalité, en *Abregé de psychologie pathologique*, Masson, París, 125-129.
1972 *f*. Le Problème des dèfenses, en *Abregé de psychologie pathologique*, Masson, París, 86-109.
BERGERET, J., BROUSSOLLE, P. y JOURLIN, N.
1972 *a*. Les Psychoses tardivement psychotiques, *Information psychiatrique*, 48, 2 febrero, 135-141.

BERGLER, E.
1934. The problem of oral pessimism, *Imago*, 20, Londres, 243-292.
1948. *The basis neurosis*. Grune y Stratton, N. Y., (La névrose de base). Traducción francesa A. CORMIER, Payot, París, 1945, y *R.F.P.*, 34, n.° 1, 41-123.
BERNARD, Cl.
1865. *Introduction à la mèdecine expérimentale*, Baillère, París.
BERNOT, J.
1972. Un test de normalité psychique. *Revue médicale de Dijon*, marzo, 7, n.° 3, 179-186.
BETTELHEIM, B.
1971. *Les enfants du rêve*. Traducción francesa O. WERTHEIMER, Laffont, París.
BIBRING, CL.
1964. Some considerations regarding the ego ideal in the psychoanalytic process, *Journal of American Psychoanalytic Association*, 12, n.° 3, 517-523.
BINET, A.
1900. *La suggestibilité*, Schleicher, París.
1903. Les simplistes, les distraits, les interprétateurs, *Année Psychologique*, 9, 3.
BINSWANGER, L.
1931. Die Ideenflucht, *Schweiz. Arch. Neur. u Psychiatr.*, 32, 28 a 30.
BION, W.
1954. Notes on the theory of Schizophrenia, *I.J.P.*, 35, n.° 2 964-987.
BLEULER, E.
1950. *Dementia praecox or the group of Schizophrenia*, International U. Press, N. Y.
BLEULER, M.
1941. Hérédité et pronostic dans la schizophrénie, *Fortschr. Neur. Psych.*, febrero, 13, 46-63.
BOREL, J.
1947. *Le déséquilibre psychique*, P.U.F., París.
BOURDIER, P.
1963. Troubles du caractère chez l'enfant, la relation médecin-parents, *Perspectives psychiatriques*, n.° 2, 27-35.
1972. Séminaire sur la pathologie de la normalité, S.P.P. París, de próxima publicación en *R.F.P.*
BOURJADE, J.
1948. Principes de caractérologie, *Centre d'Etudes pédagogiques de l'Academie de Lyon*, Lyon, 93.
BOUTONIER, J. (cf. también en: FAVEZ-BOUTONIER J.)
1945. *Les défaillances de la volonté*, P.U.F., París.

BOVET, L.
1951. Aspects de la délinquance juvénile. Organización Mundial de la Salud, Ginebra.
BOUVET, M.
1953. Le Moi dans la névrose obsessionnelle, R.F.P., n.° 1-2, 111-196.
1956. La clinique psychanalytique, en *Psychanalyse d'aujourd'hui*. P.U.F., París.
1960. La clinique analitique. La relation d'objet, R.F.P., n.° 6, 723-790.
1967. *Oeuvres psychanalytiques*, 2 volúmenes, Payot, París, 436 y 310.
BOWEN, W.
1921. Caractère et aliénation mentale. *Journal de Psychologie, 21*, 3.
1946. *Introduction à la caractérologie*. Ronge, Lausana.
BOWLBY, J.
1940. The influence of early environnement in the development of neurosis and neurotic character, *I.J.P., 21*, 154-178.
1944. *Forty-four thieves: their characters and home life*. Timal y Cox, Londres.
BRAUNSCHWEIG, D.
1968. De certain mécanismes antidépressifs tels qu'ils apparaissent au cours du traitement psychanalytique des névroses, R.F.P. n.° 3, 599-604.
BRAUNSCHWEIG, D., LEBOVICI, S. y
VAN THIEL-GODFRIND, J.
1969. La psychopatie chez l'enfant, *Psychiatrie de l'enfant, 12*, fascículo 1, 5-106.
BRENTANO, F.
1924. *Psychologie vom empirischen standpunkt*, Meiner, Berlín. Traducción al francés, *Psychologie du point de vue empirique*, Aubier, París, 1944.
BRISSET, Ch.
1960. Anthropologie culturelle et psychiatrie, *E.M.C., Psychiatrie*, 37715, A 10, 1-10.
BURLOUD, A.
1942. *Le caractère*. P.U.F., París.
CALLIER, J.
1968. *L'identification*, Ed. del G.L.P., Lyon.
CALLIER, J. y BERGERET, J.
1964. A propos de deux cas d'agoraphobie chez l'homme, R.F.P., 1969. n.° 4, 557-588.
1970. La rélation médecin-malade, *Information Psychiatrique*, n.° 3, 681-687.

CANGUILHEM, G.
1966. Le normal et le pathologique. París, P.U.F.
CANNON, W. B.
1927. The theory of emotions, Amer. J. Psychol., 39, 106, 124.
1966. Caractère et névrose, VII seminario de perfeccionamiento, R.F.P., 30, n.° 3, 295-323.
CARLIER, M.
1970 a. Une des modalités de la pensée divergente: la flexibilité et ses déterminants personnels, Rev. int. Psych. appl., 19, n.° 1, 83-94.
1970 b. Une modalité de la créativité. La flexibilité, ses relations avec l'intelligence et les aptitudes primaires, Rev. psych. appl., 20, n.° 3, 151-164.
CARR (A. C.)
1963. Observations on paranoïa and their relationship to the Schreber case, I.J.P., 44, 2, 113-127.
CATTELL, R
1956. La personnalité, P.U.F., París.
CHASSEGUET-SMIRGEL, J.
1964. Recherches psychanalytiques nouvelles sur la sexualité féminine, Payot, París.
1966 a. Notes de lecture en marge de la révision du cas Schreber, R.F.P., 1, 41-59.
1966 c. Essai sur l'Imago de la mère phallique. Conferencia dictada en el Instituto de Psicoanálisis de París el 17 de mayo.
CHILAND, C.
1965. Psychopatologie de l'enfant et de l'adolescent, Bulletin de Psychologie, 19, 246, n.° 6-7 a 20, 259, n.° 19 (diciembre 1965 a abril de 1967).
1971 a. L'enfant de six ans et son avenir, P.U.F., París.
1971 b. Le statut du fantasme chez Freud, R.F.P., 203-217.
CHILAND, C. y colaboradores.
1966. Renseignements épidémiologiques fournis par l'étude longitudinale d'un groupe d'enfants du XIII° arrondissement de París. Bull. I.N.S.E.R.M., tomo 21, n.° 3, 455-466.
CLAPAREDE, E.
1931. Psychologie de l'enfant, Delachaux y Niestlé, Neuchâtel.
CLAUDE, H. y LAFORGUE, R.
1925. Sur la schizophrénie et la constitution bipolaire du caractère schizoïde, Evolution psychiatrique, 1, 27-36.
1937. Les rapports de l'hystérie avec la schizophrénie. Informe en la Sociedad Médico-Psiquiátrica, Ann. méd. psychol. junio.
COMTE, A.
1842. Cours de Philosophie Positive, III, 40.° lección. Rassmussen, París.

CONNOLY, C. J.
1939. Constitution physique, en *Studies in Psychology and Psychatry*, Cat. U. Ann. Washington.
CORIAT, I.
1924. The character traits of uretral erotism, *The psychoanalytic Review*, 11, 426-434.
1926. A dynamic interpretation of Kretschmer's character types, *American Journal of Psychiatry*, 6, 259-266.
CORMAN, L.
1937. *Quinze leçons de morphopsychologie*. Amédée Legrand, París.
1941. *Initiation morphopsychologique*, Amédée Legrand, París.
CORMAN, L. y LONGUET, Y.
1953. *Structures morphopsychologiques en psychiatrie*, Expansión Científica Francesa, París.
COVELLO, L. y COVELLO, A.
1971. *Epilepsie, symptôme ou maladie*, Hachette, París.
DAVID, Chr.
1961. *L'attitude conceptuelle en médecine psychosomatique*, Tesis de medicina, Foulon, París.
1964. D'une mythologie masculine touchant la féminité, en *Recherches psychanalitiques nouvelles sur la sexualité féminine*, Payot, París 65-89.
1972 a. Pathologie et pathogénie de la normalité. *Seminario de la S.P.P.* (a publicar en *R.F.P.*).
1972 b. La perversion affective, en *La sexualité perverse*, Payot, París, 195-230.
DAVID, H. P. y VON BRACKEN, H.
1957. *Perspectives in personality theory*. Basic Books, N.Y.
DELAY, J.
1946. *Les dérèglements de l'humeur*, P.U.F., París.
PICHOT, P. y PERSE, J.
1957. *Méthodes psychométriques en clinique, tests mentaux et interprétation*, Masson, París.
DELEUZE, G. y GUATTARI, F.
1972. *L'anti-Œdipe*. Ed. de Minuit, París.
DELMAS, A. y BOLL, M.
1931. *La personnalité humaine*. Flammarion, París.
DESHAIES, G.
1959. *Psychologie génerale*, P.U.F., París.
DEUTSCH, H.
1934. Uber einer typus der pseudoaffecktivität («als ob»), *Intern. zeit für Psychoan*, 20, 323, 335.
1945. Some forms of emotional disturbance and their relationship to schizophrenia, *Yearbook of Psychoanalysis*, tomo 1, 121-136.

1964. Some clinical considerations to the ego ideal, *J. Amer. psychoan. Ass, 12*, n.º 3, 512-547.
1970. *Neuroses and charactermtypes*, Internat. U. Press, N.Y., 1965. Traducido al francés por G. Rintzler, *Névroses et types de caractère*, Payot, París, 1970.
DEVEREUX, A.
1955. Acting-out in dreams: as reaction to a break-through of the inconscious in a character disorder, *American Journal of Psychoterapy, 9*, 657-660.
DIATKINE, R.
1957. La notion de régression, *Evolution Psychiatrique, 3*, 405-426.
1967. Du normal et du pathologique dans l'évolution mentale de l'enfant, *Psychiatrie de l'enfant, 10*, n.º 1, 2-42.
1968. L'abord psychanalytique de l'hytérie, *Confrontations psychiatriques*, n.º 1, septiembre, 85-100.
1969. L'enfant prépsychotique, *Psychiatrie de l'enfant, 12*, fascículo 2, 413-446.
DIATKINE, R. y FAVREAU, J.
1956. Le caractère névrotique, *R.F.P., 20*, n.º 1-2, 151-236.
DIATKINE, R., STEIN, C. y KALMANSON, D.
1959. Psychoses infantiles. *E.M.C., Psychiatrie*, 37299, M 10.
DIATKINE, R. y SIMON, J.
1972. *La psychanalyse précoce*. P.U.F., París.
DONGIER, M. y S.
1964. Les composantes paranoïaques dans les névroses de caractère, en *Caractère et névrose de caractère en psychanalyse*, Soc. franç. psychanal. París.
DUBLINEAU, J. y colaboradores
1949. Formule sanguine et facteurs typologiques, *Ann. méd. psych.* París, 1, 275.
DUBOR, P.
1971. Dissociation de l'economique et du sens chez la psychotique: Utilisation du réel dans l'agir, *R.F.P.*, 35, 1058-1081.
DUFRENNE, M.
1953. *La personnalité de base*. P.U.F., París.
DUMAS, G.
1930. *Nouveau traité de psychologie*. Alcan, París.
DUPRE, E.
1925. *Pathologie de l'imagination et de l'émotivité*, Payot, París.
EISENSTEIN, V. W.
1956. Psychotérapie différentielle des états limites, en *Techniques spécialisées de la psychothérapie*. P.U.F., París, 255-269.
EISSLER, K. R.
1944. Balinese character. A critical comment, *Psychiatry*, 7,

132-144.
1954. Notes upon defects of ego structure in shizophrenia, *I.J.P.*, 35, n.° 2, 141-146.
1956. The effect of the structure of the ego on psychoanalytic technique. *J. Amer. Psychoan. Ass.*, n.° 4.
ESQUIROL, E.
1838. *Des maladies mentales*, Baillère, París.
EY, H.
1950. *Psychogenèse des névroses et des psychoses* (Jounées de Bonneval). Desclée de Brouwer, París.
1954 a. La mélancolie, en *Etudes psychiatriques*, tomo III, Étude 22, Desclée de Brouwer, París.
1954 b. Epilepsie, *Etudes*, n.° 26, tomo III, Desclée de Brouwer, París.
1955 a. Le groupe des schizophrénies, *E.M.C.*, *Psychiatrie*, 37281, A 10, 1-41.
1955 b. Schizophrénies. *E.M.C.*, *Psychiatrie*, 37281, C 10.
1958. Les problèmes de la schizophrénie, *Evolution psychiatrique*, n.° 2, 149-211.
EY, H., BERNARD, P. y BRISSET, Ch.
1967. *Manuel de psychiatrie*, Masson, París.
FAIN, M.
1962. Contributions à l'étude des variations de la simptomatologie, *R.F.P.*, 353.
1964. Perspective psychosomatique sur le fonction du fantasme, *R.F.P.*, 28, n.° 4, 609-623.
1965. A propos du narcissisme et de sa genèse, R.F.P., n.° 5-6, 561-572.
1967. Intervention à propos des états limites, R.F.P., n.° 2, 262.
1969. Réflexions sur là structure allergique, *R.F.P.*, 33, n.° 2, 227-243.
FAIN, M. y MARTY, P.
1959. Aspects fonctionnels et rôle structurant de l'investissement homosexuel au cours de traitements psychanalytiques d'adultes, *R.F.P.*, 1959, 5, 607.
FAVEZ-BOUTONIER, J. (cf. también en BOUTONIER, J.)
1945. *La angoisse*, P.U.F., París.
1963. *Questions de psychologie génerale*. C.D.U., París.
1965. L'activité volontaire, *Bulletin de Psychologie*, 18, 238, n.° 10-12.
FEDERN, P.
1926. Narcissism in the structure of the ego. *I.J.P.*, 9, 401-419.
1947. Principles of psychotherapy in latent schizophrenia, *Amer. J. Psychoth*, 1, 129-144.
1953. In ego Psychology and the Psychoses, en *Imago*, Londres.

FENICHEL, O.
1930. Zur Prägenitalen Vorgeschichte des Ödipuskomplexes (La prehistoria pregenital del complejo de Edipo), *Intern. Zeitschr. f. Psa.*, 16.
1934. *Outline of clinical psychoanalysis.* Norton, New York.
1937. Les stades précoces du développement du Moi, *Imago*, 23, 243.
1942. Notes on a case of character analysis, *Bulletin Forest. Sanit.* 1, 22-27.
1945 *a*. The psychoanalytic theory of neurosis (La teoría psicoanalítica de las neurosis), Norton, New York, Trad. al francés por M. SCHLUMBERGER, C. PIDOUX, M. CAHEN y M. FAIN, P.U.F., París, 1953.
1954 *b*. La manière d'agir névrotique, *Psychan. Rev.*, 32, 197.
1953. Psychoanalysis of character, en FENICHEL O, *Collected Papers*, tomo 2, New York, Norton, 1953, 198-214.
FERENCZI, S.
1909 *a*. Transfert et Introjection (1909), en *Ouvres complètes*, tomo 1, traducido al francés por J. DUPONT, Payot, París, 1968.
1909 *b*. Des psychonévroses (1909), en *Ouvres complètes*, tomo 1, traducido al francés por J. DUPONT, París, Payot, 1968.
1914. The ontogenesis of the Interest in Money, en *Contributions to psychoanalysis*, Basic Books, N.Y.
1916 *a*. Stages in the development of the sense of reality, en *Contribution to Psychoanalysis*, Hogarth Press, N.Y.
1916 *b*. Formation composite de traits érotiques et de traits de caractère, en FERENCZI, S. *Ouvres complètes*, tomo 2, traducido al francés por J. DUPONT y M. VILIKER, Payot, París, 1970, 253-54.
1927. The adaptation of the family to the child, en *Final contributions to the problems and methods of psychoanalysis*, Basic Books, N.Y.
1952. *First contributions to Psychoanalysis*, Hogarth Press, Londres, 40-43.
FLIESS, R.
1950. *Psychoanalytic Reader.* U.I.P., New York, 254.
FLOURNOY, Th.
1900. *Des Indes à la planète Mars.* Alcan, París.
FOISSIN, H.
Mécanismes perceptifs et structure de la personnalité, en *Annales médico-psychologiques*, Masson, París, tomo 1, 123, n.º 5, 713-724.
FOLLIN, S. y CHAZAUD, J.
1961. Cas cliniques de psychose hystérique, *Evolution psychiatrique*, n.º 2, 257-286.

FOREL, A.
1937. *Out of my life and work*, Norton, N.Y.
FOUILEE, A.
1895. *Tempérament et caractère*, Alcan, París.
FREUD, A.
1951. *Le traitement psychanalityque des enfants* (1926-1945). Traducido al francés, P.U.F., París, 1952.
1952. *Le Moi, et les mécanismes de défenses* (1946). Trad. al francés, P.U.F., París, 1952.
1968. *Le normal et le pathologique chez l'enfant*. (1965) Trad francesa. Gallimard, París.
FREUD, S.
G.W. = Gesammelte Werke, 18 volúmenes, Imago, Londres, 1940-1952.
S.E. = The Standard Edition of the complete psychological works of Sigmund Freud, ed. por Strachey, 24 volúmenes, Hogarth Press, Londres, 1953-1966.
1891 *a*. *Zur Auffassung der Aphasien. Eine Kritische Studie* (Sobre la concepción de la afasia: Un estudio crítico). Deuticke, Viena. Trad. inglesa: *On Aphasia*, Imago, Londres, 1953.
1887-1902. *Aus den Anfängen der Psychoanalyse* (Nacimiento del psicoanálisis). *Imago*, Londres, 1950, *S.E.* I, 175-279. Traducción francesa de A. BERMAN, P.U.F., París, 1956.
1894 *a*. *Die Abwehr Neuropsychosen* (Las psiconeurosis de defensa), G.W.I., 59-74, *S.E.* III, 45-68.
1895 *b*. Über die Berechtigung von des Neurasthenic einen bestimmten symptome complex als «Angstneurose» alstrennen (Sobre las razones para destacar de la neurastenia un síndrome preciso: la «neurosis de angustia») *Neurol. Zentralbl.*, 14 enero 1895, n.º 2, 50-66 (*G.W.I.*, *S.E.* III).
1895 *d*. Studien über Hysterie (Estudios sobre la histeria), *G.W.* I, 77-3. 2 *S.E.* II, 1-305. Traducido al francés por A. BERMAN, P.U.F., París, 1955.
1895 *f*. Entwurf einer Psychologie, *Aus den Anfängen der Psychoanalyse*, Imago, Londres, 1950, *S.E.* I, 295-397. Traducido al francés por A. BERMAN (Esbozo de una psicología científica), en *Naissance de la psychanalyse*, P.U.F., París, 1956, 307-396.
1896 *a*. L'heredité et l'étiologie des névroses, en *Revue de neurologie*, 1896, volumen 4, 6 (artículo redactado en francés). G.W. I, *S.E.* III.
1896 *b*. *Weitere Bemerkungen über die Abwehr-neuropsychosen* (Otras observaciones sobre las psiconeurosis de defensa), G W., I. 379-403, *S.E.* III, 162-185.
1900 *a*. *Die Traumdeutung* (La interpretación de los sueños), Deuticke, Viena, 1900. Traducida al francés por L. MEYER-

SON, Alcan, París, 1926. Nueva edición P.U.F., 1967, *G.W.* II-III, 1-700, *S.E.* IV-V, 1-631.
1901 *b. Zur Psychopathologie des Alltags lebens* (Psicopatología de la vida cotidiana), *G.W.* IV, 1-322, *S.E.*, VI, 1-279. Traducido al francés por S. JANKELEVITCH, Payot, París, 1922.
1904 *a. Die Freudische psychoanalytische Methode* (El método psicoanalítico de Freud), en *La technique psychanalytique*, *G. W.* V, 3-10, *S.E.* VII, 249-254. Traducido al francés por A. BERMAN, P.U.F. París, 1953.
1905 *a. Über Psychaterapie* (De la psicoterapia), *G.W.* V, *S.E.*, VII. Traducción francesa en *La technique psychanalitique*, por A. BERMAN, P.U.F., París, 1953.
1905 *d. Drei Abhanlungen zur Sexualtheorie* (Tres ensayos sobre la teoría de la sexualidad infantil), *G.W.* V, *S.E.* III. Traducido al francés por B. REVERCHON-JOUVE, Gallimard, París, 1949.
1905 *e.* Bruchstück einer Hysterie-Analyse (Fragmento de un análisis de histeria), *G.W.* V, 163-286, *S.E.*, VII, 7-122. Traducido al francés por M. BONAPARRTE y A. BERMAN, en *Cinq psychanalyses*, P.U.F., 1954.
1906. Psychopatic Characters on the stage (1906). Traducción inglesa de M. GRAF, en *The Psychoanalytic quarterly*, XI, 459.
1907 *a. Die Wahn und die Traüme in W. Jensens «Gradiva»* (Delirio y sueños en la «Gradiva» de Jensen), *G.W.* VII, 31, *S.E.* IX, 3. Trad. francesa de M. BONAPARTE, Gallimard, París, 1931.
1908 *b.* Charakter und Analerotik (Carácter y erotismo anal), *G.W.* VII, *S.E.* IX.
1908 *d.* Die «Kulturelle» Sexualmoral und die moderne Nervosität (La moral sexual civilizada y las enfermedades nerviosas modernas), *G.W.* VII, *S.E.* IX. Traducción francesa de D. BERGER en *La vie sexuelle*, P.U.F., París, 1969.
1908 *e.* Der Dichter und das Phantasieren (La creación literaria y el sueño despierto), *G.W.* VII, *S.E.*, IX. Traducido al francés por M. BONAPARTE y E. MARTY, Gallimard, París, 1933.
1909. Analyse der Phobie eines fünfjährigen Knaben (Análisis de una fobia en un niño de cinco años: el pequeño Hans), *G.W.* VII, 243-377, *S.E.* X, 5-149. Traducida al francés por M. BONAPARTE y R. LOEWENETEIN, en *Cinq psychanalyses*, París, 1954.
1909 *d.* Bemerkungen über einen Fall von Zwangsneurose (Observaciones sobre un caso de neurosis obsesiva — El hombre de las ratas), *G.W.* VII, 381-463, *S.E.* X, 153-319. Traducido al francés por M. BONAPARTE y R. LOEWENSTEIN, en *Cinq psychanalyses*, P.U.F., París, 1954.

1910 c. Eine Kindheitserinnerung des Leonardo da Vinci (Un recuerdo de infancia de Leonardo da Vinci), *G.W.* VIII, *S.E.* XI, Trad. de Marie BONAPARTE, Gallimard, París, 1927.
1910 e. Über des Gegensinn der Urworte (Sentidos opuestos en las palabras primitivas), *G.W.* VIII, *S.E.* XI. Trad. francés M. BONAPARTE y E. MARTY, Gallimard, París, 1933.
1910 h. Beiträge zur Psychologie des liebenslebens: I/Über einen besonderen Typus der Objektwahl beim Manne (Contribuciones a la psicología de la vida amorosa: I/ De un tipo particular de elección objetal en el hombre), *G.W.* VIII, *S.E.* XI. Traducción francesa M. BONAPARTE y A. BERMAN, *R.F.P.*, 1936, n.° 1, 2-10.
1910 i. Die Psychogene sehstörung in psychoanalytischer aufgang (Problemas psicogenéticos de la visión), G.W. VIII, 94-102, *S.E.* XI, 209-219.
1911 b. Formulierungen über die zwei Prinzipien des psychischen geschehens (Formulación sobre los dos principios del funcionamiento mental), *G.W.* VIII, 230-238, *S.E.* XII, 218-226.
1911 c. Psychoanalytische Bemerkungen über einen autobiographisch beschriebenen Fall von Paranoïa (Dementia paranoïdes) (Observaciones psicoanalíticas sobre la autobiografía de un caso de paranoia, el Presidente Schreber), *G.W.* VIII, *S.E.* XII. Trad. francesa M. BONAPARTE y R. LOEWENSTEIN, en *Cinq psychanalyses*, P.U.F., París, 1954.
1912 b. Zur Dynamik der Übertragung (La dinámica de la transferencia), *G.W.* VIII, 364-374, *S.E.* XII, 97-108, en *Technique de la Psychanalyse*, P.U.F., París, 1953.
1912 c. Über neurotische Erkrankungstypen (Tipos de iniciación de las neurosis), *G.W.* VIII, *S.E.* XII.
1912 d. Beiträge zur Psychologie des liebenslebens: II/Über die allgemeinste Erniedrigung des Liebenslebens (Contribución a la Psicología de la vida amorosa: II/ Consideración sobre el plano común de los hundimientos de la vida amorosa), *G.W.* VIII, *S.E. XI.* Traducción francesa M. BONAPARTE y A. BERMAN, *R.F.P.*, 1936, n.° 1, 10-21.
1912 f. Zur onanie discussion (Del onanismo, contribución a una discusión), *G.W.* VIII, 332-345, *S.E.* XII, 241-254.
1912 g. Einige über den Begriff des Unbewussten in der Psychoanalyse. (Algunas observaciones sobre el concepto de inconsciente en psicoanálisis), *G.W.* VIII, *S.E.* XII. Traducido al francés por M. BONAPARTE y A. BERMAN, en *Métapsychologie*, 9-24, Gallimard, París, 1952.
1912-1913. *Totem und Tabu, G.W.*, IX, 1-205, *S.E.* XIII, 1-64. Trad. francesa S. JANKELEVITCH, Payot, París, 1923.
1913 c. Zur Zinleitung der Behandlung (El comienzo del tra-

tamiento), *G.W.* VIII, *S.E.* XII. Traducción francesa A. BERMAN, en *La technique psychanalytique*, P.U.F., París, 1953.
1913 *i.* Die Disposition zur Zwangsneurose (La predisposición a la neurosis obsesiva), *G.W.* VIII, *S.E.* XII, Traducción francesa de E. PICHON y H. HOESLI, en *R.F.P.*, 1934, 7, n.° 4, 606-610.
1914 *c.* Zur Einführung des Narzissmus (Introducción al narcisismo), *G.W.* X, *S.E.*, XIV. Traducción francesa de J. LAPLANCHE, en *La vie sexuelle*, P.U.F., París, 1969, 81-105.
1914 *d.* Zur Geschichte der psychoanalytischen Bewegung (Contribución a la historia del movimiento psicoanalítico) *G.W.* X, *S.E.* XIV. Trad. francesa de S. JANKELEVITCH, en *Essais de Psychanalyse*, Payot, París, 1936, 226-320.
1914 *g.* Erinnern, Wiederholen und Durcharbeiten (Rememoración, repetición y elaboración). *G.W.* X, *S.E.* XII. Trad. francesa A. BERMAN, en *La technique psychanalytique*, P.U.F., París, 1953.
1915 *a.* Bemerküngen über die Übertragungsliebe (Observación sobre el amor de transferencia). Traducción francesa de A. BERMAN, en *La technique psychanalytique*, P.U.F., París, 1953, 116-130.
1915 *b.* Zeitgemässes über Krieg und Tod (Consideraciones actuales sobre la guerra y la muerte). Trad. francesa S. JANKELEVITCH, en *Essais de Psychanalyse*, Payot, París, 1951, 219-250.
1915 *c.* Triebe und Triebschicksale (Las pulsiones y sus destinos), *G.W.* X, *S.E.*, XIV. Traducción francesa M. BONAPARTE y A. BERMAN, en *Métapsychologie*, Gallimard, París, 1952, 25-66.
1915 *d. Die* Verdrängung (La inhibición), *G.W.* X, *S.E.* XIV. Trad. francesa M. BONAPARTE y A. BERMAN, en *Métapsychologie*, Gallimard, París, 1952, 67-90.
1915 *e.* Das Unbewusste (El inconsciente), *G.W.* X, *S.E.* XIV, Trad. francesa M. BONAPARTE y A. BERMAN, en *Métapsychologie*, Gallimard, París, 1952, 91-161.
1915 *f.* Mitteilung eines der psychoanalytischen Theorie widersprechenden Falles von Paranoïa (Un caso de paranoia que contradecía la teoría psicoanalítica de esta afección), *G.W.* X, *S.E.* XIV, Trad. fr. P. JURY, en *R.F.P.*, 1935, 8, n.° 1, 2-11.
1916 *d.* Einige Charaktertypen aus der psychoanalytischen Arbeit (Algunos tipos de carácter descubiertos en la labor psicoanalítica), *G.W.* X, *S.E.* XIV. Trad. francesa M. BONAPARTE, en *Essais de Psychanalyse appliquée*, Gallimard, París, 1952, 106-136.
1916-1917. *Vorlesungen zue Einführung in die Psychoanalyse,*

G.W. XI, *S.E.* XV-XVI, Trad. francesa de S. JANKELEVITCH, *Introduction à la Psychanalyse*, Payot, París, 1921.
1917 c. Über Triebumsetzungen, insbesondere der Analerotik (Sobre las transformaciones de las pulsiones, particularmente en el erotismo anal), *G.W.* X, *S.E.* XVIII. Trad. francesa por E. PICHON y H. HOESLI, *R.F.P.*, 1928, 2, n.º 4, 609-618.
1917 d. Metapsychologische Ergänzungen zur Traumlehre (Complemento metapsicológico a la doctrina de los sueños), *G.W.* X, *S.E.* XIV, Trad. francesa M. BONAPARTE y A. BERMAN, en *Métapsychologie*, Gallimard, París, 1952, 162-188.
1917 e. Trauer und Melancholie (Duelo y melancolía). Trad. francesa M. BONAPARTE y A. BERMAN, en *Métapsychologie*, Gallimard, París, 1952, 189-222.
1918 a. Beiträge zur Psychologie des liebensleben: III/ Das Tabu der Virginität (El tabú de la virginidad), *G.W.* XII, *S.E.* XI. Trad. francesa de M. BONAPARTE y A. BERMAN, en *R.F.P.*, 1933, 6, n.º 4, 606-655.
1918 b. Aus der Geschichte einer infantile Neurose (Extracto de la historia de una neurosis infantil: el hombre de los lobos), *G.W.* XII, *S.E.* XVII. Trad. francesa M. BONAPARTE y R. LOWENSTEIN, en *Cinq psychanalyses*, P.U.F. París, 1954, 325-420.
1919 e. Ein Kind wird geschlagen, *G.W.* XII, *S.E.* XVII. Trad. francesa H. HOESLI, *R.F.P.*, 6, 1933, n.º 3-4, 274-297.
1919 h. Das Unheimliche (La inquietante extrañeza), *G.W.* XII, *S.E* XVII. Trad. francesa M. BONAPARTE y E. MARTY, en *Essais de Psychanalyse appliquée*, Gallimard, París, 1933, 163-212.
1920 a. Über die Psychogenese eines Falles von weiblicher Homosexualität (Psychogenèse d'un cas d'homosexualité féminine) (Psicogénesis de un caso de homosexualidad femenina), *G.W.* XII, *S.E.* XVIII. Trad. francesa H. HOESLI, *R.F.P.*, 1933, 6, n.º 2, 130-154.
1920 g. Jenseits des Lustprinzips (Más allá del principio del placer) *G.W.* XIII, *S.E.* XVIII. Trad. francesa S. JANKELEVITCH, en *Essais de Psychanalyse*, Payot, París, 1951, 5-75.
1921 c. Massenpsychologie und Ich-Analyse (Psicología colectiva y análisis del Yo), *G.W.* XIII, *S.E.* XVIII. Trad. francesa S. JANKELEVITCH, en *Essais de Psychanalyse*, Payot, París, 1951, 76-162.
1922 b. Über einige neurotische Mecanismen bei Eifertsucht Paranoïa und Homosexualität (De algunos mecanismos neuróticos en los celos, la paranoia y la homosexualidad), *G.W.* XIII, *S.E.* XVIII. Trad. francesa J. LACAN, R.F.P., 1932, 5, n.º 3, 391-401.
1923 b. Das Ich und das Es (El Yo y el Ello), *G.W.* XIII,

S.E. XIX. Trad. francesa S. JANKELEVITCH, en *Essais de Psychanalyse*, Payot, París, 1951, 76-162.
1923 *d*. Der Untertragung des «Ödipuskomplexes» (La desaparición del complejo de Edipo), *G.W.* XIII, *S.E.* XIV. Trad. francesa D. BERGER, en *La vie sexuelle*, P.U.F., París, 1969, 117-122.
1923 *e*. Die infantile genital organisation (La organización genital infantil), *G.W.* XIII, *S.E.* XVIII. Trad. francés J. LAPLANCHE, en *La vie sexuelle*, P.U.F., París, 1969, 113-132.
1924 *b*. Neurose und Psychose (Neurosis y psicosis), *G.W.* XIII, *S.E.* XIX.
1924 *c*. Des ökonomische Problem des Masochismus (El problema económico del masoquismo), *G.W.* XIII, *S.E.* XIX, Trad. francés E. PICHON y H. HOESLI, *R.F.P.*, 1928, 2, n.° 2, 211-223.
1924 *e*. Die Realitätsverlust bei Neurose uns Psychose (La pérdida de la realidad en la neurosis y la psicosis), *G.W.* XIII, *S.E.* XIX.
1925 *a*. Notiz über den «Wunderblock» (Nota sobre el bloque mágico), *G.W.* XIV, *S.E.* XIX.
1925 *d*. Selbstdarstellung (Mi vida y el psicoanálisis), *G.W.* XIV, *S.E.* XX. Trad, francesa M. BONAPARTE, Gallimard, París, 1928.
1925 *h*. Die Verneinung (La negación), *G.W.* XIV, *S.E.* XX. Trad. fr. H. HOESLI *R.F.P.*, 1934, 7, n.° 2, 147-177.
1925 *j*. Einige psychische Folgen des anatomischen geschlechtsunterschieds (Algunas consecuencias psicológicas de la distinción anatómica entre los sexos), *G.W.* XIV, *S.E.* XX. Trad. francesa J. BERGERET (documento S.P.P.) y D. BERGER, en *La vie sexuelle*, P.U.F., París, 1969, 123-132.
1926 *d*. Hemmung, Symptom und Angst (Inhibición, síntoma y angustia), *G.W.* XIV, *S.E.* XX, Trad. fr. M. TORT, P.U.F., París, 1965.
1926 *e*. Die Frage der Laienanalyse (La cuestión del análisis profano), *G.W.* XIV,*S.E.* XX, Trad. fr. M. BONAPARTE con el título «Psychonalyse et Médecine», en *Ma vie et la psychanalyse*, Gallimard, París, 1949, 117-239.
1927 *b*. Nachtrag zur Arbeit über den Moses des Michelangelo (Apéndice al Moisés de Miguel Angel), *G.W.* XIV, *S.E.* XIII.
1927 *c*. *Die Zukunft einer Illusion* (El porvenir de una ilusión), *G.W.* XIV, *S.E.* XXI. Trad. francesa M. BONAPARTE, Denoël y Steele, París, 1932.
1927 *d*. Der Humor (El humor), *G.W.* XIV, *S.E.* XXI, Trad. francesa M. BONAPARTE y M. NATHAN, en *Le mot d'esprit*, Gallimard, París, 1930, 297-283.
1927 *e*. Fetichismus (El fetichismo), *G.W.* XIV, *S.E.* XXI, Trad.

francesa D. BERGER en *La vie sexuelle*, P.U.F., París 1969, 132-138.

1928 a. Ein religiöses Erlebnis (Un acontecimiento de la vida religiosa), *G.W.* XIV, *S.E.* XXI, Trad. francesa Ch. y de I. ODIER, en *L'avenir d'une illusion*, Denoël y Steele, París, 1932.

1928 b. Dostoïewski und die Vatertötung (Dostoiewski y el parricidio) *G.W.* XIV, *S.E.* XXI. Trad. francesa de A. BEUCLER, en *Dostoiewski par sa femme*. Gallimard, París, 1930.

1930 a. Das Unbehagen in der Kultur (Malestar en la cultura), *G.W.* XIV, *S.E.* XXI, Trad. francés Ch. e I. ODIER, R.F.P., 1934, 7, n.° 4, 692-724.

1931 a. Über libidinöse Typen (Los tipos libidinales) G.W. XIV, S.E. XXI. Trad. francesa J. BERGERET (documento S.P.P.) y D. BERGER, en *La vie sexuelle*, P.U.F., París, 1969, 156-159.

1931 b. Über die weibliche Sexualität (La sexualidad femenina). *G.W.* XIV, *S.E.* XXI. Trad. francesa D. BERGER, en *La vie sexuelle*, P.U.F., París, 1969, 139-155.

1932 a. Zur Gewinnung des Feners (La conquête du feu) *G.W.* XVI, 9, *S.E.* XXII, 192.

1933 a. Neue Folge der Vorlesungen zur Einführung in die Psychoanalyse (Nuevas conferencias de introducción sobre el psicoanálisis), *G.W.* XV, *S.E.* XXII. Trad. francés A. BERMAN, Gallimard, París, 1936.

1937 c. Die endliche und die unendliche Analyse (Análisis terminado y análisis interminable), *G.W.* XVI, *S.E.* XXIII. Trad. francés A. BERMAN, en *R.F.P.*, 1939, *11*, n.° 1, 3-38.

1937 d. Konstructionen in der Analyse (Construcción en psicoanálisis), *G.W.* XVI, *S.E.* XXIII.

1939 a. Der Mann Moses und die monotheistische Religion (Moisés y el monoteísmo), *G.W.* XVI, *S.E.* XXIII. Trad. francés A. BERMAN, Gallimard, París, 1948.

1940 a. *Abriss der Psychoanalyse* (Compendio de psicoanálisis), *G.W.* XVII, *S.E.* XXIII. Trad. francesa A. BERMAN, P.U.F.

1940 e. Die Ichspaltung in Abwehrvorgung (El *clivage* del Yo en las neurosis de defensa), *G.W.* XVII, *S.E.* XXIII.

FRIEDLANDER, K.

1945. Formation of antisocial Character. *The psychoanalytic study of the child*, vol. 1, N.Y., International Universities Press, 189-204.

FRIES, R.

1937. Factors in character development neuroses, psychoses, and deliquency. *American Journal of Orthopsychiatry*, 7, 142-181.

FROMM, E.

1955. Character, en THOMPSON, C. y Colaboradores, Editores, *The outline of psychoanalysis*, 338-386.
FROSCH, J.
1970. Psychoanalytic considerations of the psychotic character, *J. Amer. Psychoan. Assoc.* 18, n.° 1, 24-50.
GARMA, A.
1962. *Les maux de tête*, P.U.F., París.
GEMELLI, A. y ZUNINI, G.
1949. *Intoduzione alla Psicologia*, Vallardi, Milán.
GENDROT, J. A. y RACAMIER, P. C.
1955. Névrose d'angoisse, E.M.C., *Psychiatrie*, t. II, 37-330 A. 10.
GILLESPIE, R. D.
1928. Contribution of psychological medicine to the estimation of character and temperament, *British Journal of medical Psychology*, 8, 165-185.
GLOVER, E.
1925. Notes on oral character formation. *I.J.P.*, 6, 131-154.
1926. The neurotic character, *I.J.P.*, 7, 11-30.
1932. A psychoanalitycal approach to classification of mental disorders. *J. ment. scient.* 78.
1948. Pathological character formation, en S. LORAND, *Psychoanalysis Today*, Allen and Unwin, Londres, 218-226.
1951. Vue analytique des troubles nerveux du caractère et des psychoses de l'enfant, en KOUPERNIK, *Psychiatrie sociale de l'enfant*, Centre intern. enfance, París, 101-105.
1954. Le caractère et le conscient, en *Freud* ou *Jung* (1950), P.U.F., París.
1958 a. Technique de la Psychanalyse. Trad. francesa París, P.U.F.
1958 b. Ego ditorsion, *I.J.P.* 39.
GOLDSTEIN, K.
1951. *La structure de l'organisme*, París, Gallimard.
GOTTSCHALDT, K.
1950. *Probleme der Jungendverwahrlosung*, Bath, Leipzig.
GREEN, A.
1962. Pour une nosographie psychanalytique freudienne. Conferencia dictada en el Instituto psicoanalítico de París el 18 de diciembre.
1963. Une variante de la position phallique-narcissique, *R.F.P.*, 27.
1965. Névrose obsessionalle, E.M.C., *Psychiatrie*, 37-370. A. 10.
1967. Le narcissisme primaire: structure ou état? *L'inconscient*, n.° 1 y 3, 127-156 y 89-116.
1969. Le narcissisme moral, 1967, *R.F.P.* 33, n.° 3, 341-374.
GREENSON, R.

1959. Phobia, Anxiety, and depression. *J. Amer. Psychoanal. Ass.*, 7, n.° 4, 663.
GRESSOT, M.
1956. Intervention sur le caractère névrotique, *R.F.P.*, *20*, n.° 1-2, 215, 217.
1960. L'idée de composante psychotique dans les cas limites accesibles à la psychothérapie. *L' encéphale*, 49, n.° 4, 290-305.
GRIESINGER, W.
1865. *Traité des maladies mentales*. Baillère, París.
GRODDECK, G.
Caractère et type, en *La maladie, l'art et le symbole*, 256-274.
GRUNBERGER, B.
1958. Préliminaire à une étude topique du narcissisme, *R.F.P.*, 22, 269-296.
1959. Contribution sur l'oralité et la rélation d'objet orale, *R.F.P.*, n.° 2.
1960. Etude sur la rélation objectale anale, *R.F.P.*, n.° 2.
1962. Considerations sur le clivage entre le narcissisme et la maturité pulsionelle, *R.F.P.*, *26*, n.° 23, 179-240.
1964. De l'image phallique, *R.F.P.*, *28*, n.° 2, 217-234.
1965 *a*. Etude sur la dépression, *R.F.P.* 29, n.° 2-3, 163-190.
1965 *b*. Etude sur le narcissisme, *R.F.P.*, 29, n.° 5-6, 573-588.
GUEX, G.
1950. *La névrose d'abandon*, P.U.F., París.
GUILFORD, J.-P.
1934. Personality Factors, *J. abnorm. soc. Psychol.*, 28, 377-399.
1936. *Psychometric methods*. Mac Graw Hill Book Company, N.Y.
GUILLAUME, P.
1943. *Introduction à la psychologie*, Vrin, París.
GUILLAUMIN, J.
1961. Quelques faits et quelques réflexions à propos de l'orientation des profils humains, *Enfance*, París, 1-2, n.° 1. 57-75.
1965 *a*. Origine et développment du sentiment du mort, en *La Mort et l'homme du XX*ᵉ *siècle*. Spes, París, 61-122.
1965 *b*. *La dynamique de l'examen psychologique*, P.U.F., París.
1968. *La gènese du souvenir*, P.U.F., París.
1971. Réel et surréel: le traitement «poétique» de la realité dans la cure et ailleurs, *R.F.P.*, 35, n.° 5-6, 882-919.
1972. L-ombilic du rêve, S.P.P.
GUIRAUD, J.
1950. *Psychiatrie générale*, Le François, París.
GUYOTAT, J.
1963. *Les shizophrénies*. Las Monografías Médicas, Garnier, París.

1969. Aspects du narcissisme dans les psychoses; conferencia dictada en *L'evolution psychiatrique*, enero.
HAAG, M. y FELINE, A.
1968. Une stylistique quantitative du langage oral des hystéries, *Confrontations psychiatriques*, n.° 1, septiembre 119-129.
HATMANN, H.
1950. Comments on the psychoanalytic theory of the ego, en *Essays on Ego Psychology*, Hogarth, Londres.
HARTMANN, H., KRIS, E. y LOWENSTEIN, R.
1946. Comments on the formation of psychic structure, *The Psychoanalytic Study of child*, 2, Imago, Londres, 11-38.
HARTMANN, H. y LOWENSTEIN, R.
1962. Notes on the superego, *Psychoanalytic Study of the child*, 17.
HAYNAL, A.
1971. La notion de normalité en psychiatrie, *Méd. d'Hyg.*, 30 julio, n.° 972, 1193-1199.
HENDERSON, D. y GILLESPIE, R.-D.
1955. Manuel de Psychiatrie. Trad. francés D. ANZIEU, P.U.F.. París.
HENDRICK, I.
1933. Pregenital anxiety in a passive feminine character, *The Psychoanalytic Quarterly*, 2, 68-93.
1936. Ego development and certain character problems, *The Psychoanalytic Quarterly*, 320-346.
1942. Work and the pleasure principle. *The Psychoanalytic Quarterly*, 11, 40.
1950. Ego genesis, identification and certain character types, *Bulletin of the American Psychoanalytic Association*, 6, 43.
1956. The structure of total personality, en LINSCOTT, R. H. y STEIN , J. *Why you do what do?*, N.Y. Random House, 10-16.
HESS, W. R.
1926. Funktionsgesetze des vegetativen Nervensystems, *Klin.-Wschr.* 1353-1354.
HEUYER, G.
1937 *a*. Les troubles du caractère chez l'enfant, *Journal de l'Enfance*, 11, 6.
HEUYER, G. y LAUTMANN, Fr.
1937 *b*. Troubles du caractère et inadaptation sociale chez des enfantes métis, *Arch. Méd. Enfants*, 40.
HEUYER, G. y LEBOVICI, S.
1947. Troubles du caractère et cinéma, *Psyché*, París, 2, 1106-1108.
HEYMANS, G.
1911. Classification des caractères, *Revue du mois*, 15, 10, marza.

1930. *La psychologie des femmes.* Trad. francés Le SENNE, P.U.F., París, 249.
JACOBSON, E.
1964. *The self and the object world,* N.Y. International U. Press.
JAENSCH, E. R.
1929. *Grundformen menslischen seins,* Berlín.
JANET, P.
1908. *Les obsessions et la psychasténie.* Alcan, París.
1927. *Les Névroses,* Flammarion, París.
1929. *Evolution psychologique de la personnalité.* Alcan, París.
JASTROW, J.
1916. *Character and Temperament.* Appleton and Co., N.Y.
JONES, E.
1915. Urethralerotik une Ehrgeiz, *Int. Zeitschr. of Psa.,* 3, 156.
1925. *Traité practique et théorique de psychanalyse.* Trad. francés, Payot, París.
1928. Die erste Entwicklung der weiblichen sexualität (El primer desarrollo de la sexualidad femenina) *Intern. Zeitschr. f. Psa.,* 14.
1929. Développement primaire de la sexualité chez la femme, *I.J.P.,* 1927, 8, 459-472, Trad. francesa *R.F.P.,* 1929, 3, 92-109.
1930. The anxiety character, *Med. Rev. of Reviews,* 36, 175-185.
1948. Anal-Erotic Character traits, *Papers on Psycho-Analysis,* Baillère y Tindall, Londres.
JUNG, C. G.
1913. Contribution à l'étude des types psychologiques, *Archives de psychologie,* 13, 72-183.
1938. *Le Moi et l'Inconscient,* Trad. francesa ADAMOV, Gallimard, París.
1951. *Psychologie de l'Inconscient.* Trad. francesa R. CAHEN, Georg, Ginebra, 504.
1958. *Types psychologiques.* Trad. francés LE LAY, Georg, Ginebra, 504.
KAHLBAUM, K.
1863. *Classification des maladies mentales.* Hirschwald, Berlín.
KANNER, L.
1943. Autistic disturbances of affective contact. *The nervous child.* 2, 217-250.
KANT, E.
1788. *Critique de la raison pratique,* P.U.F., París, 1949.
KATAN, M.
1952. Further remarks about Schreber hallucinations, *I.J.P.,* 33, 429-432.
KAUFMAN, I.
1959. The impact of adolescence on girls with delinquent cha-

racter formation, *American Journal of Orthopsychiatry*, 29, 130-143.
KERNBERG, O.
1966. Structural derivatives of object relationships. *I.J.P.*, 47, 236-260.
1967. Border-line personality organisation, *J. Amer. Psychoanal. Assn*, 15.
1968. The treatment of patiens with border-line organization, *I.J.P.*, 49, 600-619.
1970. A psychoanalytic clasification of character pathology, *J. Amer. Psychoanal. Assoc.*, vol. 18, n.º 4, 800-822.
KESTEMBERG, E.
1953. Contribution à l'étude des névroses de caractère. *R.F.P.*, 17.
1958. Quelques considérations à propos de la fin du traitement chez des malades á structure psychotique, *R.F.P.*
1962. L'identité et l'identification chez les adolescents, *Psychiatrie de l'enfant*, 5, n.º 2, 441-522.
KLAGES, L.
1930. *Principes de caractérologie*, Real, París.
KLEIN, M.
1921. Contribution à l'étude de la psychogenèse des états maniaco-dépressifs, 1921, *Essais de Psychanalyse*, Trad. francesa de M. DERRIDA, Payot, París.
1928. Frühstadien des Ödipus Koufliklter (Los primeros estadios del complejo de Edipo) *Intern. Zeitschr. fr. Psa.*, 14. Trad. francesa. *R.F.P.*, 4, n.º 4, 1930-1, 634-649.
1932. *The Psycho-Analysis of children* (El Psicoanálisis de los niños). Trad. francesa J. B. BOULANGER, P.U.F., París, 1966.
1952. Notes sur quelques mécanismes schizoïdes, 1952. Trad. francesa en *Développements de la Psychanalyse*, Trad. por W. BARANGER, P.U.F., 1966, 247-300.
1966. *Developments in Psycho-Analysis* (Desarrollos del Psicoanálisis), Trad. francesa W. BARANGER, Payot, París, 1966.
KNIGHT, R.
1954 a. Management and Psychoterapy of border-line schizophrenic patient, *Psychoanal. Psychiat. and Psychol.* N.Y. Internat. U. Press, 110-122.
1954 b. Borderlines states. *Psychoanal. Psychiat. and Psychol.* N.Y. Internat. U. Press, 97-108.
KRAEPELIN, E.
1913. *Lehrbuch der Psychiatrie* (8.ª edición), Barth, Leipzig.
KREISLER, L., FAIN, M. y SOULE, M.
1966. La clinique psychosomatique de l'enfant, *Psychiatrie de l'enfant*, 9, fascículo 1, 89-222.

1969. La clinique psychosomatique de l'enfant, *Psychiatrie de l'enfant*, 12, fascículo 2, 413-446.
KRETSCHMER, E.
1927. *Manuel théorique et pratique de psychologie médicale.* Payot, París.
1948. *Structure du corps et caractère*, Payot, París.
1952. Psychotérapie de la schizophrénie et ses limites, *Zsch Psychoth. Med. Psych*, 2, 53-59.
1956. *Psychologie médicale.* Doin, París, 424.
KRIS, E.
1949. Panel on technical implication of ego psychology and character analysis, *Bulletin of the American psychoanalytic association*, 5, 40-43.
KRUEGER, F.
1924. Der Strukturbegriff in der Psychologie. 8." *Kongress für experimentale Psychologie*, Fischer, Jena.
KÜNKEL, F.
1938. *Character, growth, and education*, Philadelphie, J. B. Lippincott.
1959. *Psychothérapie du caractère*, Vitte, Lyon.
LABOUCARIE, J.
1958. Les schizophrénies aiguës, *Evolution Psychiatrique*, 3, 549-571.
LACAN, J.
1932. *La Psychose paranoïaque dans ses rapports avec la personnalité.* Tesis de medicina. Le François, París.
1966. *Ecrits*, Le Seuil, París.
LAFORGUE, R.
1939. *Psychopatologie de l'échec*, Payot, París.
LAGACHE, D.
1947. *La jalousie amoureuse*, París, P.U.F.
1960. Situation de l'agressivité, *Bulletin de Psychologie*, 14, n.º 1, 92-112.
LAMPL DE GROOT, J.
1963 Formation de symptômes et formation du caractère, *R.F.P.*, 27.
LANG, J. L.
1964. Caractère et névrose de caractère en psychanalyse, *Societé psychanalytique de Paris*.
LANG, J. L. y RAVAUD, G.
1955. Constitutions et biotypes, *E.M.C. Psychiatrie*, 37700 C 20, 1-14.
LAPLANCHE, J.
1969. La Sexualité, *Bulletin de psychologie*, 1969-1970, 23, n.º 9 a 12, 283-284.
LAPLANCHE, J. y PONTALIS, J.-B.

1963. Délimitation du concept freudien de projection, *Bulletin de psychologie*, 18, n.° 225, 2-7 noviembre, 62-66.
1964. Fantasme originaire, fantasmes des origines, origine du fantasme, *Les Temps modernes*, n.° 215, 1833-1868.
1967. *Vocabulaire de la Psychanalyse*, P.U.F., París.
LAROCHE, J.
1963. Troubles du caractère chez l'enfant, leur place dans l'évolution de l'enfant, *Perspectives Psychiatriques* n.° 2, 713.
LAZARE, A., KLERMAN, G. L. y ARMOR, D. J.
1966. Oral, obsessive and hysterical patterns, *Arch. gen. Psych.*, 14, 624-630.
LEBOVICI, S.
1955. Contribution à la comprehénsion et au traitement de la mélancolie, *Evolution psychiatrique*, n.° 3, 504-531.
1961. La rélation objectale chez l'enfant, *Psychiatrie de l'Enfant*, 3, n.° 1.
LEBOVICI, S. y BRAUNSCHWEIG, D.
1967. A propos de la névrose infantile, *Psychiatrie de l'Enfant*, 10, n.° 1, 43-122.
LE GALL, A.
1950. *Caractérologie des enfants et des adolescents*. P.U.F., París.
LE GUERINEL, N.
1970. Contribution à l'étude des mécanismes de l'adaptation chez les consultans africains en voie de changement rapide, *Mémoire de l'Ecole pratique des Hautes Etudes*, 6.° sección.
LEHMANN, J. P.
1972. Le vécu corporel et ses interprétations en pathologie africaine, *Revue de Médecine psychosomatique*, 14, n.° 1, 43-67.
LEIBNITZ, G. W.
1866. Nouveaux essais, Œuvres, Janet, París.
LERICHE, R.
1953. *Où commence la maladie? où finit la santé?* Spes, París.
LE SENNE, E.
1945. *Traité de caractérologie*, P.U.F., París.
LEUBA, J.
1936. La famille névrotique, *R.F.P.*, n.° 1, 360.
LEVI-STRAUSS, Cl.
1961. *Race et histoire*. Gonthier, París.
LEWIN, B. D.
1930. The compulsive character (El carácter compulsivo), *Amer. Med. rev.*
LEWIN, D.
1929. *Die entwieklung der experimentalen willenspsychologie und der psychotherapie*, Hirzel, Leipzig.
LOCKE, J.

1860. Essai concernant l'entendement humain, *Œuvres choisies*, Collin, París, 1923.
LORAND, S.
1927. A horse phobia. A character analysis of an anxiety hysteria, *The Psychoanalytic Review*, 14, 172-188.
1930. The reactive character, *Med. Review of Reviews*, 200-216.
1931. *The morbid personality: Psychoanalytical studies in the structure of character and personality*. A.A. Knopf, N.Y.
1939. Role of the female penis fantasy in male character formation, *I.J.P.*, 20, 171-181.
1948. Character formation. *Psychoanalysis Today*, Allen and Unwin, Londres, 207-217.
LUQUET-PARAT, C.
1967. L'organisation œdipienne du stade génital, *R.F.P.*, 31, n.º 5-6, 743-913.
LUQUET, P.
1962. Les idéntifications précoces dans la structuration et la restructuration du Moi, *R.F.P.*, 26, n.º especial, 117-293.
LUTHE, W.
1957. Neuro-humoral factors and personality, en DAVID, H. y VON BRACKEN, H., *Perspectives in personality theory*, Basic Books, N.Y., 111-130.
MACALPINE, I. y HUNTER, R. A.
1963. The Schreber case, *Psychoanalytic Quarterly*, 22, 328-371.
MAC AULIFFE, L.
1939. *La personnalité et l'heredité*, Legrand, París.
MAC BRUNSWICK, R.
193. The accepted lie, *Psychoanalytic Quarterly*, 12, 736.
MAC DOUGALL, W.
1927. *Character and the conduct of life. Practical psychology for everyman*. Methuen, Londres.
MAGNAN, J.
1891. *Leçons cliniques*, Alcan, París.
MAHLER, M.
1958. Autism and symbiosis, two extreme disturbances of identity, *I.J.P.*, 39, 77-83.
MALAPERT, P.
1902. *Le caractère*, Doin, París.
MALE, P.
1932. La genèse des troubles du caractére chez l'enfant, *Evolution psychiatrique*, 2.ª serie, 3, 37-56.
1936. La formation du caractère chez l'enfant. La part de la structure et celle des évériements, *Evolution psychiatrique*, 1, 31-60.
1958. Les preschizophrénies de l'adolescence, *Evolution psychiatrique*, 2, 323-374.

1964. *La Psychothérapie de l'adolescent.* P.U.F., París.
MALLET, J.
1955 a. Hystérie de conversion, *E.M.C., Psychiatrie*, 37340, A 10.
1955 b. La dépression névrotique, *Evolution Psychiatrique*, 3, 480-501.
1956. Les troubles névrotiques de la sexualité, *Psychanalyse d'aujourd'hui*, P.U.F., París.
1966. Une théorie de la paranoïa, *R.F.P., 1*, 63.
MARCHAND, L. y AJURIAGUERRA, J. (de)
1948. *Les épilepsies, leurs formes cliniques et leurs traitements.* Desclée de Brouwer, París.
MARKOVITCH, P.
1961. *Contribution à l'étude des états limites.* Tesis de medicina, París.
MARQUET, U.
1967. *Le Caractère.* Aubier, Montaigne, París.
MARTY, P.
1951. Aspects psychodinamyques de l'étude clinique de quelques cas de céphalalgies, *R.F.P., 15*, n.° 2, 216-253.
1958. La rélation d'objet allergique, *R.F.P., 22*, n.° 1, 5-37.
1968. La dépression essentielle, *R.F.P., 32*, n.° 3, 594-599.
1969. Notes cliniques et hypothèses à propos de l'économie allergique, *R.F.P., 33*, n.° 2, 243-255.
MARTY, P. y FAIN, M.
1954. Importance du rôle de la motricité dans la rélation d'objet. *R.F.P.*
MARTY, P., M'UZAN, M. (de) y DAVID, Chr.
1963. *L'investigation psychosomatique*, P.U.F.
MASSUCO-COSTA, A.
1950. *Orrizzonti della caracterrologia contemporanea.* Gheroni, Turín.
MAUDSLEY, H.
1867. *The psychology and pathology of the mind.* University Press, Londres.
1907. *Physiologie de l'esprit.* U.P., Londres.
MENDEL, G.
1968. *La révolte contre le père*, Payot, París.
MENNINGER, K.
1938. *L'homme contre lui-même.* Harcourt, N.Y.
1958. The character of therapist, MENNINGER, K., *Theory of the psychonanalytic technique*, Imago.
1963. *The vital balance.* Viking, N.Y.
MERLEAU-PONTY, M.
1961. *Phénomenologie de la perception.* P.U.F., París (1.ª edición, 1945).
MERTENS DE WILMARS, Ch.

1968. Le rôle de l'identification dans l'induction du changement social, 2.° coloquio africano de psiquiatría, Dakar, Audecam, París, 150-176.
MEYER, A.
1910. *Collected Papers*, John Hopkins Press, N.Y.
MEYNERT, Th.
1890. *Leçons cliniques de psychiatrie*. U. Verlag, Viena.
MIASNIKOFF, S.
1913. *Œuvres complètes*. Traducción francesa *Orientation médicale en U.R.S.S.*, Moscú, 1951.
MICHAUX, L.
1964. *Les troubles du caractère*, Hachette, París.
MIERKE, K.
1955. *Wille und Leistung*, Hogrefe, Göttingen.
MILLET, L.
1969. *Introduction à la caractérologie*. Bordas, París.
MINKOWSKA, F.
1931. Le test de Rorschach dans l'épilepsie essentielle, *Ann. med-psychol.*
MINKOWSKI, E.
1930. Etude sur la structure des états de dépression, *Schweiz. Arch. Neurol. U. Psych.*, 26.
1932. La notion de constitution, *Evolution psychiatrique*, n.° 4.
1938. A la recherche de la norme en psychopathologie, *Evolution psychiatrique*, n.° 1.
1953. *La schizophrénie. Psychopathologie des schizoïdes et des schizophrènes*. Desclée de Brouwer, París.
MISES, R.
1966 a. Introduction à la discussion sur les aspects cliniques de la régression dans les formes psychopathologiques de l'adulte, *R.F.P.*, 30, n.° 4, 421-428.
1966 b. Le concept de psychose chez l'enfant, *Evolution psychiatrique*, 31, fascículo 4, 741-768.
1968. Problèmes nosologiques posés par les psychoses de l'enfant. *Psychiatrie de l'Enfant*, 11, n.° 2, 493-511.
1969. Origines et évolution du concept de psychose chez l'enfant, *Confrontations psichiatriques*, n.° 3, 9-29.
MONAKOW, C. VON y MOURGUE, R.
1928. *Introduction à la neurologie et à la psychologie*. Alcan, París.
MOREIGNE, J. P. y DUREAU, J.
1963. Quelques considérations sur l'emploi parallèle du Rorschach et du M.M.P.I., *Bulletin de Psychologie*, 17, 225, n.° 2-7, 159-166.
MOREL, B.
1860. *Traité des maladies mentales*. Baillère, París.

MOUNIER, E.
1947. *Traité du caractère*, Seuil, París.
MULLER, C., KAUFMANN, L. y CIOMPI, L.
1967. Le concept psychodynamique, *E.M.C., Psychiatrie*, 37290, A 10.
M'UZAN, M. de
1969. Une trosième catégorie de phobie, *R.F.P., 33*, n.° 4, 603-606.
1972. Un cas de masochisme pervers, *La sexualité perverse*, Payot, París, 13-50.
M'UZAN, M. de y MARTY, P.
1963. La pensée giratoire, *R.F.P.*, 27, número especial, 345-355.
NACHT, S.
1938. Le Masochisme. Denoël, París.
1950. Le rôle du Moi dans la structure du caractère et du comportement, *Evolution psychiatrique*, 1947, *De la pratique à la théorie psychanalytique*, P.U.F., 1950.
1957 b. Causes et mécanismes des déformations névrotiques du Moi, *R.F.P.*, n.° 6.
1959 a. Les états dépressifs, étude psychanalytique, *R.F.P.*, 23, n.° 5, 567-607.
1959 b. Les enfants dépressifs, *R.F.P., 23*, n.° 5, 567-605.
1963. *Présence du psychanalyste*. París, P.U.F.
1966. *De la pratique à la théorie psychanalytique*, París, P.U.F.
1968 a. Névrose de caractère, en NACHT, S. *Guérir avec Freud*, P.U.F. París, 76-79.
1968 b. La dépression, *R.F.P.*, 32, n.° 3, 569-674.
NACHT, S., DIATKINE, R. y RACAMIER, P. C.
1957. Psychanalyse et sociologie, *R.F.P.*, 1957, 21, n.° 2, 244-282.
NACHT, S. y RACAMIER, P. C.
1958 a. La théorie psychanalytique du délire, *R.F.P.*, 22, n.° 4-5, 417-574.
NACHT, S. y SAUGUET, H.
1969. La théorie psychanalytique de la formation du caractère, *La théorie psychanalytique*, P.U.F., París, 349-380.
NIEDERLAND, W. G.
1951. Three notes on Schreber case, *Psychoanalytic Quarterly*, 20, 579-591.
NOIZET, G. y PICHEVIN, C.
1966. Organisation paradigmatique et organisation syntagmatique du discours, *Ann. Psychol.*, 66, n.° 1, 91-110.
NUNBERG, H.
1956. Character and neurosis, *I.J.P.*, n.° 37, 36-45.
NYDES, J.
1963. The paranoïd-masochistic character, *Psychoanalytic Review*, 50, n.° 2, 55-91.
ODIER, Ch.

1952. Insecurité et troubles du caractère, *Schweiz Z. Psychol. Anwend*, 11, 295-308.
PALMADE, G.
1958. *La caractérologie*, P.U.F., París.
PASCHE, F.
1955. Intervention sur la névrose narcissique, *R.F.P.*, *19*, n.° 3, 436-439.
1958. Réactions pathologiques à la réalité, *R.F.P.*, n.° 6.
1965. L'antinarcissisme, *R.F.P.*, n.° 5-6, 503-518.
1969. De la dépression, *A partir de Freud*, Payot, París, 181-200.
PASCHE, F. y RENARD, M.
1956. Les problèmes essentiels de la perversion, *Psychanalyse d'aujourd-hui*, P.U.F.
PAULHAN, F.
1893. *Les caractères*. Alcan, París.
PAVLOV, I.
1955. *Typologie et pathologie de l'activité nerveuse supérieure*. Trad. francesa BAUMSTEIN, P.U.F., París.
1955. b. *Œuvres choisies*, Ed. lenguas extranjeras, Moscú.
1961. *La psychopathologie et la psychiatrie*. Ed. Lenguas extranjeras, Moscú.
PENDE, N.
1939. *Traité de biotypologie humaine*, Vallardi, Milán.
PETERS, W.
1915. Über Vererbung psychischer Fähigkeiten, *Fortsch. Psychol.*, 3, 185.
PFISTER, O.
1922. *Die liebe des Kindes unde Ihre Fehlentwicklungen*. Bircher, Berna.
1939. Psychoanalyse und Sittlichkeit, FEDERN, P. y MENG, H., *Das psychoanalytische Wolkbuch*, H. Huber, 618-635.
PIAGET, J.
1949. *La psychologie de l'intelligence*. Colin, París.
PICHON, E.
1937. Le rôle de la famille dans le développement affectif et moral, *Rev. méd. sociale enfance*, 5.
PICHOT, P.
1959. *Les tests mentaux*, P.U.F., París.
1965. Les personnalités pathologiques, *Bulletin de psychologie*, 18, n.° 239.
1968. Histoire des idées sur l'Hystérie, *Confrontations psychiatriques*, n.° 1, 9-28.
PIERON, H.
1949. *La psychologie différentielle*, P.U.F., París.
1957. *Vocabularie de psychologie*. P.U.F., París.
PINEL, Ph.

1801. Sur l'aliénation mentale, Richard, París.
PIOTROWSKI, Z.A.
1950. A new evaluation of the T.A.T., Psychoanal. Rev., 37 n.° 2, 101-187.
1958. Psychoanalytic concepts and principles discernible in projective personality tests, Amer. Journ. Orthopsych., 28, n.° 1, 36-84.
PITRES, A y REGIS, E.
1902. Les obsessions et les impulsions, Doin, París.
PONTALIS, J.-B.
1968. Le petit groupe comme objet, Après Freud, Gallimard, París.
POROT, M.
1965. Mode d'entrée dans la schizophrénie, Rev. Prat., octubre, 15.
POROT, A. y colaboradores.
1960. Manuel alphabétique de psychiatrie. P.U.F., París.
PRICHARD, J. C.
1835. A treatise on insanity. Sherwood, Londres.
Le pronostic des troubles de caractère chez l'enfant; Trabajos y comunicaciones, 1.° Congreso Mundial de Psiquiatría, París, septiembre, Sauvegarde de l'enfance, 1951.
QUEYRAT, M.
1937. Les caractères et l'éducation morale. Anal. Congreso de Psiq. inf. París.
RACAMIER, P. C.
1953 a. Sur les psychothéraphies d'orientación psychanalytique. Evolution psychiatrique, 4, 623-657.
1953 b, 1954. Etude des frustrations précoces, R.F.P., 1953, 17, n.° 3, 328-350 y 1954, 18, n.° 4, 576-631.
1955. Troubles de la Sémantique, E.M.C., Psychiatrie, tomo I, 37130 C 10, 1-7.
1956. Psychothérapies psychanalytiques des psychoses, Psychanalyse d'aujourd'hui, P.U.F., 573-690.
1962. Propos sur la réalité dans la théorie psychanalytique, R.F.P., 26, n.° 6, 675-711.
1963 a. Le Moi, le Soi et la Psychose. Evolution Psychiatrique, 28, n.° 4, 525-553.
1963 b. Névroses de caractère et caractères nèvrotiques. Documento G.L.P., Lyon.
1966 b. Esquisse d'une clinique psychanalytique de la paranoïa, R.F.P., n.° 1, 145-159.
RACAMIER, P. C. y CHASSEGUET-SMIRGEL, J.
1966 a. La révision du cas Schreber: revue, R.F.P., n.° 1, 3-21.
RADO, S.
1928 a. An anxious mother, I.J.P. 9, 14-20.

1928 b. An anxious mother, *I.J.P.*, 9, 219-226.
1928 c. The problem of Melancolia, *I.J.P.*, 9, 420.
RAMIREZ, J.
1964. *Tipológica*, Aranzadi, Pamplona.
RANGELL, L.
1956. The borderline base, *J. Amer. psychanal. Assoc.*, 4, n.° 1-4.
1960. An examination of nosology according to psychanalytic concepts, *J. Amer. Psychoanal. Assoc.*, n.° 8.
1965. Some comments on psychanalytic nosology, LAX SCHUR, *Drives, effects, behavior*, I.U.P., N.Y.
RANK, O.
1914. Le Sosie. *Imago*, 3.
1925. *Der kunstler und andere Beiträge zur Psychoanalyse des Dichterischen Schaffers*, Leipzig, Internacionale Psychoanalytischer Verlag.
RAPAPORT, D.
1944. *Diagnostic psychological testing*, Yearbook, Chicago, 2 volúmenes, 1944-6.
1951. Sur la théorie psychanalytique de la pensée. *I.J.P.*, 31.
1953. *Organisation et pathologie de la pensée*. Columbia U. Press, N.Y.
REGIS, E.
1890. *Précis de psychiatrie*. Maloine, París.
REICH, W.
1925. Der Triebhafte charakter (El carácter pulsional), *Intern. Zeitsc. Psychoan.*, 11.
1971. *Charakteranalyse* (El análisis caracterial). Trad. francesa P. KAMNITZER, Payot, París.
REMY, H. y KOUPERNIK, C.
1964. Glandes sexuelles, *E.M.C., Psychiatrie*, 37640 K 10, 1-13.
RENARD, M.
1955. La conception freudienne de la névrose narcissique, *R.F.P.*, 19, n.° 3, 415-431.
RIBOT, Th.
1923. *Psychologie des sentiments*, Alcan, París.
ROGERS, C. R.
1951. *Client-centered therapy* (La terapia enfocada al cliente). Houghton Mifflin Ed., Boston.
1953. The structure of verbal fluency, *Brit. J. Psych.* 44, 368-380.
1955. Persons or Science? A philosophical question, *Amer. Psychol. Rev.*, 10, 275.
ROHEIM, G.
1934. The study of character formation and the ontogenetic theory of culture. Evans-Pritchard E., *Essays presented to C. G. Seligman*, Londres, Kegan Paul, 281-292.
RORSCHACH, H.

1941. *Psychodiagnostic*, traducción francesa, P.U.F., París.
ROSEN, J. N.
1960. *L'analyse directe*, P.U.F., París.
ROSEN, V.
1964. Some effect of artistic talent on character style. *Psychoanalytic Quarterly*, 33, n.º 1, 1-24.
ROSOLATO, G.
1962. Introduction à l'etude de l' hystérie. *E.M.C. Psychiatrie*, 37335, A 10, 1-6.
ROUART, J.
1955. Les névroses, *E.M.C. Psychiatrie*, 37300, A 10 a A. 40.
RUSH, B.
1812. *Medical inquieries and observations upon the diseas of the mind*, David, Chicago.
SANDLER, A.
1957. Inconsistency in the mother as a factor in character development, a comparative study of three cases, *The psychoanalytic study of the child*, 12, International Universities Press, N.Y., 209-225.
SANDLER y HAZARI
1960. The «obsessional»: on the psychological classification character traits and symptoms, *Brit. J. Med. Psychiatry*, 33, 113.
SAUGUET, H.
1955. Névroses de caractère — Caractères névrotiques, *E.M.C., Psychiatrie*, 37320, A 10, 1-6.
SAUSSURE, R. de
1935. Les traits de caractère réaccionnels et leur importance en psychanalyse, *R.F.P.*, 8, n.º 3, 432-446.
SCHLEGEL, J.
1963. L'emploi des tests projectifs en sélection et orientation professionnelle. *Bulletin de Psychologie*, 17, 225, n.º 2-7, 115-124.
SCHLUMBERGER, M. y CHASSEGUET-SMIRGEL, J.
1960. Théorie psychanalytique du rêve, *La théorie psychanalytique*, París, P.U.F., 83-108.
SCHMIDEBERG, M.
1959. The bordeline patient, *American. Handbook of Psychiatry*, 1, 398-416.
SCHMITZ, B.
1966. Aspects cliniques de la régression. Régression et psychose, *R.F.P.*, 30, n.º 4, 447-450.
1967. Les états limites: introduction pour une discussion, *R.F.P.*, 31, n.º 2, 245-266.
SCHNEIDER, K.
1955.*Les personnalités psychopathiques*, P.U.F., París.
SCHOPENHAUER, A.

1818. *Le monde comme volonté et comme représentation.* Trad. francesa, P.U.F., París, 1956.
SCOTT, W.
1962. A reclassification of psychopathological states, *Internat. J. Psych. Ass.*, n.º 43.
SECHEHAYE, M. A.
1954. *Introduction à une psychothérapie des schizophrènes*, P.U.F., París.
SEGAL, H.
1957. Notes on symbol formation, *I.J.P.*, n.º 6, 391-397.
1969. *Introduction à l'oeuvre de M. Klein.* Traducido al francés. P.U.F., París.
SELYE, H.
1950. *Stress.* Acta, Montreal.
SELZ, O.
1913. *Die gesetze des geordnete Denkverlaufs*, Verlag, Stuttgart.
SHELDON, W. H.
1950. *Les varietés de la constitution physique de l'homme*, P.U.F., París.
SHENTOUB, S. A.
1950. Etude du comportement d'enfants caractériels au cours d'una psychothérapie dans un établissement hospitalier fermé. *Primer Congreso Internacional de Psiquiatría.*
SHENTOUB, V. y SHENTOUB, S. A.
1958. Contribution à la recherche de la validation du TAT, *Rev. Psych. appl.* 8, n.º 4, 275-341.
SIGAUD, C.
1914. *La forme humaine, sa signification*, Maloine, París.
SIGAUD, C. y VINCENT, L.
1912. *Essai sur l'évolution de la forme du corps humain*, Maloine, París.
SMIRNOFF, V.
1964. Caractères et névrose de caractère en psychanalyse, *Documento de la Sociedad Francesa de Psicoanálisis.*
SOCCARAS, F.
1957. Schizophrénie pseudo-névrotique et schizophrénie pseudo-daractérielle, *R.F.P.*, 21, n.º 4, 535-551.
SPEARMAN, C.
1939. *Personnalité volontaire. Personnalité intelectuelle.* Traducido al francés por HERMANN, París.
SPITZ, R.
1958. *La première année de la vie de l'enfant.* Traducido al francés. P.U.F., París, 1958.
1968. *De la naissance à la parole.* (1965). Traducido al francés. P.U.F., París, 1968.
STEIN, M.

1969. The problem of character types, *Journal of the American psychoanalytic Association*, 17, n.° 3, 675-701.
STERN, A.
1945. *a*. Psychoanalytic therapy in the borderline nevroses, *Psychoanl. Quart.*, 14, n.° 2, 190-198 .
1945 *b*. Thérapeutique psychanalytique dans les états limites. *Psychoanal. Quart.*, 14, n.° 2, 190-198.
STERN, W.
1919. *Die menschlische Persönlichkeit*, Barth, Lepizig.
SZONDI, L.
1952. *Diagnostic expérimental des pulsions*. Trad. al francés. P.U.F., París, 1952.
THIEL, J. H.
1966. Psychanalyse et nosologie. *I.J.P.*, 47, 416.
TOUTLEMONDE, J.
1961. *La caractérologie*, Payot, París.
TRILLAT, E.
1955. Les déséquilibrés, E.M.C., Psychiatrie, t. 2, 37310, A 10.
TUKE, E.
1892. *Dictionnary of medical psychology*. Trench, Londres.
VIDERMAN, S.
1968. Narcissisme et relation d'objet dans la situation analytique, *R.F.P.*, 32, n.° 1, 97-126.
VIOLA, G.
1932. *La constituzione individuale*, Rizzoli, Bologna.
WALLON, H.
1926. *Psychologie pathologique*, P.U.F., París.
1949. *Les origines du caractère chez l'enfant*, París, P.U.F.
WEINIGER, J.
1940. *Les méthodes anthropologiques des recherches génétiques humaines*. Springer, Berlín.
WERNICKE, K.
1900. *Traité de psychiatrie*, Barth, Leipzig.
WERTHEIMER, M.
1945. *Productive thinking*, Harper, N.Y.
WHITE, W.
1924. *Mechanisms of character formation, an introduction to psychoanalysis*. Boston, Mifflin.
1926. Physique and character. *The psychoanalytic Review*, 13, 98-105.
WHITE, R. B.
Le cas Schreber reconsideré sous l'objetif psychosocial, *I.J.P.*, 44, 213-221.
WIDLÖCHER, D.
1964. Personnalité de l'hystérie et problème du caractère,

Caractère et névrose de caractère. Sociedad francesa de Psicoanálisis.
1970. *Freud et le problème du changement,* P.U.F., París.
WIDLÖCHER, D. y BASQUIN, M.
1968. Pathologie du caractère. E.M.C. *Psychiatrie,* 37320 A 10, 1-10.
WINNICOTT, D. W.
1953. Objects transitionnels et phénomènes transitionnels — Etude de la première not-me possesion. Traducido al francés en *Psychanalyse,* n.° 5, 1959, 21-42.
1961. La théorie de la relation parent-nourrisson, *R.F.P.,* n.° 1.
1962. La première année de la vie, *R.F.P.,* 477-498.
1969. *De la pédiatrie à la psychanalyse.* Traducido al francés por J. KALMANOVITCH, Payot, París.
1970. *Processus de maturation chez l'enfant.* Traducido al francés. Payot, París.
WOODWORTH, R. S.
1945. *Psychologie expérimentale.* Traducido al francés. P.U.F., París, 1949.
ZAZZO, R.
1957. Current french concepts of characterology and the study of character en DAVID, H. y VON BRACKEN, H., *Perspectives in personality theory,* Basic Books, N.Y., 101-108.
1964 a. *Le test des deux barrages.* Delachaux et Niestlé, Neuchâtel.
ZAZZO, R. y STAMBAK, M.
1964 b. *Un test de persévération,* Delachaux y Niestlé, Neuchâtel.
ZULLIGER, H.
1954. *Schwierige Kinder.* Huber, Berna.